प्रसाद

भारत की पाक कला
विशेषज्ञों के साथ

प्रसाद

भारत की पाक कला विशेषज्ञों के साथ

जे. इन्दर सिंह कालरा

प्रदीप दासगुप्ता

ऍलाइड पब्लिशर्स प्राईवेट लिमिटेड

नई दिल्ली मुम्बई कोलकाता चेन्नई नागपुर

अहमदाबाद बंगलौर हैदराबाद लखनऊ

ऍलाइड पब्लिशर्स प्राइवेट लिमिटेड

1/13-14 आसफ अली रोड, **नई दिल्ली**-110002
Ph.: 011-23239001 • E-mail: delhi.books@alliedpublishers.com

खसरा नं. 168, प्लॉट नं. 12-ए, विज़्डम अकादमी स्कूल के सामने, कामता,
सुरेन्द्र नगर, **लखनऊ**-227105
Ph.: 09335202549 • E-mail: lko.books@alliedpublishers.com

17 चित्तरंजन एवेन्यू, **कोलकाता**-700072
Ph.: 033-22129618 • E-mail: cal.books@alliedpublishers.com

15 जे.एन. हेराडिया मार्ग, बैलार्ड एस्टेट, **मुंबई**-400001
Ph.: 022-42126969 • E-mail: mumbai.books@alliedpublishers.com

60 शिव सुन्दर अपार्टमेंट्स (ग्राउन्ड फ्लोर), सेन्ट्रल बाजार रोड,
बजाज नगर, **नागपुर**-440010
Ph.: 0712-2234210 • E-mail: ngp.books@alliedpublishers.com

एफ-1 सन हाउस (प्रथम मंजिल), सी.जी. रोड, नवरंगपुरा
एलीसब्रिज पो.ओ., **अहमदाबाद**-380009
Ph.: 079-26465916 • E-mail: ahmbd.books@alliedpublishers.com

751 अन्ना सलाई, **चेन्नई**-600002
Ph.: 044-28523938 • E-mail: chennai.books@alliedpublishers.com

पाँचवी मेन रोड, गाँधीनगर, **बंगलौर**-560009
Ph.: 080-22262081 • E-mail: bngl.books@alliedpublishers.com

3-2-844/6 और 7 काचीगुड़ा स्टेशन रोड, **हैदराबाद**-500027
Ph.: 040-24619079 • E-mail: hyd.books@alliedpublishers.com

Website: www.alliedpublishers.com

प्रथम हिन्दी संस्करण : 1991

पुनर्मुद्रण : 2010, 2012, 2014, 2015

© जे. इन्दर सिंह कालरा, 1990

ISBN 81-7023-313-5

सुनील सचदेव द्वारा प्रकाशित व रवि सचदेव द्वारा ऍलाइड पब्लिशर्स प्राइवेट लिमिटेड, प्रिटिंग डिवीजन, ए-104, मायापुरी फेज़-II, नई दिल्ली-110 064 से मुद्रित।

05/2015

v

विषय-सूची

भूमिका ix

परिचय xi

पाकविद्या शब्दावली xiii

मसाले xv

पाक विधियों के बारे में दो शब्द xvii

नाप और तौल xix

सलाद तथा ठण्डे व्यंजन 1-14

झींगा अचार सलाद, मुर्ग सलाद, बोटी का सलाद, दक्षिणी सलाद, आलू-सलाद अनारकली, कचुम्बर, ठण्डी अजवाइनी मछली, मुर्ग रेशमी, मुर्ग लाजवाब, रान-ए-गुलमर्ग, खस्ता कीमा

तंदूरी और अन्य कबाब 15-30

तंदूरी लॉब्स्टर, तंदूरी पॉम्फ्रेट, तंदूरी मुर्ग, मुर्ग़ नवाबी, शान-ए-मुर्ग, मुर्ग टिक्का, कस्तूरी कबाब, मुर्ग मलाई, रेशमी कबाब, गलौटी कबाब, मलाई सीक, दम के कबाब, शिकमपुरी कबाब, अदरकी चॉप, गोश्त इलायची पसंद, पनीर का टिक्का

हांडी, कड़ाही और तवा 31-62

हांडी—मुर्ग नवरत्न, मेथी मुर्ग, अचार कोरमा, गोश्त और बड़ी बिरयानी, कच्ची मिर्च का गोश्त, खड़े मसाले का गोश्त, खुम्ब हरा धनिया, आलू चटनीवाले, रसभरी मटर, काले मोती बिरयानी

कड़ाही—कड़ाही झींगा, कड़ाही मुर्ग, नारियल का गोश्त, कड़ाही गोश्त हुसैनी, दही का कीमा, लजीज खुंब, मक्की खुम्ब मसाला, कड़ाही पनीर, कड़ाही छोले, दाल कबीला

तवा—झींगा मसाला, समुद्री खज़ाना टका-टक, मुर्ग तवा मसाला, मुर्ग गलौटी, गोश्त पसंदा पाया रस, गोश्त बंजारा, गोश्त के खाजे, पनीर तवा मसाला, पाव भाजी, दाल-बे-आब

दम पुख्त और अवध 63-87

दम पुख्त—गुलनार जलपरी, खुरूस-ए-तुर्श, खुरूस-ए-पोटली, अहद-ए-चंगेज़ी, जाकंद-ए-कबाबी, फिरदौस-ए-बराइन, सब्ज़ गोश्त, गुंचा-ओ-बहार, फलदारी कोफ्ता, बादल जाम

अवध–दूधिया बटेर, मुर्ग मुस्सलम, पिट्ठी वाली मच्छी, मुर्ग वाजिदअली, गोश्त कोरमा, चांदी कलियां, नहरी गोश्त, लज़ीज पसलियां, लौकी मुस्सलम, धिंगरी दुल्मा

पश्चिमी तट के भोजन   82-101

गोवा–गोवा प्रॉन मसाला, प्रॉन बालचावो, गोवा करी, गलीना ज़कूटी, विंडालू, सोर पोटल

पारसी–कोलमिनो पाटियो, धान-दाल पाटियो, खीमा-साली, पतरानी मच्छी, धनसाक

पंजाब   103-120

अमृतसरी मछली, मोगेवाला कुकड़, मखनी चूज़े, पटियालाशाही गोश्त, मसालेवालियाँ चॉप, मीट बेली राम, पेशावरी छोले, रारहा मीट, सरसों का साग, हरा छोलिया ते पनीर, मसालेदार करेले, भरता, कढ़ी, पंचरत्नी दाल, दाल अमृतसरी, दाल मखनी

राजस्थान   121-133

मांस के सूले, सफेद मांस, लाल मांस, मक्की का सोवेता, मांस की कढ़ी, खड़, अमरूद की सब्ज़ी, मुंगौड़ी की तरकारी, बेसन के गट्टे, मूंग दाल खिलमा

दक्षिण भारत   135-154

इग्गारु रोया, एढ़ा करी, केरला नांदू मसाला, पाम्फ्रेट मप्पास, कोज़ी वर्था करी, मिलागू कोज़ी चेट्टीनाड़, वेनडेक्का मसाला पच्चड़ी, मुरुंगक्कई सांभर, बटानी काल करी, रसम, बिसी बेली होलिअन्न

हैदराबाद–हैदराबादी मुर्ग कोरमा, मुर्ग निज़ामी, मुर्ग दो-प्याज़ा हैदराबादी, सूफियानी बिरयानी, दालचा गोश्त, नवाबी तरकारी बिरयानी, सब्ज़ खड़ा मसाला

मिष्ठान्न (मीठा)   155-172

रबड़ी, शाही टुकड़ा, कुल्फ़ी, रसमलाई, गुलाबजामुन, जौक-ए-शाही, फ़िरनी, केसरी खीर, सेवइयां (सेवईं), श्रीखंड, सेब की खीर, गाजर का हलवा, अनन्नास का मुज़ाफर, मश्क-ए-तंजान, मुर्गे की बर्फ़ी, परुप्पु पायसम, पाल पोली, फ़लूदा

नमकीन (अल्पाहार)   173-190

झींगा तिल तिंका, जान-ए-मन, चौरसिया काठी, गूलर कबाब, आलू टिक्की, पकौड़ा, समोसा, मट्ठी, कचौरी, दोसई, मसाला दोसई, आलू का बोंडा, इडली, मेंदु वड़ा, कांजीवरम इडली

अचार, चटनी और मुरब्बे   191-204

झींगा अचार, मुर्ग अचार, आम का अचार, भरवाँ लाल मिर्च, नींबू अचार, खट्टा-मीठा अचार, आम की चटनी, गाजर की चटनी, सूखे काले अंगूर का मुरब्बा, आँवले का मुरब्बा, गाजर का मुरब्बा, अदरक का मुरब्बा, कैरी का लौंजी, सौंठ

vii

दक्षिण भारतीय चटनी—तेंगई तोवियाल (नारियल की चटनी), तक्कली तोवियाल (टमाटर की चटनी), वेंगयम तोवियाले (प्याज़ की चटनी)

रोटी (ब्रेड) 205-218

तंदूरी रोटी, आलू परांठा, बाटी, खमीरी रोटी, पूरी, नान, भटूरा, केरला परांठा, बाकरखानी, शीरमाल, वर्की परांठा, जलेबी परांठा

परिशिष्ट 219-234

मसाले—गरम मसाला, गरम मसाला 1, गरम मसाला 2, सुगंधित गरम मसाला, चाट मसाला, तंदूरी चाट मसाला, दम का मसाला, धनसाक मसाला, सांभर मसाला, मुलगापोड़ी

शोरबा—मुख्य शोरबा 1, मुख्य शोरबा 2, मखनी शोरबा, कड़ाही शोरबा

पेस्ट—प्याज़ का पेस्ट, उबले प्याज़ का पेस्ट, तले हुए प्याज़ का पेस्ट, अदरक का पेस्ट, लहसुन का पेस्ट, काजू का पेस्ट, नारियल का पेस्ट, खसखस का पेस्ट

दूध—दही, अमृत दही, केसर दही, पनीर, छेना, खोआ, नारियल,

रंगीन चित्रों की विषय-सूची

झींगा अचार सलाद (Jhinga Achaar Salaad) **पृ० 24-25 के बीच में**
खस्ता कीमा (Khasta Kheema), मुर्ग रेशमी (Murgh Reshmi), ठण्डी अजवाइनी मछली (Thandi Ajwaini Machchli)
तंदूरी लॉब्स्टर (Tandoori Lobster), तंदूरी पॉम्फ्रेट (Tandoori Pomfret)
शान-ए-मुर्ग (Shaan-e-Murgh)

बोटी कबाब (Boti Kebab), अदरकी चॉप (Adraki Chaamp), मलाई सीक (Malai Seekh) **पृ० 40-41 के बीच में**
सूफियानी बिरयानी (Sofyani Biryani), सब्ज खड़ा मसाला (Subz Khada Masala), शिकमपुरी कबाब (Shikampuri Kebab)
मुर्ग नवरत्न (Murgh Navrattan)
काले मोती बिरयानी (Kale Moti Biryani)

कड़ाही झींगा (Kadhai Jhinga) **पृ० 56-57 के बीच में**
कड़ाही मुर्ग (Kadhai Murgh)
पाव भाजी (Pao-Bhaji)
बादल जाम (Badal Jaam), खुरूस-ए-पोटली (Khuroos-e-Potli)

अहद-ए-चंगेज़ी (Ahd-e-Changezi), खुरूस-ए-तुर्श (Khuroos-e-Tursh) **पृ० 88-89 के बीच में**
मुर्ग मुस्सलम (Murgh Mussalam)

मुर्ग वाजिदअली (Murgh Wajid Ali), चांदी कलियां (Chandi Kaliyan)
गोवा करी (Goa Curry)

सोर पोटल (Sorpotel), विंडालू (Vindaloo) पृ० 104-105 के बीच में
पतरानी मच्छी (Patrani Machchi), धनसाक (Dhansak)

अमृतसरी मछली (Amritsari Machchli)
मसालेवालियाँ चॉप (Masalewalian Chaampan), पटियालाशाही गोश्त
  (Patialashahi Meat)

बेसन के गट्टे (Besan ke Gatte), मांस की कढ़ी (Maas ki Kadhi) पृ० 136-137 के बीच में
बाटी (Bati), मुंगौड़ी की तरकारी (Mungodi ki Subzi), लाल मांस (Lal
  Maas), खड़ (Khad)

केरला नांदू मसाला (Kerala Nandu Masala), एढ़ा करी (Erha Kari)
मिलागू कोज़ी चेट्टीनाड (Milagu Kozhi Chettinad)

दोसई (Dosai), ऐग दोसई (Egg Dosai), उत्थपम (Utthapam), पृ० 152-153 के बीच में
  सांभर (Sambhar), इडली (Idli), वेंगयम तोवियाल (Onion Chutney),
  तेंगई तोवियाल (Coconut Chutney), तक्कली तोवियाल (Tomato Chutney)

शाही टुकड़ा (Shahai Tukrha)
गाजर का हलवा (Gajjar ka Halwa), कुल्फ़ी (Kulfi), जौक-ए-शाही (Zauq-e-Shahi),
  कालाजाम (Kalajam), फिरनी (Phirni)

झींगा तिल तिका (Jhinga Til Tinka), समोसा (Samosa), चौरसिया काठी
  (Chaurasia Kathi), गूलर कबाब (Goola Kebab)

मक्की की रोटी (Makki ki Roti), लस्सी (Lassi), सरसों का साग (Sarson पृ० 200-201 के बीच में
  ka Saag)
पेड़ा (Pedha), परांठा (Paratha), भटूरा (Bhatura), फुल्का (Phulka)
जलेबी परांठा (Jalebi Paratha), वर्की परांठा (Varqui Paratha), शीरमाल (Sheermal)
मुर्ग अचार (Murgh Achaar), चांप अचार (Chaamp Achaar), सूखे काले अंगूर का मुरब्बा
  (Sookhe Kale Angur ka Murabba), आमले का मुरब्बा (Aamle ka Murabba), गाजर का
  मुरब्बा (Gajjar ka Murabba), सेब की चटनी (Saeb ki Chutney), अदरक का मुरब्बा
  (Adrak ka Murabba), गाजर की चटनी (Gajjar ki Chutney)

भूमिका

यह पुस्तक सर्वश्रेष्ठ भारतीय पाक-कला का समारोह है। मेरा उद्देश्य है भारत के कुछ सर्वश्रेष्ठ पाक-कलाविदों की कला के जरिए भारत के सर्वोत्तम व्यंजनों का परिचय देना। मुझे पिछले सोलह वर्षों में सब से अधिक ख्याति प्राप्त कुछ विशेषज्ञों के साथ काम करने का सौभाग्य और आनंद मिलता रहा है। मेरी इस योजना का उन्होंने उत्साह से स्वागत किया। इसका कारण यह था कि लोग इन कलाकारों को साधारण बावर्चियों का दर्जा देते रहे हैं। यह संज्ञा इन कलाकारों को अशिष्टतापूर्वक सेवकों के नीचे दर्जे पर उतार देती है सच तो यह है कि इनमें से ज्यादातर लोग उच्च शिक्षा प्राप्त हैं और कंपनियों के एक्ज़ेक्यूटिव अफ़सरों से ज़्यादा ऊंचा वेतन लेते हैं। इससे उनके सही मूल्य का पता लगता है।

एक कारण और भी था। यह सच है कि कुछ साल पहले तक सब से बढ़िया खाना घरों में ही पकता था। लेकिन अब नहीं।

अपने प्रति लोगों की धारणा न बदलते देख कर, और उनकी आलोचना से आहत होकर उन्होंने अपनी छवि को बदलने का निश्चय किया। उनको यह बात खटक रही थी कि अभी तक 'पाककला' पर लिखी गई लगभग सभी पुस्तकें गृहिणियों द्वारा लिखी गई थीं। इनमें से मात्र कुछ ही पुस्तकें उच्चकोटि की थीं। अधिकांश निम्न स्तर की तथा त्रुटिपूर्ण ही नहीं अधूरी भी थीं। देश के भोजन गृहों में होने वोले परिवर्तनों की झलक इनमें नहीं थी। इन पुस्तकों में इस बात का ध्यान भी नहीं रखा गया कि भारतीयों में खाना बाहर खाने का प्रचलन बढ़ रहा है। वास्तव में यह प्रचलन ही इस बात को प्रमाणित करता है कि ये पाक कलाविद सचमुच बहुत बढ़िया खाना पकाते हैं। भारतीय व्यंजन कैसे पकाए जाने चाहिए इस विषय में विचार व्यक्त करने का सुअवसर उन्हें 'प्रसाद' पुस्तक के माध्यम से मिल गया और वे मेरे सह-लेखक बन गए।

इसमें कोई सन्देह नहीं कि भारतीय व्यंजन आजकल बहुत लोकप्रिय होते जा रहे हैं। यही समय है भारत की पाकशालाओं में अपना करिश्मा दिखाने वाले इन जादूई कलाकारों से परिचय कराने का जो नई-नई विधियां और तरीके आजमाने को हमेशा तत्पर रहते हैं। इस सब का परिणाम है उनके संग्रहों से निकली नई और पुरानी पाकविधियों को यह अपूर्व संकलन। मुझको खेद है कि शिकार के पकवान (game cooking) पर अध्याय नहीं जोड़ सका। इस अध्याय के सह-लेखक महाराज अरविंद सिंह मेवाड़ और मैं उसे तैयार कर रहे थे कि अचानक उनके पिता उदयपुर के महाराजा भगवत सिंह जी का स्वर्गवास हो गया। अब हम महाराजा की यादगार के रूप में इस विषय पर पूरी पुस्तक लिखने की योजना बना रहे हैं।

ये पाकविधियां उन भोज्य पदार्थों की नहीं हैं जो आमतौर पर रेस्तराओं में मिलते हैं। ये बनाने में आसान हैं और इन्हें बनाने में गृहिणियों को भी आनंद आएगा।

हमने लगातार चौदह महीने इन विधियों को अंतिम रूप देने में और यह सुनिश्चित करने में लगाए कि यह न समझ लिया जाए कि ये अनजानी और साधारण होने के कारण महंगी भी होंगी। यह स्मरण रहे कि भारतीय व्यंजन देश के बाहर भी उपलब्ध हैं, और यहां से सस्ते।

मुझे आशा है कि निर्दोष पाकविधि की मेरी तलाश भारतीय पाककला संबंधी शंकाओं को दूर कर देगी। खेद की बात है कि कुछेक अधकचरे पाचकों (शेफ) द्वारा बहुत ज्यादा देसी घी, वनस्पति घी या मिर्च-मसाला प्रयोग में लाने के कारण हमारा भोजन बिकता नहीं था। हमारा खाना गरिष्ट अवश्य है लेकिन वसायुक्त नहीं। सच है कि कभी-कभी

हम ज्यादा घी-तेल में पकाते हैं। लेकिन हमारी रसोई की खास बात यह है कि पकाना तभी पूरा माना जाता है जब घी या तेल बर्तन के किनारे छोड़ने लगता है या ऊपर तिर आता है। दूसरे शब्दों में जब पकना पूरा हो जाता है तो पकने वाली सामग्री घी-तेल को अलग कर देती है। ज्यादा घी-तेल से पकाने में सुविधा रहती है। ओर परोसने के पहले फ़ालतू घी को उससे छान लिया जाता है। बल्कि इस छने घी तेल को दोबारा इस्तेमाल किया जाता है और पहले ही मसाले की सुगंधि से युक्त होने के कारण, ज्यादा अच्छा भी होता है। इसका मतलब यह नहीं कि उसे बार-बार इस्तेमाल करें। केवल एक बार और।

इसी प्रकार हमारा भोजन मसालेदार अवश्य होता है लेकिन मिर्च वाला नहीं। हम मसालों को उनकी सुगंध के लिए इस्तेमाल करते हैं। मिर्च का इस्तेमाल अपनी-अपनी रुचि पर निर्भर करता है। इस पुस्तक में दी गई विधियां 'हल्की' और 'मसालेदार' हैं। पाठक अपनी इच्छानुसार मिर्चें घटा-बढ़ा सकता है।

इसमें दी गई प्रत्येक विधि को बार-बार आजमाया गया जब तक कि बिल्कुल निर्दोष विधि तैयार नहीं हो गई। उन्हें लिखा तब गया जब हमें विश्वास हो गया कि कोई भी गृहिणी या शौकिया 'शेफ़' उनका ठीक-ठाक अनुसरण कर सकेगा।

अरविंद सारस्वत और रिचर्ड ग्रेहम के बिना यह काम संभव न होता। दो दशक के मेरे मित्र सारस्वत ने तो आधी पुस्तक लिखने में मेरी सहायता की। ग्रेहम कुछ समय में ही मित्र बन गए और ज़रूरत के वक्त मेरी मदद की।

मनजीत सिंह गिल, मनु मेहता, एन.पी. सिंह, और एस.पी. एस. चौधरी के साथ काम कर के मैंने बहुत-कुछ प्राप्त किया। इन युवा पाकविदों ने धैर्यपूर्वक मेरे साथ प्रत्येक पाकविधि पर काम किया जब तक हम पुरी तरह से संतुष्ट नहीं हो गए। उन्होंने तो मुझको ही 'शेफ़' बना डाला—कम से कम सैद्धांतिक रूप से।

अपने साथी प्रदीप दासगुप्ता के बारे में मैं क्या कह सकता हूं अलावा इसके कि उनके साथ काम करने में आनंद आया। उनके उत्तम चित्रों ने पुस्तक में एक और आयाम जोड़ दिया।

केमीलिया पंजाबी, दिव्यभानु एस. चावड़ा, बीरी परमार, सुबीर भौमिक, अनिल चान्ना, रवि दुबे, सुनील चंद्रा, और दिनेश खन्ना का मैं धन्यवाद करता हूं। उन्होंने कई तरह से मेरी मदद की और उत्साह बढ़ाया।

अपने गुरू खुशवंत सिंह को तो मैं भूल ही नहीं सकता, न अपने दूसरे संपादक मनोहर श्याम जोशी को। दोनों ने मुझको बढ़िया भोजन पर पुस्तक लिखने की मेरी आकांक्षा को पूरा करने का अवसर दिया।

पांडुलिपि का संपादन करने और उनके मूल्यवान सुझावों के लिए मैं अभिमन्यु सिंह का भी आभारी हूं। मनु मेहता का उल्लेख मैं फिर करना चाहूंगा प्रूफ़ देखने में मेरी सहायता करने के लिए। अगर उनकी सहायता न मिली होती तो पुस्तक में कुछ बड़ी ग़लतियां रह जातीं।

अंत में मैं अपने परिवार के प्रति कृतज्ञता प्रगट करना चाहूंगा जिन्होंने मेरी बेवक्त आने-जाने और मेरी सनक को बिना किसी शिकायत के स्वीकार किया। असंख्य पाकविधियों को आजमाने में मेरी मां की रसोई में सहायता करने के लिए लवजीत और रोमिंदर का भी मैं आभारी हूं। मनविंदर का भी जिन्होंने मेरे पिता के साथ मेरे बेटों की देखभाल की और अपनी पूरी छुट्टियां मेरे बच्चों के साथ बितायीं।

जे. इंदर सिंह कालरा

नई दिल्ली
15 अगस्त 1990

परिचय

साभारः अरविंद सारस्वत

हिंदी फिल्मों की तरह प्रत्येक हिंदुस्तानी जिंदगी भर खायी गई स्वादिष्ट चीज़ों की याद चटखारे ले-लेकर करता रहता है। भोजन भारतीयों की बातचीत का एक भाग है। किसी की भी बातचीत सुनें—आपको गुज़री रात से लेकर पिछले कई वर्षों तक कहीं खाये गए खाने का वर्णन सुनने को मिलेगा। भाग्यवश आज-कल बात करने को और भी बहुत कुछ है।

हमारा देश परंपराओं का देश है। उनके कारण उत्पन्न कुछ कमियों के बावजूद देश की पाक-कला में बहुत परिवर्तन हो रहे हैं। यह परिवर्तन कुछ तो विकास के कारण हो रहे हैं और कुछ बदलाव के कारण। सब से महत्वपूर्ण खोज है अपने क्षेत्रीय व्यंजनों और उनको बनाने के तरीकों के अपार ख़ज़ाने की। जहां कभी रेस्तरां अपनी अंतर्राष्ट्रीय पाक-कला पर—चाहे वह ग़लत था—गर्व करते थे, अब वे विशेषज्ञता पर ज़ोर दे रहे हैं। बदलती रुचि का ख्याल रखते हुए कई 'शेफ़' हाँडी, दमपुख्त, कढ़ाई और तवा वाले व्यंजन आदि को पुनर्जीवित कर रहे हैं। कुछ क्षेत्रीय भोजन में विशेषज्ञता हासिल कर रहे हैं जैसे मारवाड़ी, गोवन, हैदराबादी, पारसी। इस प्रयास की प्रशंसा हो रही है। देश के बाहर और भीतर किये जा रहे भोजन समारोहों की सफलता इसकी साक्षी है।

जिनका भारतीय पाक-कला से परिचय नहीं है वह उन्हें बहुत पेचीदा लगती है। इसका कारण है। भारतीय पाक-कला का कहीं लिखित रिकार्ड नहीं मिलता। पाक-कला की हर शाखा की कई शैलियां हैं, हर शैली का अपना गुरू।

पाक विधियां पीढ़ी-दर-पीढ़ी चलती आती हैं। लेकिन ये कभी लिखी नहीं गईं। सिर्फ़ स्मृति में संजोयी जाती रहीं। नतीजा यह है कि कोई मानक विधि नहीं है। हरेक अपने-अपने ढंग से उसे समझता है। पाकशाला का हर कलाकार और उनकी संख्या काफ़ी है—समझता है कि उसका तरीका ही ठीक है।

विधियां इस कारण लिखी नहीं जाती थीं क्योंकि हर उस्ताद बावर्ची को यही डर रहता था कि कहीं कोई उसका नुस्खा चुरा न ले। यही कारण है कि हज़ारों वर्षों के परिष्कार के बावजूद भारतीय पाक-कला के बारे में उतनी जानकारी नहीं है जितनी चीनी पाक-कला के बारे में है।

यही नहीं, भारतीय पाक-कला हर प्रांत में भिन्न है। एक ही व्यंजन का रंग-रूप, सुगंध और स्वाद अलग-अलग स्थान पर अलग-अलग होते हैं। परिणाम हुआ केवल गड़बड़ी खास कर गंभीरता से भारतीय पाक-कला सीखने के इच्छुक व्यक्ति के लिए।

पाक-कला के उस्तादों के साथ बीस वर्ष तक काम करने और उनके काम को ग़ौर से देखते रहने के बाद प्रयोग और आज़मायश पर हज़ारों घंटे बिताने के बाद हम इस निष्कर्ष पर पहुंचे हैं कि भारतीय पाक-कला तीन मुख्य बातों पर आधारित है: सामग्री का चुनाव, उनकी मात्रा और पकाने का क्रम।

सामग्री का चुनाव

अच्छी रसोई के लिए ताज़ी और मौसमी चीज़ों का प्रयोग आवश्यक है। लेकिन इससे पहले हर एक सामग्री को समझना जरूरी है—उसके गुण, पौष्टिकता, कैलोरी की मात्रा, कब तक शेल्फ़ में रखी जा सकती है, तापमान के

उतार-चढ़ाव से उसके गुणों में होनेवाला बदलाव आदि। बिना इस जानकारी के बाजार से ठीक सामग्री खरीदना संभव नहीं होगा। यह स्पष्ट है कि सही सामग्री का चुनाव आधी जंग जीतने के समान है। (उदाहरण के लिए साग पालक, हरा धनिया, पोदीना) खरीदते समय देखें कि पत्तियां करारी हैं, हरी हैं (भूरी नहीं) और कोमल हैं (उनके डंठल मोटे और सख़्त तो नहीं हो गए हैं)।

दूसरा उदाहरण, बकरे या भेड़ का मांस खरीदते समय अलग-अलग व्यंजनों के लिए अलग-अलग किस्म के काट की ज़रूरत होगी हर टुकड़े का गोश्त कसा हुआ होना चाहिए, बहुत ज्यादा चर्बीवाला न हो, गुलाबी रंग हो, बू न हो, और हड्डियां छिद्रयुक्त (porous) और गुलाबी आभा वाली हों। विभिन्न व्यंजनों के लिए मुर्ग़ों का वज़न खास महत्व रखता है।

मात्रा और अनुपात

भारतीय रसोई में अंदाज़ से काम लिया जाता रहा है, नाप-तोल कर नहीं। अंदाज़ में कमी-बेशी होने के कारण चीज हमेशा एक-सी नहीं बनती। इसी कारण यह जरूरी है कि हर चीज़ को सही मात्रा और अनुपात में इस्तेमाल किया जाये।

उदाहरण के लिए, किसी चीज़ में ज़्यादा दही का इस्तेमाल उसे खट्टी और बेमज़ा बना देगा। इसी प्रकार लाल मिर्च का ज़्यादा इस्तेमाल किसी भी चीज़ के स्वाद को मार देता है।

एक और उदाहरण। पुलाव के लिए एक भाग चावल के लिए दो भाग उबलता पानी लेना चाहिए। इससे कम-ज़्यादा पानी डालने पर पुलाव में चावल या तो चिपकेंगे या कच्चे रह जाएंगे।

पकाने का क्रम

किसी भी चीज़ का रंग, स्वाद और बनावट उसको पकाने के क्रम पर बहुत निर्भर करता है। आसान तरीका अपनाने की कोशिश न करें। अक्सर रसोइ में कच्चे तेल में सारी सामग्री एक साथ डाल देते हैं। परिणाम होता है बेस्वाद घोटाला जिसमें न रंग होता है न खुशबू।

अगर विधि में कहा गया है कि प्याज़ को सुनहरा भूरा होने तक तला जाये, तो उसका सही रंग आने के पहले ही खड़ा गरम मसाला या पिसा मसाला डाल देने का कोई मतलब नहीं। इससे तो चीज़ ख़राब हो जाएगी और मुंह में कच्चे प्याज़ का स्वाद आएगा।

साम्भर को ही लेलें—दक्षिणी भारत का दाल का विशेष व्यंजन। इसमें इमली का रस दाल के पकने के बाद ही डाला जाता है, पहले नहीं। यदि यह क्रम नहीं रखा गया तो जो चीज़ तैयार होगी वह अजीब कड़वी चीज़ होगी। दाल भी अधपकी रह जाएगी।

पाकविद्या शब्दावली

मसाले यद्यपि पाककला का आधार हैं, उनको मिश्रण बनाना पाककला का सार है परन्तु फिर भी इसी से व्यंजन की पूर्णता नहीं है। पाचनकला की आत्मा रहती है विभिन्न विधियों—दम देना, भूनना, तलना, बघारना (छौंकना) तथा धुँआ देना तथा सूखा भूनना आदि के मिश्रित प्रयोगों में। किसी व्यंजन विशेष को तैयार करते समय कभी दो या दो से अधिक अथवा सभी विधियाँ एक साथ प्रयोग में लाई जाती हैं। अतः यह आवश्यक है कि इन विधियों को भली भाँति समझ लिया जाए।

दम देना: इसका अर्थ है भाप में पकाना अर्थात् व्यंजन को पूरी तरह से परिपक्व करना। 'दम' आधुनिक धीमी आँच द्वारा पकाए जाने वाले व्यंजनों का आधार है। पुराने समय में जब 'हाँडी' का प्रयोग किया जाता था बर्तन पर ढक्कन लगाकर गुंधे ओटे से उसे सील कर दिया जाता था ताकि भाप बिल्कुल बाहर न निकले तथा जलते कोयलों पर रख दिया जाता था। जलते हुए कुछ कोयले ढक्कन के ऊपर भी रख दिए जाते थे ताकि व्यंजन को ऊपर नीचे से बराबर गर्माई पहुँचे। आजकल बराबर की गर्मी देने के लिए 'ओवन' प्रयोग में लाए जाते हैं।

इस प्रक्रिया में कुछ मुख्य चीजें आवश्यक सामग्री सहित आधी पका ली जाती हैं (कभी कभी कुछ सामग्री 'दम' देने अथवा सील करने की प्रक्रिया से पूर्व ही डाली जाती है) और फिर बर्तन पर ढक्कन लगा कर उसे आटे से 'सील' करने के बाद ही 'ओवन' में रखा जाता है।

व्यंजन अपने आप भीतर की भाप में पकता रहता है। अतः इस विधि का लाभ यह है कि इसमें प्रयुक्त वस्तुओं की अपनी खुशबू तथा स्वाद बिल्कुल नहीं बिगड़ता क्योंकि बर्तन से भाप नहीं निकल पाती। दम ज्यादातर तभी दिया जाता है जब गोश्त काफी मुलायम हो गया हो और उसकी तरी भी लगभग तैयार हो। वास्तव में दम देने से घी या तेल व्यंजन की सतह पर आ जाता है और देखने तथा सुगन्ध में बहुत अच्छा लगता है।

भूनना: इस विधि द्वारा मध्यम या तेज आग पर, हल्का सा गीला या थोड़ा सा पानी (अथवा दही आदि) डाल कर करछी लगातार चलाते हुए पकाया जाता है ताकि व्यंजन तले पर न चिपके। प्रत्येक व्यंजन में यह विधि कहीं न कहीं अवश्य प्रयोग में लाई जाती है। कभी-कभी एक या दो बार से अधिक भी प्रयोग में लाई जाती है।

आरम्भ में चाहे मसाले और/या अन्य प्याज, लहसुन अदरक, टमाटर आदि सामग्री को भूना जाता है। इस विधि द्वारा न केवल प्रत्येक मसाले आदि सामग्री की रस-गन्ध ही निकल आती है बल्कि एक लाभ और भी होता है कि जलते नहीं या कच्चे नहीं रह जाते। वास्तव में डाला गया मसाला अच्छी तरह से पक जाना चाहिए।

बाद में मुख्य सामग्री (सब्जी या मीट जो भी प्रयोग किया गया हो) को भूना जाता है। इस विधि में व्यंजन आरम्भ में स्वयं ही निकले रस में पकते हैं। जब मसाला तेल छोड़ देता है और किनारों पर तेल तैरने लगता है। तब यह विधि पूर्ण होती है।

कोई भी व्यंजन पकाने के लिए केवल इस विधि का प्रयोग काफी नहीं है। पूरा पकाने के लिए काफी मात्रा में पानी डाला जाता है।

तलना: भारतीय व्यंजन कड़ाही द्वारा तैयार की जाती है। इसका बर्तन बहुत गहरा नहीं होता। गहरे बर्तन में तलने में कोई हानि नहीं है पर कड़ाही में तलने के कुछ लाभ हैं।

* घी या तेल की मात्रा कम लगती है। इसलिए तेल को लगातार (काला होने पर) बदला भी जा सकता है। यह कहना जरूरी नहीं है कि साफ तेल में तला हुआ व्यंजन रूप, रंग तथा गन्ध तीनों तरह से देखने में अच्छा लगता है। केवल यह ही नहीं उसमें जले तेल की गन्ध भी नहीं होती।

* कड़ाही का आकार इस प्रकार का होता है जिसमें न केवल बड़ी मात्रा में व्यंजन पकाया जा सकता है बल्कि समान रूप से तला जा सकता है।

बघार, तड़का या छौंकना: गर्म तेल की यह खूबी होती है कि किसी भी मसाले अथवा हरी पत्तियों आदि को अपने में खींच लेता है और यह खुशबू उस तेल में देर तक रहती है। यह विधि या तो व्यंजन बनाने के आरम्भ में (जैसे पुलाव बनाते समय चावल भूनने से पहले गर्म तेल में सबसे पहले डालकर तेल को खुशबूदार बनाया जाता है) या बाद में दालें बनाते समय जीरा, हींग का छौंक दाल गल जाने के बाद डाला जाता है), छौंक लगाते समय कुछ बातों का ध्यान रखना चाहिए:–

* घी या तेल से जब धुँआ निकलने लगे तब आग को कम करके छौंक लगाना चाहिए।

* इसमें पानी नहीं डाला जाता।

* इसकी सामग्री एक के बाद एक जल्दी-जल्दी डाली जाती है एक साथ बहुत कम।

* मसाले के चटखने तथा उनका रंग बदलने से पता चलता है कि छौंक तैयार है। हरी पत्तियाँ (धनिया आदि) प्रयोग करते समय अलग बात है।

* तैयार किया गया छौंक उबलते घी सहित व्यंजन पर डाला जाता है। कभी-कभी छौंक पहले से भी दिया जाता है।

धुँआ देना (Smoking): कई बार धुँआ देकर व्यंजन को सुखाया जाता है। इस विधि से व्यंजन के स्वाद तथा रंगरूप पर बहुत असर पड़ता है। ज्यादातर यह विधि किसी भी व्यंजन विशेष के अन्त में प्रयोग में लाई जाती है। इसके लिए कोयला, घी और सूखे मसाले ज्यादातर लौंग का प्रयोग किया जाता है। इस विधि का प्रयोग करते समय ध्यान में रखने योग्य बातें:

* एक कटोरी में जलता हुआ कोयला रखें और उस कटोरी को हाँडी के मध्य में रख कर उसके चारों ओर तैयार माँस के टुकड़े सजा दें।

* कोयले के ऊपर सूखा मसाला डालें और ऊपर से सफेद मक्खन डालें।

* फौरन बर्तन या कैसरोल का ढक्कन लगा दें ताकि धुँआ बाहर न निकल सके तथा माँस पर अपनी खुश्बू छोड़ सके।

सूखा भूनना (Roasting): भारतीय व्यंजन बनाते समय व्यंजन को सूखा भूनने के लिए ज्यादातर तन्दूर का प्रयोग किया जाता है।

इस विधि द्वारा व्यंजन में एक ऐसा अनोखा स्वाद आ जाता है जो सबसे अलग है। तन्दूर में लगाए गए व्यंजन का रस जब नीचे पड़े कोयले पर टपकता है तो उससे धुँआ ऊपर उठकर पुनः माँस पर लगता है और तन्दूर में भर जाता है जिससे माँस में एक अनोखा स्वाद आ जाता है। इस विधि के द्वारा कबाब, रोटियाँ, सब्जियाँ तथा पनीर आदि बहुत से व्यंजन बनाए जाते हैं।

कबाब, पनीर तथा सब्जियाँ (रोटी छोड़कर) खुली हुई अँगीठी पर भी सूखी भूनी जा सकती हैं परन्तु उसमें मीट के अपने आप भुनने की खुश्बू कम होगी।

रोटी को छोड़कर सूखा भूने जाने वाली सामग्री को कुछ समय पहले से मसाले में भिगोकर रखना आवश्यक है।

मसाले

यह सबको पता है कि ताज़े पीसे गए मसाले ही भारतीय व्यंजनों की जान हैं। मसाले पीसने में उतना ही समय लगता है जितना कि शायद व्यंजन बनाने में। किसी भी व्यंजन विशेष के लिए गरम मसालों, अन्य सूखे मसालों तथा हरी पत्तियों आदि का अनुपात अलग-अलग होता है। उनके अनुपात और मिश्रण में अन्तर होने से उनकी खुश्बू भी अलग-अलग हो जाती है।

खाना बनाते समय हमेशा एक ही प्रकार का पिसा मसाला डालने से विभिन्न व्यंजन होने पर भी उनके स्वाद में कोई अन्तर नहीं आएगा। अतः यह जानना बहुत आवश्यक है कि किस व्यंजन में किस मसाले की प्रधानता हो अथवा किस प्रकार के मसालों का मिश्रण होना चाहिए। जैसे कलौंजी (प्याज के बीज) नान के लिए जरूरी हैं, बकरे के माँस के साथ जावित्री और समुद्री भोजन के लिए अजवाइन आवश्यक है। करी पत्ता दक्षिण के भोजन का अभिन्न अंग है तथा राई के बिना कोई अचार नहीं बनाया जा सकता। केवल यही नहीं कुछ हरी पत्तियों अथवा मसालों का प्रयोग किसी विशेष ऋतु में ही किया जा सकता है। जैसे जावित्री का प्रयोग गर्मियों में नहीं किया जाता (इससे नकसीर फूट जाती है।) जबकि पोस्त के दाने गर्मी की ऋतु में ठण्डक पहुँचाने वाले होते हैं। यदि भारतीय मसालों की प्रयोग विधि आप की पकड़ में आ जाए तो आप आलू जैसी साधारण सब्जी से भी लजीज़ व्यंजन बना सकते हैं।

साधारणतः मसाले दो प्रकार से प्रयोग में लाए जाते हैं। एक तो सूखे पाउडर के रूप में और दूसरे पीसकर (पेस्ट के रूप में)।

मसाले तथा सुखाई गई हरी पत्तियाँ			
अजवाइन	कलौंजी	छोटी इलायची	कलमी शोरा
फिटकरी	काली मिर्च	कोकम	काले तिल, सफेद तिल
सौंठ	दालचीनी	जावित्री	चक्री फूल
हींग	लौंग	अमचूर	इमली
तेजपत्ता	धनिया	राई	हल्दी
मोटी इलायची	करी पत्ता	जायफल	सफेद इलायची
शाह जीरा	सूखा नारियल	फूलपत्री	जीरा
काला जीरा	सौंफ	अनार दाना	सफेद मिर्च
कसूरी मेथी	काला नमक	खसखस	पीली मिर्च
मेथी दाना	केसर	लाल मिर्च	

सुखाए गए फल			
बादाम	मूँगफली	जर्दालू	मुनक्का
काजू	चिलगोजा	मगज़ (खरबूजे के बीज)	चिरौंजी
खजूर	पिस्ता	चेरी	अखरोट
छुआरा	किशमिश		

सुगंध	सजाने के लिए
गुलाब जल केवड़ा, इतर	सोने का वर्क चाँदी का वर्क

पाक विधियों के बारे में दो शब्द

इस पुस्तक के लिए पाक विशेषज्ञों ने और मैंने एक साल से अधिक समय तक प्रयोग किये। हर विधि को बिल्कुल निर्दोष बनाने के लिए हर व्यंजन को कम से कम दो बार और कभी-कभी इससे अधिक बार बनाया गया। कोई भी विधि तब तक नहीं लिखी गई जब तक उनको विश्वास नहीं हो गया कि उसे पढ़ कर बिना उनकी सहायता के मैं उस व्यंजन को हूबहू वैसा ही बना सकता हूं जैसा होना चाहिए। विधियों में कोई कमी न रह जाये इसकी पूरी कोशिश की गई है, लेकिन पकाने के समय, सिर्फ़ समय, में गड़बड़ी हो सकती है। रसोई के इस पहलू पर सामग्री की गुणवत्ता का प्रभाव पड़ता है। किसी चीज़ को पकाने में कितने पानी का प्रयोग किया जाता है, इसमें भी फ़र्क हो सकता है। इस पुस्तक में दी गई पाक विधियों में भारतीय सामग्री का ही उपयोग किया गया है।

सभी नाप-तौल इस्तेमाल के लिए तैयार वस्तु के हैं। जैसे, 1 किलो गोश्त हो तो आप गोश्त को साफ़ करने और यदि आवश्यकता हो तो, हड्डी निकालने के बाद तौलें। इसी प्रकार यदि 15¼ ग्राम बताया गया है तो उसके डंठल निकाल कर, धोने और कतरने के बाद ही तौलना चाहिए। दूसरे शब्दों में, किसी सामग्री को तैयार करने के बाद ही तौलें। यदि "तैयारी" में पकाना भी शामिल हो तो पकाने के पहले लेकिन सफ़ाई आदि करने के बाद तौलें।

यदि तैयारी का समय दो घंटे से अधिक बताया गया है तो उससे कुछ परेशानी हो सकती है। लेकिन निश्चिंत रहें, यदि गोश्त को 6-8 घंटे या रात भर "मेरिनेड" करने के लिए रखना है तो आपको उस पर नज़र रखने की ज़रूरत नहीं है। शुरू करने के पहले पाकविधि को दो बार पढ़ें। इस तरह आप यह फ़ैसला कर सकेंगे के किस सामग्री को पहले तैयार करना है। याद रहे कि केवल सामग्री की सूची उनके प्रयोग के क्रम से दी गई है, तैयारी में क्रम नहीं है।

तैयारी उतनी ही महत्वपूर्ण है जितना व्यंजन को पकाना। पकाना आरंभ करने के पहले सारी सामग्री को तौल कर अलग-अलग डिब्बों में उसी क्रम से रखें जिस क्रम में उनका प्रयोग किया जाएगा। उनको ढूंढने में एक मिनट की भी देरी होगी तो उससे व्यंजन खराब हो जाएगा। हर पाकविधि में कोई न कोई पिसी चीज़ बतायी गयी है। अच्छा होगा यदि यह चीज़ या सामग्री काफ़ी तादाद में पहले से ही तैयार करके रेफ़्रिजरेटर में रख दी जाए। (पेस्ट का खंड देखें।)

ताज़ा और सुखे मसाले का अंतर स्पष्ट है। धनिया से मतलब है हरा धनिया, पिसा सूखा धनिया या साबुत धनिया नहीं। "कसूरी मेथी" मेथी की सूखी पत्तियां हैं और "कश्मीरी देगी मिर्च" है पिसी लाल मिर्च—या लाल मिर्च का पाउडर। अंतर यह है कि यह साधारण लाल मिर्च के पाउडर से कम तेज़ होती है, और उससे बढ़िया रंगत आ जाती है।

हर पाक विधि में दी गई मात्रा 4 व्यक्तियों के लिए काफ़ी है—यदि और कोई विशेष उल्लेख न किया गया हो। भोजन में यदि केवल वही चीज़ हो तो उसके साथ सिर्फ़ रोटी, नान या चावल, रायता, पापड़, चटनी आदि परोसना ही काफ़ी होगा।

भोजन के लिए सूची बनाते समय एक ही खंड से दो चीज़ें न लें। जैसे 'कढ़ाई' या 'तवा' खंड से बने दो व्यंजनों का स्वाद मिलता-जुलता होगा। वैसे तो आप प्रांतीय भोजन के खंडों से या 'हांडी' और 'दमपुख्त' खंडों से कई चीजें ले सकते हैं, लेकिन यह ठीक नहीं होगा। हाँ, कबाब की बात और है वह भी जब आप अपने घर के पिछवाड़े खुले में "बारबेक्यू' करने की सोच रहे हों।

नाप और तौल

साभारः मनु मेहता

इस पुस्तक में दी गई पाक-विधियों में 'मेट्रिक' नाप-तौल दिया गया है।

भारतीय भोजन में प्याज़, अदरक या टमाटर ज़रा ज़्यादा भी हो जाए तो उससे ख़ास फ़र्क नहीं पड़ता, न ही यदि ज़रा ज़्यादा पानी डाल दिया जाए तो। लेकिन जहां भी किसी पाक-विधि में बिल्कुल ठीक-ठीक नाप-तौल देने की ज़रूरत समझी गई, उसे दिया गया है। उदाहरण के लिए पाठकों को कहीं-कहीं पढ़ने को मिलेगा—3 प्याला + 4 छोटा चम्मच।

इस चार्ट से नाप-तौल को बदलने में सहायता मिलेगी:

1 ग्राम	=	0.035 औंस
10 ग्राम	=	0.35 औंस
100 ग्राम	=	3.5 औंस
200 ग्राम	=	7.0 औंस

ग्राम को औंस में बदलने के लिए ग्राम को 0.035 से गुणा करें।

सुविधा के लिए नाप-तौल के मेट्रिक आंकड़े को 5 या 25 के यूनिट में रखा गया है।

औंस	ग्राम	समतुल्य	परिवर्तन
1	28.35	28	20/30
2	56.70	57	50/60
3	85.05	85	75/90
4	113.40	113	100/120
5	141.75	142	150
6	170.10	170	175
7	198.45	198	200
8	226.80	227	225
9	255.15	255	250
10	283.50	284	275/290
11	311.85	312	300/325
12	340.20	340	350
13	368.55	369	375
14	396.90	397	400
15	425.25	425	425
16 या 1 पौंड	453.60	454	450

सुविधा (conversion) के लिए यह चार्ट उपयोगी रहेगा—

1 छोटा (चाय का) चम्मच	=	5 ग्राम
2 चाय का चम्मच	=	10 ग्राम
3 चाय का चम्मच	=	15 ग्राम
1 बड़ा चम्मच	=	15 ग्राम
1 बड़ा चम्मच	=	3 चाय का चम्मच या ½ औंस
¼ प्याला	=	4 बड़ा चम्मच या 2 औंस
1/3 प्याला	=	5 बड़ा चम्मच + 1 छोटा चम्मच
½ प्याला	=	8 बड़ा चम्मच या 4 औंस
2/3 प्याला	=	10 बड़ा चम्मच + 2 छोटा चम्मच
¾ प्याला	=	12 बड़ा चम्मच या 6 औंस
1 प्याला	=	16 बड़ा चम्मच या 8 औंस
1 प्याला (तरल)	=	237 मि.ली.
1 औंस (सूखा)	=	28.35 ग्राम
16 औंस (सूखा)	=	1 पौंड
16 औंस (तरल)	=	2 कप या 1 पाइंट
2 पाइंट (तरल)	=	4 या 1 क्वाट

पुस्तक में प्रयुक्त common सामग्री को बदलने के लिए यह चार्ट सुविधाजनक रहेगा।

सब्जियाँ		
हरा धनिया (बारीक कटा)	1 कप	60 ग्राम
	1 बड़ा चम्मच	4 ग्राम
हरी मटर (छिली हुई)	1 कप	160 ग्राम
पुदीना	1 कप	60 ग्राम
	1 बड़ा चम्मच	4 ग्राम
खुम्बी	1 कप	70 ग्राम
प्याज (गोल कटी या छोटे टुकड़े)	1 कप	170 ग्राम
आलू (गोल कटे या चौकोर टुकड़े)	1 कप	150 ग्राम
टमाटर (बारीक कटे)	1 कप	225 ग्राम
दालें		
सभी दालें	1 कप	200 ग्राम
सभी फलियों के बीज (सूखे)	1 कप	200 ग्राम
सभी प्रकार के चने	1 कप	200 ग्राम

	खाद्यान्न	
चावल	1 कप	200 ग्राम
सेंवई	1 कप	200 ग्राम
	आटा	
आटा (गेहूँ का)	1 कप	120 ग्राम
मक्की का आटा	1 कप	80 ग्राम
चने का आटा	1 कप	150 ग्राम
भुने चने का आटा	1 कप	150 ग्राम
मैदा	1 कप	125 ग्राम
डबल रोटी का चूरा	1 कप	100 ग्राम
	दूध से बने पदार्थ	
पनीर	1 कप	110 ग्राम
क्रीम	1 कप	240 मि.ली.
दूध	1 कप	240 मि.ली.
दही	1 कप	225 ग्राम
दही (लटकाया हुआ)	1 कप	260 ग्राम
	तेल तथा घी	
घी या देसी घी	1 कप	225 ग्राम
	1 बड़ा चम्मच	15 ग्राम
घी या वनस्पति घी	1 कप	200 ग्राम
	1 बड़ा चम्मच	12½ ग्राम
सफेद मक्खन	1 कप	225 ग्राम
	1 बड़ा चम्मच	15 ग्राम
मूँगफली तेल	1 कप	220 मि.ली.
	1 बड़ा चम्मच	15 मि.ली.
सरसों का तेल	1 कप	220 मि.ली.
	1 बड़ा चम्मच	15 मि.ली.

चीनी तथा मसाले		
पीसी हुई चीनी	1 कप	120 ग्राम
	1 बड़ा चम्मच	8 ग्राम
चीनी	1 कप	200 ग्राम
	1 बड़ा चम्मच	12 ग्राम
अजवाइन	1 चाय का चम्मच	2.5 ग्राम
	1 बड़ा चम्मच	7.5 ग्राम
कलौंजी	1 चाय का चम्मच	3.3 ग्राम
	1 बड़ा चम्मच	10.0 ग्राम
काली मिर्च (दाने)	1 चाय का चम्मच	3.3 ग्राम
	1 बड़ा चम्मच	10.0 ग्राम
धनिया (सूखा)	1 चाय का चम्मच	2.0 ग्राम
	1 बड़ा चम्मच	6.0 ग्राम
जीरा	1 चाय का चम्मच	3.0 ग्राम
	1 बड़ा चम्मच	9.0 ग्राम
सौंफ	1 चाय का चम्मच	2.5 ग्राम
	1 बड़ा चम्मच	7.5 ग्राम
मेथी दाना	1 चाय का चम्मच	4.5 ग्राम
	1 बड़ा चम्मच	13.5 ग्राम
कसूरी मेथी (मेथी की पत्ती भूनकर पाउडर की गई)	1 बड़ा चम्मच	12 ग्राम
खरबूजे के बीज	1 चाय का चम्मच	3.3 ग्राम
	1 बड़ा चम्मच	10.0 ग्राम
अनार दाना	1 चाय का चम्मच	3.3 ग्राम
	1 बड़ा चम्मच	10.0 ग्राम
खसखस	1 चाय का चम्मच	3.0 ग्राम
	1 बड़ा चम्मच	9.0 ग्राम
तिल (काला, सफेद)	1 चाय का चम्मच	3.5 ग्राम
	1 बड़ा चम्मच	10.5 ग्राम
सूरजमुखी के बीज	1 चाय का चम्मच	3.3 ग्राम
	1 बड़ा चम्मच	10.0 ग्राम
सभी मसाले (पाउडर किए)	1 चाय का चम्मच	5 ग्राम

सूखे फल तथा गिरियाँ		
बादाम (छिलका उतरा)	1 कप	140 ग्राम
काजू (छिलका उतरा)	1 कप	140 ग्राम
नारियल (घियाकस में कसा)	1 कप	80 ग्राम
नारियल (dessicated) सूखा टुकड़ा	1 कप	60 ग्राम
मूँगफली (छिलकेरहित, साफ)	1 कप	140 ग्राम
पिस्ता (छिलका उतरा)	1 कप	140 ग्राम
किशमिश	1 कप	145 ग्राम
अखरोट (छोटे टुकड़े कटे)	1 कप	120 ग्राम
पेस्ट		
उबली प्याज का पेस्ट	1 कप	240 ग्राम
काजू का पेस्ट	1 कप	250 ग्राम
नारियल का पेस्ट	1 कप	260 ग्राम
भुनी प्याज का पेस्ट	1 कप	265 ग्राम
लहसुन/अदरक का पेस्ट	1¾ चाय का चम्मच	10 ग्राम
	2½ चाय का चम्मच	15 ग्राम
	4 चाय का चम्मच	25 ग्राम
	5 चाय का चम्मच	30 ग्राम
	3 बड़े चम्मच	50 ग्राम
तरल पदार्थ		
नीबू का रस	1 कप	240 मि.ली.
पानी	1 कप	240 मि.ली.

सलाद तथा ठण्डे व्यंजन

साभारः जेरोम गोम्स

बहुत सी चीजें ऐसी हैं जिनको अभी भी भारतीय लोग स्वीकार नहीं कर पाए। उदाहरण के लिए ठण्डे व्यंजनों को अभी भी बहिष्कृत ही किया जाता है। इसका कारण यही है कि इतने दिनों तक फ्रिज को आवश्यकता की वस्तुओं में नहीं गिना गया। हमारी जलवायु ऐसी है कि पकाया हुआ भोजन बहुत जल्दी खराब हो जाता है। इसलिए इतनी सदियों से चले आ रहे लोगों के स्वभाव को बदलना बहुत कठिन है। इसका प्रमाण इस बात से मिलता है कि हम अभी भी ठण्डे फ्रीज़र में जमे पदार्थों का प्रयोग करने में विश्वास नहीं करते। इस पुस्तक के लेखक को सबसे आश्चर्य की बात तो यह लगी कई शेफ तो भारतीय 'गार्द मॉजर' से इस विषय में बात करने में भी हिचकिचा रहे थे। कई लोग मेरे सामने ही हँस पड़े—जब मैंने अपने बनाए कुछ सलाद तथा Cold Cuts को आजमाने का प्रस्ताव रखा। उन्होंने मेरे प्रस्ताव को जितना ठुकराया, मैं अपने को सफल देखने के लिये और भी अधिक दृढ़ होता गया। अन्त में अनेकों प्रतिवादों के बाद आज भारतीय ठण्डे व्यंजन लोगों की कमजोरी बन चुके हैं और उसके परिणामस्वरूप तुच्छ सी भेंट, यह खंड प्रस्तुत है जो मैंने अपने सह लेखकों की सहायता द्वारा तैयार किया है।

जेरोम गोम्सः बहुत ही उत्साही तथा नवीन के प्रति सजग अपने ढंग के एक मात्र व्यक्ति गोम्स, द ओबेरॉय के नई दिल्ली के सीनियर शेफ हैं। वे गार्द मॉजार के दक्ष व्यक्तियों में से हैं। प्रस्तुत खण्ड की कई पाकविधियों में उन्होंने अपनी मौलिक खोजों का समावेश ही नहीं किया बल्कि यह भी सिद्ध किया कि वास्तव में वे एक जाने माने फ्रेंच पाक विशेषज्ञ हैं।

सलाद तथा ठण्डे व्यंजन

'सलाद' के विषय में कुछ कठिनाइयाँ सम्मुख आईं। हम प्रचलित फ्रेंच तथा इटालियन व्यंजनों की सजावट से भिन्न प्रकार की प्रस्तुति चाहते थे। हम अपने व्यंजनों की सज़ावट का आधार 'मेयोनीज़' को नहीं बनाना चाहते थे। यह एक पुरानी कहावत है कि सलाद की सफलता उसके लिए प्रयुक्त तेल पर निर्भर करती है। पाश्चात्य में अधिकतर जैतून का तेल प्रयोग में लाया जाता है। अफसोस कि उन्होंने सरसों के तेल, नारियल तथा मूंगफली के तेलों की ओर कभी ध्यान नहीं दिया।

झींगा अचार सलाद के लिए हमने सरसों का तेल चुना जो कि अधिकतर सभी अचारों में प्रयोग किया जाता है। जब हमने देखा कि झींगा मछली को अचार का रूप लेने में काफी समय लगेगा तो हमने बिक्री हेतु बनाए गए आम के या मिले जुले पंचरंगे अचार (जो प्रत्येक पंसारी की दुकान पर मिल जाते हैं) के तेल तथा मसाले इस अचार के लिए भी चुन लिये। इसमें मूँगफली का तेल तथा नीबू का रस भी मिलाया गया है। दक्षिण भारतीय सांभर चावल तथा नीबू चावल 'दक्षिणी सलाद' के आविष्कार का आधार हैं। इस सलाद की सजावट के लिए हमने नारियल के तेल के साथ सांभर मसाला तथा नीबू का रस प्रयोग किया है। 'कोल्ड कट' (Cold Cut) को तैयार करने के लिए हमारे सम्मुख मुख्य समस्या यह आई कि परम्परागत भारतीय व्यंजनों को पाश्चात्य व्यंजनों का रूप कैसे देंगे। रान-ए-गुलमर्ग बनाते समय उसके मसाले के विषय में समस्या नहीं थी बल्कि समस्या यह थी कि परोसते समय वह गीला होना चाहिए सूखा नहीं, वह भी अपना आकार बदले बिना। इसलिए कोयले वाले तन्दूर में न पकाकर हमने इसे ओवन में भून लिया। याद रहे तन्दूर में पकाने पर इसका 'रस' निकल कर गिर जाता है और यह भुनकर तैयार होने पर सूख जाता है।

हमारे सम्मुख एक समस्या और आई और वह थी व्यंजन को प्रस्तुत कैसे किया जाए। हम समझ नहीं पा रहे थे कि Cold cuts को प्रस्तुत कैसे किया जाए। पर यह बात प्रयोग आरम्भ करने से पूर्व की है। हमें यह बताते हुए बहुत प्रसन्नता है कि हमने इस व्यंजन को 'सजाने' का विचार छोड़ दिया (जो कि पश्चिमी गार्द मॉजर का मुख्य पहलू है) और इसके बदले इसमें प्रयुक्त सामग्री, रंग, स्वाद तथा सुगन्ध की ओर अधिक ध्यान दिया।

सहायक: मोहनलाल ठाकुर तथा बिजौय के. जोसेफ।

झींगा अचार सलाद

यह सलाद की भांति ही नहीं कॉकटेल के नाश्ते के रूप में भी बनाया जा सकता है।

400 ग्राम (14 औंस) झींगा (मध्यम आकार)
30 ग्राम (2 बड़े चम्मच) मूंगफली का तेल
25 ग्राम (1 औंस) टमाटर का गूदा
100 ग्राम (2/3 कप) शिमला मिर्च
100 ग्राम (2/3 कप) प्याज
ड्रेसिंग के लिए
75 मि.ली. (5 बड़े चम्मच) नीबू का रस
50 मि.ली. (3 बड़े चम्मच) सरसों का तेल*
45 ग्राम (3 बड़े चम्मच) अचार मसाला**
सजाने के लिए
1 नीबू
2 टमाटर (मध्यम आकार)
2 हरी मिर्च
10 ग्राम (2 बड़े चम्मच) हरा धनिया

तैयारी

झींगा मछली: छिलका उतारें, साफ करके धोएं। कपड़े से दबाकर सुखा लें।

सब्जियाँ: शिमला मिर्च की डण्डी निकालकर मध्य से काटकर दो हिस्से करें और बीज निकाल दें। प्याज के ½ इंच के टुकड़े गोलाई में काट लें। प्याज का छिलका उतार कर धो लें और उसके भी ½ इंच के लच्छे गोलाई में काट लें।

पकाना

कड़ाही पर तेल गरम करें और झींगा डालकर मध्यम आंच पर 3-4 मिनट तक पकाएं। टमाटर का गूदा मिलाएं तथा एक मिनट तक करछी से चलाएं।

अब उतार कर ठण्डा होने दें। कटी हुई प्याज और शिमला मिर्च डालें करछी से एक बार चलाएं और फ्रिज में रख दें।

परोसना

एक सलाद प्लेट में झींगा डालें, ड्रेसिंग की सामग्री ऊपर से डालें तथा लकड़ी के कांटे से धीरे धीरे मिला दें। ऊपर नीबू, टमाटर तथा हरी मिर्च से सजा दें और कटा हरा धनिया बुरक दें।

मात्रा: 4 व्यक्तियों के लिए
तैयारी का समय: 45 मिनट
पकाने का समय: 8-9 मिनट

* आम के अचार का तेल प्रयोग में लाएं।

** आम के अचार का मसाला तथा अचार की दो चार फांके छोटी छोटी काट कर डालने से सलाद में तीखापन आ जाएगा।

मुर्ग सलाद

लोगों को भ्रांति है कि तंदूरी मुर्ग ठण्डे व्यंजन की तरह नहीं खाया जा सकता। पर वास्तव में यह अनोखा सलाद इसी से बना है।

सामग्री

600 ग्राम (1 1/3 पौंड) तंदूरी मुर्गा
250 ग्राम (1 कप) टमाटर

125 ग्राम (¾ कप) प्याज
2 हरी मिर्च
10 ग्राम (2 बड़े चम्मच) हरा धनिया

ड्रेसिंग के लिए

45 मि.ली. (3 बड़े चम्मच) नीबू का रस
3 ग्राम (½ चाय चम्मच) जावित्री तथा छोटी इलायची
10 ग्राम (2 चाय चम्मच) चाट मसाला**
90 मि.ली. (6 बड़े चम्मच) मूँगफली का तेल
नमक मिर्च स्वाद के अनुसार

सजाने के लिए

2 टमाटर (मध्यम आकार के)
1 नीबू
20 ग्राम (2 बड़े चम्मच) अदरक
30 मि.ली. (2 बड़े चम्मच) नीबू का रस

मात्रा: 4 व्यक्तियों के लिये
तैयारी का समय: 30 मिनट
(तथा तन्दूरी मुर्ग को भूनने और ठण्डा करने में लगा समय)

तैयारी

मुर्गा: काट कर हड्डियाँ निकाल दें तथा ¾ इंच के टुकड़े काट लें तथा फ्रिज में रख दें।

सब्जियाँ: टमाटर को धोकर चार-चार टुकड़ों में काट लें, बीज निकाल दें और ½ इंच के टुकड़ों में काट कर रख दें। प्याज का छिलका उतार कर धो लें तथा ½ इंच के टुकड़ों में काट लें। हरी मिर्च की डण्डी काट कर बीच से चीर कर बीज निकाल दें। धनिया साफ करके धोलें तथा बारीक काट लें।

ड्रेसिंग: एक बर्तन में नीबू का रस, जावित्री तथा छोटी इलायची का पाउडर तथा ''चाट मसाला'', मूँगफली के तेल में मिला लें। स्वाद के अनुसार नमक तथा मिर्च डालें।

सजाना: टमाटर को धोकर चार-चार टुकड़े काट लें। नीबू को धोकर छोटे टुकड़ों में काट लें। अदरक का छिलका खुरच कर धो लें। तथा महीन-महीन काटकर नीबू के रस में भिगो दें।

परोसना

सलाद के डोंगे में सब्जियाँ तथा मुर्गे के टुकड़े डाल कर मिला लें। ड्रेसिंग का मसाला डालें और हल्के हाथ से मिलाएं। सजाने के लिए काटे गए टमाटर नीबू तथा अदरक ऊपर से सजा दें। ठण्डा-ठण्डा परोसें।

* 'कबाब' का खण्ड देखें।
** 'मसालों' का खण्ड देखें।

बोटी का सलाद

यह तन्दूरी सलाद का एक और नमूना है जिसकी ड्रेसिंग लौंग द्वारा सुगन्धित पुदीने और दही से की है।

सामग्री

400 ग्राम (14 औंस) बोटी कबाब*
100 ग्राम (3½ औंस) नन्ही प्याज
100 ग्राम (3½ औंस) टमाटर
2 हरी मिर्च

ड्रेसिंग

225 ग्राम (1 कप) दही
20 ग्राम (1/3 कप) पुदीना
30 मि.ली. (2 बड़े चम्मच) नीबू का रस
3 ग्राम (½ कप) लौंग पाउडर
नमक मिर्च स्वाद के अनुसार

तैयारी

बोटी: ¾ इंच के टुकड़ों में काट लें तथा फ्रिज में रख दें।

सब्जियाँ: प्याज़ को छील कर धो लें तथा गोल-गोल काट लें। टमाटर को धोकर चार-चार टुकड़ों में काट लें। बीज निकाल दें तथा ½ इंच के चौकोर टुकड़े कर लें। हरी मिर्च की डण्डी निकाल कर धो लें तथा मध्य से चीर कर बीज निकाल दें और महीन काट लें।

ड्रेसिंग: दही को एक मलमल के कपड़े में बाँध कर एक घंटे के लिए लटका कर पानी निकाल दें और एक डोंगे में फेंट लें। पुदीना छांट कर साफ करें, धो लें तथा महीन काट कर दही में मिला दें। नीबू का रस तथा लौंग पाउडर डाल कर अच्छी तरह मिलाएं। नमक मिर्च स्वाद के अनुसार मिलाएं।

परोसना

सलाद के डोंगे में सब्जियाँ तथा बोटी डालकर ऊपर से 'ड्रेसिंग' का मिश्रण अच्छी तरह मिला दें एक दम ठण्डा परोसें।

मात्रा: 4 व्यक्तियों के लिये
तैयारी का समय: 30 मिनट (तथा बोटी कबाब को भूनने और ठण्डा करने में लगा समय)

* 'कबाब' (गोश्त पसंदा) का खण्ड देखें।

दक्षिणी सलाद

सांभर की खुशबू वाला नारियल तथा चावल युक्त यह सलाद भूख बढ़ाने के लिए भोजन से पूर्व या भोजन के साथ लिया जा सकता है। यदि घर में उबले चावल बच जाएं तो फेंकिए नहीं—दक्षिणी सलाद बनाने के लिए प्रयोग में लाएं।

सामग्री

100 ग्राम (½ कप) चावल
100 ग्राम (1¼ कप) नारियल

ड्रेसिंग

90 मि.ली. (6 बड़े चम्मच) नारियल तेल
8 करी पत्ते
10 ग्राम (2 चाय चम्मच) सांभर मसाला**
3 ग्राम (½ चाय चम्मच) हल्दी
45 मि.ली. (3 बड़े चम्मच) नीबू का रस
नमक मिर्च स्वाद के अनुसार

सजाने के लिए

2 टमाटर (मध्यम आकार)
50 ग्राम (1/3 कप) भुनी मटर
10 ग्राम (4 चाय चम्मच) सूखा नारियल

तैयारी

चावल: साफ करके धो लें तथा 30 मिनट के लिए भिगो कर पानी निकाल दें। पुनः ताज़ा पानी डाल कर पकाएं। पानी छान कर निकाल दें और ठण्डा होने दें।

नारियल: ऊपर का सख्त छिलका उतार दें पतली-पतली पट्टियों में काट लें।

ड्रेसिंग: करी पत्ती धो लें। कड़ाही में घी गरम करें और आग से हटा कर करी पत्ती डालें फिर सांभर मसाला और हल्दी डाल कर चलाएं। एक डोंगे में डाल कर ठण्डा करें तथा नीबू का रस मिला कर चलाएं। स्वाद के अनुसार मिला दें नमक मिर्च मिलाएं।

सजाना: टमाटर धोकर गोल-गोल काट लें।

परोसना

सलाद वाले डोंगे में चावल तथा नारियल मिला लें, ऊपर से तैयार की ड्रेसिंग की सामग्री डाल कर अच्छी तरह मिलाएं। चारों ओर टमाटर तथा ऊपर भुनी मटर तथा सूखा नारियल से सजा दें। ठण्डा-ठण्डा परोसें।

मात्रा: 4 व्यक्तियों के लिये
तैयारी का समय: 55 मिनट

*'मसाले' का खंड देखें।

आलू-सलाद अनारकली

सामग्री

600 ग्राम (1 1/3 पौंड) आलू
150 ग्राम (¾ कप) बंगाल का चना
एक चुटकी खाने का सोडा
नमक
50 ग्राम (1/3 कप) अनार

ड्रेसिंग

75 मि.ली. (5 बड़े चम्मच) नीबू का रस
10 ग्राम (2 चाय चम्मच) जीरा पाउडर
10 ग्राम (2 चाय चम्मच) चाट मसाला*
75 मि.ली. (5 बड़े चम्मच) मूँगफली का तेल
नमक मिर्च स्वाद के अनुसार

सजाने के लिये

2 ग्राम (1/3 कप) पुदीना
2 प्याज (छोटी)
2 टमाटर (मध्यम आकार)

आलू-सलाद अनारकली

इस खट्टे, मसालेदार आलू सलाद को ताज़े अनार से सजाया गया है।

तैयारी

आलू: उबाल कर छील लें तथा ¾ इंच के चौकोर टुकड़ों में काट लें।

चना: एक बर्तन में रात भर के लिए भिगो दें तथा सवेरे पानी फेंक कर ताज़ा पानी डालें। नमक तथा खाने का सोडा डाल कर उबाल लें।

अनार: आधा अनार दाने निकाल कर सजाने के लिए रख लें।

ड्रेसिंग: मूँगफली के तेल में नीबू, जीरा पाउडर तथा चाट मसाला डाल कर मिला लें। नमक मिर्च स्वाद के अनुसार मिलाएं।

सजाना: पुदीना धो लें। प्याज छील कर धो लें तथा गोल-गोल काट लें। टमाटर भी धोकर गोल-गोल काट कर रखें।

परोसना

एक डोंगे में आलू, चना तथा अनार के दाने डालें तथा ड्रेसिंग की तैयार सामग्री डालकर मिलाएं। प्याज तथा टमाटर चारों ओर सजा दें। सजाने के लिए ऊपर से बचे हुए आधे अनार के दाने तथा पुदीना सजा दें। एक दम ठण्डा ठण्डा परोसें।

*'मसाले' का खंड देखें।

सामग्री

300 ग्राम (11 औंस) प्याज
200 ग्राम (7 औंस) टमाटर
150 ग्राम (5 औंस) खीरा
4 हरी मिर्च
5 ग्राम (1 बड़ा चम्मच) पुदीना
10 ग्राम (2 बड़ा चम्मच) हरा धनिया
60 मि.ली. (4 बड़ा चम्मच) नीबू का रस
नमक मिर्च स्वाद के अनुसार
1 नीबू

कचुम्बर

झटपट बनने वाला यह भारतीय सलाद मुख्य भोजन के साथ या अन्य अनेक व्यंजनों के साथ सजावटी सलाद के रूप में परोसा जा सकता है।

तैयारी

सब्जियाँ: प्याज का छिलका उतारकर धो लें और मोटा-मोटा काट लें। टमाटर धोकर चार टुकड़े कर लें बीज निकाल दें और उसे भी मोटा-मोटा काट लें। खीरा धोकर कड़वापन निकाल दें। चार टुकड़ों में काट कर बीज निकाल दें और वह भी मोटा-मोटा काट लें। हरी मिर्च धोकर बीच से चीर कर बीज निकाल दें और काट लें। धनिया तथा पुदीना भी छाँट कर धो लें और काट लें। नीबू धोकर पतली फांकों में काट लें।

परोसना

सलाद के डोंगे में सारी कटी सब्जियों में नीबू का रस डाल कर अच्छी तरह मिला दें। नीबू के पतले कतरों में सजा कर ठण्डा-ठण्डा परोसें।

ठण्डी अजवाइनी मछली

इस ठण्डे व्यंजन का आधार अमृतसरी मछली (पंजाब का व्यंजन-खण्ड देखें) है, अतः इसमें अजवाइन का विशेष रूप से प्रयोग किया गया है।

तैयारी

मछली: साफ करके धो लें और कपड़े से दबा कर पोंछ कर छोटे छोटे टुकड़ों में काट लें। पिसे लहसुन में अजवाइन तथा देगी मिर्च मिला कर मछली के टुकड़ों पर लगा दें।

झींगा: ऊपर का छिलका उतार लें, अन्दर से नसें आदि साफ करें तथा ½ इंच के टुकड़ों में काट लें। कड़ाही में तेल चढ़ाएं तथा झींगा उसमें डालकर मध्यम आग पर पाँच मिनट तक चलाएं फिर तेल से निकाल कर ठण्डा कर लें तथा फ्रिज में रख दें।

प्याज: छिलका उतार कर धो लें तथा महीन महीन काट लें। कड़ाही में तेल गरम करें और प्याज डाल कर (पारदर्शी होने तक) हल्का भून लें। तेल में से निकाल लें और ठण्डा होने दें।

पीसना: मैरीनेट किए गए मछली के टुकड़े तथा भुनी प्याज को दो तीन बार मशीन में पीसें।

अण्डे: केवल सफेदी अलग करके अच्छी तरह फेंट लें (फ्रिज से निकाले गए अण्डे लें—जर्दी का प्रयोग नहीं होगा)।

हरा धनिया: साफ करके धो लें और काट लें। एक कपड़े में रख कर दबाएं। पानी एकदम सूख जाना चाहिए।

क्रीम: ब्लेंडर में डाल कर फेंट लें।

मिश्रण बनाना: ब्लेंडर में पीसी हुई मछली डाल कर एक धार से धीरे धीरे फेंटा गया अण्डा डालें और अच्छी तरह मिश्रण बना लें। अब यह मिश्रण एक डोंगे में डाल कर भुना झींगा, हरा धनिया तथा नमक मिर्च (स्वाद के अनुसार) डाल कर अच्छी तरह मिला लें। फेंटी गई क्रीम में डालें तथा दो भाग बना लें।

सामग्री

2 कि. (4½ पौंड)	मछली के माँस का कतला
225 ग्राम (½ पौंड)	झींगा (बड़ा आकार)
15 ग्राम (2 बड़े चम्मच)	अजवाइन
10 ग्राम (2 चाय चम्मच)	कश्मीरी देगी मिर्च
50 ग्राम (3 बड़े चम्मच)	पिसा लहसुन
160 ग्राम (1 कप)	प्याज
	मूँगफली का तेल, झींगा तथा प्याज को हल्का तलने के लिए
6	अण्डे
20 ग्राम (1/3 कप)	हरा धनिया
	नमक मिर्च स्वाद के अनुसार
160 ग्राम (2/3 कप)	क्रीम

सजाने के लिए

200 ग्राम (7 औंस)	गाजर
3	नीबू

सजाना: गाजर छील कर धो लें तथा लम्बी पतली पट्टियों में काट लें। नीबू भी धोकर पतले कतरों में काट लें।

ओवन को 230° फारेनहाइट पर गर्म कर लें।

पकाना

दो साँचों में मिश्रण के अलग-अलग भाग एक दम ऊपर तक भरें ढक्कन लगा दें तथा एक पानी भरी ट्रे पर साँचे रख दें। पहले से गरम किए गए ओवन में ट्रे रखें तथा 45-50 मिनट तक पकाएं। फिर ओवन से निकाल कर ठण्डा कर लें तथा रात भर फ्रिज में रखें।

काटना

साँचे से निकालें तथा ¼ इंच की परतें काटें एवं चाँदी की प्लेट पर सजाएं तथा 30 मिनट के लिए फ्रिज में रखें।

मात्रा: 10 व्यक्तियों के लिये
(2 साँचों में 1 कि. (2¼ पौंड) एक में)
तैयारी का समय: 1 घंटा
पकाने का समय: 45-50 मिनट

परोसना

चाँदी की ट्रे को फ्रिज से निकालें गाजर तथा नीबू से सजा कर ठण्डा-ठण्डा ही परोसें।

नोट: ठण्डी मछली en croute भी तैयार की जा सकती है, इसके लिए खस्ता कीमा के लिए प्रयुक्त मिश्रण बनाया जाना चाहिए। जीरे के स्थान पर अजवाइन का प्रयोग करें।

मुर्ग रेशमी

सामग्री

- 1.2 कि. (2 2/3 पौंड) मुर्गा
- 6 भाग गोश्त बिना हड्डी वाला
- 3 अण्डे
- 15 ग्राम (4½ चाय चम्मच) साबुत काली मिर्च
- 2 ग्राम (4 चाय चम्मच) केसर
- 15 ग्राम (1 बड़ा चम्मच) दूध
- 8 ग्राम (1½ चाय चम्मच) जायफल पाउडर
- 5 ग्राम (1 चाय चम्मच) गरम मसाला
- नमक

केसर की सुगन्ध वाले मुर्गे के रोल बनाने के लिए काली मिर्च तथा जायफल का विशेष रूप से प्रयोग किया जाता है।

तैयारी

मुर्गा: साफ करके ऊपर की चमड़ी हटा दें तथा हड्डियाँ निकाल कर छोटे-छोटे टुकड़ों में काट लें। इनको मिन्सर में दो तीन बार चला कर महीन क्रीम बना लें तथा एक सीधी थाली पर फैला कर एक घन्टे के लिए फ्रीज़र में रख दें।
मुर्गे का बिना हड्डी वाला भाग: नाड़ी आदि साफ करके पतली पट्टियों में काट लें। नमक मिर्च आदि लगाएं और फ्रिज़ में रख दें।
काली मिर्च: इमामदस्ते में कूट लें।

केसर: आधा केसर गरम दूध में भिगो दें।

क्रीम: ब्लेंडर में फेंट लें।

मिश्रण बनाना: मुर्गे का महीन कीमा फ्रीजर से निकाल कर ब्लेंडर में डालें तथा एक-एक करके अण्डा डाल कर चलाएं। मिश्रण बन जाने पर उसे एक डोंगे में निकाल कर काली मिर्च पाउडर, केसर, जायफल, गरम मसाला और नमक डालें और अच्छी तरह मिला दें। फेंटी गई क्रीम में डालें।

सजाना: टमाटर को धोकर पतले कतरों में काट लें। अण्डों को सख्त उबाल लें, ठण्डा करें। छिलका उतारें तथा चार-चार टुकड़े कर लें।

150 मि.ली. (2/3 कप) क्रीम

5 ली. (5 क्वा.) स्टॉक (पानी जिसमें मुर्गा उबाला गया हो)

4 बड़ी इलायची

2 तेजपत्ते

सजाने के लिए

4 टमाटर (मध्यम आकार)

4 अण्डे

इकट्ठा करना

मेज पर एक भीगा कपड़ा रखें और उस पर उसी नाप की सिलवर फॉयल बिछाएं। तैयार मिश्रण को फॉयल पर रखें मुर्गे के बिना हड्डी वाले भाग की पट्टियाँ तीन पंक्तियों में रखें। उस पर बाकी बचा केसर छिड़कें तथा गोल घुमाते हुए रोल बना लें (3 इंच व्यास का)। फॉयल तथा कपड़े को कसकर लपेट लें और दोनों ओर के किनारे धागे से कसकर बाँध दें।

पकाना

एक बड़ी हँडिया में स्टॉक (पानी जिसमें मुर्गा उबाला गया है) गरम करें तथा उसमें बड़ी इलायची, तेज पत्ता डाल कर उबालें। उबलने पर आग धीमी कर दें तथा मिश्रण से बनाया गया रोल फॉयल सहित उसमें डाल कर 45 मिनट तक धीमी आग पर ही उबालें। अब रोल को बाहर निकालें। फॉयल तथा कपड़ा खोलें। पुनः अच्छी तरह बाँध दें, तथा स्टॉक में ही ठण्डा होने दें। फिर स्टॉक से निकाल कर ट्रे पर रखें तथा रात भर फ्रिज में ठण्डा होने दें।

काटना

नैपकिन तथा फॉयल खोलें और रोल की पतली-पतली परतें काटें। एक चाँदी की ट्रे में सजा दें तथा 30 मिनट के लिए फ्रिज में रख दें।

परोसना

चाँदी की ट्रे फ्रिज से निकाल कर टमाटर तथा अण्डों से सजाएं और ठण्डा-ठण्डा ही परोसें।

मात्रा: 10 भाग
(1 साँचे में 1 कि. (2¼ पौंड))
तैयारी का समय: 1.45 मिनट
पकाने का समय: 50 मिनट

मुर्ग लाजवाब

सामग्री

12 मुर्गों की छातियों का माँस (हड्डी सहित)
60 ग्राम (¼ कप) दही
3 ग्राम (½ चाय चम्मच) गरम मसाला
3 ग्राम (½ चाय चम्मच) पीली मिर्च का पाउडर
3 ग्राम (½ चाय चम्मच) हल्दी पाउडर
नमक
स्टॉक (पानी जिसमें मुर्गा उबाला गया हो)
10 छोटी इलायची
5 लौंग
1 तेजपत्ता

सॉस के लिए

35 ग्राम (7 चाय चम्मच) मक्खन
25 ग्राम (3 बड़े चम्मच) चने का आटा
20 ग्राम (7½ चाय चम्मच) मैदा
3 ग्राम (½ चाय चम्मच) गरम मसाला
3 ग्राम (½ चाय चम्मच) पीली मिर्च पाउडर
3 ग्राम (½ चाय चम्मच) हल्दी पाउडर
400 मि.ली. (1 2/3 कप) स्टॉक (पानी जिसमें मुर्गा उबाला हो)
नमक
3 ग्राम (½ चाय चम्मच) जावित्री और छोटी इलायची पाउडर
80 ग्राम (3 औंस) जेलेटिन पाउडर
100 मि.ली. (7 बड़े चम्मच) क्रीम

जावित्री तथा छोटी इलायची की सुगन्ध युक्त क्रीम सॉस में लिपटा मुर्गे की छाती का व्यंजन बहुत ही स्वादिष्ट है।

तैयारी

मुर्गे की छाती: साफ करें परन्तु ऊपर की खाल न उतारें। एक डोंगे में दही फेंट लें और उसमें गरम मसाला, पीली मिर्च पाउडर, हल्दी, नमक आदि डालकर अच्छी तरह मिला दें। इस मिश्रण में मुर्गे की छाती रगड़ें तथा 45 मिनट के लिए मैरीनेट करने के लिए रख दें।

स्टॉक को एक बड़े तथा फैले हुए बर्तन में डालें तथा उसमें इलायची, लौंग, तेज पत्ता डालकर उबालें। अब आग धीमी कर दें। स्टॉक उबलकर कम हो जाना चाहिए जिसमें मुर्गे की छाती डालने से पानी उसकी सतह तक आए। मुर्गे की छाती उसमें डालें (एक के ऊपर एक न रखें)। धीमी आग पर लगभग 10-15 मिनट पकाएं। मुलायम हो जाने पर ठण्डा करें तथा ऊपर की खाल तथा हड्डियाँ सावधानी से निकाल दें। मुर्गे की छाती की सतह का माँस चिकना रहना चाहिए। माँस के किनारे भी काट कर सीधे कर दें। एक तार के रैक पर रख कर फ्रिज में रख दें।

सॉस: कड़ाही में मक्खन पिघला लें तथा चने का आटा और मैदा उसमें डाल कर धीमी आग पर हल्का भूनें। हल्का भूरा हो जाने पर उसमें गरम मसाला, पीली मिर्च पाउडर हल्दी डाल कर चलाएं। अब स्टॉक भी डाल कर हिला दें तथा 15 मिनट के लिए धीमी आग पर पकने दें। नमक मिर्च स्वाद के अनुसार मिलाएं। जावित्री और इलायची पाउडर मिलाकर उतार लें। एक सॉस पैन में छान कर ठण्डा होने दें।

लगभग 240 मि.ली. (1 कप) नल के पानी में 10 मिनट के लिए जैलेटिन भिगो दें फिर एक डबल बॉयलर में डालकर चलाएं तथा जैलेटिन पूरी तरह घोल लें। मलमल के कपड़े से छान लें और सॉस में डाल कर चलाएं। एक बड़े बर्तन में बर्फ डालें और सॉस को ठण्डा होने दें। जब यह सॉस बर्तन के किनारों पर चिपकने लगे तो क्रीम फेंट कर सॉस में मिला दें।

इकट्ठा करना

मुर्गे की छाती एक तार के रैक पर रखें तथा रैक को एक ट्रे पर रख कर ऊपर से सॉस उड़ेलें। प्रत्येक टुकड़े पर सॉस पड़ना चाहिए। सॉस की एक तह उस पर जम जाए (केवल एक तरफ)। अब इसको 30 मिनट के लिए रैक सहित फ्रिज में रख दें।

परोसना

मुर्गे की छाती सहित रैक को फ्रिज में से निकाल लें और उनको सावधानी से एक चाँदी की ट्रे या थाली में निकाल लें। अपनी इच्छानुसार सजाएं तथा ठण्डा-ठण्डा ही परोसें।

मात्रा: 6 व्यक्तियों के लिये
तैयारी का समय: 2.15 घंटे

रान-ए-गुलमर्ग

जायफल की सुगन्ध वाले, बकरे की टाँग से बने इस ठण्डे व्यंजन में शाह जीरा तथा धनिया मसाले डाले गए हैं तथा इसे काजुओं से सजाया गया है।

सामग्री

1 किलो (2¼ पौंड) 2 बकरों की टाँगें

1 अण्डा

बकरे की टाँग तथा ट्रे पर लगाने के लिए मूँगफली का तेल

मैरीनेशन

225 ग्राम (1 कप) दही

50 ग्राम (3 बड़े चम्मच) अदरक का पेस्ट

10 ग्राम (1 बड़ा चम्मच) साबुत काली मिर्च

5 ग्राम (1 चाय चम्मच) काला जीरा पाउडर

3 ग्राम (½ चाय चम्मच) लौंग पाउडर

10 ग्राम (2 चाय चम्मच) धनिया पाउडर

5 ग्राम (1 चाय चम्मच) गरम मसाला

नमक

तैयारी

बकरे की टाँगें: साफ करके, रान के पास की हड्डी तथा रान की हड्डी सावधानी से काटे बिना निकाल दें ताकि मध्य में भरने के लिए एक जेब सी बन जाए (चित्र देखें)।

मैरीनेशन: एक डोंगे में दही फेंट लें। काली मिर्च पीस लें। काली मिर्च तथा अन्य सभी सामग्री दही में मिला दें और उसे बकरे की रान पर अच्छी तरह से रगड़ दें। 3 घन्टे के लिए फ्रिज में रख दें।

भरने की सामग्री: बकरे का गोश्त साफ करके हड्डियाँ निकाल दें और छोटे-छोटे टुकड़े काट लें। अदरक छील कर धो लें और छोटे-छोटे टुकड़े काट लें। माँस के साथ अदरक डाल कर दो तीन बार पीस कर बारीक कीमा बना लें। एक ट्रे पर कीमे की तह फैला दें और एक घन्टे के लिए फ्रीज़र में रख दें। पुदीना छाँट कर धो लें तथा छोटा-छोटा काट लें। हरी मिर्च धोकर बीच से चीर लें, बीज निकाल दें तथा

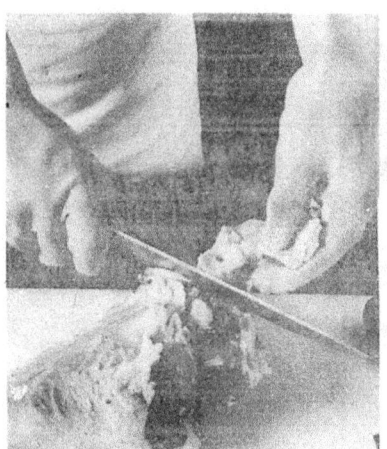

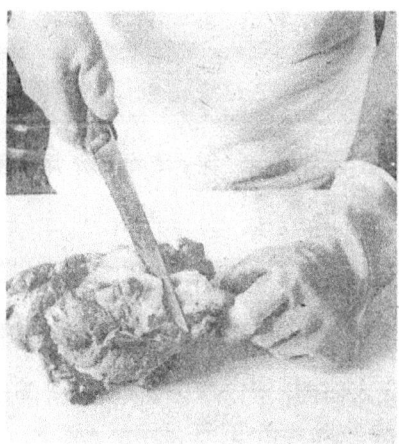

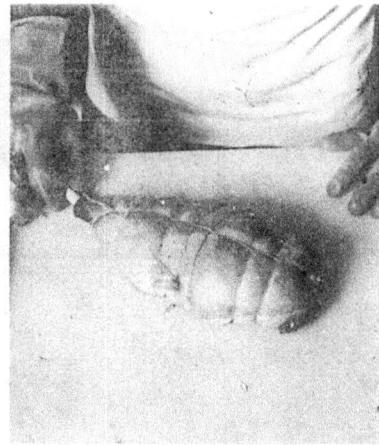

खस्ता कीमा

भरने के लिए

450 ग्राम (1 पौंड) बकरे का गोश्त

20 ग्राम (2 बड़े चम्मच) अदरक

3 अण्डे

नमक

5 ग्राम (1 चाय चम्मच) गरम मसाला

2 ग्राम (1/3 चाय चम्मच) जायफल का पाउडर

8 ग्राम (2 बड़े चम्मच) पुदीना

2 हरी मिर्च

25 ग्राम (1 औंस) काजू (बीच से अलग किए)

सजाने के लिए

4 प्याज (मध्यम आकार)

3 नीबू

छोटा-छोटा काट लें। काजू को पानी में भिगोएं फिर पानी फेंक दें। फ्रीज़र में रखा गया जमा माँस ब्लेन्डर में डालें एक-एक करके अण्डा डालें तथा नमक मिला दें और चिकना मिश्रण बना लें। पिसा माँस तथा बाकी का मसाला एक डोंगे में डालकर अच्छी तरह से मिला लें। दो बराबर के भागों में बाँट लें।

भरना: अण्डा फेंट लें तथा रान में बनाई पॉकेट में भरकर निकाल लें। भरने के लिए तैयार किया एक भाग इसमें भर दें और धागे से खुला भाग पक्की तरह सी दें। पूरी टाँग को धागे से लपेट कर बाँध दें ताकि पकाते समय उसका आकार खराब न हो। टाँग पर तेल लगा दें तथा सलाई से उसे जगह जगह गोद दें।

सजाना: प्याज छील कर गोल-गोल काट लें। नीबू धोकर लम्बी फाँकों में काट लें।

ओवन को 230° फारेनहाइट पर गर्म कर लें।

पकाना

पकाने वाली ट्रे पर तेल लगा कर चिकना कर लें और उस पर दोनों टाँगें रख दें। बकरे को उबालने के बाद बचा पानी उस पर डालें ताकि वह एक तिहाई पानी में डूब जाए। पहले से गरम किए गए ओवन में 90 मिनट पकाएं। बीच-बीच में बकरे का स्टॉक उस पर छिड़कते करते रहें तथा उलटते रहें ताकि सब ओर से समान रूप से भुन सके। अब ओवन से निकाल लें। बँधा हुआ धागा खोल लें, मध्य की सिलाई भी खोल दें और स्टॉक से निकालकर एक रात के लिए फ्रिज में रख दें।

काटना

एक चाँदी की ट्रे में निकाल कर ¼ इंच मोटे टुकड़े काट लें और 30 मिनट के लिए फ्रिज में रख दें।

परोसना

मात्रा: 10 व्यक्तियों के लिये
तैयारी का समय: 3.25 घंटे
पकाने का समय: 1.30 घंटे

फ्रिज में से निकाल कर दी गई सामग्री से सजा दें और ठण्डा-ठण्डा परोसें।

खस्ता कीमा

सामग्री

1.6 कि. (3½ पौंड) बकरे का गोश्त (चर्बी रहित)

छोटी इलायची की खुशबू युक्त बकरे के इस मुलायम गोश्त का मसाला जीरा है तथा इसे बादामों से सजाया गया है।

तैयारी

बकरा: गोश्त साफ करके हड्डियाँ निकाल दें तथा छोटे टुकड़ों में काट लें।

सब्जियाँ: अदरक छील कर धो लें तथा मोटा-मोटा काट लें। लहसुन छील कर धो लें तथा काट लें। पुदीना साफ करके धो लें तथा छोटा-छोटा काट लें। हरी मिर्च की डण्डी काट कर धो लें, बीच से चीर कर बीज निकाल दें तथा छोटा-छोटा काट लें।

कीमा: गोश्त का मोटा कीमा बना लें। 1/3 भाग अलग कर लें और फ्रिज में रख दें। बाकी भाग में अदरक तथा लहसुन डाल कर मिक्सर में दो बार और डाल कर महीन कीमा बना लें। इसे एक ट्रे पर फैलाकर एक घन्टे के लिए फ्रीज़र में रख दें।

बादाम: गरम पानी में भिगोकर ठण्डा करके छिलका उतार दें तथा गिरी मध्य से खोल कर अलग कर दें। थोड़ी देर पानी में भिगो दें फिर पानी फेंक दें।

पिसा माँस: फ्रीज़र में रखा जमा कीमा ब्लेंडर में डालें। अब उसमें नमक डालें तथा एक-एक करके अण्डा डालें और चलाएं। एक डोंगे में पिसा माँस तथा अन्य सारी सामग्री (जेलेटिन के अलावा) उसमें डालकर अच्छी तरह से मिलाएं। उसमें अलग रखा गया मोटा कीमा लपेट दें।

मैदा गूंधना: मैदा तथा नमक एक साथ एक परात में छान लें। एक फ्राइपैन में मक्खन डालें तथा पानी (लगभग 140 मि.ली./5 औंस) मक्खन पिघलने तक गरम करें। एक अण्डा फेंट कर रख लें। परात की मैदा के मध्य एक गड्ढा बनाएं और मक्खन वाला पानी तथा अण्डा (फेंटा हुआ) उसमें डाल दें। जीरा डालें और धीरे-धीरे गूँधना शुरू करें। थोड़ा सख्त गूँधे तथा गीले कपड़े से ढक कर 15 मिनट के लिए रख दें। बाकी के अण्डे फेंट कर रख लें इनसे गूंधी मैदा को दो भागों में बाँट लें। चकले पर थोड़ी मैदा का हाथ फेरें फिर एक भाग मैदा की लोई बना कर बेलन से 1/8 इंच मोटा चौकोर रोटी की भांति बेलें। दूसरा भाग भी ऐसे ही बेल लें।

सजाना: टमाटर धो कर गोल-गोल काट लें। खीरा भी धो कर कड़वापन निकालें तथा गोल-गोल चक्तों में काट लें।

जेलेटिन: 135 मि.ली./5 औंस नल के पानी में 10 मिनट के लिए भिगो दें। एक बर्तन में आग पर पानी रखें तथा उसमें जेलेटिन पानी का मिश्रण वाला बर्तन रखकर जेलेटिन घुलने तक चलाएं। मिश्रण को मलमल से एक डोंगे में छान लें अब डोंगा गुनगुने पानी के बर्तन में रख दें ताकि प्रयोग करने से पहले जमने न लगे।

ओवन: 240 डिग्री फारेनहाइट तक पहले से गरम कर लें।

15 ग्राम (4½ चाय चम्मच) अदरक

15 ग्राम (4½ चाय चम्मच) लहसुन

6 अण्डे

नमक

6 ग्राम (2 चाय चम्मच) जीरा साबुत

5 ग्राम (1 चाय चम्मच) जीरा पाउडर

10 ग्राम (2 चाय चम्मच) छोटी इलायची पाउडर

5 ग्राम (1½ चाय चम्मच) काली मिर्च साबुत

5 ग्राम (1 चाय चम्मच) पीली मिर्च पाउडर

3 ग्राम (½ चाय चम्मच) जायफल और जावित्री पाउडर

20 ग्राम (1/3 कप) पुदीना

4 हरी मिर्च

35 ग्राम (¼ कप) बादाम

45 ग्राम (1½ औंस) जेलेटिन पाउडर

गूँधने के लिए

450 ग्राम (1 पौंड) मैदा

नमक

115 ग्राम (4 औंस) मक्खन

2 अण्डे

10 ग्राम (1 बड़ा चम्मच) साबुत जीरा

सजाने के लिए

4 टमाटर (मध्यम आकार)

2 खीरे

इकट्ठा

दो सांचों के तले पर तेल लगाएं, उस पर बेली गयी मेदा के दोनों भाग अलग-अलग रखें। बर्तन के ऊपर काफी जगह छूटनी चाहिए ताकि उसे सील (बन्द) किया जा सके। अब उसके ऊपर 'कीमा पेस्ट' रखकर ऊपर से बेली गई मैदा का एक भाग और ढक दें तथा उसके किनारे गुंजिया (मिठाई) की तरह मोड़ दें। मैदा के मध्य किनारे से दो इंच की दूरी पर 2 छेद कर दें तथा एक धातु की कुप्पी लगा दें ताकि उसमें से भाप भी निकल सके और बाद में जेलेटिन भी डाली जा सके। ऊपर से अण्डे की परत चढ़ा दें।

पकाना

पहले से गरम किए गए ओवन में 90 मिनट के लिए पकाएं। फिर उसमें से निकाल कर कुप्पी में गरम जेलेटिन डाले। ख्याल रहे कि जेलेटिन ज्यादा गिरकर बाहर न बहे। अब ठण्डा कर ले और रात भर के लिए फ्रिज में रख दें।

काटना

साँचों में से निकाल लें तथा ¼ इंच मोटी परतें काट लें। एक चाँदी की ट्रे पर सजाकर 30 मिनट के लिए फ्रिज में रखें।

परोसना

मात्रा: 10 व्यक्तियों के लिये
(2 साँचे प्रत्येक में 1 कि. (2¼ पौंड))
तैयारी का समय: 1.30 घंटे
पकाने का समय: 1.30 घंटे

फ्रिज में से ट्रे निकालें। उसे दी गई सामग्री से सजाएं तथा ठण्डा-ठण्डा ही पुदीने की चटनी के साथ परोसें।

तंदूरी और अन्य कबाब

साभारः मदनलाल जायसवाल और टोडरमल

उत्तर भारत का पारम्परिक मिट्टी का तंदूर पूरे संसार में रसोई का संभवतः सबसे उपयोगी उपकरण या साधन है। इसके बिना न तो अच्छी रोटी बनाई जा सकती है और न लोकप्रिय स्वादिष्ट कबाब। इसमें बनाए गए रसदार व्यंजनों और दालों का एक अलग ही स्वाद होता है जो खुली आंच पर पकाये गये भोजन के स्वाद से बिल्कुल भिन्न होता है। इस बात से कोई इंकार नहीं कर सकता कि भारतीय व्यंजनों को संसारभर में लोकप्रिय बनाने में तंदूर का बड़ा योगदान रहा है।

पारम्परिक तंदूर मिट्टी का बना चूल्हा होता है जो कोयलों से जलता है। अभी हाल तक कबाब के लिए, बड़े पैमाने पर, लोहे के तंदूर का उपयोग होता था। बिजली और गैस के तंदूर तो बस पिछले दस सालों से ही चले हैं। लेकिन इस बात से इंकार नहीं किया जा सकता कि ये सारे नए आविष्कार मिट्टी के तंदूर से टक्कर नहीं ले सकते। इनमें पके भोजन में वह स्वाद और सुगंध कहां जो मिट्टी के तंदूर में पके भोजन में होता है।

मिट्टी के तंदूर को पहले पक्का करना होगा। यह आवश्यक है कि उसकी भीतरी दीवारें चिकनी और दरारों से रहित हों। इसके लिए पालक या अन्य किसी साग या सब्जियों के पत्तों को पीस कर उसे भीतरी दीवार में बराबर चुपड़ दें और सूखने दें। इसके बाद सरसों का तेल, मलाई, गुड़ और नमक का लेप बना कर, उसे साग की परत के ऊपर लीप दें। तंदूर में पहले थोड़ी आग जलाएं, फिर धीरे-धीरे उसे बढ़ाते जाएं। ऊपर वाली परत सूख कर उखड़ जाएगी दोबारा लीपें। इस प्रकार, तंदूर को पक्का करने के लिए तीन बार लेप चढ़ाएं। अंत में उसके किनारों पर नमक मिला पानी छिड़कें और उसे सूखने दें। ऐसा करने से रोटी दीवारों से जल्दी नहीं चिपकेगी।

मदनलाल जायसवालः साधारण ग्राम्य व्यंजन 'कबाब' को पाककला के शिखर पर पहुँचा कर श्री मदनलाल जायसवाल ने वेलकम ग्रुप के मौर्य शेराटन के 'बुखारा' को भारत के सुविख्यात रेस्तराँ की पंक्ति में ला खड़ा किया है। आजकल वे अपनी पाककला के जादू से न्यूयॉर्क स्थित भोजनालय 'बुखारा' में नए-नए अन्वेषण करने में लगे हैं।

इस बात का ध्यान रखें कि तंदूर में खाना पकाने में आंच का खास महत्व होता है। पहले थोड़ी-सी आग जलायी जाती है, फिर धीरे-धीरे उसे तेज़ किया जाता है जिससे दीवारें फटें नहीं। यदि शुरू से ही आंच तेज़ कर देंगे तो मिट्टी उसे सह नहीं पाएगी और दीवार फट जाएगी और तंदूर बेकार हो जाएगा। रोटी और नान तंदूर की दीवार से नहीं चिपकेंगे।

जिस तरह गैस और बिजली के ओवन में विभिन्न व्यंजन अलग-अलग आँच पर बनाए जाते हैं, उसी तरह तंदूर में भी भिन्न-भिन्न तरह के व्यंजनों को अलग-अलग आँच पर बनाया जाता है। यह सही है कि तापमान को एक-एक डिग्री तक तो सही नहीं किया जा सकता, लेकिन अनुभव से उस का सही अंदाज़ा जरूर हो जाता है। तंदूर में आंच को ज़रूरत के अनुसार घटाने-बढ़ाने के लिए एक उभरे हुए गोलाकार ढक्कन की जरूरत पड़ती है। तंदूर की पेंदी के पास भी एक छोटा गोल ढक्कन लगा रहता है।

अगर तंदूर में आंच अधिक है तो छड़ की सहायता से कोयलों को हटाकर एक ओर कर दें, और यदि आंच कम हो तो तंदूर के दोनों मुंह बन्द कर देने चाहिए। एक नौसिखिए को आंच की जांच करने के लिए नान या रोटी को तंदूर की दीवार से चिपका कर देखना चाहिए। अगर रोटी या नान दीवार से चिपके तो समझना चाहिए कि आंच कम है।

तंदूर में चारों ओर बराबर आंच करने के लिए यह जरूरी है कि पेंदे में चारों ओर बराबर कोयले डाले जाएं।

लोगों में यह आम धारणा है कि कबाब या तो तंदूर में पकाया जा सकता है या फिर खुले लोहे के ग्रिल पर। इसके अलावा और किसी तरह नहीं। लोगों की इस धारणा को तोड़ने के लिए हम लोगों ने इस खंड में तंदूरी के अलावा और कई व्यजंनों को शामिल किया है। कम या ज्यादा तले हुए ये कबाब भी उतने ही स्वादिष्ट और लोकप्रिय हैं जितने कि तंदूरी व्यंजन। दोनों तरह के (तंदूरी और गैर-तंदूरी) कबाबों में जो एक समानता है वह है 'मैरीनेशन' की। कबाब का अच्छा बनना इस बात पर निर्भर करता है कि उसे एकदम सही समय तक 'मैरीनेशन' में रखा जाए।

तंदूरी कबाबों को पकाने का अपना खास ढंग होता है। कबाब पर मक्खन या घी लगाकर भूनें ताकि वह लज्ज़तदार बनें।

टोडरमलः 'बुखारा' में एक साथ काम वाले तथा मदनलाल जायसवाल के गुरुभाई, श्री टोडरमल आजकल दिल्ली स्थित 'द ओबेरॉय' के मुगलरूम के पाकग्रह में अपनी अद्‌भुत पाककला को और अधिक निखारने में व्यस्त हैं।

तंदूरी लॉब्स्टर

अजवाइन के साथ बना लॉब्स्टर वास्तव में बड़ा ही स्वादिष्ट होता है।

सामग्री

4 लॉब्स्टर (बड़े आकार के)
भूनने के लिए मक्खन

मैरीनेशन

20 ग्राम (2 बड़ा चम्मच) अदरक
1 अण्डा
150 मि.ली. (2/3 कप) क्रीम
12 ग्राम (5 छोटा चम्मच) अजवाइन
50 ग्राम (3 बड़ा चम्मच) पिसा हुआ अदरक
50 ग्राम (3 बड़ा चम्मच) पिसा हुआ लहसुन
30 मि.ली. (2 बड़ा चम्मच) नीबू का रस
50 ग्राम (1/3 कप) बेसन
10 ग्राम (2 छोटा चम्मच) गरम मसाला
3 ग्राम (1/2 छोटा चम्मच) सफेद मिर्च पाउडर नमक

तैयारी

लॉब्स्टर को उबालकर ठंडा कर लें। इसके बाद इसके छिलके हटाकर साफ कर लें (यदि आप लॉब्स्टर को छिलके के साथ बनाना चाहते हैं तो पहले इसे दो भागों में काट लें तब छिलके उतारें और उन्हें अलग रख लें)।

मैरीनेशन*: अदरक को छीलकर साफ कर लें और बारीक काट लें। अंडे को एक कटोरे में तोड़ लें। कटी हुई अदरक और अन्य चीजों को इसमें डाल कर अच्छी तरह फेंट लें। अब लॉब्स्टर पर इस मिश्रण को मलें और दो घंटे के लिए अलग कर रख दें।

ओवन को 350° फारेनहाइट तक गर्म कर लें।

लोहे की छड़ में पिरोना: लॉब्स्टर को एक-एक इंच की दूरी पर लोहे की छड़ में पिरो लें। पिरोते समय नीचे एक ट्रे रखें ताकि फ़ालतू मसाला टपक कर नीचे ट्रे में जमा होता रहे।

पकाने की विधि

लॉब्स्टर को रोस्ट करने के लिए 'ओवन' या कोयले का ग्रिल इस्तेमाल करें। सामान्य गर्म ओवन में लॉब्स्टर को तीन-चार मिनट तक रोस्ट करने के बाद उसे बाहर निकाल कर लगभग दो मिनट तक लटका दें जिससे पिघला हुआ मसाला टपक कर निकल जाए। लॉब्स्टर पर मक्खन डाल कर उसे फिर दो मिनट तक रोस्ट करें। लीजिए तैयार है आपका लाजवाब "तंदूरी लॉब्स्टर"।

मात्रा: 4 व्यक्तियों के लिये
तैयारी का समय: 2.30 घंटे
पकाने का समय: 8 मिनट

नोट: यदि आप लॉब्स्टर को उबालकर नहीं बनाना चाहते (हालांकि यह भी काफी स्वादिष्ट होता है) तो लॉब्स्टर पर मसाला मल कर साढ़े तीन (3½) घण्टों के लिए छोड़ दें और 8 मिनट की जगह 12 मिनट तक रोस्ट करें।

* **मैरीनेशन:** पकाने से पहले मसाले के घोल में गोश्त या मुर्ग आदि को कुछ समय तक भिगोकर रखा जाता है।

तंदूरी पॉम्फ्रेट

भारत के सबसे लोकप्रिय समुद्री मछली के इस स्वादिष्ट व्यंजन को देख कर ही मुंह में पानी भर आता है।

सामग्री

4 पॉम्फ्रेट (प्रत्येक 450 ग्रा.)
पकाने के लिए मक्खन

तंदूरी मुर्ग

मैरीनेशन

60 ग्राम (¼ कप) दही

2 अंडे

45 मि.ली. (3 बड़ा चम्मच) क्रीम

20 ग्राम (3½ छोटा चम्मच) पीसा हुआ अदरक

20 ग्राम (3½ छोटा चम्मच) पीसा हुआ लहसुन

10 ग्राम (4 छोटा चम्मच) अजवाइन

20 ग्राम (2 दो बड़ा चम्मच) बेसन

3 ग्राम (½ छोटा चम्मच) सफेद मिर्च पाउडर
नमक

10 ग्राम (2 छोटा चम्मच) लाल मिर्च पाउडर

30 मि.ली. (2 बड़ा चम्मच) नीबू का रस

5 ग्राम (2 छोटा चम्मच) हल्दी

10 ग्राम (2 छोटा चम्मच) जीरा पाउडर

मात्रा: 4 व्यक्तियों के लिये
तैयारी का समय: 3.30 घंटे
पकाने का समय: 12.15 मिनट

तैयारी

मछली को साफ करके धो लें और मछली के दोनों तरफ 3 गहरे काट बना लें।

मैरीनेशन: दही को साफ मलमल के कपड़े में बांधकर 15 मिनट के लिए लटका दें जिससे उसका पानी निथर जाए। अंडे को फोड़कर उसका सफेद भाग अलग निकाल दें। दही और अंडे की ज़र्दी को एक बड़े कटोरे में लेकर दूसरी सारी चीजें उसमें मिलाकर फेंटिए। अब इस मसालेदार मिश्रण में मछली को लपेटकर 3 घंटे के लिए छोड़ दीजिए।

ओवन को 350° फारेनहाइट तक गर्म कर लें।

छड़ में पिरोना: मछली को सर से लेकर पूंछ तक छड़ में पिरो लें। पिरोते समय मछलियों में दो-दो इंच का अंतर रखें। नीचे एक ट्रे रखें ताकि मसाला उसी में जमा हो।

पकाने की विधि

तंदूर की मध्यम आंच पर मछली को 8 मिनट तक रोस्ट करें। अगर आप कोयले का ग्रिल इस्तेमाल कर रहे हों तो उस पर भी इतने ही समय तक रोस्ट करें। गर्म ओवन में 12 मिनट तक रोस्ट करें। आंच से निकाल कर छड़ों को करीब 3 मिनट तक बाहर लटका दें ताकि फ़ालतू मसाला और मक्खन निकल जाए। मछली के ऊपर मक्खन डालकर फिर 3 मिनट तक रोस्ट करें। तैयार है आपका स्वादिष्ट तंदूरी पॉम्फ्रेट।

सामग्री

2 मुर्गे (प्रत्येक 600 ग्राम 1/3 पौण्ड)

नमक

5 ग्राम (1 छोटा चम्मच) लाल मिर्च पाउडर

60 मि.ली. (4 बड़ा चम्मच) नीबू का रस पकाने के लिए

मक्खन

मैरीनेशन

100 ग्राम (6 बड़ा चम्मच) दही

100 ग्राम (7 बड़ा चम्मच) क्रीम

15 ग्राम (2½ छोटा चम्मच) पिसा अदरक

15 ग्राम (2½ छोटा चम्मच) पिसा लहसुन

तंदूरी मुर्ग

कबाबों का राजा ''तंदूरी मुर्ग'' काफी लोकप्रिय भारतीय व्यंजन है। इसे पूरा-का-पूरा साबुत रोस्ट करके बनाया जाता है।

तैयारी

मुर्गे को साफ करके उसकी चमड़ी निकाल दें। उसकी छाती पर दोनों ओर तीन गहरे चीरे लगाएं। इसी तरह दोनों जांघों पर 3-3 (तीन-तीन) और निचले धड़ के दोनों ओर दो-दो चीरे लगाएं। नमक, लाल मिर्च और नीबू के रस का लेप बना लें और उसे मुर्गे के ऊपर मल कर 15 मिनट तक रख छोड़ें।

मैरीनेशन: एक बड़े कटोरे में दही को फेंट लें और अन्य सारी चीजों को उसमें डालकर अच्छी तरह मिला लें। अब इस मिश्रण को मुर्गे पर मलें और 4 घंटे के [illegible] अलग रख दें।

ओवन को 350° फारेनहाइट तक गर्म कर लें।

छड़ में पिरोना: समूचे मुर्गे को सर से पूंछ तक छड़ में पिरो लें। दोनों मुर्गों के बीच करीब 2 इंच का अंतर रखें। टपकते हुए मसाले को इकट्ठा करने के लिए नीचे एक ट्रे रखें।

5 ग्राम (1 छोटा चम्मच) जीरा पाउडर
3 ग्राम (½ छोटा चम्मच) गरम मसाला
½ ग्राम (1 छोटा चम्मच) केसर
1 बूंद नारंगी रंग

पकाने की विधि

सामान्य गर्म तंदूर पर मुर्गे को 8 मिनट तक रोस्ट करें। अगर कोयले के ग्रिल पर बना रहे हों तो भी इतने ही समय तक रोस्ट करें। गर्म ओवन में 10 मिनट तक रोस्ट करें। तंदूर से हटाकर छड़ों को चिकन सहित 4-5 मिनट के लिए लटका दें जिससे फ़ालतू मसाले निकल जाएं। अब मक्खन डालकर 3-4 मिनट तक रोस्ट करें।

आपका तंदूरी मुर्ग तैयार है। इसे सजाकर परोस दें।

मात्रा: 4 व्यक्तियों के लिये
तैयारी का समय: 4.30 घंटे
पकाने का समय: 15 मिनट

मुर्ग़ नवाबी

यह हल्के मसाले और जावित्री की सुगन्ध वाला मलाईदार मुर्ग कबाब है।

सामग्री

2 मुर्गे 700 ग्राम (डेढ़ पौंड) प्रत्येक
60 मि.ली. (4 बड़ा चम्मच) माल्ट सिरका
8 हरी मिर्च
10 ग्राम (2 छोटा चम्मच) सफेद मिर्च पाउडर
3 ग्राम (½ छोटा चम्मच) ज़ावित्री पाउडर
नमक
25 ग्राम (4 छोटा चम्मच) पिसा अदरक
25 ग्राम (4 छोटा चम्मच) पिसा लहसुन
450 ग्राम (2 कप) दही
100 मि.ली. (7 बड़ा चम्मच) क्रीम
रोस्ट करने के लिए मक्खन

तैयारी

मुर्गे को साफ करके उसकी चमड़ी निकाल दें। दोनों मुर्गों को अलग-अलग आठ टुकड़ों में काट लें।

पहला मैरीनेशन: हरी मिर्च की डंठल काटकर साफ कर लें और बीच से काटकर बीज निकाल दें। इसके बाद काट लें। एक बड़े कटोरे में मिर्च, गोल मिर्च, जावित्री, नमक और पिसा हुआ अदरक और लहसुन सिरके के साथ मिला लें। अब मुर्गे के टुकड़ों पर यह मिश्रण मलें और 15 मिनट के लिए अलग रख दें।

दूसरा मैरीनेशन: दही को मलमल के कपड़े में बांधकर 4 घंटे के लिए लटका दें जिससे उसका पानी निथर जाए। एक बड़े कटोरे में दही को क्रीम के साथ मिलाएं और मुर्गे के टुकड़ों को उसमें लपेट कर 3 घंटे के लिए रख दें।

ओवन को 350° फारेनहाइट तक गर्म कर लें।

छड़ में पिरोना: मुर्गे के सारे टुकड़ों को छड़ में एक-एक इंच की दूरी पर पिरो लें। नीचे एक ट्रे रख लें ताकि मसाला टपक कर उसमें ही गिरे।

पकाने की विधि

सामान्य गर्म तन्दूर पर इसे 10 मिनट तक रोस्ट करें। कोयले के ग्रिल पर भी इतने ही समय तक रोस्ट करें। गर्म ओवन में 12 मिनट तक रोस्ट करें। ओवन से मुर्गे को निकालकर लगभग दो मिनट तक बाहर लटका दें जिससे फालतू मसाला टपक जाए। मुर्गे पर मक्खन लगाकर फिर तीन मिनट तक रोस्ट करें। बस, तैयार है आपका "मुर्ग़ नवाबी"।

मात्रा: 4 व्यक्तियों के लिये
तैयारी का समय: 7.45 घंटे
पकाने का समय: 15 मिनट

सामग्री

8 मुर्गों की छातियों का गोश्त

तलने के लिए घी

मसाला

20 ग्राम (3½ छोटा चम्मच) पिसा अदरक

20 ग्राम (3½ छोटा चम्मच) पिसा लहसुन

3 ग्राम (आधा छोटा चम्मच) मिर्च पाउडर

नमक

60 मि.ली. (4 बड़ा चम्मच) नीबू का रस

भरने के लिए

300 ग्राम (11 औंस) पनीर

8 हरी मिर्च

20 ग्राम (1/3 कप) धनिया पत्ता

शान-ए-मुर्ग

मुर्गे की छाती के नर्म गोश्त का यह लाजवाब कबाब है। इसमें काले जीरे की सुगन्ध वाला पनीर भरा जाता है।

तैयारी

मुर्गे को साफ करके उसकी चमड़ी और हड्डियां निकाल दें। पंख की हड्डी वैसे ही रहने दें। चाकू की नोक से काटकर मुर्गे की छाती को पूरा खोल लें। ध्यान रखें कि दूसरी तरफ न कटे (तस्वीर देखें)। मुर्गे की खुली छाती को बल्ले से पीट कर चपटा कर लें।

मैरीनेशन: पीली मिर्च, नमक और नीबू के रस को पिसे हुए अदरक और लहसुन के साथ मिलाएं। अब इस मिश्रण को मुर्गे की चपटी की गयी छाती पर लेप कर 30 मिनट के लिए रख दें।

भरने का मसाला: पनीर को एक कटोरे में लेकर मसल लें। हरी मिर्च का डंठल तोड़कर उसे साफ करके बीच में से काट दें और बीज निकालकर कतर लें। धनिया पत्ते को धोकर साफ करके कतर लें। अनन्नास और काजू को भी काट लें। इस सारी सामग्री को

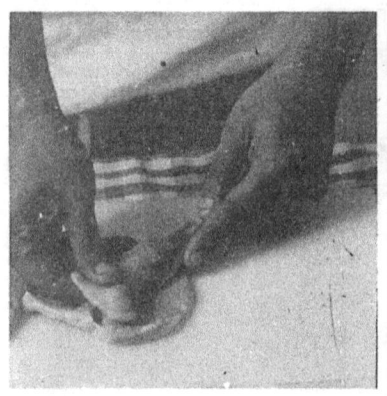

जीरा, पीली मिर्च और नमक के साथ मसले हुए पनीर में अच्छी तरह मिला दें।

भरने का तरीका: मुर्गे की चपटी की हुई छाती को फैलाकर उसके बीच में भराव का मिश्रण रखें और उसे सावधानी से गेंद की तरह गोल बनाकर बाहर से निकली हुई हड्डी को उसमें खोंस दें (तस्वीर देखें, पृष्ठ18)। अब इसे 15 मिनट के लिए फ्रिज में रख दें।

घोल: घोल बनाने के लिए अंडे को एक कटोरे में तोड़ लें और उसमें कार्न फ़्लोर (मकई का आटा), नमक और 100 मि.ली. के क़रीब पानी मिलाकर और फेंटकर घोल तैयार कर लें।

ओवन को 270° फारेनहाइट तक गर्म कर लें।

- 2 अनन्नास के गोलाकार टुकड़े (रिंग)
- 40 ग्राम (1/3 कप) काजू
- 2 ग्राम (1 छोटा चम्मच) काला जीरा साबुत
- 3 ग्राम (एक छोटा चम्मच) पीली मिर्च का पाउडर
- नमक

घोल बनाने के लिए

- 3 अंडे
- 150 ग्राम (5 औंस कार्नफ़्लावर) मकई का आटा)
- 50 ग्राम (6 बड़ा चम्मच) आटा
- नमक

पकाने की विधि

कड़ाही में घी गर्म करके भरे हुए मुर्गे को घोल में डुबो लें और कड़ाही में डालकर उसे तब तक तलें जब तक उसका रंग हल्का सुनहरा न हो जाए।

'रोस्टिंग ट्रे' में थोड़ा-सा घी लगा लें। तली हुई मुर्गे की छाती उसमें रखकर गर्म ओवन में 10-12 मिनट तक रोस्ट करें।

मात्रा: 4 व्यक्तियों के लिये
तैयारी का समय: 1.15 घंटे
पकाने का समय: 35 मिनट

मुर्ग टिक्का

बिना हड्डियों का यह स्वादिष्ट कबाब, लाजवाब तंदूरी मुर्ग के बाद सबसे ज्यादा लोकप्रिय मांसाहारी व्यंजन है। इसे कॉकटेल के साथ परोसा जा सकता है।

सामग्री

- 800 ग्राम (1¾ पौंड) मुर्गे की टांगें
- रोस्ट करने के लिए मक्खन

मसाले

- 50 ग्राम (¼ कप) दही
- 40 ग्राम (6¾ छोटा चम्मच) पिसा अदरक
- 40 ग्राम (6¾ छोटा चम्मच) पिसा लहसुन
- 3 ग्राम (½ छोटा चम्मच) काली मिर्च पाउडर
- 3 ग्राम (½ छोटा चम्मच) जीरा पाउडर
- 3 ग्राम (1 छोटा चम्मच) जावित्री और जायफल छोटी इलायची का पाउडर
- 3 ग्राम (½ छोटा चम्मच) लाल मिर्च पाउडर
- 3 ग्राम (½ छोटा चम्मच) हल्दी

तैयारी

मुर्गे को साफ करके उसकी चमड़ी और हड्डियां निकाल दें। एक टांग को चार टुकड़ों में काटें। सब मिलाकर 24 टिक्के तैयार कर लें।

मैरीनेशन

एक बड़े कटोरे में दही फेंट लें। दूसरी सारी चीजें इसमें डालकर अच्छी तरह मिलालें। अब मुर्गे के टुकड़ों पर इस मिश्रण को अच्छी तरह मलें और साढ़े तीन घंटे के लिए अलग रख दें।

ओवन को 350° फारेनहाइट तक गर्म कर लें।

60 मि.ली. (4 बड़ा चम्मच) नीबू का रस

20 ग्राम (2 बड़ा चम्मच) बेसन

नमक

75 मि.ली. (5 बड़ा चम्मच) मूंगफली का तेल

मात्रा: 4 व्यक्तियों के लिये
तैयारी का समय: 4 घंटे
पकाने का समय: 10 मिनट

छड़ में पिरोना: मसाले में डूबे मुर्गे के टिक्कों को एक-एक इंच की दूरी पर छड़ में पिरो लें। नीचे एक ट्रे रखें जिससे टिक्कों को छड़ में पिरोते समय मसाला उसी में गिरे।

पकाने की विधि

सामान्य गर्म तंदूर पर 6-7 मिनट तक रोस्ट करें और रोस्ट करने के दौरान कम से कम एक बार मक्खन जरूर लगाएं। कोयले के ग्रिल पर करना हो तब भी इतने ही समय तक रोस्ट करें और एक बार मक्खन लगाएं। गर्म ओवन में टिक्के को 8-10 मिनट तक रोस्ट करें, और कम से कम दो बार मक्खन लगाएं। इस बात का ध्यान रखें कि टिक्का ओवन की पेंदी से न टकराए।

नोट: स्वाद में बदलाव के लिए "मुर्ग टिक्का" को हरा बनाएं। इसके लिए मसाले में पुदीना और धनिया के पत्ते पीस कर मिलाएं। पुदीना और धनिया के पत्तों की मात्रा 50 ग्राम (3 बड़ा चम्मच) होनी चाहिए।

सामग्री

12 मुर्गों की छाती (चिकेन ब्रेस्ट)

40 ग्राम (6¾ छोटा चम्मच) पिसा अदरक

40 ग्राम (6¾ छोटा चम्मच पिसा लहसुन

45 मि.ली. (3 बड़ा चम्मच) नीबू का रस

5 ग्राम (1 छोटा चम्मच) सफेद गोल मिर्च पाउडर

नमक

60 ग्राम (4 बड़ा चम्मच) मक्खन

10 मि.ली. (2 छोटा चम्मच) मूंगफली का तेल

100 ग्राम (2/3 कप) बेसन

80 ग्राम (¾ कप) डबलरोटी के टुकड़े

20 ग्राम (2 बड़ा चम्मच) अदरक

20 ग्राम (1/3 कप) धनिया पत्ता

2 ग्राम (1/3 छोटा चम्मच) छोटी इलायची का पाउडर

कस्तूरी कबाब

इस कबाब को अंडे की परत चढ़ाकर जीरा मसाले और इलायची की सुगंध के साथ बनाया जाता है।

तैयारी

मुर्गे को साफ करके उसकी चमड़ी और हड्डियां हटा दें। मुर्गे की एक छाती को दो भागों में काट लें। पीसा हुआ अदरक और लहसुन को नीबू के रस के साथ मिला कर नमक डाल दें। अब इस मिश्रण को मुर्गे के टुकड़ों पर मलें और उन्हें 1 घंटे के लिए अलग रख दें।

सब्जियाँ: अदरक को छीलकर धोएं और काट लें। धनिया के पत्तों को भी धोकर काट लें।

बेसन: एक कड़ाही में मक्खन और तेल गर्म करें। उसमें बेसन डाल कर मध्यम आंच पर तब तक भूनें जब तक उस का रंग सुनहरा भूरा न हो जाए। इसमें से 20 ग्राम (4 छोटे चम्मच) बेसन अलग निकाल कर रख दें। डबल रोटी के टुकड़े, कटा हुआ अदरक, धनिया पत्ता मिला दें। मसाला लगे मुर्गे को भी डाल कर 3-4 मिनट तक भूनें।

घोल: अंडे के सफेद भाग को अलग कर पीला भाग ले लें। एक कटोरे में जीरा-केसर अलग निकाल लें। बेसन के साथ अंडे को फेंटें।

ओवन को 300° फारेनहाइट तक गर्म कर लें।

छड़ में पिरोना: लोहे के छड़ में मुर्गे के 6 टुकड़ों को एक साथ पिरो लें। बीच-बीच में 2 इंच की जगह छोड़ दें। इसके बाद मुर्गे के टुकड़ों का दूसरा भाग लें। सारे टुकड़ों पर घोल लगा दें।

घोल के लिए

- 3 अंडे
- 3 ग्राम (1 छोटा चम्मच) काला जीरा दाना
- ½ ग्राम (1 छोटा चम्मच) केसर

पकाने की विधि

सामान्य गर्म तंदूर पर मुर्गे को 5-6 मिनट तक रोस्ट करें। कोयले के ग्रिल पर 6-7 मिनट तक रोस्ट करें। गर्म ओवन में 8-10 मिनट तक रोस्ट करें। ओवन से निकालकर मुर्गे पर इलायची-पाउडर छिड़क कर परोसें।

मात्रा: 4 व्यक्तियों के लिये
तैयारी का समय: 2.30 घंटे
पकाने का समय: 10 मिनट

मुर्ग मलाई

मुर्गे की छाती से बने मलाईदार कबाब मुर्ग मलाई में परम्परागत कबाबी जड़ी-बूटी और मसाले के साथ 'चीज़' भी मिलाया जाता है।

सामग्री

- 12 मुर्गों की छाती
- 40 ग्राम (6¾ छोटा चम्मच) पिसा अदरक
- 35 ग्राम (6 छोटा चम्मच) पिसा लहसुन
- 5 ग्राम (1 छोटा चम्मच) मिर्च पाउडर
- नमक
- रोस्ट करने के लिए मक्खन

मैरीनेड

- 1 अंडा
- 60 ग्राम (½ कप) चीज़ (सख्त वाला)
- 8 हरी मिर्च
- 20 ग्राम (1/3 कप) धनिया पत्ता
- 160 मि.ली. (2/3 कप) क्रीम (मलाई)
- 3 ग्राम (½ छोटा चम्मच) जावित्री और जायफल पाउडर
- 15 ग्राम (3 बड़ा चम्मच) कार्नफ़्लावर

तैयारी

मुर्गे को साफ करके उसकी चमड़ी और हड्डियां निकाल दें। मुर्गे की एक छाती के दो टुकड़े कर लें। अदरक और लहसुन के लेप में नमक मिलाकर मुर्गे के टुकड़ों पर यह मिश्रण मल कर 15 मिनट के लिए अलग रख दें।

मैरीनेशन: एक कटोरे में अंडे को फोड़ लें। कसा हुआ चीज़ उसमें डालकर मसल लें। हरी मिर्च की डंठल तोड़ कर साफ कर लें। बीच में से काटकर उसके बीज निकाल दें और कतर लें। धनिया पत्तों को भी धोकर काट लें। अब चीज़, हरी मिर्च, धनिया पत्ता और अन्य चीजों को अंडे के साथ मिलाकर फेंटें। इस मिश्रण को मुर्गे के टुकड़ों पर रगड़कर तीन घंटे के लिए अलग रख दें।

ओवन को 275° फारेनहाइट तक गर्म कर लें।

छड़ में पिरोना: मुर्गे के टुकड़ों को लोहे की छड़ में एक-एक इंच की दूरी पर पिरो लें। नीचे एक ट्रे रखें ताकि मसाला उसी में गिरे।

पकाने की विधि

सामान्य गर्म तंदूर पर मुर्गे को अंदाज से 5 मिनट तक रोस्ट करें। कोयले के ग्रिल पर भी इतने ही समय तक रोस्ट करें। गर्म ओवन में 6 मिनट तक रोस्ट करने के बाद मुर्गे को बाहर निकालकर 2-3 मिनट के लिए लटका दें जिससे फ़ालतू मसाला ट्रे में टपक जाए। मुर्गे में मक्खन लगाकर फिर ओवन में लगभग 3 मिनट तक रोस्ट करें।

मात्रा: 4 व्यक्तियों के लिये
तैयारी का समय: 3.45 घंटे
पकाने का समय: 12 मिनट

सामग्री

1 किलो (2¼ पौंड) मुर्गे के गोश्त के टुकड़े

2 अंडे

15 ग्राम (1 बड़ा चम्मच) जीरा पाउडर

5 ग्राम (1 छोटा चम्मच) काली मिर्च पाउडर

5 ग्राम (1 छोटा चम्मच) सफ़ेद मिर्च पाउडर

नमक

20 मि.ली. (4 छोटा चम्मच) मूंगफली का तेल

50 ग्राम (1/3 कप) काजू

30 ग्राम (3 बड़ा चम्मच) अदरक

20 ग्राम (2 बड़ा चम्मच) प्याज़

20 ग्राम (1/3 कप) धनिया पत्ता

5 ग्राम (1 छोटा चम्मच) गर्म मसाला

रेशमी कबाब

इस नरम-नरम कबाब को मुर्गे के गोश्त में पिसा हुआ काजू मिलाकर बनाया जाता है।

तैयारी

अंडे को एक कटोरे में फोड़ कर फेंट लें। काजू को पीस लें।

सब्जियाँ: अदरक को छील-धोकर अच्छी तरह काट लें। प्याज़ और धनिया पत्ते को भी धोकर काट लें।

गोश्त: फेंटे हुए अंडे, जीरा, पिसी मिर्च, सफेद गोल मिर्च, नमक और तेल गोश्त में अच्छी तरह मिला लें और 15 मिनट के लिए अलग रख दें। इसके बाद उसमें काजू, कटी हुई सब्जियाँ और गरम मसाला मिलाकर आठ बराबर भागों में बाँट कर गोले बना लें।

ओवन को 300° फारेनहाइट तक गर्म कर लें।

छड़ में गूंथना: चिकेन बॉल को छड़ में गूंथने के लिए गीले हाथ का इस्तेमाल कीजिए। बॉल को दबा-दबा कर कांटे में गूंथिए। गूंथने के बाद बॉल को चपटा कर के 5 इंच लम्बा बना लीजिए। दो-दो इंच की दूरी पर कबाब गूंथ दीजिए। (तस्वीर देखें)

पकाने की विधि

सामान्य गर्म तंदूर पर कबाब को 6 मिनट तक रोस्ट करें। मक्खन लगा कर तब तक रोस्ट करें जब तक कबाब का रंग हल्का सुनहरा न हो जाए। कोयले के ग्रिल पर भी

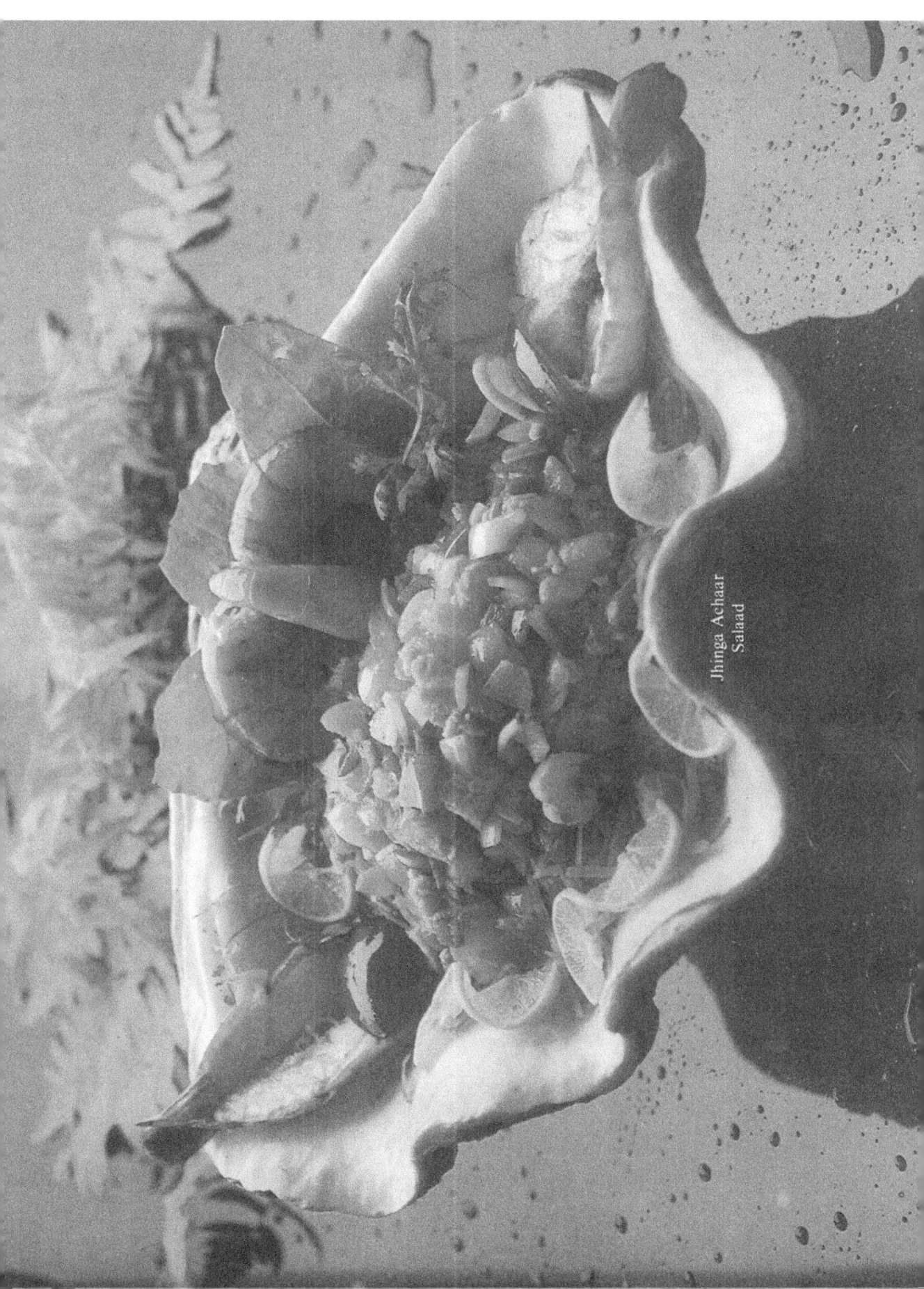

Jhinga Achaar Salaad

Khasta Kheema
Murgh Reshmi
Thandi Ajwaini Machchli

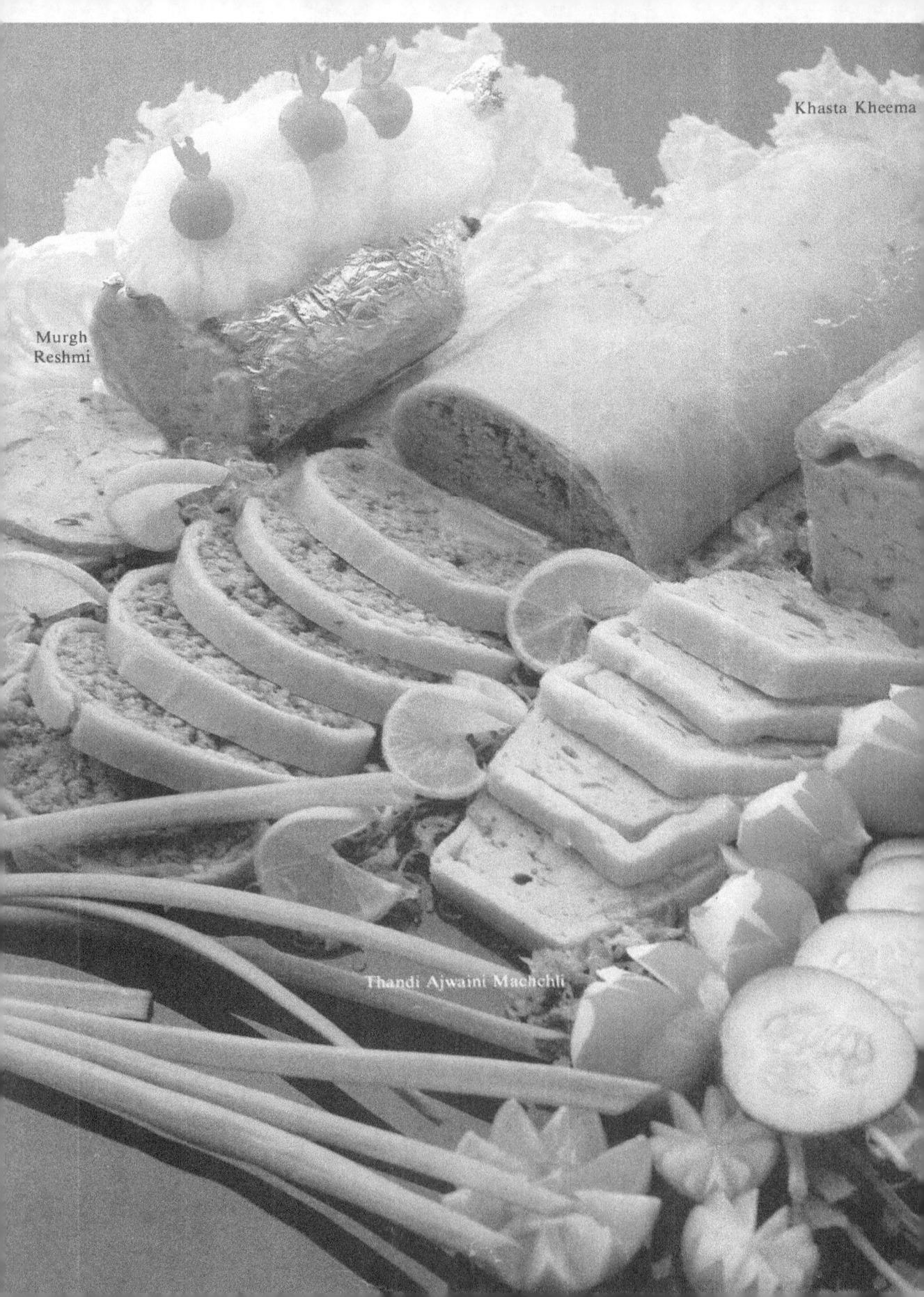

Tandoori Lobster

Tandoori Pomfret

Shaan-e-Murgh

रोस्ट करने के लिए इतना ही समय लें और एक बार मक्खन लगाएं। गर्म ओवन में 8 मिनट तक रोस्ट करें। एक बार और मक्खन लगाएं।

मात्रा: 4 व्यक्तियों के लिये
तैयारी का समय: 30 घंटे
पकाने का समय: 5.6 मिनट

गलौटी कबाब

जावित्री और इलायची की खुशबू वाला गलौटी कबाब बस ऐसा होता है कि मुंह में घुल जाए। इसे शाही कबाब भी कहते हैं।

सामग्री

- 1 किलो (2¼ पौंड) गोश्त
- 50 ग्राम (3 बड़ा चम्मच) पिसा अदरक
- 50 ग्राम (3 बड़ा चम्मच) पिसा लहसुन
- 75 ग्राम (2½ औंस) कच्चा पपीता
- 50 ग्राम (3 बड़ा चम्मच) मक्खन
- 5 ग्राम (1 छोटा चम्मच) लाल मिर्च पाउडर
- नमक
- 3 ग्राम (½ छोटा चम्मच) जावित्री पाउडर
- 5 ग्राम (1 छोटा चम्मच) छोटी इलायची पाउडर
- 40 ग्राम (4 बड़ा चम्मच) भुने चने का आटा
- तलने के लिए घी

तैयारी

गोश्त को साफ करके उसमें से हड्डियों को निकाल दें और महीन पीस लें। 15 मिनट के लिए फ्रिज़ में रख दें।

पपीते को छीलकर उसके बीज निकाल दें और काटकर ब्लेंडर (Blender) में महीन पीस लें।

घी को छोड़ कर अन्य सारी सामग्री को ठंडा किए कीमा में डालकर पीस लें। अब इस मिश्रण को 32 बराबर भागों में बांटकर गोले बना लें। हाथ में थोड़ा-सा घी लगाकर गोलों को दबा कर टिकिया (2 इंच व्यास की) बना लें।

पकाने की विधि

तवे पर घी डालकर हल्की आंच पर तलें। ध्यान रखें कि कबाब दोनों तरफ से बराबर भूरा हो।

मात्रा: 4 व्यक्तियों के लिये
तैयारी का समय: 1.10 घंटे
पकाने का समय: 15 मिनट हर सेट के लिए

मलाई सीक

जड़ी-बूटी और काजू के साथ बना यह लज़्ज़तदार कबाब कॉकटेल के साथ बेहतरीन नमकीन के रूप में पेश किया जा सकता है।

सामग्री

- 900 ग्राम (2 पौंड) कीमा (mince)
- 150 ग्राम (5 औंस) गोश्त की चर्बी
- 40 ग्राम (¼ कप) प्याज़
- 40 ग्राम (¼ कप) अदरक
- 8 हरी मिर्च
- 20 ग्राम (1/3 कप) धनिया
- 75 ग्राम (2/3 कप) काजू
- 2 अंडे

तैयारी

चर्बी को पीस लें।

प्याज को छीलकर धोकर काट लें। अदरक को भी छीलकर धोकर काट लें। हरी मिर्च

50 मि.ली. (3 बड़ा चम्मच) मूंगफली का तेल
3 ग्राम (½ छोटा चम्मच) सफेद मिर्च पाउडर
नमक
10 ग्राम (2 छोटा चम्मच) गरम मसाला
पकाने के लिए मक्खन

का डंठल हटाकर उसे बीचों-बीच से काट लें, और उसके बीज निकालकर काट लें। धनिया पत्ते को भी साफ करके काट लें।

काजू को पीस लें। अंडे को कटोरे में फेंट लें।

एक बड़े कटोरे में कीमा लेकर उसमें मक्खन को छोड़कर और सारी चीजें डालकर अच्छी तरह मिला लें। 15 मिनट के लिए इसे अलग रख दें। इस के बाद इस मिश्रण को 12 बराबर भागों में बांटकर गोले बना लें।

ओवन को 325° फारेनहाइट तक गर्म कर लें।

छड़ में गूंथना: गीले हाथ से गोलों को छड़ में घुसाएं और उन्हें चपटा करके करीब 4 इंच लंबा कर लें। कबाब को दो-दो इंच के अंतर पर गूंथ लें। (फोटो पृष्ठ 21 पर देखें)

पकाने की विधि

सामान्य गर्म तंदूर में कबाब को 8 मिनट तक रोस्ट करें। कोयले के ग्रिल में भी करीब इतने ही समय तक रोस्ट करें। गर्म ओवन में 8 से 10 मिनट तक रोस्ट करें। ओवन से कबाब को निकालकर थोड़ी देर के लिए बाहर लटका दें (करीब 3 मिनट) जिससे फ़ालतू मसाला टपक जाए। फिर मक्खन लगाकर 2 मिनट तक रोस्ट करें।

मात्रा: 4 व्यक्तियों के लिये
तैयारी का समय: 40 घंटे
पकाने का समय: 14 मिनट

दम के कबाब

इस व्यंजन के लिए कीमा से कबाब बनाने से पहले धुआं दिया जाता है।

सामग्री

500 ग्राम (18 औंस) गोश्त का कीमा
75 ग्राम (½ कप) काजू
30 ग्राम (¼ कप) बादाम
50 ग्राम (2/3 कप) नारियल
10 ग्राम (2 छोटा चम्मच) धनिया पाउडर
3 लौंग
2 टुकड़ा दालचीनी (1 इंच)
6 छोटी इलायची
3 ग्राम (1 छोटा चम्मच) काला शाही जीरा
20 ग्राम (2 बड़ा चम्मच) प्याज़
प्याज़ भूनने के लिए मूंगफली का तेल
5 ग्राम (1 छोटा चम्मच) लाल मिर्च पाउडर
3 ग्राम (½ छोटा चम्मच) हल्दी

तैयारी

बादाम को गर्म पानी में डालकर निकाल लें और ठंडा करके छील लें।

नारियल का भूरा छिलका निकाल कर कस लें।

प्याज को छील-धोकर काट लें और एक फ्राइंगपैन में घी डालकर ब्राउन कर लें।

पुदीना और धनिया को धोकर उनके डंठल तोड़ कर काट लें। हरी मिर्च के बीज निकालकर काट लें।

काजू, बादाम, नारियल, धनिया पाउडर और दूसरे सारे मसालों को ब्लेंडर में डालें। उसमें अंदाज से 120 मि.ली. पानी डालकर महीन पेस्ट बना लें।

कीमे में भुना प्याज, लाल मिर्च, हल्दी और नमक मिलाकर हांडी में डाल दें। इसे 30 मिनट के लिए रख दें।

धुआं देने के लिए: कीमे को एक ट्रे पर फैला दें। 6 इंच डायमीटर का एक गड्ढा बना दें और उसमें जलते हुए कोयले डाल दें। कोयलों के ऊपर तेल डाल दें ताकि धुआं उठे। अब कीमे वाली ट्रे को गोल ढक्कन से ढककर 10 मिनट तक धुएं वाली आंच पर रख दें।

कीमे के ऊपर से ढक्कन हटाकर उसे हांडी में डाल दें और इसमें पुदीना, धनिया पत्ता और हरी मिर्च अच्छी तरह मिला दें।

नमक
50 मि.ली. (3 बड़ा चम्मच) मूंगफली तेल
तेल धुंआ देने के लिए
10 ग्राम (2 बड़ा चम्मच) पुदीना
10 ग्राम (2 बड़ा चम्मच) धनिया
4 हरी मिर्च

पकाने की विधि

वैसे दम के कबाब को सामान्य गर्म तंदूर या कोयले के ग्रिल पर ही पकाते हैं। लेकिन कीमें के गोलों की टिकिया बना कर उसे तवे पर भी तला जा सकता है।

मात्रा: 4 व्यक्तियों के लिये
तैयारी का समय: 45 मिनट
पकाने का समय: 7 मिनट

शिकमपुरी कबाब

शिकमपुरी कबाब हैदराबाद के छोटे से गाँव शिकमपुर की ख़ासियत है।

सामग्री

500 ग्राम (18 औंस) बकरे के गोश्त का कीमा
50 ग्राम (¼ कप) चने की दाल
10 कलियां लहसुन की
3 ग्राम (1 छोटा चम्मच) काला जीरा साबुत
5 ग्राम छोटी इलायची
2 टुकड़ा दालचीनी (1 इंच)
5 लौंग
30 मि.ली. (2 बड़ा चम्मच) मूंगफली का तेल
30 ग्राम (¼ कप) बादाम
50 ग्राम (2/3 कप) नारियल
30 मि.ली. (2 बड़ा चम्मच) नीबू का रस
3 ग्राम (½ छोटा चम्मच) हल्दी
5 ग्राम (1 छोटा चम्मच) लाल मिर्च पाउडर
2 अंडे
नमक
तलने के लिए मूंगफली का तेल

तैयारी

लहसुन को छील लें। बादाम को उबलते पानी में डालकर निकालें और तुरंत ठंडे पानी में डाल दें। इस तरह छिलके आसानी से उतर जाएंगे। छिलके उतार कर कस लें। नारियल का भी छिलका निकाल कर कस लें। एक हांडी में कीमा डालकर उसमें चने की दाल, लहसुन, काला जीरा, इलायची, दाल चीनी, लौंग और तेल मिला दें और उसमें 180 मि.ली. (¾ कप) पानी मिलाकर आंच पर चढ़ा दें।

पानी जैसे ही उबलने लगे, आंच को मध्यम करके गोश्त को तब तक पकाएं जब तक बिल्कुल सूख न जाए। कसा हुआ बादाम और नारियल मिलाकर मध्यम आंच पर कीमे को 2-3 मिनट तक भूनें। आंच से हटाकर ठंडा कर लें और ब्लेंडर में बारीक पीस लें। फिर उसे हांडी में डालकर नीबू का रस, हल्दी, लाल मिर्च, अंडे और नमक डालकर, अच्छी तरह मिला लें। अब इस मिश्रण को 8 बराबर हिस्सों में बांटकर उसके गोले बना लें।

भरने के लिए: अंडे को अच्छी तरह उबाल लें। ठंडा करके उसके छिलके उतार दें और उसे दो बराबर टुकड़ों में काटकर, उसकी ज़र्दी निकालकर, उसके सफ़ेद भाग को काट

अदरकी चॉप

भरने के लिए

2 अंडे
30 ग्राम (3 बड़ा चम्मच) प्याज़
10 ग्राम (2 बड़ा चम्मच) पुदीना
10 ग्राम (2 बड़ा चम्मच) धनिया
4 हरी मिर्च
नमक

लें। प्याज़ को छील-धोकर अच्छी तरह काट लें। पुदीना और धनिया पत्ता भी काट लें। हरी मिर्च को धोकर बीच से काट कर उसके बीज निकाल दें और काट लें। अब इस सारी सामग्री को एक कटोरे में डालकर उसमें नमक मिला दें और 8 बराबर भागों में बांट दें।

भरना: हथेली को गीला करके कीमा के गोले को उस पर रख कर, चपटा कर लें। उसमें भरने की सामग्री भर कर, बंद कर दें और गोला बना लें।

मात्रा: 4 व्यक्तियों के लिये
तैयारी का समय: 25 मिनट
पकाने का समय: 2-3 मिनट (हर सेट के लिए)

पकाने की विधि

एक कड़ाही में घी गर्म करके उसमें कीमे के गोलों को डालकर मध्यम आंच पर गहरा भूरा तल लें।

अदरकी चॉप

अदरक की सुगंधवाले इस लज़्ज़तदार कबाब को क्रीम और जीरा मिले दही के साथ बनाया जाता है।

सामग्री

12 बकरों के गोश्त की चॉप (3 पसली)
50 ग्राम (2 औंस) कच्चा पपीता
75 ग्राम (¼ कप) पिसा अदरक
20 ग्राम (3½ छोटा चम्मच) पिसा लहसुन
3 ग्राम (½ छोटा चम्मच) काली मिर्च पाउडर
नमक
रोस्ट करने के लिए मक्खन

मेरीनेशन

50 मि.ली. (3 बड़ा चम्मच) क्रीम (मलाई)
15 ग्राम (1 बड़ा चम्मच) जीरा पाउडर
10 ग्राम (2 छोटा चम्मच) लाल मिर्च पाउडर
10 ग्राम (2 छोटा चम्मच) गरम मसाला
45 मि.ली. (3 बड़ा चम्मच) नीबू का रस

तैयारी

गोश्त चॉप: गोश्त की पसली को साफ करने के बाद उसके दोनों तरफ की हड्डियां निकालकर उसे चपटा कर दें।

पपीते को छीलकर, मसल लें। उसमें पिसा हुआ अदरक, लहसुन और नमक मिला लें। चॉप को इस मिश्रण से मलकर तीन घंटे के लिए रख दें।

मैरीनेशन: बची हुई सारी सामग्री को क्रीम के साथ एक बड़े कटोरे में मिला लें और चॉप पर उसे मलकर एक घंटे के लिए रख दें।

ओवन को 350° फारेनहाइट तक गर्म कर लें।

छड़ में पिरोना: चॉप को लोहे की छड़ में, एक-एक इंच की दूरी पर, पिरो लें। चॉप पिरोने के दौरान मसाला टपकने के लिए नीचे ट्रे रख दें।

पकाने की विधि

सामान्य गर्म तंदूर पर चॉप को 9-10 मिनट तक रोस्ट करें। कोयले के ग्रिल पर भी करीब इतने ही समय तक रोस्ट करना पड़ता है। ओवन में चॉप को 10-12 मिनट तक

पकाएं। ओवन से चॉप को निकालकर बाहर 4-5 मिनट तक लटका दें ताकि फ़ालतू मसाला निकल जाए। चॉप पर मक्खन लगाकर फिर तीन मिनट ओवन में रोस्ट करें।

मात्रा: 4 व्यक्तियों के लिये
तैयारी का समय: 4.30 घंटे
पकाने का समय: 20 मिनट

गोश्त इलायची पसंद

इलायची की सुगंध वाला यह शानदार कबाब ''पिकट्टा'' गोश्त से बनाया जाता है।

सामग्री

1 किलो (2¼ पौंड) बकरे का गोश्त
75 ग्राम (2½ औंस) कच्चा पपीता
50 ग्राम (3 बड़ा चम्मच) पिसा अदरक
50 ग्राम (3 बड़ा चम्मच) पिसा लहसुन
3 ग्राम (½ छोटा चम्मच) काली मिर्च पाउडर
नमक
पकाने के लिए मक्खन

मैरीनेशन

80 ग्राम (1/3 कप) दही
10 ग्राम (2 छोटा चम्मच) लाल मिर्च पाउडर
10 ग्राम (2 छोटा चम्मच) पिसी इलायची
20 मि.ली. (4 छोटा चम्मच) नीबू का रस
20 ग्राम (4 छोटा चम्मच) गरम मसाला

तैयारी

गोश्त को साफ कर हड्डियां निकाल दें। इसे डेढ़ इंच के टुकड़ों में काट लें और बल्ले से पीटकर ⅛ इंच मोटाई के पिकट्टे बना लें। पपीता को छीलकर मसल दें। पीसे हुए अदरक, लहसुन और नमक को उसमें मिला दें। अब इस मिश्रण को पिकट्टों पर मलें और डेढ़ घंटे के लिए अलग रख दें।

मैरीनेशन: दही को 4 घंटे के लिए मलमल के कपड़े में बांधकर लटका दें ताकि उसका पानी निथर जाए। अब दही को एक बड़े कटोरे में डालें और उसमें बाकी सामग्री मिला दें। पिकट्टों को इस मिश्रण के साथ मिलाकर मलें और एक घंटे के लिए छोड़ दें।

ओवन को 350° फारेनहाइट तक गर्म कर लें।

छड़ में पिरोना: अब पिकट्टों को, एक-एक इंच की दूरी पर, छड़ में पिरो लें। पिरोते समय नीचे एक ट्रे रखें ताकि मसाला उसी में गिरे।

पकाने की विधि

सामान्य गर्म तंदूर में पिकट्टों को 9-10 मिनट के लिए रोस्ट करें। कोयले के ग्रिल पर भी इतने ही समय तक रोस्ट करें। गर्म ओवन में 10-12 मिनट तक रोस्ट करने के बाद छड़ों को बाहर लटका दें (4-5 मिनट) ताकि फ़ालतू मसाला टपक जाए। मक्खन लगाकर फिर 3 मिनट के लिए रोस्ट करें।

मात्रा: 4 व्यक्तियों के लिये
तैयारी का समय: 7 घंटे
पकाने का समय: 20 मिनट

नोट: बोटी कबाब बनाने के लिए गोश्त की हड्डियां निकालकर उसे ¾ इंच के चौकोर टुकड़ों में काट लें लेकिन उसे चपटा न करें। मसाले के लिए 80 ग्राम दही की जगह 100 ग्राम दही लें। छोटी इलायची पाउडर की जगह एक छोटा चम्मच जीरा पाउडर और 5 मि.ली. (छोटा चम्मच) केसरिया रंग लें। बाकी तरीका एक जैसा ही है।

पनीर का टिक्का

सामग्री

800 ग्राम (1¾ पौंड) पनीर

3 ग्राम (1 छोटा चम्मच) जीरा साबुत

5 ग्राम (2 छोटा चम्मच) अजवाइन

10 ग्राम (2 छोटा चम्मच) गरम मसाला

3 ग्राम (½ छोटा चम्मच) सफेद मिर्च पाउडर

3 ग्राम (½ छोटा चम्मच) हल्दी

नमक

3 ग्राम (1½ छोटा चम्मच) मेथी (कसूरी मेथी)

घोल के लिए

1 अण्डा

30 ग्राम (3 बड़ा चम्मच) बेसन

120 मि.ली. (½ कप) क्रीम (मलाई)

नमक

मात्राः 4 व्यक्तियों के लिये
तैयारी का समयः 1.30 घंटे
पकाने का समयः 13 मिनट

पनीर का टिक्का

भारत जैसे शाकाहारी देश में यह असंभव है कि कोई तंदूरी शाकाहारी व्यंजन न हो। पनीर से बना हुआ यह एक असाधारण ढंग का कबाब है।

तैयारी

पनीर को 2 इंच लंबे, 2 इंच चौड़े और 1 इंच मोटे, 16 बराबर टुकड़ों में काट लें। इनके ऊपर चारों ओर काला जीरा और अजवाइन छिड़क दें। 17 ग्राम (1½ छोटा चम्मच) गरम मसाला, सफेद गोल मिर्च, हल्दी और नमक मिलाकर एक तरफ रख दें।

घोलः अंडे को एक कटोरे में फेंट लें और बची हुई सारी सामग्री इसमें डालकर अच्छी तरह मिला लें। अब इस घोल में पनीर को डालकर 45 मिनट के लिये रख दें।

ओवन को 270° फारेनहाइट तक गर्म कर लें।

छड़ में पिरोनाः पनीर के टिक्कों को छड़ में, एक-एक इंच की दूरी पर, पिरो लें। सारे टिक्कों को छड़ में पिरोने के बाद एक कच्चे प्याज़ को भी पिरो लें जिससे पनीर के टिक्के नीचे न गिरने पाएं। नीचे एक ट्रे रखें ताकि फालतू मसाला उसी में गिरे।

पकाने की विधि

सामान्य गर्म तंदूर में इसे 10-12 मिनट तक रोस्ट करें। कोयले के ग्रिल पर भी इतने ही समय तक रोस्ट करें या गर्म ओवन में 12-14 मिनट तक रोस्ट करें। ओवन से पनीर टिक्के निकाल कर उन पर कसूरी मेथी और बचा हुआ गर्म मसाला छिड़क दें।

हांडी, कड़ाही और तवा

साभारः अरविंद सारस्वत

यह दुर्भाग्यपूर्ण है कि अभी तक भारतीय भोजन का मतलब या तो राजाओं-महाराजाओं का विलासितापूर्ण भोजन समझा जाता था या छोटे-छोटे होटलों में मिलने वाला मिर्च मसालों से भरपूर तीखा खाना, जब कि सच्चाई यह है कि इन दोनों में से कोई भी भारतीय खाने का सही-सही प्रतिनिधित्व नहीं करता। हजारों साल के सुधार के बाद भोजन के स्वरूप में काफी बदलाव आया है। हां, इस बात से इंकार नहीं किया जा सकता कि भारतीय भोजन का आयोजन काफी लंबा-चौड़ा, और यहां की मेहमान-नवाजी उबा देने वाली होती है। वैसे दुनिया के दूसरे भागों की तरह यहां भी खाने की आदतों में बदलाव आ रहा है।

बदलते हुए स्वाद से सामंजस्य करने के लिए अनेक पाक विशेषज्ञ विकल्प खोज रहे हैं। हमारे इस अध्याय और अन्य दो अध्यायों के सह-लेखकों ने उन व्यजंनों के साथ प्रयोग किया जो दिन-प्रति-दिन इस्तेमाल आने वाले बर्तनों हांडी (पतीली), कड़ाही और तवे में बनाए जा सकते हैं।

यद्यपि हांडी में खाना बनाने का प्रचलन पूरे भारत में है लेकिन उत्तरी राज्यों में इसका काफी प्रयोग होता है। हांडी

अरविन्द सारस्वतः 39 वर्षीय, सुव्यवस्थित व्यक्तित्व के श्री अरविन्द सारस्वत ताज ग्रुप होटलों में पाक आयोजन तथा पाक-निर्माण के क्षेत्र में डायरेक्टर के रूप में काम करते हैं। उन्होंने पाक पात्रों द्वारा पाचन करने के क्षेत्र में कई वर्षों तक निरन्तर अन्वेषण किया है।

उनके ईजाद किए गए व्यंजनों ने नए कीर्तिमान स्थापित किए हैं। इसी कारण उनका पाकगृह भारत स्थित अन्य अग्रणी होटलों के लिए ईर्ष्या का कारण बन गया है। अमरीका के क्यूलीनरी इंस्टीट्यूट के छात्र तथा हिल्टन द्वारा प्रशिक्षित श्री सारस्वत सिसीलियन शेफ ऐसोसिएशन के भी सदस्य हैं। आजकल वे पेरिस स्थित "इन्टरनेशनल शेफ क्लब के 'ले तौक ब्लांश'" के दिल्ली चेप्टर की अध्यक्षता कर रहे हैं।

कई तरह के आकार और माप की होती है, लेकिन सब में एक जो सामान्य बात पाई जाती है वह है मोटी तली जिससे खाना नीचे लगे या जले नहीं। तली की भीतरी दीवार पर कलई चढ़ी रहती है जिससे किसी भी तरह की रासायनिक प्रतिक्रिया से बचाव होता है। खाने की खुशबू को सुरक्षित रखने के लिए हांडी में ढक्कन लगा होता है। हांडी में खाना बनाने की महत्वपूर्ण विधि है भूनना, और दम देना। इन दोनों की चर्चा भूमिका में विस्तार से की गई है।

पहले-पहल दो ही मुख्य कड़ाही व्यंजन थे—कड़ाही मुर्ग़ और कड़ाही गोश्त। ये दोनों पेशावर और पश्चिमी पंजाब के लोकप्रिय व्यंजन हैं। ये दोनों क्षेत्र अब पाकिस्तान में हैं। परम्परागत 'कड़ाही व्यंजनों की दूकान में', जहां अभी भी ये दो व्यंजन मिलते हैं, अंदर ही क़साई घर भी होता है। खाने वाले अपनी पसंद से मुर्गी या गोश्त का चुनाव करते हैं जो पाव (½ पौंड) और सेर (2 पौंड) के पुराने तौल के अनुसार तौला जाता है और छोटे-छोटे टुकडों में काटा जाता है। कड़ाही में पकानेवाला सधारण बावर्ची एक साथ सोलह कड़ाहियों को संभाले रहता है और साथ ही इस बात का भी ख्याल रखता है कि हर कड़ाही ठीक समय पर आंच से हटायी जाए और तुरंत ठीक मेज़ पर पहुंचे। खाने वाले ग्राहक को इस बात की आ़ज़ादी रहती है कि वह खुद अपनी आंखों से खाना बनता हुआ देखे या अपनी मेज पर बैठा रहे। कड़ाही को जिसमें खाना बनता है, मेज के बीच में रख दिया जाता है और सब खानेवाले बड़े-से नान के टुकड़े को तोड़-तोड़ कर कड़ाही व्यंजन के साथ खाते हैं।

मूल रूप को आधार बनाकर हम लोगों ने कड़ाही व्यंजनों पर एक पूरा का पूरा खंड तैयार किया है जिसमें सूखे, टमाटर में पके, कसूरी मेथी और गरम मसाला डले व्यंजनों को शामिल किया गया है। केवल गोश्त को छोड़कर, दूसरे सारे व्यंजन कड़ाही में बहुत जल्दी पक जाते हैं। गोश्त को कड़ाही में बनाने से पहले तीन-चौथाई पका लेते हैं क्योंकि कड़ाही में पकाते समय पानी का इस्तेमाल नहीं किया जाता। टमाटर या गोश्त के रस में ही पकाते हैं। उसे पकने में अधिक समय लगता है, इसलिए उसके पकने के पहले ही रस सूख जाता है।

जब उसे बनाने की प्रक्रिया लगभग पूरी होने लगती है तो लगातार चलाते और अगल-बगल से करछी से तेजी से खुरचते रहते हैं ताकि बर्तन से चिपके नहीं। खुरचे हुए मसाले खाने की खुशबू को बढ़ाते हैं।

कड़ाही व्यंजनों के बारे में कुछ बातें ध्यान में रखने की हैं। इनका पूरा-पूरा मज़ा लेने के लिए यह जरूरी है कि इन्हें गर्म-गर्म खाया जाए। हांडी व्यजनों को खाने से पहले बनाकर रख सकते हैं, पर कड़ाही व्यंजनों को बस खाने के तुरंत पहले बनाते हैं। वैसे कड़ाही व्यंजन काफी मिर्च-मसाले वाले होते हैं। मगर अपनी इच्छा और पसंद के अनुसार इसे कम किया जा सकता है।

पाव-भाजी और टका-टक। पाव-भाजी आलू और टमाटर का व्यंजन है जिसे छोटी डबल रोटी 'पाव' के साथ परोसते हैं। यह बंबई के धोबी तालाब का (जो कभी शहर के धोबियों का तालाब था) प्रसिद्ध व्यंजन है, दूसरा व्यंजन मूलतः बची-खुची चीजों को काट कर बनाया जाता है जो महानगर कराची की गलियों की विशेषता है। इस व्यंजन का यह अनोखा-सा नाम इसके बनाने के दौरान लोहे की करछियों और तवे के टकराने से निकली आवाज 'टका-टक' के कारण पड़ गया। ये दोनों साधारण व्यंजन इस खंड की प्रेरणा हैं।

ये व्यंजन जिस तवे पर बनाए जाते हैं वह आम घरेलू तवा नहीं होता। यह उससे कहीं ज्यादा मोटा और बड़ा (कम से कम 15 इंच व्यास) होता है। तवे की मोटाई भी अधिक होती है जिससे पक रही चीज़ तली में चिपकती नहीं। फिर भी चिपकने का कुछ खतरा तो बना ही रहता है। बड़े आकार का होने के कारण खाना बन जाने पर बीच से हटाकर किनारे रख देते हैं। इस प्रकार खाना गर्म भी रहता है। इसके अलावा तवे की एक विशेषता यह भी है कि इस पर खाना बहुत जल्दी बनता है लेकिन ध्यान से लगातार जल्दी-जल्दी चलाना, काटना और मोड़ना पड़ता है।

जहां तक मसाले का सवाल है, तवे पर हमेशा गीला या सूखा पिसा हुआ मसाला ही इस्तेमाल करें। साबूत मसाले कभी नहीं। मसाला जलने नहीं पाए इसलिए उसे हमेशा अंत में डालें। जलने से मसाले की खुशबू खत्म हो जाएगी।

तवे पर बनाए गए व्यंजन भी कड़ाही व्यंजनों की तरह ही हैं। यानी बनाइए और तुरंत गर्म-गर्म खाइए।

हांडी

मुर्ग नवरत्न

मुर्ग नवरत्न ख़ास अवसरों पर बनाया जाने वाला व्यंजन है। इसका शोरबा गाढ़ा और मलाईदार होता है जिसमें जावित्री और इलायची डाली जाती है। महान मुगल बादशाह अकबर के दरबार के खास दरबारी 'नवरत्न' कहलाते थे। उन्हीं के नाम पर इस व्यंजन का नाम 'मुर्ग नवरत्न' पड़ा।

तैयारी

मुर्गा: मुर्गे को साफ करके उसकी चमड़ी हटा दें और आठ टुकडों में काट लें।

मैरीनेशन: एक बड़े कटोरे में दही को फेंट कर उसमें नमक मिला लें और मुर्गे के टुकड़ों को इसमें करीब 30 मिनट डुबो रखें।

सब्जियां: प्याज को छील-धोकर काट लें। अदरक को भी खुरच-धोकर काट लें। हरी मिर्च के डंठल तोड़ कर धो लें, बीच से काट कर बीज निकाल दें और कतर लें।

शाही पेस्ट: शाही पेस्ट बनाने के लिए खसखस के दाने को पानी में 30 मिनट भिगो रखें। बादाम पर गरम पानी डाल कर उसका छिलका उतार लें। ब्लैंडर में खसखस के दाने, बादाम, काजू, मगज और पानी डालकर महीन लेप बना लें।

सजाने के लिए: पिस्ते और बादाम को छीलकर इन्हें बाकी चीजों के साथ गुनगुने पानी में 15 मिनट के लिए भिगो दें।

पकाने की विधि

हांडी में घी गर्म करके उसमें सारे गरम मसाले डालकर चटकने दें। प्याज़ मिलाकर सुनहरा भूरा होने तक तल लें। इसके बाद अदरक और हरी मिर्च डालकर एक मिनट तक चलाएं। हल्दी और लाल मिर्च मिलाकर 30 मि॰ ली॰ पानी मिला दें ताकि वे जलकर मसाले को बर्बाद न करें। दो मिनट तक भूनने के बाद मेरिनेट किए हुए यानी घोल में पड़े मुर्गे को घोल समेत उसमें डाल दें। अब 100 मि॰ली॰ पानी मिलाकर उबलने दें। ढककर मुर्गे को तब तक पकने दें जब तक वह नरम न हो जाए। शाही पेस्ट मिलाकर पकने दें जब तक तेल उपर न आ जाए। क्रीम मिलाकर चला दें। जावित्री और

सामग्री

1.2 किलो मुर्ग़ा (2 मुर्ग़े)

350 ग्राम दही

नमक

150 ग्राम घी

साबुत गरम मसाले

5 छोटी इलायची

1 बड़ी इलायची

5 लौंग

1 दालचीनी (1 इंच का)

1 तेज पत्ता

1 चुटकी जावित्री

200 ग्राम (1¼ कप) प्याज

10 ग्राम (1 चाय चम्मच) अदरक

4 हरी मिर्च

2 ग्राम (1/3 चाय चम्मच) हल्दी

10 ग्राम (2 चाय चम्मच) लाल मिर्च पाउडर

120 मि.ली. (½ कप) मलाई

3 ग्राम (½ चाय चम्मच) जावित्री और इलायची (छोटी) पाउडर

शाही पेस्ट के लिए

20 ग्राम (2 चाय चम्मच) खसखस

40 ग्राम (¼ कप बादाम)

40 ग्राम (¼ कप) काजू

20 ग्राम (2 बड़े चम्मच) मगज़

सजाने के लिए

15 पिस्ता

10 बादाम

10 काजू

10 अखरोट (दोनों भाग अलग किये हुए)

10 चिलगोजा

10 ग्राम (1 चाय चम्मच) किशमिश

मेथी मुर्ग

10 ग्राम (1 चाय चम्मच) मगज (खरबूजे के बीज)

10 ग्राम (1 चाय चम्मच) तरबूज के बीज

10 ग्राम (1 चाय चम्मच) चिरौंजी

मात्रा: 4 व्यक्तियों के लिये
तैयारी का समय: 1.05 घंटे
पकाने का समय: 30 मिनट

इलायची पाउडर के साथ सजाने के लिए रखे आधें सूखे मेवे भी उपर से छिड़क दें। अंदाज से नमक मिला दें।

परोसना

व्यंजन को दूसरे बर्तन में निकाल लें और बचे हुए आधे 'नवरत्न' से सजा लें। इसे पुलाव या मनपसंद रोटी के साथ परोसें।

सामग्री

1 किलो मुर्गा (दो)
225 ग्राम (1 कप) दही
नमक
100 ग्राम (½ कप) घी

साबुत गरम मसाला

5 छोटी इलायची
1 बड़ी इलायची
5 लौंग
1 टुकड़ा दालचीनी (1 इंच का)
1 तेज पत्ता
1 चुटकी जावित्री
300 ग्राम (1¾ कप) प्याज
30 ग्राम (3 बड़े चम्मच) लहसुन
50 ग्राम (5 बड़े चम्मच) अदरक
6 हरी मिर्च
3 ग्राम (½ चाय चम्मच) हल्दी
5 ग्राम (1 चाय चम्मच) धनिया पाउडर
5 ग्राम (1 चाय चम्मच) लाल मिर्च पाउडर
250 ग्राम (1 कप) टमाटर
10 ग्राम (2 चाय चम्मच) कसूरी मेथी
15 ग्राम (¼ कप) हरा धनिया

मेथी मुर्ग

ताज़ी मेथी डालकर बनाया गया मेथी मुर्ग स्वाद में लाजवाब होता है। दुनिया की बेहतरीन मेथी पाकिस्तान के 'कसूर' नामक स्थान पर पैदा होती है। इसी जगह के नाम पर इस का नाम 'कसूरी मेथी' पड़ा।

तैयारी

मुर्गा: मुर्गा साफ़ करके उसकी चमड़ी हटा दें और हर मुर्गे को आठ टुकड़ों में काट लें।

मैरीनेशन: दही को एक बड़े कटोरे में फेंटकर उसमें नमक मिला लें और मुर्गे को कम से कम 30 मिनट तक इसमें डुबो रखें।

सब्जियां: प्याज को छील-धोकर काट लें। लहसुन को भी छीलकर काट लें। 30 ग्रा० अदरक को खुरच कर कतर लें। बाकी को सजाने के लिए पतले लंबे टुकड़ों में काट लें। हरी मिर्च के डंठल तोड़ कर धो लें। बीच से काट कर बीज निकाल दें और कतर लें। टमाटर और धनिया पत्ते को भी साफ़ करके काट लें।

ओवन: ओवन को 350° फारेनहाइट तक गर्म कर लें।

पकाने की विधि

हांडी में घी गर्म करें और उसमें साबुत गरम मसाला डालकर चटकने दें। प्याज डालकर सुनहरा भूरा होने तक भून लें। इसके बाद कटा हुआ लहसुन, अदरक और हरी मिर्च डालकर दो मिनट तक चलाएं। हल्दी, धनिया पाउडर और लाल मिर्च मिलाकर, 60 मि०ली० पानी डालकर 30 सेकंड तक चलाएं। अब टमाटर डालकर उसे तब तक भूनें जब तक मसाला तेल न छोड़ दे। घोल समेत मुर्गे और 180 मि०ली० पानी मिलाकर उबलने दें। ढककर मुर्गे नरम हो जाने तक पकाएं, जब तक एक बार फिर

मसाला तेल न छोड़ दे। अंदाज से नमक मिला दें। ऊपर से मेथी, कटा हुआ अदरक और धनिया पत्ता छिड़ककर ढक्कन लगा दें।

अंत में

हांडी को ढककर उसे आटे से सील कर दें और दम होने के लिए गर्म ओवन में 15 मिनट के लिए रख दें।

परोसना

परोसने के समय हांडी को मेज पर ही लाकर खोलें जिससे व्यंजन की खुशबू उड़े नहीं। इसे मनपसंद रोटी के साथ परोसें।

मात्रा: 4 व्यक्तियों के लिये
तैयारी का समय: 45 मिनट
पकाने का समय: 35 मिनट

अचार कोरमा

अचार कोरमा की खुशबू ही मुंह से लार टपका देने के लिए काफी है। राजस्थानी तरीके से बना, 'शेफ' की कल्पना की यह उपज सरसों के तेल, साबुत सरसों, कलौंजी और गुड़ डालकर बनाया जाता है। ये सारे मसाले हर अचार में डाले जाते हैं।

सामग्री

- 1 किलो (2¼ पौंड) बकरे के पैर का गोश्त
- 3 ग्राम (½ चाय चम्मच) हल्दी
- नमक
- 20 मि.ली. (4 चाय चम्मच) सरसों का तेल
- 100 ग्राम (½ कप) घी
- 125 ग्राम (¾ कप) प्याज
- 8 साबुत लाल मिर्च
- 3 ग्राम (1 चाय चम्मच) साबुत सरसों
- 5 लौंग
- एक चुटकी हींग
- 5 ग्राम (1 चाय चम्मच) लाल मिर्च पाउडर
- 3 ग्राम (1 चाय चम्मच) साबुत जीरा
- 3 ग्राम (1 चाय चम्मच) कलौंजी
- 25 ग्राम (1 औंस) गुड़
- 15 ग्राम (5 चाय चम्मच) अदरक
- 10 कलियां लहसुन की
- 30 मि.ली. (2 चाय चम्मच) नीबू का रस
- 225 ग्राम (1 कप) दही

तैयारी

गोश्त: साफ करके हड्डियां निकाल दें और एक-एक इंच की बोटियां काट लें। अब इन्हें हांडी में हल्दी, नमक और 1.6 लीटर पानी के साथ उबलने के लिए चढ़ा दें। उबलने लगे तो आंच कम करके ढक दें और गोश्त के नरम हो जाने तक पकने दें। अब गोश्त का पानी निकालकर अलग रख लें।

सब्जियाँ: प्याज को छील-धोकर काट लें। अदरक को खुरच धोकर टुकड़े कर लें। लहसुन को छीलकर कतर लें।

दही: एक कटोरे में फेंट लें।

पकाने की विधि

एक हांडी में सरसों का तेल डालकर धुंआ निकलने तक गर्म करें। (जिससे तेल की झांझ निकल जाए।) अब आंच को कम करके हांडी में घी मिला दें। घी गर्म हो जाए

गोश्त और बड़ी बिरयानी

तो प्याज डालकर सुनहरा भूरा कर लें। प्याज को निकालकर सजावट के लिए अलग रख दें। उसी घी में साबुत लाल मिर्चों को तलकर काला कर लें और अलग निकालकर रख लें (तेल में मिर्चों को तलने से उसमें मिर्च की सुगंध आ जाती है)।

मिर्च तले तेल को फिर गर्म करके उसमें सरसों के दाने, लौंग और हींग डालकर चटकने दें। अब इसमें पका हुआ गोश्त, लाल मिर्च पाउडर, जीरा, कलौंजी, गुड़, अदरक और लहसुन मिलाकर 2-3 मिनट तक भूनें जब तक कि बोटी का रंग भूरा न हो जाए। अलग रखा हुआ शोरबा और नींबू का रस मिलाकर एक मिनट तक पकाएं। हांडी को आंच से हटाकर उसमें दही मिलाएं और फिर आंच पर चढ़ा कर तब तक भूनें जब तक मसाला तेल न छोड़ दें। अंदाज से नमक मिलाकर हांडी को आंच से उतार लें (ताकि दही का थक्का-सा न जमने पाए)।

परोसना

मात्रा: 4 व्यक्तियों के लिये
तैयारी का समय: 30 मिनट
पकाने का समय: 1.25 घंटा

अचार कोरमा को परोसने वाले बर्तन में निकालकर तले हुए प्याज से सजाकर मनपंसद रोटी के साथ परोसें।

गोश्त और बड़ी बिरयानी

गोश्त और उड़द दाल की बड़ियों को खास तरह के शोरबे में पकाया जाता है। 'शेफ' का चावल का यह मौलिक व्यंजन अपने आप में 'संपूर्ण भोजन' है।

सामग्री

250 ग्राम (1¼ कप) बासमती चावल
800 मि.ली. (3 1/3 कप) दूध

साबुत गरम मसाला

5 छोटी इलायची
1 बड़ी इलायची
5 लौंग
1 टुकड़ा दालचीनी (1 इंच का)
1 तेज पत्ता
1 चुटकी जावित्री
नमक

गोश्त के लिए

450 ग्राम (1 पौंड) रान का गोश्त
200 ग्राम (¾ कप) दही
5 ग्राम (1 चाय चम्मच) लाल मिर्च पाउडर
3 ग्राम (½ चाय चम्मच) धनिया पाउडर
नमक
5 ग्राम (1 चाय चम्मच)पिसा अदरक
5 ग्राम (1 चाय चम्मच)पिसा लहसुन

तैयारी

चावलः चुनकर, नल के बहते हुए पानी में धो लें और 30 मिनट तक पानी में फूलने के लिए छोड़ दें।

गोश्तः साफ करके 1½ इंच के टुकड़ों में काट लें।

मैरीनेशनः एक कटोरे में दही फेंट लें। आधा दही अलग हटाकर रख दें। बचे हुए दही में लाल मिर्च, धनिया पाउडर, नमक और पिसा हुआ अदरक और लहसुन मिला दें। अब इसमें गोश्त के टुकड़े डालकर 30 मिनट तक रख छोड़ें

शोरबे के लिए: प्याज को छील कर काट लें। अदरक को खुरचकर धोकर काट लें। हरी मिर्च के डंठल निकाल कर धो लें। बीच से काट कर बीज निकाल दें और कतर लें।

बड़ियांः कड़ाही में तेल गर्म करके बड़ियों को तल लें। ठंडा होने पर तोड़कर, टुकड़े कर लें।

सजाने के लिए: पुदीना और धनिया पत्ते को साफ करके धोकर काट लें। टमाटर को धोकर चार टुकड़ों में काट लें। अदरक को छीलकर धो लें और बारीक टुकड़ों में काट लें। हींग को 30 मि०ली० पानी में भिगो दें। केसर को गर्म दूध में भिगो दें।

ओवन: 350° फारेनहाइट तक गर्म कर लें।

पकाने की विधि

चावल को 1 लीटर पानी और दूध के साथ हांडी में डालकर उसमें साबुत गरम मसाले और नमक डालकर उबालकर अच्छी तरह पका लें (7-8 मिनट)।

गोश्त को तैयार करने के लिए एक हांडी में घी गर्म करें और प्याज डालकर मध्यम आंच पर हल्का ब्राउन होने तक भून लें। साबुत गरम मसाले, कटी अदरक और हरी मिर्च मिलाकर प्याज को एकदम भूरा होने तक तल लें। अब मैरीनेट किए हुए गोश्त को उसमें डालकर मीठी आंच पर नरम होने तक पका लें। गोश्त पकाने में पानी की जितनी आवश्यकता हो डालें और अच्छी तरह पका लें।

सारी सामग्री को इकट्ठा करना

हांडी के गोश्त में ऊपर से बड़ियां, पुदीना, धनिया, टमाटर, बारीक कटी अदरक, तली हुई प्याज, बचे हुए दही और हींग को छिड़ककर सजा दें। अब सजे हुए गोश्त के ऊपर पके चावल फैलाकर ऊपर से केसर छिड़क दें और एक गीले कपड़े से ढक दें। हांडी को ढक्कन से बंद करके आटे से सील कर दें।

अंत में

सील की हुई हांडी को दम करने के लिए गर्म ओवन में 15-20 मिनट के लिए रख दें।

परोसने का तरीका

हांडी की सील तोड़कर ऊपर ढका गीला कपड़ा हटा दें। नीचे से गोश्त और बड़ियां निकालने के लिए चावल की परत को हटाकर एक तरफ कर दें। परोसने वाले बर्तन में गोश्त और बड़ी की तह जमाकर ऊपर से चावल फैलाकर परोसें।

100 ग्राम (½ कप) घी
125 ग्राम (¾ कप) प्याज

साबुत गरम मसाला

5 छोटी इलायची
1 बड़ी इलायची
5 लौंग
1 टुकड़ा दालचीनी (1 इंच का)
1 तेज पत्ता
1 चुटकी जावित्री
10 ग्राम (1 चाय चम्मच) अदरक
4 हरी मिर्च

बड़ियों के लिए

50 ग्राम (2 औंस) उड़द दाल की बड़ियाँ
तलने के लिए मूंगफली का तेल

सजाने के लिए

20 ग्राम (1/3 कप) पुदीना
15 ग्राम (¼ कप) धनिया
100 ग्राम (½ कप) टमाटर
10 ग्राम (1 चाय चम्मच) अदरक
25 ग्राम (4 बड़े चम्मच) तला हुआ प्याज
1 चुटकी हींग
1 ग्राम (2 चाय चम्मच) केसर
60 मि.ली. (¼ कप) दूध

मात्रा: 4 व्यक्तियों के लिये
तैयारी का समय: 45 मिनट
पकाने का समय: 1.25 घंटे

* 'राजस्थान खण्ड' में मुंगौड़ी की तरमारी देखें। उड़द की दाल को जगह मूंग की दाल भी ले सकते हैं। वैसे बड़ियाँ अधिकांश किराने की दूकानों में मिल जाती हैं।

कच्ची मिर्च का गोश्त

गोश्त का यह बहुत ही मजेदार, जायकेदार व्यंजन है जिसे मलाईदार तीखी (तीती) हरी मिर्च की तरकारी के साथ बनाया जाता है इसमें केसर और सौंफ की खुशबू मिलाई जाती है।

सामग्री

- 1 किलो (2¼ पौंड) रान का गोश्त
- 225 ग्राम (1 कप) दही
- 10 ग्राम (4 चाय चम्मच) साबुत धनिया
- 10 ग्राम (1 बड़ा चम्मच) साबुत जीरा
- 5 ग्राम शाह जीरा
- 5 ग्राम गोल मिर्च
- नमक
- 150 ग्राम (¾ कप) घी

साबुत गरम मसाला

- 5 छोटी इलायची
- 1 बड़ी इलायची
- 5 लौंग
- 1 टुकड़ा दालचीनी (1 इंच का)
- 1 तेज पत्ता
- 1 चुटकी जावित्री
- 250 ग्राम (1½ कप) प्याज़
- 20 ग्राम (2 बड़े चम्मच) अदरक
- 4 हरी मिर्च
- 10 ग्राम (1 बड़ा चम्मच) हरी गोल मिर्च
- ½ ग्राम (1 चाय चम्मच) केसर
- 200 मि.ली. (¾ कप) क्रीम (मलाई)
- 5 ग्राम (1 चाय चम्मच) सौंफ़ पाउडर

मात्रा: 4 व्यक्तियों के लिये
तैयारी का समय: 1.05 घंटा
पकाने का समय: 1.20 घंटा

तैयारी

गोश्त: साफ करके हड्डियां निकाल दें और एक-एक इंच के टुकड़े काट लें।

साबुत मसाले: साबुत धनिया, जीरा, काली मिर्च को पीस लें।

सब्जियां: प्याज को छील, धोकर काट लें। अदरक को खुरच धोकर कतर लें। हरी मिर्च के डंठल निकालकर धो लें। बीच से काटकर बीज निकाल दें और कतर लें।

मेरीनेशन: एक बड़े कटोरे में दही को फेंटकर उसमें पीसे हुए मसाले और नमक मिला दें और गोश्त के टुकड़ों को इसमें डालकर 30 मिनट के लिए रख छोड़ें।

केसर: 30 मि०ली० गुनगुने पानी में घुलने के लिए छोड़ दें।

पकाने की विधि

हांडी में घी डालकर मध्यम आंच पर गरम मसाले मिलाकर उन्हें कड़कने दें। प्याज डालकर सुनहरा होने तक भून लें। इसके बाद अदरक, हरी मिर्च और हरी गोल मिर्च डालकर 1 मिनट तक भूनें। अब घोल में पड़े गोश्त को घोल समेत 800 मि०ली० पानी के साथ डालें। उबलने लगे तो ढककर गोश्त के नरम होने तक पका लें। केसर और क्रीम मिलाकर एक बार और उबाल लें। अंदाज से नमक मिलाकर ऊपर से सौंफ छिड़ककर चला दें।

परोसना

परोसने वाले बर्तन में निकालकर गर्मागर्म मनपसंद रोटी के साथ परोसें।

खड़े मसाले का गोश्त

आंखों को भाने वाले इस रंगीन व्यंजन को वही लोग खा सकते हैं जिनका हाजमा अच्छा है। खड़े मसाले का यह गोश्त सचमुच काफी तीखा होता है।

सामग्री

- 1 किलो (2¼ पौंड) गोश्त
- 150 ग्राम (¾ कप) घी

तैयारी

गोश्त: साफ करके उसकी हड्डियां निकाल दें और 1-1 इंच के टुकड़ों में काट लें।

सब्जियां: प्याज को छीलकर धो लें और काट लें। लहसुन को छील लें। अदरक को छील-धोकर बारीक टुकड़ों में काट लें। हरी मिर्चों को साफ करके बीज निकाल दें। 10 हरी मिर्चों को कतर लें। टमाटर को धोकर काट लें। धनिया पत्ते को भी साफ करके धोकर काट लें।

साबुत मसाले: साबुत धनिया, लाल मिर्च और काली मिर्च को पीस लें।

दही: दही को एक कटोरे में फेंट लें।

अंडे: अंडे को उबालकर उसके छिलके उतार दें और चौथाई टुकड़ों में काट लें।

पकाने की विधि

हांडी को आंच पर चढ़ाकर घी गर्म कर लें और उसमें साबुत गरम मसाले मिलाकर करकरा जाने दें। प्याज डालकर सुनहरा भूरा हो जाने तक भून लें। इसके बाद लहसुन, अदरक और कटी हुई हरी मिर्च मिलाकर दो मिनट तक चलाएं और गोश्त, पीसे हुए मसाले और जीरा मिलाकर तब तक भूनें जब तक गोश्त का रंग भूरा न हो जाए। हांडी को आंच से हटाकर दही मिलाएं और फिर आंच पर चढ़ाकर करीब 5 मिनट तक भून लें। टमाटर मिलाकर तब तक भूनें जब तक मसाला तेल न छोड़ दे। अब गोश्त में 600 मि०ली० (2½ कप) पानी मिलाकर उबलने दें। ढक्कन से ढक दें और तब तक पकाएं जब तक गोश्त पक न जाए और शोरबा सूखने न लगे। अंदाज से नमक डाल दें और ऊपर से धनिया पत्ता छिड़ककर चला दें।

परोसना

व्यंजन को परोसने वाले बर्तन में डालकर बीचों-बीच कटी हरी मिर्च और कटे अंडों से सजाकर मक्खन लगी नान के साथ पेश करें।

साबुत गरम मसाला

- 5 छोटी इलायची
- 1 बड़ी इलायची
- 5 लौंग
- 1 टुकड़ा दालचीनी (1 इंच का)
- 1 तेज पत्ता
- 1 चुटकी जावित्री
- 250 ग्राम (1½ कप) प्याज
- 50 ग्राम (5 बड़ा चम्मच) लहसुन
- 50 ग्राम (5 बड़ा चम्मच) अदरक
- 12 हरी मिर्च
- 5 ग्राम (2½ छोटा चम्मच) साबुत धनिया
- 4 साबुत लाल मिर्च
- 5 ग्राम (1½ छोटा चम्मच) काली गोल मिर्च
- 5 ग्राम (1 छोटा चम्मच) शाह जीरा पाउडर
- 5 ग्राम (1 चाय चम्मच) काला जीरा
- 300 ग्राम (1 1/3 कप) दही
- 300 ग्राम (1 1/3 कप) टमाटर
- नमक
- 20 ग्राम (1/3 कप धनिया
- 2 अंडे

मात्रा: 4 व्यक्तियों के लिये
तैयारी का समय: 1 घंटा
पकाने का समय: 1.30 घंटा

खुम्ब हरा धनिया

यह व्यंज़न पौष्टिक शाकाहारी तरकारी है जिसमें हरे धनिये का खास प्रयोग किया जाता है जो भारतीय व्यंजनों की विशेषता है।

तैयारी

खुम्ब: खुम्बी को काट-छांट कर धो लें और उबलते पानी उसको डाल दें। तुरंत पानी निकाल दें।

सामग्री

- 600 ग्राम (1 1/3 पौंड) ताजे मशरूम
- 150 ग्राम (¾ कप) घी

साबुत गरम मसाला

- 5 छोटी इलायची
- 1 बड़ी इलायची
- 5 लौंग
- 1 टुकड़ा दालचीनी (1 इंच)

आलू चटनीवाले

1 तेज पत्ता
1 चुटकी जावित्री
150 ग्राम (2/3 कप) उबले हुए प्याज (पिसे हुए)
25 ग्राम (4 छोटा चम्मच) पिसा अदरक
25 ग्राम (4 छोटा चम्मच) पिसा लहसुन
30 ग्राम (3 बड़ा चम्मच) अदरक
4 हरी मिर्च
5 ग्राम (1 छोटा चम्मच) लाल मिर्च पाउडर
3 ग्राम (½ चाय चम्मच) धनिया पाउडर
350 ग्राम (1½ कप) दही
नमक
60 ग्राम (1 कप) धनिया
50 ग्राम (3 बड़ा चम्मच) पिसा काजू

सब्जियां: अदरक को छीलकर धो लें। दो तिहाई अदरक को कतर लें और बचे हुए को लंबे-लंबे पतले टुकड़ों में काट लें। हरी मिर्च को साफ करके, बीज निकालकर कतर लें। धनिया पत्ते को भी साफ करके धो लें और काट लें।

दही: दही को एक कटोरे में फेंट लें।

पकाने की विधि

हांडी को आंच पर चढ़ाकर घी गर्म करें, साबुत गरम मसालों को डालकर चटकने दें। उबले पिसे प्याज को मिलाकर दो मिनट तक भूनें। पिसे हुए अदरक और लहसुन को मिलाकर 60 मि०ली० (¼ कप पानी डालें और एक मिनट तक चलाएं। कटा हुआ अदरक और हरी मिर्च डालकर आधा मिनट चलाएं। लाल मिर्च और धनिया पाउडर डालकर फिर आधा मिनट तक चलाएं। आंच से हांडी को हटाकर दही, नमक मिलाएं और फिर आंच पर चढ़ा दें। 180 मि०ली० (¾ कप) पानी मिलाकर खौलने दें। खौलने के बाद उसे तब तक पकने दें जब तक मसाले से तेल अलग न होने लगे। अब 45 ग्राम (¾ कप) कटा हुआ धनिया मिलाकर 1 मिनट तक चलाएं और खुम्बी मिला दें। दो मिनट तक पकाने के बाद इसमें पिसा काजू मिलाकर खदकने दें। अंदाज से नमक मिला दें।

परोसना

मात्रा: 4 व्यक्तियों के लिये
तैयारी का समय: 40 मिनट
पकाने का समय: 8-10 मिनट

व्यंजन को परोसने वाले बर्तन में डालकर बचे हुए कटे धनिया पत्ते और अदरक के टुकड़ों से सजा दें। उबले हुए चावल, पुलाव या मनपसंद रोटी के साथ परोसें।

आलू चटनीवाले

सामग्री
750 ग्राम (1 2/3 पौंड) आलू (मझोले आकार के)
तलने के लिए मूंगफली का तेल

भरने के लिए
125 ग्राम (¼ पौंड) पनीर
4 हरी मिर्च
5 ग्राम (1½ चाय चम्मच) अदरक
10 काजू
नमक

चटनी के लिए
150 ग्राम (2½ कप) धनिया
30 ग्राम (1 औंस) कच्चे आम
75 ग्राम (1¼ कप) पुदीना

पाककला के इस खास व्यंजन में आलू में पनीर भरकर उसे चटपटी चटनी के साथ पकाते हैं। यह खास व्यंजन वाकई जुबान पर अपना तीखापन छोड़ जाता है।

तैयारी

आलू: छील कर धो लें और उसे पीपे के आकार का बना दें। कड़ाही में तेल गर्म करके आलुओं को तलकर ब्राउन कर लें। कड़ाही से निकालकर ठंडा कर लें। चारों ओर से चौथाई इंच की मोटाई रखते हुए आलूओं को बीच से खोखला बना दें।

भरने के लिए: पनीर को कस लें। हरी मिर्च के डंठल निकाल कर साफ कर लें। बीच से काट कर बीज निकाल दें और कतर लें। अदरक को छील, धोकर कतर लें। काजू का

Boti Kebab

Adraki Chaamp

Malai Seekh

Sofyani Birya

Subz Khada Masala

Shikampuri Kebab

Murgh Navrattan

Kale Moti Biryani

चूरा कर लें। अब इन सारी सामग्रियों को एक कटोरे में डाल कर नमक मिला दें। इन्हें खोखले आलूओं में संभाल कर ठीक से भर दें।

चटनी के लिए: धनिया और पुदीने को साफ करके धो लें। कच्चे आम को छीलकर काट लें। अब इन तीनों को ब्लेंडर में डालकर महीन पीस लें।

शोरबे के लिए: एक कटोरे में दही को फेंट लें। टमाटर को धोकर काट लें।

शोरबे के लिए

100 ग्राम (½ कप) घी

150 ग्राम (½ कप) उबली हुई पिसी प्याज**

25 ग्राम (4 छोटा चम्मच) पिसा अदरक

25 ग्राम (4 छोटा चम्मच) पिसा लहसुन

5 ग्राम (1¾ छोटा चम्मच) साबुत जीरा

5 ग्राम (1 छोटा चम्मंच) लाल मिर्च पाउडर

300 ग्राम (1 1/3 कप) दही

100 ग्राम (½ कप) टमाटर

50 ग्राम (3 बड़ा चम्मच) पिसा काजू

10 ग्राम (2 छोटा चम्मच) गरम मसाला

नमक

पकाने की विधि

एक हांडी में घी गर्म करके उसमें उबले, पिसे प्याज को आधे मिनट तक भूनें। पिसा हुआ अदरक और लहसुन डालकर 60 मि०ली० (¼ कप) पानी डाल दें और इसे तब तक चलाते रहें जब तक कि तेल मसाले से अलग न हो जाए। जीरा डालकर एक मिनट तक चलाएं फिर चटनी और लाल मिर्च मिलाकर 30 सेकंड तक चलाएं। अब दही और 400 मि०ली० (1 2/3 कप पानी) डालकर उसे खौलने दें। खौलने लगे तो आंच धीमी करके तेल के मसाले से अलग होने तक पकने दें। अब भरे हुए आलू डालकर तब तक पकाएं जब तक आलू पक न जाएं। टमाटर डालकर एक मिनट पकाएं। पिसे काजू और गरम मसाला डालकर चलाएं और खदकने दें। अंदाज से नमक डाल दें। पकने के दौरान हांडी को ढकें नहीं।

परोसना

परोसने वाले बर्तन में डालकर मनचाही रोटी के साथ परोसें।

मात्रा: 4 व्यक्तियों के लिये
तैयारी का समय: 1.10 घंटे
पकाने का समय: 25-30 मिनट

* 'दूध' का खंड देखें।
** 'पेस्ट' का खंड देखें।

रसभरी मटर

यह 'शेफ़' का मौलिक शाकाहारी व्यंजन है जिसमें पनीर के गोले की रसभरी और मटर को हल्के, मगर गाढ़े शोरबे में पकाते हैं जिससे रसभरी के अंदर तक मसाला रिस जाए।

सामग्री

350 ग्राम (¾ पौंड) हरा मटर

रसभरी के लिए

350 ग्राम (¾ पौंड) पनीर

4 हरी मिर्च

10 ग्राम (1 बड़ा चम्मच) अदरक

1 ग्राम (2 छोटा चम्मच) केसर

60 मि.ली. (¼ कप) दूध

3 ग्राम (½ छोटा चम्मच) लाल मिर्च पाउडर

नमक

तैयारी

मटर: हरी मटर को उबाल कर पानी पसा लें।

रसभरी: रसभरी बनाने के लिए एक कटोरे में पनीर को मसल लें। हरी मिर्च के डंठल

रसभरी मटर

50 ग्राम (2/3 कप) कार्नफ्लोर (मक्की का आटा)
तलने के लिए मूंगफली का तेल

शोरबे के लिए
120 ग्राम (2/3 कप) घी
150 ग्राम (2/3 कप) उबले पिसे हुए प्याज**
15 ग्राम (2½ छोटा चम्मच) पिसा अदरक
15 ग्राम (2½ छोटा चम्मच) पिसा लहसुन
10 ग्राम (1 बड़ा चम्मच) अदरक
4 हरी मिर्च
5 ग्राम (1 छोटा चम्मच) लाल मिर्च पाउडर
5 ग्राम (1 छोटा चम्मच) धनिया पाउडर
100 ग्राम (3½ औंस) ताजे टमाटर की लुग्दी
225 ग्राम (1 कप) दही
50 ग्राम (3 बड़ा चम्मच) पिसा काजू
60 मि.ली. (¼ कप) क्रीम (मलाई)
5 ग्राम (1 छोटा चम्मच) गरम मसाला
नमक
20 ग्राम (1/3 कप) धनिया

मात्रा: 4 व्यक्तियों के लिये
तैयारी का समय: 1.20 घंटे
पकाने का समय: 10-12 मिनट

निकाल कर धो लें। बीचों-बीच से काटकर बीज निकाल दें और कतर लें। अदरक को छील, धोकर अच्छी तरह काट लें। इन चीजों को पनीर में मिला दें। दूध को उबालें उसमें केसर डालें और तब तक उबालें जब तक दूध आधा न रह जाए। इस केसर मिले दूध को पनीर के मिश्रण में मिलाएं। लाल मिर्च और नमक मिला लें। अब पनीर के इस मिश्रण से रसभरी के आकार की छोटी-छोटी गोलियां बना लें। यदि जरूरत पड़े तो कार्नफ़्लावर का इस्तेमाल करें।

अब कड़ाही में घी गरम करें और पनीर की रसभरी की इन गोलियों को तलकर मध्यम आंच पर सुनहरा लाल कर लें।

शोरबा: शोरबा बनाने के लिए अदरक को छील, धोकर कतर लें। हरी मिर्च के डंठल निकाल कर धो लें। बीच से काट कर बीज निकाल दें और कतर लें। धनिया पत्ते को साफ कर के काट लें। दही को एक कटोरे में मिला लें।

पकाने की विधि

हांडी में घी गर्म करके उसमें उबली पिसी प्याज, पीसा हुआ अदरक और लहसुन मिलाकर दो मिनट तक चलाएं। फिर अदरक और हरी मिर्च डाल कर 2 मिनट चलाएं। लाल मिर्च और धनिया पाउडर मिलाकर मसाले के तेल छोड़ने तक भूनते रहें। टमाटर की लुगदी मिलाकर खौलने दें। खौलने लगे तो आंच धीमी करके तब तक पकाएं जब तक दोबारा मसाला तेल न छोड़ दे। इसके बाद दही मिलाकर तब तक चलाते रहें जब तक तीसरी बार तेल मसाले से अलग न होने लगे। अब हरी मटर मिलाकर 2-3 मिनट तक उबलने दें। पिसे काजू और क्रीम के साथ केसर दूध को मिलाकर डालें। उबलने लगे तो आंच मध्यम करके पनीर की रसभरियां डाल कर गरम मसाला छिड़क दें। जैसे ही उबलने लगे आंच से उतार दें। (इस बात का ध्यान रखें कि रसभरी एक बार से ज्यादा न उबलने पाए। चलाने में भी सावधानी बरतें नहीं तो वे टूट जाएंगी। अंदाज से नमक मिला लें।

परोसना

व्यंजन को धीरे से परोसने वाले बर्तन में निकाल लें और धनिया से सजाकर मनचाही रोटी के साथ परोसें।

* 'दूध' का खंड देखें।
** 'पेस्ट' का खंड देखें।

काले मोती बिरयानी

काले मोती बिरयानी वाकई हांडी व्यंजनों का सरताज है। शोरबे में पके काले चने और बासमती चावल की परत-दर-परत सचमुच राजसी भोज के उपयुक्त है।

तैयारी

चावलों को चुनकर धो लें और आधा घंटा पानी में फूलने के लिए रख छोड़ें। पानी पसा लें। चनों को रातभर पानी में फूलने के लिए भिगो दें। पानी पसाकर ताजे पानी से धो लें और सोडा डालकर उबाल लें। ध्यान रखें कि चने पूरी तरह पक जाएं। पानी से निकालकर अलग रख दें।

शोरबा: शोरबा (रसा) बनाने के लिए एक कटोरे में दही को फेंट लें। टमाटर को धोकर काट लें। आलू को छील, धोकर ¾ इंच के चौकोर टुकड़ों में काट लें। हरी मिर्च के डंठल निकाल कर धो लें। बीच से काटकर, बीज निकालकर, कतर लें।

सजाने के लिए धनिया और पुदीना को साफ़ करके धोकर काट लें। अदरक को छील, धोकर पतले-पतले लम्बे कतरे काट लें। हरी मिर्च को साफ करके बीज निकालकर काट लें। टमाटर को धोकर चार-चार टुकड़ों में काट लें। एक कटोरे में दही को फेंटकर गरम मसाला, इलायची पाउडर और आधा केसर मिला दें। बचे हुए आधे केसर को गर्म दूध में भिगो दें।

ओवन: ओवन को 350° फारेनहाइट तक गर्म कर लें।

पकाने की विधि

चावल तैयार करने के लिए हांडी में अंदाज से एक लीटर (4 कप) पानी और दूध डालकर चावल, साबुत गरम मसाला और नमक के साथ करीब 7-8 मिनट उबालें।

चने तैयार करने के लिए एक हांडी में घी गर्म करें उसमें पिसा हुआ अदरक, लहसुन, लाल मिर्च और हल्दी डालकर 50 मि०ली० (3 बड़े चम्मच) पानी मिलाएं। मध्यम आंच पर करीब 2 मिनट पकाएं और हांडी को आंच से हटाकर उसमें दही, टमाटर, आलू और हरी मिर्च मिलाएं। हांडी को फिर आंच पर चढ़ाकर लगातार तब तक चलाते रहें जब तक शोरबा गाढ़ा न हो जाए और तेल अपने आप से अलग हो जाए। अब उबले चने मिलाकर तब तक पकाएं जब तक चने और आलू शोरबे के साथ अच्छी तरह मिल न जाएं। अंदाज से नमक मिला दें।

सामग्री

250 ग्राम (2¼ कप) बासमती चावल
800 मि.ली. (3 1/3 कप) दूध

साबुत गरम मसाला

5 हरी इलायची
1 बड़ी इलायची
5 लौंग
1 टुकड़ा दालचीनी (1 इंच)
1 तेज पत्ता
1 चुटकी जावित्री
नमक

काले मोती के लिए

250 ग्राम (1¼ कप) चना
नमक
1 चुटकी सोडा (खाने वाला)
100 ग्राम (½ कप) घी
15 ग्राम (2½ छोटा चम्मच) पिसा अदरक
10 ग्राम (1¾ छोटा चम्मच) पिसा लहसुन
3 (½ छोटा चम्मच) लाल मिर्च पाउडर
2 ग्राम (1/3 छोटा चम्मच) हल्दी
200 ग्राम (¾ कप) दही
125 ग्राम (½ कप) टमाटर
125 ग्राम (5 औंस) आलू
3 हरी मिर्च

सजाने के लिए

30 ग्राम (½ कप) धनिया
20 ग्राम (1/3 कप) पुदीना
15 ग्राम (4½ छोटा चम्मच) अदरक
6 हरी मिर्च
100 ग्राम (3½ औंस) टमाटर
25 ग्राम (4 बड़ा चम्मच) तला हुआ प्याज
100 ग्राम (½ कप) दही

कड़ाही झींगा

5 ग्राम (1 छोटा चम्मच) गरम मसाला
1 चुटकी छोटी इलायची का पाउडर
1 ग्राम (2 छोटा चम्मच) केसर
60 मि.ली. (1/4 कप) दूध

सारी सामग्री को इकट्ठा करना

हांडी के चनों के ऊपर धनिया, पुदीना, अदरक, हरी मिर्च, टमाटर और तले हुए प्याज छिड़ककर सजा दें। ऊपर से मसाला मिला दही डालें। सजे हुए चने के ऊपर चावल को बराबर-बराबर फैलाकर केसर-दूध छिड़क दें। ऊपर एक गीला कपड़ा रखकर हांडी को ढक्कन से ढककर आटे से सील कर दें।

सील की हुई हांडी को दम होने के लिए गर्म ओवन में 15-20 मिनट के लिए रख दें।

परोसना

हांडी की सील तोड़ दें। ऊपर ढके गीले कपड़े को हटाकर चावल को एक किनारे कर दें ताकि चने ऊपर आ जाएं। परोसने वाले बर्तन में चने की एक तह जमाएं और ऊपर से चावल की तह जमाकर पेश करें।

मात्राः 4 व्यक्तियों के लिये
तैयारी का समयः 45 मिनट
पकाने का समयः 1.25 घंटे

कड़ाही

कड़ाही झींगा

सामग्री

750 ग्राम (1 2/3 पौंड) झींगा (मध्यम आकार के)
90 ग्राम (7 बड़े चम्मच) घी
160 ग्राम (1 कप) प्याज
20 ग्राम (3½ चाय चम्मच) पिसा अदरक
8 साबुत लाल मिर्च
4 ग्राम (2 चाय चम्मच) साबुत धनिया
5 ग्राम (2 चाय चम्मच) साबुत अजवाइन
750 ग्राम (3 1/3 कप) टमाटर
40 ग्राम (¼ कप) अदरक
6 हरी मिर्च
नमक
10 ग्राम (2 चाय चम्मच) गरम मसाला
5 ग्राम (1½ चाय चम्मच) कसूरी मेथी
60 मि.ली. (4 बड़े चम्मच) नीबू का रस
20 ग्राम (1/3 कप) हरा धनिया

झींगा का यह व्यंजन अजवाइन और ढेर सारे टमाटरों के साथ बनाया जाता है। अन्य कड़ाही व्यंजनों की तरह देखने में यह भी रंगीन होता है।

तैयारी

झींगाः छिलके निकालकर झींगे को धो लें और पोंछकर सुखा लें।

सब्जियांः प्याज को छील, धोकर काट लें। टमाटर को धोकर काट लें। अदरक को खुरच, धोकर कतर लें। हरी मिर्च के डंठल तोड़कर बीच से काटकर बीज निकाल दें और कतर लें। धनिया पत्ते साफ करके, धोकर, काट लें।

साबुत मसालेः लाल मिर्च और धनिया को पीस लें।

पकाने की विधि

कड़ाही में घी गर्म करके प्याज डालकर मध्यम आंच पर सुनहरा भूरा होने तक तल लें। पीसा हुआ लहसुन मिलाकर 15 सेकंड तक चलाएं। पीसे हुए मसाले और अजवाइन

मिलाकर 30 सेकंड तक चलाएं। टमाटर डालकर उबलने दें। तीन चौथाई अदरक और हरी मिर्च मिलाकर तब तक भूनें जब तक मसाला तेल न छोड़ दे। झींगा डालकर भी तब तक भूनना जारी रखें जब तक तेल शोरबे से अलग न हो जाए और झींगा अच्छी तरह पक न जाए। (यदि कुछ शोरबा बचा रहे तो आंच तेज करके उसे सुखा लें।) अंदाज से नमक मिला दें। ऊपर से गरम मसाला छिड़क दें। मेथी और नींबू का रस डालकर अच्छी तरह चला दें।

परोसना

व्यंजन को परोसने वाले बर्तन में निकालकर कटे हुए अदरक और धनिया से सजाकर मनपसंद रोटी के साथ परोसें।

मात्रा: 4 व्यक्तियों के लिये
तैयारी का समय: 40-45 मिनट
पकाने का समय: 20 मिनट

कड़ाही मुर्ग

कड़ाही के व्यंजनों की शुरूआत ही इस मसालेदार मुर्ग व्यंजन से हुई। इसे टमाटर में पकाते हैं और मेथी तथा धनिये का मसाला डालते हैं।

तैयारी

मुर्गा: साफ करके उसकी चमड़ी निकाल दें और मुर्गों को आठ-आठ टुकड़ों में काट लें।

सब्जियां: टमाटर को धोकर काट लें। हरी मिर्च के डंठल निकाल कर धो लें। बीच से काटकर बीज निकाल दें और काट लें। अदरक को खुरच, धोकर काट लें। धनिया पत्ते को साफ करके, धो कर काट लें।

साबुत मसाले: साबुत लाल मिर्च और धनिया को पीस लें।

सामग्री

1 किलो (2¼ पौंड)	मुर्गा (2 मुर्गे)
90 ग्राम (7 बड़ा चम्मच)	घी
20 ग्राम (3½ छोटा चम्मच)	पिसा लहसुन
8	साबुत लाल मिर्च
6 ग्राम (1 बड़ा चम्मच)	साबुत धनिया
1 किलो (2¼ पौंड)	टमाटर
4	हरी मिर्च
40 ग्राम (¼ कप)	अदरक
30 ग्राम (½ कप)	धनिया
10 ग्राम (2 छोटा चम्मच)	गरम मसाला
4 ग्राम (1 छोटा चम्मच)	कसूरी मेथी
	नमक

पकाने की विधि

कड़ाही में घी गर्म करके उसमें पिसा हुआ लहसुन डालकर हल्का भूरा भून लें। पिसे हुए मसाले मिलाकर 30 सेकंड तक चलाएं। टमाटर मिलाकर उबलने दें। कटी हुई हरी मिर्च, तीन चौथाई अदरक और एक तिहाई कटा हुआ धनिया मिलाकर आंच कम कर दें और 4-5 मिनट तक पकाएं। इसके बाद मुर्गा डालकर खौलने दें, धीरे-धीरे पकाएं। बीच-बीच में चला दें। तब तक पकाएं जब तक मसाला तेल न छोड़ दे और शोरबा गाढ़ा न हो जाए। मुर्गा पक गया हो तो गरम मसाला और मेथी छिड़क कर दो मिनट तक चलाएं और अंदाज से नमक मिला दें।

नारियल का गोश्त

मात्रा: 4 व्यक्तियों के लिये
तैयारी का समय: 45 मिनट
पकने का समय: 20-22 मिनट

परोसना

व्यंजन को परोसने वाले बर्तन में निकाल कर बचे हुए अदरक और धनिया पत्ते से सजाकर मनपसंद रोटी के साथ परोसें।

सामग्री

1 किलो (2¼ पौंड) रान का गोश्त	
150 ग्राम (¾ कप) घी	
साबुत गरम मसाला	
5 छोटी इलायची	
1 बड़ी इलायची	
5 लौंग	
1 टुकड़ा दालचीनी (1 इंच का)	
1 तेज पत्ता	
1 चुटकी जावित्री	
20 ग्राम (3½ छोटा चम्मच) पिसा लहसुन	
400 ग्राम (2 1/3 कप) प्याज	
10 ग्राम (1 बड़ा चम्मच) अदरक	
6 हरी मिर्च	
5 ग्राम (1 छोटा चम्मच) लाल मिर्च पाउडर	
150 ग्राम (2½ कप) नारियल	
16 करी पत्ते	
तलने के लिए मूंगफली का तेल	
350 ग्राम (1½ कप) टमाटर	
नमक	
5 ग्राम (1 छोटा चम्मच) सौंफ	
4 साबुत लाल मिर्च	

नारियल का गोश्त

नारियल और सौंफ के साथ पकाए गोश्त के इस व्यंजन की खुशबू लाजबाब होती है।

तैयारी

गोश्त: साफ करके हड्डियां निकाल दें और ¾ इंच के टुकड़ों में काट लें।

सब्जियां: प्याज को छील धोकर काट लें। अदरक को छील-धोकर पतले लंबे टुकड़ों में काट लें। हरी मिर्च के डंठल निकालकर धो लें। बीच से काटकर बीज निकाल दें और काट लें। टमाटर को भी धोकर अच्छी तरह काट लें। करी पत्ते को धोकर सुखा लें। एक पैन में तेल गर्म करके इन्हें (करी पत्ते) तल लें। आंच से हटा लें।

साबुत मसाले: साबुत लाल मिर्च को सजाने के लिए लम्बी काट लें।

पकाने की विधि

एक कड़ाही में घी गर्म करें। उसमें साबुत गरम मसाले डालकर मध्यम आंच पर कड़कने दें। लहसुन डालकर 5 सेकंड तक चलाएं। प्याज डालकर हल्का भूरा होने तक भून लें। अब अदरक और हरी मिर्च मिलाएं। चलाना तब तक जारी रखें जब तक प्याज एकदम सुनहरी भूरी न हो जाएं। इसके बाद लाल मिर्च, नारियल (सजाने के लिए थोड़ा नारियल अलग निकाल लें) और करी पत्ते डालकर एक मिनट तक भूनें। टमाटर मिलाकर तब तक भूनें जब तक मसाला तेल न छोड़ दे। गोश्त के टुकड़े डालकर और 5 मिनट भूनें और 800 मि०ली० (3 1/3 कप) के करीब पानी मिलाकर गोश्त को उबलने दें। ढक्कन से ढककर तब तक पकने दें जब तक गोश्त नरम न हो जाए और पानी सूख न जाए। अंदाज से नमक मिला लें। ऊपर से सौंफ पाउडर छिड़ककर मिला दें।

परोसना

व्यंजन को परोसने वाले बर्तन में निकालकर लाल मिर्च और अलग रखे नारियल से सजाकर मनपसंद रोटी के साथ पेश करें।

मात्रा: 4 व्यक्तियों के लिये
तैयारी का समय: 40 मिनट
पकने का समय: 1.15 घंटे

कड़ाही गोश्त हुसैनी

यह 'शेफ़' (खानसामे) का अपना मौलिक व्यंजन है। यह उन कुछ खास व्यंजनों में से एक है जिसमें दही के साथ पिसा बादाम और क्रीम (मलाई) का इस्तेमाल किया जाता है।

तैयारी

गोश्त: साफ करके हड्डियां निकाल दें और ३/४ इंच के टुकड़ों में काट लें। कलेजी को भी साफ करके ३/४ इंच के टुकड़ों में काट लें।

मैरीनेशन: दही को एक बड़े कटोरे में फेंटकर उसमें लाल मिर्च पाउडर, धनिया पाउडर और नमक डालकर अच्छी तरह मिला दें। इस मिश्रण में गोश्त के टुकड़ों को मिलाकर लगभग 30 मिनट के लिए रख दें।

सब्जियां: छील धोकर तीन चौथाई प्याज को लम्बा काट लें। बाकी को छोटे चौकोर टुकड़ों में काट लें। अदरक को छील धोकर कतर लें। लहसुन को भी छीलकर कतर लें। हरी मिर्च के डंठल निकालकर धो लें। बीच से काट कर बीज निकाल दें। बड़ी मिर्च के डंठल निकालकर दो टुकड़ों में काट कर पहले बीज निकाल दें फिर छोटे-छोटे चौकोर टुकड़ों में काट लें। टमाटर को भी धोकर चौकोर टुकड़ों में काट लें। धनिया पत्ते को साफ करके कतर लें।

साबुत धनिया: साबुत धनिये को पीस लें।

केसर: केसर को गर्म दूध में भिगो दें।

पकाने की विधि

कड़ाही में तेल गर्म करके कटे हुए प्याज को मध्यम आंच पर हल्का भूरा भून लें। अदरक, लहसुन और हरी मिर्च डालकर भूनना जारी रखें। प्याज को सुनहरा भूरा हो जाने दें। साबुत जीरा, सरसों और पिसा हुआ धनिया मिलाकर 15 सेकंड तक चलाएं। अब दही-मसाला मिले गोश्त को दही-मसाले सहित ही कड़ाही में डालकर 1 लीटर (4 कप) के करीब पानी डालें। उबलने लगे तो ढक्कन से ढककर तब तक पकने दें जब तक गोश्त तीन-चौथाई न पक जाए। अब कड़ाही में कलेजी डालकर तब तक पकाएं जब तक गोश्त नरम न हो जाए और पानी सूख न जाए। बादाम का लेप और क्रीम मिलाकर उबलने दें। आंच मध्यम करके केसर मिलाकर चलाएं। मेथी और इलायची पाउडर छिड़ककर मिलाएं। अंदाज से नमक मिला दें। कटी हुई प्याज और बड़ी मिर्च मिलाकर 2 मिनट चलाएं। अंत में टमाटर मिलाकर एक मिनट और चलाएं।

सामग्री

450 ग्राम (1 पौंड)	रान का गोश्त
450 ग्राम (1 पौंड)	लिवर (कलेजी)
225 ग्राम (1 कप)	दही
5 ग्राम (1 छोटा चम्मच)	लाल मिर्च पाउडर
5 ग्राम (1 छोटा चम्मच)	धनिया पाउडर
	नमक
150 ग्राम (३/४ कप)	घी
200 ग्राम (1¼ कप)	प्याज
30 ग्राम (3 बड़ा चम्मच)	अदरक
15 ग्राम (4½ छोटा चम्मच)	लहसुन
3	हरी मिर्च
5 ग्राम (1¾ छोटा चम्मच)	साबुत जीरा
5 ग्राम (1¾ छोटा चम्मच)	साबुत सरसों
5 ग्राम (2½ छोटा चम्मच)	साबुत धनिया
50 ग्राम (3 बड़ा चम्मच)	पिसा बादाम
50 मि.ली. (3 बड़ा चम्मच)	क्रीम (मलाई)
½ ग्राम (1 छोटा चम्मच)	केसर
30 मि.ली. (2 बड़ा चम्मच)	दूध
3 ग्राम (1 छोटा चम्मच)	कसूरी मेथी
3 ग्राम (½ छोटा चम्मच)	छोटी इलायची पाउडर
50 ग्राम (2 औंस)	शिमला मिर्च
50 ग्राम (¼ कप)	टमाटर
10 ग्राम (2 बड़ा चम्मच)	धनिया

परोसना

मात्रा: 4 व्यक्तियों के लिये
तैयारी का समय: 1 घंटा
पकाने का समय: 40-50 मिनट

व्यंजन को परोसने वाले बर्तन में डालकर धनिया पत्ते से सजाकर, मनपसंद रोटी के साथ पेश करें।

दही का कीमा

सामग्री

- 1 किलो (2¼ पौंड) गोश्त कीमा
- 150 ग्राम (¾ कप) घी

साबुत गरम मसाला

- 5 छोटी इलायची
- 1 बड़ी इलायची
- 5 लौंग
- 1 टुकड़ा दालचीनी (1 इंच)
- 1 तेज पत्ता
- एक चुटकी जावित्री
- 200 ग्राम (1¼ कप) प्याज
- 25 ग्राम (4 छोटा चम्मच) पिसा अदरक
- 25 ग्राम(4 छोटा चम्मच) पिसा लहसुन
- 10 ग्राम (2 छोटा चम्मच) लाल मिर्च पाउडर
- 300 ग्राम (1 1/3 कप) दही
- 3 ग्राम (½ छोटा चम्मच) दालचीनी पाउडर
- 2 ग्राम (1/3 छोटा चम्मच) लौंग पाउडर
- नमक
- 20 ग्राम (1/3 कप) धनिया
- 15 हरी मिर्च
- तलने के लिए मूंगफली का तेल

मात्रा: 4 व्यक्तियों के लिए
तैयारी का समय: 25 मिनट
पकाने का समय: 20-22 मिनट

कीमे का यह एक अलग प्रकार का व्यंजन है। दही के साथ लौंग और दालचीनी इसे अनोखा स्वाद प्रदान करते हैं।

तैयारी

सब्जियां: प्याज को छील, धोकर अच्छी तरह काट लें। धनिया पत्ते को भी धोकर काट लें।

दही: दही को एक कटोरे में फेंट कर उसमें इलायची और लौंग का पाउडर मिला दें।

हरी मिर्च: हरी मिर्चों के डंठल निकालकर बीच से काटकर बीज निकाल दें। एक पैन में घी गर्म करके इन्हें 15-20 सेकंड तलकर निकाल लें।

पकाने की विधि

कड़ाही में घी गर्म करके उसमें साबूत गरम मसाला डालकर तड़कने दें। प्याज़ डालकर भूरा होने तक भून लें। पीसा हुआ अदरक और लहसुन मिलाकर चौथाई कप पानी (60 मि०ली०) डालें और 30 सेकंड तक चलाएं। लाल मिर्च मिलाकर फिर करीब डेढ़ मिनट तक चलाएं और कीमा डाल दें। अब कीमे को तब तक भूनें जब तक सारा पानी न सूख जाए। मसाला मिला दही मिलाकर खदकने दें। अब ढककर गोश्त को पक जाने दें। अंदाज से नमक मिला दें। आधा धनिया पत्ता और हरी मिर्च मिलाकर चला लें।

परोसना

व्यंजन को परोसने वाली डिश में निकालकर बचे हुए धनिया पत्ते और हरी मिर्च से सजा दें। मनपसंद रोटी के साथ परोसें।

लजीज खुंब

सामग्री

- 600 ग्राम (1 1/3 पौंड) ताज़े खुम्ब
- 150 ग्राम (¾ कप) घी
- 100 ग्राम (1 कप) बंद गोभी

इस बात की कल्पना भी नहीं की जा सकती कि शाकाहारियों के लिए अलग से कोई खास व्यंजन न हो। लज़ीज खुम्ब, मशरूम, बंद गोभी और शिमला मिर्च से बना यह लाजवाब व्यंजन है।

20 ग्राम ($3\frac{1}{2}$ छोटा चम्मच) पिसा लहसुन
4 साबुत लाल मिर्च
5 ग्राम ($2\frac{1}{2}$ छोटा चम्मच) साबुत धनिया
750 ग्राम (3 1/3 कप) टमाटर
4 हरी मिर्च
30 ग्राम (3 बड़ा चम्मच) अदरक
20 ग्राम (1/3 कप) धनिया
100 ग्राम (2/3 कप) प्याज
40 ग्राम ($1\frac{1}{2}$ औंस) शिमला मिर्च
नमक
10 ग्राम (2 छोटा चम्मच) गरम मसाला

तैयारी

खुम्ब: खुम्ब का जमीन के नीचे रहने वाला हिस्सा काटकर निकाल दें और चार-चार टुकड़ों में काट लें। खुम्ब को पकाने के तुरंत पहले धोएं। एक पैन में 20 ग्राम (5 छोटे चम्मच) घी डालकर मध्यम आंच पर $4\frac{1}{2}$-5 मिनट तलकर निकाल लें।

बंद गोभी: बंद गोभी को धोकर काट लें। कड़ाही में 20 ग्राम (5 छोटे चम्मच) घी गर्म करके मध्यम आंच पर तब तक भूनें जब तक सारा पानी सूख न जाए। बंद गोभी को घी से निकाल लें। बचा हुआ घी उसी में रहने दें।

बची हुई सब्जियां: टमाटर को धोकर काट लें। हरी मिर्च के डंठल और बीज निकालकर कतर लें। अदरक को खुरच, धोकर काट लें। धनिया पत्ते को साफ करके धो कर काट लें। प्याज को छीलकर काट लें। शिमला मिर्च के डंठल निकाल कर दो-दो टुकड़ों में काट लें। बीज निकाल कर लम्बे, पतले, कतरें काट लें।

साबुत मसाले: साबुत लाल मिर्च और धनिये को पीस लें।

पकाने की विधि

कड़ाही के बचे हुए घी में और 50 ग्राम ($\frac{1}{4}$ कप) घी डालकर गर्म करें। पिसा हुआ लहसुन कड़ाही में डालकर मध्यम आंच पर 20 सेकंड तक भूनें। पिसे हुए मसाले मिलाकर 30 सेकंड तक चलाएं और टमाटर मिला कर तब तक भूनें जब तक मसाला तेल न छोड़ दे। इसके बाद हरी मिर्च, अदरक और आधा धनिया मिलाकर अच्छी तरह चला दें।

बचे हुए घी को अलग कड़ाही में गर्म करके प्याज़ को मध्यम आंच पर पारदर्शी होने तक भून लें। अब इसमें शिमला मिर्च मिलाकर डेढ़ से 2 मिनट तक भून लें। पहली कड़ाही से मसाले निकालकर इसमें डाल लें। खुम्ब और बंद गोभी उसमें मिलाकर लगातार 3-4 मिनट तक चलाएं। अंदाज से नमक मिला दें। गरम मसाला और बचा हुआ धनिया छिड़ककर चला दें।

परोसना

परोसने वाले बर्तन में व्यंजन को निकालकर मनचाही रोटी के साथ पेश करें।

मात्रा: 4 व्यक्तियों के लिये
तैयारी का समय: 40 मिनट
पकाने का समय: 18 मिनट

मक्की खुम्ब मसाला

सामग्री

250 ग्राम (9 औंस) मक्का
450 ग्राम (1 पौंड) ताज़ा मशरूम
150 ग्राम (¾ कप) घी
200 ग्राम (1¼ कप) प्याज
30 ग्राम (3 बड़ा चम्मच) अदरक
4 हरी मिर्च
25 ग्राम (4 बड़ा चम्मच) पिसा अदरक
25 ग्राम (4 बड़ा चम्मच) पिसा लहसुन
10 ग्राम (2 छोटा चम्मच) लाल मिर्च पाउडर
450 ग्राम (1 पौंड) टमाटर
नमक
30 ग्राम (1 औंस) शिमला मिर्च
10 ग्राम (2 छोटा चम्मच) गरम मसाला

मक्की खुम्ब मसाला

मक्की और खुम्ब के इस रंगीन व्यंजन को मसालों के साथ पकाया जाता है। परम्परागत कड़ाही व्यंजनों से अलग यह शाकाहारी व्यंजन भी 'शेफ़' की कल्पना का परिणाम है। इसमें पिसे हुए मसाले का इस्तेमाल नहीं किया जाता।

तैयारी

मक्की: मक्की के दानों को एक पैन में ऊपर तक पानी भरकर करीब 3-4 घंटे फूलने के लिए छोड़ दें। नरम होने तक उबाल लें। यदि मक्की ताजे हों तो उबालने के बाद उसका पानी पसाकर, पोंछकर थोड़ा सुखा लें।

खुम्ब: खुम्ब का नीचे वाला भाग काटकर निकाल दें। पकाने के तुरंत पहले धोएं।

सब्जियां: प्याज़ को छीलकर काट लें। अदरक को छील धोकर काट लें। हरी मिर्च के डंठल निकालकर बीज निकाल लें और कतर लें। 400 ग्राम (14 औंस) टमाटर को धोकर काट लें। बाकी को चौथाई टुकड़ों में काट लें। शिमला मिर्च के डंठल काट दें। दो टुकड़ों में काटकर, उसके बीज निकाल दें और चौकोर टुकड़ों में काट लें।

पकाने की विधि

एक कड़ाही में घी गर्म करें और प्याज को मध्यम आंच पर सुनहरा होने तक भून लें। अदरक और हरी मिर्च मिलाकर 15-20 सेकंड तक चलाएं और पिसा हुआ अदरक, लहसुन, लाल मिर्च मिलाकर 60 मि०ली० (¼ कप) पानी डाल दें। एक मिनट तक चलाएं। टमाटर डालकर तब तक भूनें जब तक मसाला घी न छोड़ दे। मक्के और खुम्ब मिलाकर उबलने दें और तब तक पकाएं जब तक पानी सूख न जाए। अंदाज से नमक मिला दें। अब शिमला मिर्च मिलाकर एक मिनट तक चलाएं। बचा हुआ टमाटर मिला दें। अन्त में गरम मसाला छिड़क कर मिला दें।

मात्रा: 4 व्यक्तियों के लिये
तैयारी का समय: 6 घंटे
पकाने का समय: 20-22 मिनट

परोसना

परोसने वाले बर्तन में निकालकर मनपसंद रोटी के साथ पेश करें।

सामग्री

600 ग्राम (1 1/3 पौंड) पनीर
40 ग्राम (3 बड़ा चम्मच) घी
25 ग्राम (1 औंस) शिमला मिर्च

कड़ाही पनीर

कड़ाही व्यंजनों की श्रृंखला में यह सबसे स्वादिष्ट शाकाहारी व्यंजन है। कड़ाही पनीर बहुत ही तीखा, गाढ़ा और रंगीन व्यंजन है।

5 साबूत लाल मिर्च
5 ग्राम (2½ छोटा चम्मच) साबूत धनिया
15 ग्राम (4 छोटा चम्मच) अदरक
550 मि.ली. (19 औंस) कड़ाही का शोरबा
1 चुटकी कसूरी मेथी
5 ग्राम (1 छोटा चम्मच) गरम मसाला
15 ग्राम (¼ कप) धनिया
नमक

तैयारी

पनीर: पनीर को काट लें।

सब्जियां: शिमला मिर्च के डंठल निकाल कर दो टुकड़े कर लें और बीज निकालकर छोटे-छोटे टुकड़े काट लें और अदरक को छील, धोकर उसके तीन चौथाई भाग को काट लें। बचे हुए भाग को सजावट के लिए बारीक काट लें। धनिया पत्ते को साफ करके, धोकर, काट लें।

साबुत मसाले: साबुत लाल मिर्च और धनिये को पीस लें।

पकाने की विधि

एक कड़ाही में घी गर्म करके शिमला मिर्च को मध्यम आंच पर 30 सेकंड तक तल लें। पीसे हुए मसाले और कटे अदरक को मिलाकर 30 सेकंड तक चलाएं। अब कड़ाही का (शोरबा) मिलाकर उबलने दें। इसके बाद इसे तब तक भूनें जब तक मसाला घी न छोड़ने लगे। पनीर डालकर सावधानी से 2-3 मिनट चलाएं। ऊपर से मेथी और गरम मसाला छिड़ककर अंदाज से नमक मिला दें।

परोसना

व्यंजन को कड़ाही से निकालकर परोसने वाले बर्तन में बारीक कटे अदरक और धनिया पत्ते से सजाकर नान, परांठा या फुल्के*** के साथ परोसें।

मात्रा: 4 व्यक्तियों के लिये
तैयारी का समय: 10 मिनट (इसके अलावा कड़ाही का शोरबा तैयार करने का समय)
पकाने का समय: 8-10 मिनट

* 'दूध' का खंड देखें।
** 'शोरबा' का खंड देखें।
*** 'रोटी' का खंड देखें।

कड़ाही छोले

सामग्री
250 ग्राम (1¼ कप) काबुली चना
1 चुटकी सोडा (खाने वाला)
नमक
100 ग्राम (½ कप) घी
30 ग्राम (5 छोटा चम्मच) पिसा लहसुन
8 साबूत लाल मिर्च
10 ग्राम (5 छोटा चम्मच) साबूत धनिया
750 ग्राम (3 1/3 कप) टमाटर
4 हरी मिर्च

कड़ाही में पकाए जाने वाले काबुली चनों का यह व्यंजन पूरे उत्तर भारत में बनाया जाता है। इस सदाबहार व्यंजन को किसी भी समय खाया और खिलाया जा सकता है, नाश्ते का समय हो या दोपहर के खाने का, रात का खाना हो या चाय का वक्त। हर समय इसे पेश कर सकते हैं।

तैयारी

काबुली चने: चनों को चुन धो लें और रात भर हांडी में फूलने के लिए भिगो दें। पानी पसाकर ताजे पानी से साफ़ करके सोडा डालकर नरम होने तक उबाल लें।

40 ग्राम (¼ कप) अदरक
30 ग्राम (½ कप) धनिया पत्ता
30 मि.ली. (2 बड़ा चम्मच) नीबू का रस
10 ग्राम (2 छोटा चम्मच) गरम मसाला
3 ग्राम (¾ छोटा चम्मच) कसूरी मेथी

सब्जियां: टमाटर को धोकर काट लें। हरी मिर्च के डंठल निकालकर, बीच से काट कर, बीज निकाल दें और कतर लें। अदरक को छील, धोकर काट लें। धनिया पत्ते को साफ़ करके धो लें और काट लें।

साबुत मसाले: साबुत लाल मिर्च और धनिया को पीस लें।

पकाने की विधि

कड़ाही में घी गर्म करके पिसे हुए लहसुन को मध्यम आंच पर एक मिनट तक भूनें। इसके बाद दूसरे पिसे मसालों को मिलाकर 15-20 सेकंड तक भूनें। टमाटर मिलाकर उबलने दें। हरी मिर्च, तीन चौथाई अदरक और एक चौथाई धनिया डालकर आंच मध्यम करें और तब तक भूनें जब तक घी मसालों से अलग न हो जाए। अब उबले चने को मिलाकर और पांच मिनट तक भूनें। अंदाज से नमक मिला दें। उपर से नीबू का रस गरम मसाला और मेथी छिड़ककर मिला दें।

परोसना

मात्रा: 4 व्यक्तियों के लिये
तैयारी का समय: 45 मिनट
पकाने का समय: 20-22 मिनट

परोसने वाले बर्तन में निकालकर बचे हुए धनिया अदरक से सजाकर पूरी, भटूरा और ब्रेड के साथ भी परोस सकते हैं।

सामग्री

250 ग्राम (1¼ कप) उड़द दाल
50 ग्राम (¼ कप) घी
30 ग्राम (5 छोटा चम्मच) पिसा लहसुन
8 साबूत लाल मिर्च
10 ग्राम (5 छोटा चम्मच) साबूत धनिया
750 ग्राम (3 1/3 कप) टमाटर
30 ग्राम (½ कप) धनिया
4 हरी मिर्च
नमक
100 ग्राम (7 बड़ा चम्मच) मक्खन
10 ग्राम (2 छोटा चम्मच) गरम मसाला
5 ग्राम (1¼ छोटा चम्मच) कसूरी मेथी

दाल कबीला

टमाटर के साथ बने दाल के इस व्यंजन का स्वाद ताज़गी भरा और अनूठा होता है। इसमें ढेर सारा धनिया और अदरक डालते हैं।

तैयारी

उड़द: दाल को चुन, धोकर नल के बहते हुए पानी में धो लें। हांडी में दो घंटे के लिए भिगो दें। फूल जाने पर करीब तीन लीटर ताजे पानी से अच्छी तरह धोकर नरम होने तक उबाल लें। पानी पसा दें।

सब्जियां: टमाटर को धोकर काट लें। धनिया पत्ते को साफ करके धो लें और काट लें। हरी मिर्च के डंठल और बीज निकालकर कतर लें। अदरक को छीलकर काट लें।

साबुत मसाले: साबुत लाल मिर्च और धनिया पत्ते को पीस लें।

30 मि.ली. (2 बड़ा चम्मच) नीबू का रस

पकाने की विधि

कड़ाही में घी गर्म करें और पीसे हुए लहसुन को मध्यम आंच पर सुनहरा भूरा होने तक भून लें। पीसे हुए मसाले मिलाकर 15-20 मिनट भूनें। टमाटर मिलाकर उबलने दें। दो तिहाई कटा हुआ धनिया पत्ता, हरी मिर्च और अदरक डालकर आंच को मध्यम पर तब तक भूनें जब तक घी मसाले से अलग न हो जाए। उबली हुई दाल मिलाकर 5 मिनट तक भूनें। अंदाज से नमक मिला दें और मक्खन मिलाकर चला दें। गरम मसाला, मेथी, नीबू का रस और बचा हुआ धनिया पत्ता छिड़ककर 5 मिनट तक चलाएं। बीच-बीच में कड़छी से दाल को कुचल दें।

परोसना

व्यंजन को परोसने वाले डिश में निकालकर मनपसंद रोटी के साथ पेश करें।

मात्रा: 4 व्यक्तियों के लिये
तैयारी का समय: 2.45 घंटे
पकाने का समय: 15 मिनट

तवा

झींगा मसाला

अज़वाइन का इस्तेमाल इस व्यंजन को असाधारण स्वाद प्रदान करता है। पकाने का आसान तरीका इसे और अधिक आकर्षक बनाता है।

सामग्री

- 1 किलो (2½ पौंड) झींगा (मध्यम आकार के)
- 75 ग्राम (6 बड़ा चम्मच) घी
- 5 ग्राम (2 छोटा चम्मच) अजवाइन
- 200 ग्राम (1¼ कप) प्याज़
- 4 हरी मिर्च
- 10 ग्राम (1 बड़ा चम्मच) अदरक
- 5 ग्राम (1 छोटा चम्मच) लाल मिर्च पाउडर
- 20 ग्राम (1/3 कप) धनिया
- 300 मि.ली. (11 औंस) मखनी शोरबा
- नमक
- 30 मि.ली. (2 बड़ा चम्मच) नीबू का रस
- 5 ग्राम (छोटा चम्मच) गरम मसाला

तैयारी

झींगा: इसका छिलका निकालकर साफ कर लें। धो-पोंछकर सुखा लें।

सब्जियां: प्याज को छील-धोकर काट लें। हरी मिर्च के डंठल और बीज निकालकर कतर लें। अदरक को छील धोकर काट लें। धनिया पत्ते को साफ करके धो लें और काट लें।

पकाने की विधि

एक बड़े तवे में घी गर्म करके मध्यम आंच पर झींगा को 2-3 मिनट तक तलकर बीच तवे से हटाकर किनारे कर दें। तवे के घी में अज़वाइन डालें। कड़कने लगे तो प्याज, हरी

मिर्च और अदरक डालकर 3 मिनट तक भूनें। अब झींगा को पुनः बीच तवे में लाकर लाल मिर्च और दो तिहाई धनिया मिलाकर एक मिनट तक भूनें। मखनी शोरबा मिलाकर तब तक भूनें जब तक झींगा अच्छी तरह पककर शोरबे में लिपट न जाए। अंदाज से नमक मिला दें। नींबू का रस, गरम मसाला और बचा हुआ धनिया मिलाकर चला दें।

तैयारी का समय: 20 मिनट
(इसके अलावा मखनी ग्रेवी तैयार करने का समय)
पकाने का समय: 8-9 मिनट

परोसना

परोसने वाले बर्तन में निकालकर मनपसंद रोटी के साथ परोसें।

* 'शोरबा' का खंड देखें।

सामग्री

- 250 ग्राम (9 औंस) झींगा (मध्यम आकार के)
- 250 ग्राम (9 औंस) केकड़े का गोश्त
- 250 ग्राम (9 औंस) मछली
- 100 ग्राम (3½ औंस) समुद्री खाद्य (सीफुड)
- 75 ग्राम (6 बड़ा चम्मच) घी
- 5 ग्राम (2 छोटा चम्मच) अज़वाइन
- 100 ग्राम (2/3 कप) प्याज
- 10 ग्राम (1 बड़ा चम्मच) अदरक
- 4 हरी मिर्च
- 8 साबूत लाल मिर्च
- 5 ग्राम (2½ छोटा चम्मच) साबूत धनिया
- 150 ग्राम (1 कप) आलू
- 300 मि.ली. (11 औंस) कड़ाही ग्रेवी (शोरबा)
- नमक
- 30 मि.ली. (2 बड़ा चम्मच) नींबू का रस
- 5 ग्राम (1 छोटा चम्मच) गरम मसाला
- 20 ग्राम (1/3 कप) धनिया

समुद्री खज़ाना टका-टक

इस लाजवाब व्यंजन का यह प्यारा-सा नाम उस आवाज़ के कारण रखा गया है जो इसे पकाने के दौरान कड़छी और तवे के टकराने से होती है—टका-टक, टका-टक।

तैयारी

मछली: झींगा को छील कर साफ कर लें और धो पोंछ कर सुखा लें। अपनी पसंद की कोई समुद्री मछली (चर्बी रहित) लेकर उसका चोइंया निकालकर साफ कर लें। हड्डियां भी निकाल दें। इन्हें एक इंच के टुकडों में काट लें। मछली का कीमा (कतरन का प्रयोग करें) बना लें।

सब्जियां: प्याज को छील धोकर काट लें। अदरक को छील कर धो लें और काट लें। हरी मिर्च के डंठल निकाल दें। बीच से काटकर बीज निकाल दें और कतर लें। आलू को उबाल कर ठंडा कर लें और काट लें। धानिया पत्ते को भी साफ करके धो काट लें।

साबुत मसाले: साबुत लाल मिर्च और धानिये को पीस लें।

पकाने की विधि

एक बड़े तवे में घी गर्म करें और झींगा, केंकडा और मछली को उसमें डालकर मध्यम आंच पर 2 मिनट तक तल लें। अब इन्हें तवे के बीच से हटाकर किनारे कर दें। तवे के घी में अज़वाइन डाल कर कड़कने दें। प्याज, अदरक और हरी मिर्च मिलाकर आंच

कम कर दें और इन्हें 2-3 मिनट तक तल लें। पीसे मसाले और सीफुड का कीमा तवे में डालकर 30 सेकंड भूनें। किनारे रखे झींगा, केंकड़ा और मछली को बीच में करके आलू मिला दें। दोनों हाथ में दो करछी लेकर उन्हें सीधा खड़ा रखें। करछी से आलू और समुद्री चीज को काट लें। थोड़ी देर करछी चलाने के बाद मिश्रण को चला लें। कड़ाही शोरबा मिलाकर 2-3 मिनट तक भूनें। शोरबा गाढ़ा हो जाए तो अंदाज से नमक मिला दें। नींबू का रस, गरम मसाला और कटा धनिया पत्ता डालकर चला दें।

परोसना

व्यंजन को तवे से निकाल कर मनपसंद रोटी के साथ परोसें।

तैयारी का समय: 40 मिनट (इसके अलावा कड़ाही शोरबा तैयार करने का समय)
पकाने का समय: 9-10 मिनट

मुर्ग तवा मसाला

यह एक अलग तरह का मुर्ग व्यंजन है जिसे चटनी और बुरकी हुई गोल मिर्च के साथ बनाया जाता है।

तैयारी

मुर्गा: मुर्गे की चमड़ी हटाकर साफ कर लें। एक मुर्गे के 16 टुकड़े कर लें।

मैरीनेशन: एक ट्रे में पिसे अदरक, लहसुन और नमक को मूंगफली के तेल में मिला लें। इस मिश्रण को मुर्गे के टुकड़ों पर रगड़कर 30 मिनट के लिए छोड़ दें।

सब्जियां: प्याज को छील, धोकर काट लें। अदरक को खुरच कर धो लें और कतर लें। हरी मिर्च के डंठल निकाल दें। बीच से काटकर बीज निकाल दें और कतर लें। धनिया पत्ते को भी साफ करके धोकर कतर लें।

गोल मिर्च: गोल मिर्च को बुरक लें।

सामग्री

1 किलो (2¼ पौंड) मुर्गा (2 मुर्गे)
30 ग्राम (5 छोटा चम्मच) पिसा अदरक
30 ग्राम (5 छोटा चम्मच) पिसा लहसुन
नमक
75 मि.ली. (5 बड़ा चम्मच) मूंगफली का तेल
100 ग्राम (½ कप) घी
100 ग्राम (1 कप) प्याज
150 ग्राम (4½ छोटा चम्मच) अदरक
6 हरी मिर्च
5 ग्राम (1 छोटा चम्मच) लाल मिर्च पाउडर
10 ग्राम (1 बड़ा चम्मच) काली मिर्च

300 मि.ली. (11 औंस) मखनी शोरबा* (ग्रेवी)
5 ग्राम (1 छोटा चम्मच) गरम मसाला
20 ग्राम (1/3 कप) धनिया पत्ता

पकाने की विधि

एक बड़े तवे में घी गर्म करके मैरीनेड समेत मुर्गे को डालकर 10 मिनट तक मध्यम आंच पर हल्का भूनें। तवे के बीच से हटाकर किनारे कर दें। तवे के घी में प्याज, अदरक, हरी मिर्च, लाल मिर्च और काली मिर्च डालकर एक मिनट तक चलाएं। मुर्गे को फिर बीच तवे में लाकर 2 मिनट तक भूनें। अगर मुर्गा तवे से चिपकने लगे तो बीच-बीच में थोड़ा पानी का छींटा दें। मखनी शोरबा मिलाकर मुर्गे को तब तक भूनें जब तक वह नरम न हो जाए और शोरबे में अच्छी तरह लिपट न जाए। गरम मसाला और धनिया पत्ता छिड़ककर चला दें। अंदाज से नमक मिला दें।

मात्रा: 4 व्यक्तियों के लिये
तैयारी का समय: 25 मिनट (इसके अलावा शाही शोरबा बनाने का समय)
पकाने का समय: 15 मिनट

परोसना

व्यंजन को तवे से निकालकर मनपसंद रोटी के साथ परोसें।

* 'शोरबा' का खंड देखें।

सामग्री

675 ग्राम (1½ पौंड) मुर्गा (मुर्गे का कीमा)
10 ग्राम (1 बड़ा चम्मच) अदरक
3 हरी मिर्च
20 ग्राम (1/3 कप) धनिया
5 ग्राम (1 छोटा चम्मच) गरम मसाला
नमक
50 ग्राम (3 बड़ा चम्मच) पिसा काजू
50 ग्राम (2/3 कप) मक्की का आटा (कार्नफ़्लावर)
तलने के लिए मूंगफली का तेल

मसाला

100 ग्राम (½ कप) घी
160 ग्राम (1 कप) प्याज़
10 ग्राम (1 बड़ा चम्मच) अदरक
3 हरी मिर्च
2 ग्राम (1/3 छोटा चम्मच) हल्दी

मुर्ग गलौटी

'गलौटी' किसी भी तरह के कीमे से बनी हुई गोलियों को कहते हैं। मुर्ग गलौटी में मुर्गे की गोली को मलाई डले हुए शाही शोरबे में पकाया जाता है।

तैयारी

गलौटी: इसे बनाने के लिए अदरक को खुरच कर धोकर अच्छी तरह कतर लें। हरी मिर्च के डंठल निकाल दें। बीच से काटकर, बीज निकाल कर, कतर लें। धनिया पत्ते को साफ करके धोकर काट लें। अब इन कटी हुई सब्जियों को मुर्गे के कीमे के साथ मिला दें। गरम मसाला और काजू का लेप मिलाकर अच्छी तरह गूंथ लें। अब इस मिश्रण से 24 बराबर आकार की गलौटी तैयार कर लें। यह 1 इंच डायामीटर की होनी चाहिएं। गलौटियों को मक्की के आटे में लपेट लें। एक कड़ाही में घी गर्म करके गलौटी को सुनहरा तल लें। कड़ाही से निकाल लें।

मसाला: मसाला तैयार करने के लिए प्याज़ को छील, धोकर काट लें। अदरक को खुरच, धोकर काट लें। हरी मिर्च के डंठल और बीज निकालकर कतर लें। धनिया पत्ते को साफ करके धोके काट लें।

Kadhai Jhinga

Kadhai Murgh

Pao-Bhaji

Badal Jaam

Khuroos-e-Potli

पकाने की विधि

एक बड़े तवे में घी गर्म करके प्याज, अदरक और हरी मिर्च को मध्यम आंच पर 2-3 मिनट तक भून लें। हल्दी मिलाकर 15 सेकंड तक चलाएं। शाही शोरबा मिलाकर एक मिनट तक भूनें। इसके बाद गलौटी मिलाकर बहुत सावधानी से चलाएं ताकि वह टूटें नहीं। अब मलाई मिलाकर सावधानी से एक मिनट तक चलाएं। धनिया पत्ता, जायफल और जावित्री पाउडर मिलाकर सावधानी से चलाएं और अंदाज से नमक मिला दें।

मात्रा: 4 व्यक्तियों के लिये
तैयारी का समय: 20 मिनट (इसके अलावा शाही शोरबा बनाने का समय)
पकाने का समय: 5-6 मिनट

परोसना

गलौटियों को सावधानी से परोसने वाले बर्तन में निकालकर ऊपर से शोरबा डाल दें और मनचाही रोटी के साथ पेश करें।

* 'शोरबा' का खंड देखें।

गोश्त पसंदा पाया रस

मसाले और हरे मसालों वाले गोश्त पिकट्टे के इस व्यंजन को तवे पर, पाया रस में पकाते हैं। यह हल्का होता है और इसका ताज़ापन मुंह में पानी भर लाता है।

सामग्री

- 1.2 किलो (2 2/3 पौंड) छोटे बकरे की टांगें
- 25 ग्राम (4 चाय चम्मच) अदरक पिसा हुआ
- 25 ग्राम (4 चाय चम्मच) लहसुन पिसा हुआ
- 10 ग्राम (2 चाय चम्मच) गरम मसाला
- 5 ग्राम (1 चाय चम्मच) लाल मिर्च पाउडर
- नमक
- 75 मि.ली. (5 बड़े चम्मच) मूंगफली का तेल

पायारस

- 8 रानों का गोश्त
- 30 ग्राम (1 औंस) गाजर
- 40 ग्राम (¼ कप) प्याज़

साबुत गरम मसाला

- 5 छोटी इलायची
- 1 बड़ी इलायची
- 5 लौंग

तैयारी

गोश्त: साफ करके उसकी हड्डियां निकाल दें और डेढ़ इंच के टुकड़े काट लें। इन टुकड़ों को चपटा करके ⅛ इंच मोटा पिकट्टा—पसंदा—बना लें।

मैरीनेशन: पिसे अदरक, लहसुन, गरम मसाले, लाल मिर्च और नमक को मूंगफली के तेल के साथ मिला लें। अब इसे गोश्त के पिकट्टों पर मल कर करीब डेढ़ घंटे के लिए रख छोड़ें।

पाया रस के लिए: गोश्त (रान) को साफ करके धोकर एक बड़े पैन में रखें। उस पर उबलता पानी डाल दें। पानी तुरंत पसा लें। गाजर को छील, धोकर काट लें। प्याज़ को छील धोकर काट लें। गाजर और प्याज को रान में मिलाकर साबुत गरम मसाले के साथ पैन में 4 लीटर (16 2/3 कप) पानी डालकर उबलने के लिए चढ़ा दें। ढक्कन से ढक कर 2 घंटे तक धीरे-धीरे पकाएं। पाये को अलग निकालकर उसके पानी (स्टॉक) को छान लें। स्टॉक से क्रीम या तेल अलग निकाल दें। स्टॉक को पैन में रखकर पकने दें।

1 टुकड़ा दालचीनी (1 इंच)
1 तेजपत्ता
1 चुटकी जावित्री

मसाले के लिए
100 ग्राम (½ कप) घी
100 ग्राम (¾ कप) प्याज़
10 ग्राम (1 बड़ा चम्मच) अदरक
3 हरी मिर्च
नमक
5 ग्राम (1 चाय चम्मच) गरम मसाला
30 ग्राम (2 बड़े चम्मच) नीबू का रस
20 ग्राम (1/3 कप) धनिया

मसाला: प्याज़ को छील धोकर काट लें। अदरक को खुरच कर धो लें और कतर लें। हरी मिर्च के डंठल और बीज निकालकर कतर लें। धनिया पत्ते को साफ करके धोकर काट लें।

पकाने की विधि

एक बड़े तवे में घी डालकर गर्म करें। मसाला लगे (मेरीनेटेड) पिकट्टों (पसंदों) को कम आंच पर करीब 5 मिनट तक तल लें। तवे के बीच से हटाकर किनारे कर दें। तवे के घी में ही प्याज़, अदरक और हरी मिर्च को डालकर 2-3 मिनट तक तल लें। पिकट्टों को बीच तवे में ले आएं, एक मिनट तक भूनें और 'पाया रस' (400 मि०ली० के करीब/1 2/3 कप) मिलाकर तब तक पकने दें जब तक पिकट्टे नरम न हो जाएं और पानी लगभग सूख न जाए। अंदाज से नमक मिला दें। गरम मसाला, नीबू का रस और आधा धनिया पत्ता डालकर चला दें।

परोसना

मात्रा: 4 व्यक्तियों के लिये
तैयारी का समय: 2 घंटे
पकाने का समय: 10-12 मिनट

एक चपटी डिश में पहले पिकट्टों (पसंदों) को निकाल लें। उन पर शोरबा डाल दें। बचे हुए धनिया पत्ते से सजाकर कुल्चों या फुल्कों* के साथ परोसें।

* 'रोटी' का खंड देखें।

सामग्री
1 किलो (2¼ पौंड) गोश्त
5 ग्राम (1 छोटा चम्मच) शोरा (साल्ट पीटर)

साबुत गरम मसाला
5 छोटी इलायची
1 बड़ी इलायची
5 लौंग
1 टुकड़ा दालचीनी (1 इंच का)
1 तेज पत्ता
1 चुटकी जावित्री
100 ग्राम (½ कप) घी
100 ग्राम (2/3 कप) प्याज
4 हरी मिर्च
30 ग्राम (3 बड़ा चम्मच) अदरक
5 ग्राम (2½ छोटा चम्मच) धनिया साबुत

गोश्त बंजारा

हैदराबादी पाक शैली ने गोश्त के पकाने के तरीके को काफी प्रभावित किया है। इसे सूखे कुटे मसालों के साथ पकाते हैं।

तैयारी

गोश्त: इसे साफ करके हड्डियां निकाल दें और ¾ इंच के टुकड़ों में काट लें। गोश्त के टुकड़ों को हांडी में डालकर उसमें शोरा (साल्ट पीटर), साबुत गरम मसाला और लगभग 3 लीटर (12½ कप) पानी डालकर उबलने के लिए चढ़ा दें। ढक कर गोश्त के नरम होने तक पकाएं।

सब्जियां: प्याज को छील-धोकर काट लें। हरी मिर्च के डंठल और बीज निकालकर कतर लें। अदरक को खुरच धोकर कतर लें। धनिया को साफ करके धोकर काट लें।

साबुत मसाले: साबुत धनिया और लाल मिर्च को पीस लें।

4 साबुत लाल मिर्च
15 ग्राम (¼ कप) धनिया
300 मि.ली. (11 औंस) कड़ाही शोरबा
नमक
2 ग्राम (½ छोटा चम्मच) कसूरी मेथी
5 ग्राम (1 छोटा चम्मच) गरम मसाला

पकाने की विधि

एक बड़े तवे में घी गर्म करें और प्याज, हरी मिर्च और अदरक को मध्यम आंच पर 2 मिनट तक भून लें। पिसे मसाले और कटे धनिया को डालकर 15 सेकंड तक चलाएं। गोश्त के टुकड़ों को डालकर धीमी आंच पर एक मिनट तक भूनें। कड़ाही शोरबा मिलाकर तब तक भूनें जब तक शोरबा सूख कर गोश्त के टुकड़ों के चारों ओर न लिपट जाए। अंदाज से नमक मिला दें। मेथी और गरम मसाला छिड़ककर चला दें।

मात्राः 4 व्यक्तियों के लिये
तैयारी का समयः 1 घंटा
इसके अलावा कड़ाही शोरबा* तैयार करने का समय
पकाने का समयः 5-6 मिनट

परोसना

व्यंजन को नान या फुल्के** के साथ परोसें।

* 'शोरबा' का खंड देखें।
** 'रोटी' का खंड देखें।

गोश्त के खाजे

गोश्त के खाजे मगज़, कलेजी और गुर्दे से बना खास व्यंजन होता है।

सामग्री
खस्सी का 2 मगज
200 ग्राम (7 औंस) कलेजी
200 ग्राम (7 औंस) गुर्दा
200 ग्राम (7 औंस) कीमा
2 ग्राम (1/3 छोटा चम्मच) हल्दी
नमक
100 ग्राम (½ कप) घी
200 ग्राम (1¼ कप) प्याज
4 हरी मिर्च
10 ग्राम (1 बड़ा चम्मच) अदरक
4 साबुत लाल मिर्च
5 ग्राम (2½ छोटा चम्मच) साबुत धनिया
150 ग्राम (1 कप) आलू
200 मि.ली. (7 औंस) कड़ाही शोरबा*
60 मि०ली० (¼ कप) नीबू का रस
20 ग्राम (1/3 कप) धनिया
10 ग्राम (2 छोटा चम्मच) गरम मसाला

तैयारी

मगज़, कलेजी और गुर्दे को साफ करके धो लें और पोंछ कर सुखा लें। गुर्दे को हांडी में रखकर नमक, हल्दी और पानी डालकर 5 मिनट तक उबालें। इसके बाद मगज और कलेजी को डालकर एक मिनट और उबालें। पानी पसाकर कलेजी और गुर्दे को काट लें।

सब्जियांः प्याज को छील धोकर काट लें। हरी मिर्च को धोकर उसके डंठल और बीज निकालकर कतर लें। अदरक को खुरच, धोकर कतर लें। आलू को उबालकर, छील काट लें। धनिया पत्ते को साफ करके, धोकर काट लें।

साबुत मसालेः साबुत लाल मिर्च और धनिये को पीस लें।

पकाने की विधि

एक बड़े तवे में घी गर्म करें, प्याज हरी मिर्च और अदरक डालकर मध्यम आंच पर 3 मिनट तक तलें। पीसा हुआ मसाला मिलाकर 30 सेकंड तक चलाएं। कीमा मिलाकर 5 मिनट भूनें और लगातार चलाते रहें। मगज़, कलेजी, गुर्दा और आलू तवे में डालकर करछी से चलाएं और काटें। दोनों हाथों की करछी को आमने-सामने सीधा खड़ा रखें।

2-3 मिनट करछी से चलाने के बाद तवे में कड़ाही शोरबा और नीबू का रस मिलाकर तब तक भूनें जब तक शोरबा गाढ़ा न हो जाए। अंदाज से नमक डाल दें। कटा धनिया और गरम मसाला छिड़ककर चला दें।

परोसना

मात्रा: 4 व्यक्तियों के लिये
तैयारी का समय: 55 मिनट
(इसके अलावा शोरबा बनाने का समय)
पकाने का समय: 12-13 मिनट

व्यंजन को निकालकर मनपसंद रोटी के साथ परोसें।

* 'शोरबा' का खंड देखें।

पनीर तवा मसाला

सामग्री

750 ग्राम (1 2/3 पौंड) पनीर*
120 ग्राम (2/3 कप) घी
5 ग्राम (2 छोटा चम्मच) अजवाइन
200 ग्राम (¼ कप) प्याज
10 ग्राम (1 बड़ा चम्मच) अदरक
4 हरी मिर्च
5 ग्राम (1 छोटा चम्मच) लाल मिर्च पाउडर
5 ग्राम (1 छोटा चम्मच) धनिया पाउडर
30 मि.ली. (11 औंस) मखनी शोरबा**
नमक
10 ग्राम (2 छोटा चम्मच) गरम मसाला
20 ग्राम (1/3 कप) धनिया

पनीर तवा मसाला मज़ेदार, शाकाहारी व्यंजन है जो भारतीय पनीर से बनता है। इसे गाढ़े शोरबे में अजवाइन की खुशबू के साथ पकाया जाता है।

तैयारी

पनीर: ½ इंच के चौकोर टुकड़ों में काट लें।

सब्जियां: प्याज को छील, धोकर काट लें। अदरक को खुरच, धोकर काट लें। हरी मिर्च के डंठल निकालकर, धोकर बीज निकालकर कतर लें। धनिया पत्ते को साफ करके धोकर काट लें।

पकाने की विधि

एक बड़े तवे में घी गर्म करें। अजवाइन डालकर मध्यम आंच पर कड़कने दें। प्याज, अदरक और हरी मिर्च मिलाकर 2 मिनट तक तलें। लाल मिर्च और धनिया पाउडर मिलाकर एक मिनट चलाएं और पनीर डालकर एक मिनट तक चलाएं। अब मखनी शोरबा मिलाकर तब तक भूनें जब तक शोरबा गाढ़ा होकर पनीर से अच्छी तरह लिपट न जाए। अंदाज से नमक मिला लें। गरम मसाला और धनिया छिड़ककर चला दें।

मात्रा: 4 व्यक्तियों के लिये
तैयारी का समय: 10-12 मिनट
इसके अलावा मखनी शोरबा तैयार करने का समय
पकाने का समय: 6-7 मिनट

परोसना

व्यंजन को तवे से निकालकर मनपसंद रोटी के साथ परोसें।

* 'दूध' का खंड देखें।
** 'शोरबा' का खंड देखें।

पाव भाजी

आलू और टमाटर से बना हुआ यह सादा व्यंजन बंबई के फुटपाथों की खासियत है जहाँ के लोग बाहर खाने के शौकीन हैं। गरीबों का देर रात का यह खाना आज सब का मनपसंद है।

सामग्री

675 ग्राम (1½ पौंड) आलू	
100 ग्राम (½ कप) घी	
4 हरी मिर्च	
15 ग्राम (5 छोटा चम्मच) अदरक	
250 ग्राम (1 कप) टमाटर	
4 साबूत लाल मिर्च	
5 ग्राम (1 छोटा चम्मच) पिसा अदरक	
5 ग्राम (1 छोटा चम्मच) पिसा लहसुन	
नमक	
75 ग्राम (5 बड़ा चम्मच) मक्खन	
10 ग्राम (2 छोटा चम्मच) गरम मसाला	
20 ग्राम (1/3 कप) धनिया	
30 मि.ली. (2 बड़ा चम्मच) नीबू का रस	
4 बन (गोल डबल रोटी)	

तैयारी

आलू: उबालकर ठंडा करके छील लें और काट लें।

सब्जियां: हरी मिर्च के डंठल निकालकर बीच से काटकर बीज निकाल दें और कतर लें। अदरक को खुरचकर धो लें और कतर लें। टमाटर को धोकर काट लें। धनिया पत्ते को साफ करके धो और काट लें।

लाल मिर्च: लाल मिर्च को पीस लें।

बन: 'बन' को बीच से काट लें।

पकाने की विधि

एक बड़े तवे में घी गर्म करके हरी मिर्च, अदरक और टमाटर को मध्यम आंच पर 2-3 मिनट तल लें। लाल मिर्च और आलू मिलाकर आंच कम कर दें। करछी से लगातार 5 मिनट तक चलाते रहें और आलू को कुचलें। चलाते हुए ही अदरक और लहसुन का पेस्ट डालें और 90 मि०ली० (6 बड़े चम्मच) पानी मिलाएं। अंदाज से नमक मिलाएं। आंच बढ़ाकर मध्यम कर दें और दो तिहाई मक्खन मिलाकर तब तक चलाते रहें जब तक मक्खन अच्छी तरह मिल न जाए। गरम मसाला, धनिया पत्ता और नीबू का रस मिलाकर चला दें।

परोसना

बचे हुए मक्खन को कटे हुए बन पर लगाएं और उन्हें तवे पर रखें। (तवे में लगी हुई भाजी को खुरचे बगैर ही उस पर बन रखें ताकि कुछ भाजी 'बन' में भी चिपक जाए। बन को तवे पर ब्राउन होने तक सेक लें। भाजी को निकालकर बन के साथ गरमागरम परोसें।

मात्रा: 4 व्यक्तियों के लिये
तैयारी का समय: 35 मिनट
पकाने का समय: 10-12 मिनट

सामग्री

300 ग्राम (1½ कप) उड़द दाल

5 ग्राम (1 छोटा चम्मच) हल्दी

5 ग्राम (1 छोटा चम्मच) लाल मिर्च पाउडर

नमक

150 ग्राम (2/3 कप) मक्खन

5 ग्राम (1¾ चाय चम्मच) साबूत जीरा

100 ग्राम (2/3 कप) प्याज

6 हरी मिर्च

मात्राः 4 व्यक्तियों के लिये
तैयारी का समयः 40 मिनट
पकाने का समयः 7-8 मिनट

दाल-बे-आब

इस सूखी दाल को मक्खन और जीरे के साथ पकाते हैं।

तैयारी

दालः चुन कर नल के बहते हुए पानी में धो लें। हल्दी, लाल मिर्च, नमक के साथ 1.6 लीटर (6 2/3 कप पानी) में उबालकर पसा लें।

सब्जियांः प्याज को छील धोकर काट लें। हरी मिर्च की डंठल निकालकर धो लें और बीचोंबीच से काटकर बीज निकाल दें। ¼ इंच के टुकड़ों में काट लें। अदरक को खुरच-धोकर बारीक काट लें। टमाटर को धोकर काट लें। धनिया पत्ते को साफ करके धोकर काट लें।

पकाने की विधि

एक बड़े तवे पर मक्खन का दो तिहाई भाग गर्म करें। जीरा डालकर मध्यम आंच पर कड़कड़ाने दें। प्याज, हरी मिर्च, अदरक डालकर तलकर हल्का भूरा कर लें। दाल डालकर आंच कम कर दें और 2-3 मिनट तक चलाएं। इसके बाद गरम मसाला, टमाटर, धनिया और नीबू का रस मिलाकर एक मिनट तक भूनें। पिसा अदरक और लहसुन डालकर 30 मि०ली० (2 बड़े चम्मच) पानी मिला दें। लगातार 1 मिनट तक चलाएं और बचा हुआ मक्खन डालकर मिला दें।

परोसना

व्यंजन को तवे से निकालकर परांठे* के साथ गरमागरम परोसें।

* 'रोटी' का खंड देखें।

दम पुख्त और अवध

साभारः मोहम्मद इम्तियाज़ कुरैशी

बहुत से विद्वानों का यह ख्याल है कि 'मुग़लई खाना' नाम की कोई चीज़ ही नहीं होती। उनके अनुसार मुग़ल या मंगोल बनजारे होते हैं और उन्हें बस एक ही तरह का खाना बनाना आता है। वह है गोश्त को छड़ से लटकाकर भूनना। ये उन दिनों की बात है, जब वे लोग घुमक्कड़ थे और सभ्य भी नहीं थे। न तो लोगों के पास इतना वक्त होता था और न ही ऐसी चतुराई जिससे वे विविध प्रकार के व्यंजन बना सकते। जिसे मुग़लई खाना कहते हैं वह असल में उत्तरी भारत का खाना है। वैसे यह विवाद का विषय हो सकता है, लेकिन फिर भी विचारणीय है। मगर इस तथ्य पर बहस की बिल्कुल गुंजाइश नहीं है कि भारत में मुग़ल ही पहले विजेता थे जिन्होंने भारत को अपनाने के साथ ही यहाँ के भोजन को भी अपनाया और उसे पसन्द किया। सबसे महत्वपूर्ण बात यह है कि वे हिन्दुस्तानी भोजन को केवल पसंद ही नहीं करते थे बल्कि उसके पारखी भी थे। मुगलों के राजकीय संरक्षण में ही संभवतः इन व्यंजनों को 'मुग़लई' कहा जाने लगा।

हिन्दुस्तानी पाक कला का विकास कहीं भी इतना ज्यादा नहीं हुआ जितना कि 'अवध' में, जो आज उत्तर प्रदेश की राजधानी लखनऊ है।

मोहम्मद इम्तियाज़ कुरेशीः सुविख्यात पाककलाविदों के परिवार के यशस्वी पुत्र हैं। प ककला के जोखिमों को सहजरूप से ग्रहण कर लेने की कला उन्हें लोगों में विशिष्ट बना देती है। वे व्यंजनों में ऐसी विपरीत पाक सामग्री की संयोजना करते हैं कि जिनको लोग एक साथ प्रयोग करने की धारण भी नहीं कर सकते।

यद्यपि वे चिर प्रचलित पाक विधि को स्वीकार करते हैं, परन्तु फिर भी उनका मत है कि व्यंजनों की इस पद्धति में नवीन खोजों का जितना अधिक समावेश होगा व्यंजन उतने ही अधिक स्वादिष्ट होंगे। भारतीय व्यंजनों की श्रृंखला में 'दमपुख्त' जैसे व्यंजन को पुनः चलित करने का उनका प्रयास बहुत ही श्रेयसकर है।

'दम पुख्त' की नई पद्धति का प्रचलन दरियादिल नवाब आसफ़उद्दौला के शासन के दौरान हुआ। दम पुख्त में भाप का निकलना रोककर पकाया जाता है। पके हुए खाने को पकाना ही 'दम पुख्त' कहलाता है। मूलतः दम पुख्त फ़ारस की पद्धति है जहाँ पके हुए खाने को सील करके पकने के लिए गर्म बालू के अंदर गाड़ देते थे। भारत में दम पुख्त की शुरुआत करीब दो सौ वर्ष पहले हुई। 1784 के अकाल में नवाब आसफ़उद्दौला ने भूख से मरती अपनी प्रजा को खाना देने के लिए बड़ा इमाम बाड़ा बनाने का रोजगार जुटाया। वह स्मारक दिन में बनाया जाता था और रात में तोड़ दिया जाता था। इस स्मारक के बनने और टूटने के दौरान मजदूरों के लिए ढ़ेर सारा खाना बनाकर उन्हें देगों में भरकर 'सील' करके रखा जाता था। उस को गर्म रखने के लिए दोहरी दीवार वाले बड़े-बड़े बुखारों में इसे रखा जाता था। नतीजा यह होता था कि बुखारों की धीमी आंच में पकता हुआ खाना हमेशा गर्म रहता था।

एक दिन नवाब ने इस खाने को चखा। इसका स्वाद उन्हें इतना भाया कि उन्होंने राजकीय भोग और शिकार के लिए बुखारे की शुरुआत करवाई। नवाब के बावर्ची खाने की खुशबू बढ़ाने के लिए दम होने से पहले व्यंजन में खास तरह के मसाले और वनस्पति मिलाते थे। इस तरह से आम अवधवासियों के लिए बनने वाला साधारण खाना राजकीय व्यंजनों में शामिल हो गया।

दम पुख्त

गुलनार जलपरी

मांसल 'जंबो झींगे' के इस व्यंजन को एक तरह के अनोखे घोल में डुबोकर दम कर के पकाते हैं।

सामग्री
12 झींगा (बड़े आकार का)
तलने के लिए मूंगफली का तेल
50 ग्राम (3 बड़ा चम्मच) पिसा अदरक
50 ग्राम (3 बड़ा चम्मच) पिसा लहसुन
नमक
60 मि.ली. (4 बड़ा चम्मच) नीबू का रस
100 मि.ली. (17 बड़ा चम्मच) माल्ट सिरका
घोल
100 ग्राम (¾ कप) आटा
300 ग्राम (1 1/3 कप) दही
5 ग्राम (1¾ छोटा चम्मच) शाह जीरा
20 ग्राम (1/3 कप) धनिया
5 हरी मिर्च
2 अंडे
नमक

तैयारी

झींगा: झींगों का छिलका उतार दें, लेकिन पूंछ रहने दें। साफ करके, धोकर, पोंछकर, सुखा लें।

मैरीनेशन: पिसे हुए अदरक, लहसुन, नमक और नींबू के रस को एक बड़े कटोरे में सिरके के साथ मिला लें। इस मिश्रण में झींगों को डालकर एक घंटे के लिए छोड़ दें।

घोल: दही को मलमल के टुकड़े में बांधकर लटका दें पानी टपक कर जब केवल दो-तिहाई हिस्सा बच जाए तो उसे एक बड़े कटोरे में फेंट लें। धनिया पत्ते को साफ करके धोकर काट लें। हरी मिर्च का डंठल हटा दें। बीचोंबीच से काटकर बीज निकाल दें और कतर लें। इन चीजों को दही के साथ मिलाएं। घोल में डालने वाली अन्य चीजों को भी डालें और फेंट लें। (गाढ़ा हो जाए तो उसमें जरूरत के अनुसार पानी मिला लें।)

ओवन: ओवन को 300° फारेनहाइट पर गर्म कर लें।

पकाने की विधि

एक कड़ाही में घी गर्म करें। झींगों को सिरका-मसाले से निकाल लें। बचे हुए मसाले को ऊपर से छिड़क दें। घोल में झींगे को डूबो कर मध्यम आंच पर हल्का सुनहरा तल लें।

आखिर में

रोस्टिंग ट्रे में घी लगाकर, झींगों को उसमें इस तरह रखें कि एक-दूसरे के ऊपर न आएं। चांदी के वर्क से ढककर 'दम' होने के लिए गर्म ओवन में 6-7 मिनट तक रखें।

परोसना

मात्रा: 4 व्यक्तियों के लिये
तैयारी का समय: 1.15 घंटे
पकाने का समय: 10 मिनट

चांदी के वर्क को अलग-अलग कर लें। झींगों को परोसने वाले बर्तन में निकालकर नींबू के टुकड़ों और पुदीने की चटनी के साथ परोसें।

नोट: झींगों को अपने मूल आकार में रखने और साथ ही सजाने के उद्देश्य से उन्हें 3 इंच लंबी लकड़ी की छड़ में पिरो कर घोल में डुबोएं।

खुरूस-ए-तुर्श

तीखे स्वाद वाले मुर्गे के इस व्यंजन को केसर की खुशबू और शाही जीरे के साथ पकाते हैं।

सामग्री

- 12 मुर्गों की छाती
- 225 ग्राम (1 कप) दही
- 50 ग्राम (3 बड़ा चम्मच) पिसा अदरक
- 50 ग्राम (3 बड़ा चम्मच) पिसा लहसुन
- 200 ग्राम (1¼ कप) प्याज़
- 2 बड़ी मिर्च (मझोले आकार की)
- 5 हरी मिर्च
- 5 ग्राम (1¾ छोटा चम्मच) शाह जीरा
- 5 ग्राम (1 छोटा चम्मच) सफेद मिर्च पाउडर
- नमक
- 50 ग्राम (3 बड़ा चम्मच) पिसा हुआ बादाम
- 30 मि.ली. (2 बड़ा चम्मच) नीबू का रस
- 60 ग्राम (4 बड़ा चम्मच) सफेद मक्खन
- ½ ग्राम (1 छोटा चम्मच) केसर
- 15 मि.ली. (1 बड़ा चम्मच) दूध
- 10 पुदीना के पत्ते

तैयारी

मुर्गा: मुर्गे को साफ कर के उसकी चमड़ी और हड्डियां निकाल दें (पंख की हड्डी रहने दें)।

सब्जियां: प्याज को छील-धोकर गोल-गोल काट लें। बड़ी मिर्च का डंठल हटाकर गोलाकार काट लें। हरी मिर्च का डंठल हटा दें, बीचोंबीच से काटकर बीज निकाल दें और अच्छी तरह कतर लें। पुदीने को साफ करके धोकर काट लें।

मैरीनेशन: दही को मलमल के टुकड़े में बांधकर लटका दें। पानी टपक जाने के बाद दही आधा रह जाए तो उसे एक बड़े कटोरे में डालकर अच्छी तरह फेंट लें। केसर, दूध पुदीना और मक्खन को छोड़कर, सारी चीजें दही में मिला दें। इस मिश्रण में मुर्गे को करीब 30 मिनट तक रख छोड़ें। केसर को गर्म दूध में डाल दें।

ओवन: ओवन को 300° फारेनहाइट तक गर्म कर लें।

पकाने की विधि

बर्तन में मक्खन (10 ग्राम या 2 छोटे चम्मच) लगाकर उसमें मुर्गे की छाती को रखें। ध्यान रखें कि मुर्गे एक-दूसरे के ऊपर न हों। मेरीनेड को मुर्गे के ऊपर चारों तरफ बराबर फैला दें और बचे हुए मक्खन को ऊपर से डाल दें। गर्म ओवन में इसे 20 मिनट तक रोस्ट करें। ओवन से हटाकर केसर और पुदीना छिड़क कर अल्युमिनियम की पन्नी से ढक दें। अब इसे दम होने के लिए गर्म ओवन में 10 मिनट तक रखें।

परोसना

पन्नी निकाल कर फुल्के के साथ परोसें।

मात्रा: 4 व्यक्तियों के लिये
तैयारी का समय: 50 मिनट
पकाने का समय: 30 मिनट

खुरूस-ए-पोटली

यह एक अनोखे ढंग का व्यंजन है जिसमें मुर्गे की उस चमड़ी का भी खास उपयोग होता है जिसका आमतौर पर भारतीय व्यंजनों में कोई इस्तेमाल नहीं होता। खुसरू या मुर्गे को 'पोटली' में लपेटा जाता है। इस व्यंजन का अनोखापन ही इसकी अन्तर्राष्ट्रीय पसंदगी का राज है।

सामग्री

- 1.2 किलो (2 $\frac{2}{3}$ पौंड) मुर्गा
- 50 ग्राम (3 बड़ा चम्मच) पिसा अदरक
- 50 ग्राम (3 बड़ा चम्मच) पिसा लहसुन
- 5 ग्राम (1 छोटा चम्मच) पीली मिर्च का पाउडर
- नमक
- 30 मि.ली. (2 बड़ा चम्मच) नीबू का रस
- 400 ग्राम (1¾ कप) दही
- 3 ग्राम (1 छोटा चम्मच) शाह जीरा
- 3 ग्राम (½ छोटा चम्मच) सफेद मिर्च पाउडर
- 5 ग्राम (1 छोटा चम्मच) गरम मसाला
- 20 ग्राम (1/3 कप) धनिया
- 15 ग्राम (¼ कप) पुदीना
- पकाने के लिए और रोस्टिंग ट्रे में लगाने के लिए मक्खन
- 8 मुर्गों की चमड़ी (गले से लेकर)

तैयारी

मुर्गा: मुर्गे को साफ करके उसकी चमड़ी निकाल दें। हड्डियां भी निकाल दें। मुर्गे के 1½ इंच के टिक्के काट लें।

पहला मैरीनेशन: पीसे हुए अदरक और लहसुन में करीब 50 मि०ली० पानी मिलाकर एक मलमल के टुकड़े में छान लें। निकले हुए रस को एक बड़े कटोरे में रखकर उसमें पीली मिर्च, नमक और नींबू का रस मिलाएं। इस मिश्रण को मुर्गे के टिक्कों पर रगड़कर 20 मिनट के लिए छोड़ दें।

दूसरा मैरीनेशन: दही को मलमल के टुकड़े में बांध कर लटका दें। सारा पानी टपक जाए तो दही को एक बड़े कटोरे में फेंट लें। उसमें जीरा, सफेद मिर्च, गरम मसाला, धनिया और पुदीना डालकर अच्छी तरह मिला लें। मुर्गे में लगे अधिक मसाले को निचोड़कर निकाल दें और इस मिश्रण में डालकर 10 मिनट तक छोड़ दें।

भरना: चमड़ी का एक छोर बांध दें। बराबर मात्रा में मुर्गे के टिक्कों को भरकर चमड़ी का दूसरा छोर भी बांध दें। भरी हुई चमड़ी को चारों तरफ तिनके से गोद दें।

ओवन: ओवन को 300° डिग्री फारेनहाइट तक गर्म कर लें।

पकाने की विधि

केसरोल (गहरी गोलाकार डिश) में मक्खन लगाकर भरी हुई चमड़ी को सावधानी से रखें। इसमें मक्खन लगाकर गर्म ओवन में रोस्ट करें। लगातार पलटें। सुनहरा कर लें। बाहर निकाल कर अल्युमिनियम की पन्नी में लपेट लें। दम होने के लिए गर्म ओवन में 10 मिनट रखें।

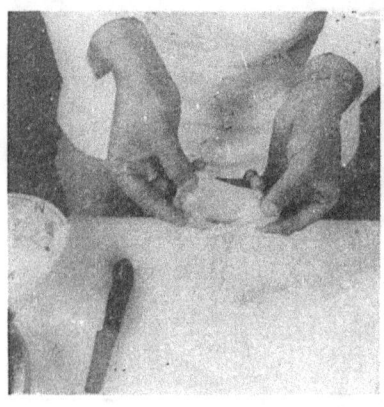

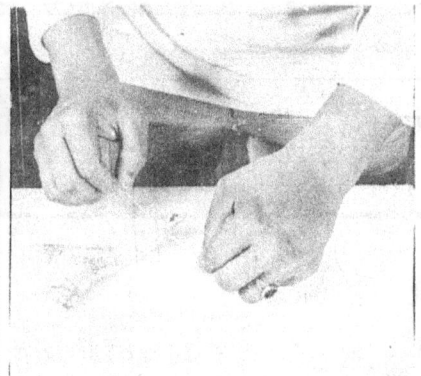

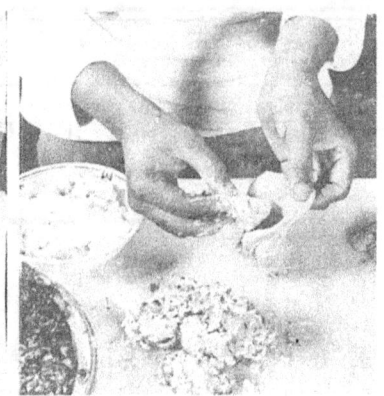

परोसना

मात्राः 4 व्यक्तियों के लिये
तैयारी का समयः 1.10 घंटे
पकाने का समयः 25-30 मिनट

पन्नी निकाल कर पोटली के किनारों को काट दें। 'केसराल' में रखकर कटे हुए नींबू और प्याज के गोल छल्लों के साथ परोसें।

सामग्री

2 रान 600 ग्राम (प्रत्येक 1 1/3 पौंड का)

3 पत्ते वाला प्याज

मैरीनेशन

50 ग्राम (3 बड़ा चम्मच) पिसा अदरक

50 ग्राम (3 बड़ा चम्मच) पिसा लहसुन

3 ग्राम (½ छोटा चम्मच) लाल मिर्च पाउडर

नमक

150 मि.ली. (2/3 कप) सिरका माल्ट

शोरबा के लिए

100 मि.ली. (3½ औंस) टमाटर का गूदा (प्यूरी)

या 50 मि.ली. (2 औंस) टमाटर सॉस

20 ग्राम (2 बड़ा चम्मच) काली मिर्च

एक चुटकी जायफल पाउडर

नमक

30 ग्राम (2 बड़ा चम्मच) सफेद मक्खन

60 मि.ली. (4 बड़ा चम्मच) क्रीम (मलाई)

45 मि.ली. (3 बड़ा चम्मच) रम

अहद-ए-चंगेज़ी

इस व्यंजन का नाम महान मंगोल चंगेज खां के नाम पर रखा गया है। अहद रान गोश्त के उस व्यंजन को कहते हैं जिसके शोरबे में गोल मिर्च का खास उपयोग होता है।

तैयारी

गोश्तः गोश्त को साफ करके सुई से गोद दें।

मैरीनेशनः पिसे हुए अदरक और लहसुन में लाल मिर्च और नमक मिला लें। इस मिश्रण से रान को चारों ओर रगड़ें। बेकिंग ट्रे में रान को रखकर ऊपर से सिरक डालकर 30 मिनट के लिए छोड़ दें।

गोल मिर्चः गोल मिर्च को तवे पर गर्म करके पीस लें।

प्याजः प्याज को छील, धोकर पतले गोल काट लें। प्याज के हरे पत्तों को भी कतर लें।

ओवन को 300° फारेनहाइट पर गर्म कर लें।

पकाने की विधि

रान को बेकिंग ट्रे में रखकर इतना पानी डालें कि उसका तीन-चौथाई भाग डूब जाए। बेकिंग ट्रे को चांदी के वर्क से ढककर दम होने के लिए गर्म ओवन पर एक घंटा 15 मिनट

जाकंद-ए-कबाबी

के लिए रख दें। (बीच-बीच में देखते रहें कि गोश्त कहीं ज्यादा न पक जाए।) जब मांस दोनों तरफ से हड्डी छोड़ने लगे तो उतार लें। चांदी के वर्क को फाड़ कर हटा दें। रान को निकालकर उसका पानी पसाकर अलग रख दें।

शोरबा तैयार करने के लिये रान के रस को एक हांडी में रखकर उबलने दें। आंच कम करके टमाटर का गूदा मिलाएं। शोरबे को सूखकर चटनी की तरह हो जाने दें। गोल मिर्च, जायफल और नमक डालकर दो मिनट तक पकने दें। मक्खन डालकर तब तक चलाएं जब तक वह अच्छी तरह मिल न जाए। हांडी को आँच से हटाकर उसमें क्रीम और 30 मि०ली० रम मिलाकर अच्छी तरह चला दें। अंदाज से नमक मिला दें।

रान को ऊपर से नीचे तक काट लें और सावधानी से उसकी हड्डी निकाल दें। इसके बाद चौथाई (1/4 इंच) के टुकड़ों में काटकर केसरोल में सजा लें। ऊपर से बचा हुआ 'रम' छिड़क कर रान को फिर ओवन में 3-4 मिनट तक रोस्ट करें।

परोसना

केसरोल को ओवन से निकाल कर उस पर शोरबा डाल दें। ऊपर से थोड़ी-सी गोल मिर्च छिड़क दें। हरी प्याज से सजा कर नान* के साथ परोसें।

मात्रा: 4 व्यक्तियों के लिये
तैयारी का समय: 1 घंटा
पकाने का समय: 2 घंटे

*रोटी का खंड देखें।

जाकंद-ए-कबाबी

लौंग की खुशबू वाले गोश्त के पिकट्टे के इस व्यंजन को पत्थर या संगमरमर पर पकाने के बाद दम करते हैं। पत्थर की जगह तवे का इस्तेमाल कर सकते हैं।

तैयारी

पिकट्टाः गोश्त के पिकट्टों को साफ करके बल्ले से चपटा कर लें।

मैरीनेशनः दही को मलमल के टुकड़े में बाँध कर लटका दें। जब पानी टपककर आधा रह जाए तो एक बड़े कटोरे में रखकर फेंट लें। अदरक को छील-धोकर काट लें। लहसुन को छील लें। कच्चे पपीते को छीलकर उसके बीज निकाल दें और काट लें। सब्जी और पपीते को ब्लेंडर में डालें और 30 मि०ली० पानी डालकर महीन पीस लें। लौंग को तवे पर गर्म करके सूखा पीस लें। पुदीने को साफ करके धोकर काट लें। अब इस सारी सामग्री को एक कटोरे में रखकर उसमें तली-पिसी प्याज, लाल मिर्च और नमक मिलाकर खूब अच्छी तरह मिलाएं। इस मिश्रण में पिकट्टों को डालकर एक घंटे के लिए छोड़ दें।

ओवनः ओवन को 275° फारेनहाइट तक गर्म कर लें।

सामग्री

गोश्त के 24 पिकट्टे—प्रत्येक 50 ग्राम (1¾ औंस) का

तलने के लिए घी

केसरॉल में चुपड़ने के लिए मक्खन

मेरिनेशन

150 ग्राम (2/3 कप) दही

20 ग्राम (2 बड़ा चम्मच) अदरक

20 ग्राम (2 बड़ा चम्मच) लहसुन

20 ग्राम (2/3 औंस) कच्चा पपीता

20 लौंग

10 ग्राम (2 बड़ा चम्मच) पुदीना

100 ग्राम (2/3 कप) तला, पिसा हुआ प्याज

3 ग्राम (½ चम्मच) लाल मिर्च पाउडर

नमक

पकाने की विधि

पत्थर की पट्टी या तवे को 'हॉट प्लेट' गैस या कोयले पर गर्म करें। तवे या पट्टी पर घी डालकर मेरीनेट में भीगे पिकट्टों को मध्यम आँच पर मुलायम होने तक तल लें।

केसरोल में घी चुपड़ कर पके हुए पिकट्टों को उसमें लाइन से एक दूसरे की बगल में रखें और अल्यूमिनियम की पन्नी से ढककर दम होने के लिए गर्म ओवन में 5 मिनट तक रखें।

मात्रा: 4 व्यक्तियों के लिये
तैयारी का समय: 1.30 घंटे
पकाने का समय: 1 घंटा

परोसना

पन्नी को फाड़ कर व्यंजन निकाल लें ओर इसे प्याज के छल्लों और नींबू के टुकड़ों से सजाकर नान** के साथ परोसें।

* 'पेस्ट' का खंड देखें।
** 'रोटी' का खंड देखें।

फिरदौस-ए-बराइन

गोश्त की गोलियों के इस व्यंजन में सूरजमुखी के बीज और किशमिश भरकर खुशबूदार शोरबे में पकाते हैं।

सामग्री (कोफ्तों के लिए)

- 1 किलो (2¼ पौंड) गोश्त
- 15 ग्राम (5 छोटा चम्मच) अदरक
- 15 ग्राम (5 छोटा चम्मच) लहसुन
- 50 ग्राम (1/3 कप) प्याज़
- 5 ग्राम (1¾ छोटा चम्मच) अनारदाना पाउडर
- नमक
- 5 ग्राम (1¾ छोटा चम्मच) सूरजमुखी के बीज
- 15 ग्राम (5 छोटा चम्मच) किशमिश

शोरबे के लिए

- 125 ग्राम (2/3 कप) घी
- 5 छोटी इलायची
- 5 लौंग
- 1 टुकड़ा दालचीनी (1 इंच का)
- 160 ग्राम (1 कप) प्याज
- 25 ग्राम (4 छोटा चम्मच) पिसा अदरक

तैयारी

गोश्त: गोश्त को साफ करके उसकी हड्डियां निकाल दें। कीमा बनाकर फ्रिज में 15 मिनट के लिए रख दें।

गोश्त की गोलियों के लिए: अदरक को खुरच-धोकर अच्छी तरह काट लें। लहसुन को छील कर काट लें। इन्हें फ्रिज में रखे कीमे के साथ मिलाकर मिक्सर में पीस लें। प्याज़ को छील, धोकर काट लें। कीमा में प्याज़, अनारदाना पाउडर और नमक डालकर अच्छी तरह मिला लें। अब इस मिश्रण को 20 बराबर भागों में बांट लें। हथेली पर गोली बनाकर चपटा कर लें। इसके अन्दर सूरमुखी के बीज और किशमिश डालकर इसके कोफ़्ते बना लें। 15 मिनट के लिए फ्रिज में रखें। शोरबे के लिए प्याज़ को छील धोकर काट लें। टमाटर को धोकर काट लें। 'ब्लेंडर' में टमाटर को पीस लें।

ओवन: ओवन को 300° फारेनहाइट तक गर्म कर लें।

25 ग्राम (4 छोटा चम्मच) पिसा लहसुन
20 ग्राम (3½ छोटा चम्मच) पिसा काजू
120 ग्राम (½ कप) टमाटर
5 ग्राम (1 छोटा चम्मच) धनिया पाउडर
3 ग्राम (½ छोटा चम्मच) लाल मिर्च पाउडर
नमक
1 ग्राम (¼ छोटा चम्मच) जावित्री पाउडर
3 ग्राम (½ छोटा चम्मच) गरम मसाला

पकाने की विधि

एक हांडी में घी गर्म क़रके उसमें इलायची, लौंग और दालचीनी डालकर मध्यम आंच पर करीब 30 सैकंड तलें। प्याज डालकर हल्का भूरा होने तक तल लें। पिसा हुआ अदरक और लहसुन भी मिलाएं और प्याज़ को तलकर सुनहरा भूरा कर लें। पिसा काजू मिलाकर एक मिनट तक चलाएं। पिसा टमाटर मिलाकर तब तक भूनें जब तक मसाला घी न छोड़ दे। धनिया, लाल मिर्च और नमक मिलाकर चलाएं और 400 मि.ली. (1 2/3 कप) पानी मिलाकर उबलने दें। शोरबे में हल्के से कोफ्ते की मिलाएं और तब तक पकाएं जब तक गोश्त के कोफ्तों की शक्ल बनी रहे। आंच कम करके कोफ्ते को तीन-चौथाई पका लें। अंदाज से नमक मिला लें।

अंत में

केसरोल में घी चुपड़कर गोश्त के कोफ्तों को उसमें डालकर, जावित्री और गरम मसाला छिड़क कर, ढक दें। ढक्कन को आटे से सील कर दें। (ढकने के लिए अल्युमिनियम का भी इस्तेमाल कर सकते हैं।) इसे गर्म ओवन में दम होने के लिए 8-10 मिनट तक छोड़ दें।

परोसना

सील तोड़कर व्यंजन निकाल लें। उबले हुए चावल, पुलाव या फुल्के के साथ गरमागरम परोसें।

*'रोटी' का खंड देखें।

मात्रा: 4 व्यक्तियों के लिये
तैयारी का समय: 1.15 घंटे
पकाने का समय: 1 घंटा

सब्ज़ गोश्त

गोश्त, शलगम और पालक को एक साथ मिलाकर, सरसों के तेल में पकाया जाने वाला यह शानदार व्यंजन है।

सामग्री

800 ग्राम (1¾ पौंड) गोश्त (रान का)
250 ग्राम (1¾ कप) शलगम
500 ग्राम (18 औंस) पालक
150 मि.ली. (2/3 कप) सरसों का तेल
100 ग्राम (2/3 कप) प्याज़
40 ग्राम (7 छोटा चम्मच) पिसा अदरक
40 ग्राम (7 छोटा चम्मच) पिसा लहसुन
5 ग्राम (1 छोटा चम्मच) लाल मिर्च पाउडर

तैयारी

गोश्त: गोश्त को साफ़ कर के धोलें और उसकी हड्डियां निकाल कर 1½ इंच के टुकड़े काट लें।

शलगम: शलगम को छील, धोकर छोटे-छोटे टुकड़े काट लें।

- 2 ग्राम (½ छोटा चम्मच) हल्दी
- नमक
- 150 ग्राम (2/3 कप) टमाटर
- 1 ग्राम (¼ छोटा चम्मच) लौंग पाउडर
- 3 ग्राम (½ छोटा चम्मच) छोटी इलायची पाउडर
- 1 ग्राम (¼ छोटा चम्मच) जावित्री पाउडर
- 30 ग्राम (½ कप) 'डिल' (एक प्रकार की सौंफ) के पत्ते

पालक: पालक को साफ करके धोलें और काट लें।

बची हुई सब्ज़ियाँ: प्याज़ को छील, धोकर काट लें। टमाटर को धोकर काट लें। डिल के पत्तों को साफ करके धोकर काट लें।

ओवन: ओवन को 275° फ़ारेनहाइट पर गर्म कर लें।

पकाने की विधि

एक हांडी में तेल गर्म करें। तेल से धुआं उठने लगे तो आंच मध्यम करके उसमें प्याज़ डालें और तलकर हल्का भूरा कर लें। पिसा हुआ अदरक और लहसुन मिलाकर पानी सूखने तक भूनते रहें। लाल मिर्च, हल्दी और नमक मिलाकर चलाएं। इसके बाद शलगम मिलाकर चलाएं। गोश्त डालें और चलाएं। अंत में पालक डालकर 240 मि.ली. (1 कप) पानी डालकर उबलने दें। हांडी को ढककर तब तक पकने दें जब तक गोश्त करीब तीन-चौथाई न पक जाए। टमाटर और 120 मि.ली. (½ कप) पानी डालकर फिर ढक दें और अच्छी तरह पका लें।

आंच पर न टूटने वाले (ओवन प्रूफ़) एक डिश या केसरोल में घी चुपड़ कर पके हुए गोश्त और सब्जियां डालें। लौंग इलायची, जावित्री पाउडर और 'डिल' छिड़ककर ढक्कन लगाकर, आटे से सील कर दें। (अल्युमिनियम की पन्नी का भी इस्तेमाल कर सकते हैं।) अब इसे गर्म ओवन में 'दम' होने के लिए 15 मिनट तक रखें।

परोसना

मात्रा: 4 व्यक्तियों के लिये
तैयारी का समय: 1 घंटा
पकाने का समय: 1 घंटा

हांडी की सील तोड़कर व्यंजन निकालें और तंदूरी रोटी* या उबले चावल के साथ परोसें।

*'रोटी' का खंड देखें।

गुंचा-ओ-बहार

सामग्री

- 1 किलो (2¼ पौंड) फूलगोभी
- 5 ग्राम (1 छोटा चम्मच) हल्दी
- नमक
- 30 मि.ली. (2 बड़ा चम्मच) नीबू का रस
- तलने के लिए मूंगफली का तेल

मेरीनेशन

- 25 ग्राम (4 छोटा चम्मच) पिसा अदरक
- 25 ग्राम (4 छोटा चम्मच) पिसा लहसुन

सब्जियों को 'केसर' और 'बादाम' जैसी महंगी चीज़ों के साथ पकाना हैरानी की बात लग सकती है। लेकिन 'गुंचा-ओ-बहार' नामक इस खास व्यंजन में इन्हीं का इस्तेमाल होता है।

तैयारी

फूलगोभी: इसे साफ करके, बड़े टुकड़े काट कर धोलें। एक हांडी में 2 लीटर (8 1/3 कप) पानी उबालें, उसमें हल्दी, नमक और नींबू का रस मिलाकर गोभी को 5 मिनट इस पानी में डालें और पानी पसा दें।

मैरीनेशन: पिसे हुए अदरक और लहसुन के साथ लाल मिर्च और नमक मिलाकर फूलगोभी के टुकड़ों पर इसे मलें। एक उथले बर्तन में इन्हें रखकर सिरका डालकर 15 मिनट के लिए रख छोड़ें। फ़ालतू सिरके को पसा कर निकाल दें।

छिड़काव: बेसन में जीरा पाउडर मिलाकर 'मेरीनेटेड' फूलगोभी पर इसे छिड़क दें।

फूलगोभी के टुकड़े: कड़ाही में तेल गर्म करके मध्यम आंच पर फूलगोभी के टुकड़ों को हल्का सुनहरा तल लें।

शोरबा: शोरबा बनाने के लिए प्याज़ को छील, धोकर काट लें। दही को एक कटोरे में फेंट लें। खोये को हथेलियों के बीच रख धीरे-धीरे मसल लें। खोआ और दही मिलाकर उसमें धनिया, सौंफ, लाल मिर्च, हल्दी और नमक डालकर अच्छी तरह मिला दें। केसर को गर्म दूध में डाल दें।

ओवन: ओवन को 300° फारेनहाइट पर गर्म कर लें।

पकाने की विधि

एक हांडी में घी गर्म करके मध्यम आंच पर प्याज़ को हल्का भूरा होने तक तल लें। पिसे बादाम और पिसा टमाटर मिलाकर तब तक भूनें जब तक मसाला घी न छोड़ दे। इसके बाद दही मिलाकर शोरबे को चटनी की तरह एक जान हो जाने दें। गरम मसाला छिड़ककर चला दें। अंदाज से नमक मिला दें।

एक उथले केसरोल डिश में तली हुई गोभी रखकर उस पर शोरबा डाल दें ऊपर से केसर छिड़ककर ढक्कन लगाकर सील कर दें। गर्म ओवन में दम होने के लिए 8-10 मिनट तक रखें।

परोसना

गर्म-गर्म फुल्के** के साथ परोसें।

* 'दूध' का खंड देखें।
** 'रोटी' का खंड देखें।

5 ग्राम (1 छोटा चम्मच) लाल मिर्च पाउडर
नमक
100 मि.ली. (7 बड़ा चम्मच) माल्ट सिरका

ऊपर से छिड़कने के लिए
50 ग्राम (1/3 कप) बेसन
3 ग्राम (½ छोटा चम्मच) जीरा पाउडर

शोरबे के लिए
75 ग्राम (6 बड़ा चम्मच) घी
50 ग्राम (1/3 कप) प्याज़
30 ग्राम (5 छोटा चम्मच) पिसा बादाम
60 ग्राम (2 औंस) टमाटर पिसा
220 ग्राम (1 कप) दही
120 ग्राम (4 औंस) खोया
5 ग्राम (1 छोटा चम्मच) धनिया पाउडर
10 ग्राम (2 छोटा चम्मच) सौंफ पाउडर
3 ग्राम (½ छोटा चम्मच) लाल मिर्च पाउडर
3 ग्राम (½ छोटा) चम्मच हल्दी
नमक
3 ग्राम (½ छोटा चम्मच) गरम मसाला
½ ग्राम (1 छोटा चम्मच) केसर
15 मि.ली. (1 बड़ा चम्मच) दूध

मात्रा: 4 व्यक्तियों के लिये
तैयारी का समय: 1 घंटा
पकाने का समय: 30 मिनट

फलदारी कोफ्ता

इस अनोखे शाकाहारी व्यंजन में कच्चे केले के कोफ्तों को गाढ़े शोरबे में पकाया जाता है।

सामग्री
450 ग्राम (1 पौंड) कच्चे केले
50 ग्राम (1/3 कप) प्याज़
15 ग्राम (4 छोटा चम्मच) अदरक

फलदारी कोफ्ता

15 ग्राम (¼ कप) धनिया
5 हरी मिर्च
3 ग्राम (½ छोटा चम्मच) सफेद मिर्च पाउडर
नमक
तलने के लिए घी

शोरबे के लिए

75 ग्राम (6 बड़ा चम्मच) घी
8 छोटी इलायची
5 लौंग
1 टुकड़ा दालचीनी (1 इंच का)
50 ग्राम (1/3 कप) प्याज़
15 ग्राम (2½ छोटा चम्मच) पिसा अदरक
15 ग्राम (2½ छोटा चम्मच) पिसा लहसुन
500 ग्राम (2¼ कप) टमाटर
5 ग्राम (1 छोटा चम्मच) लाल मिर्च पाउडर
नमक
20 ग्राम (4 छोटा चम्मच) मक्खन
75 मि.ली. (1/3 कप) क्रीम
1 छोटा चम्मच शहद
1 ग्राम (¼ छोटा चम्मच) जावित्री पाउडर
छिड़कने के लिए गरम मसाला

मात्रा: 4 व्यक्तियों के लिये
तैयारी का समय: 1 घंटा
पकाने का समय: 30 मिनट

तैयारी

केला: केले को उबाल लें। ठंडा होने पर मसल लें।

कोफ्ता: प्याज़ को छील, धोकर बारीक टुकड़े काट लें। अदरक को खुरच, धोकर बारीक काट लें। धनिया पत्ते को साफ करके धो लें और काट लें। हरी मिर्च के डंठल निकाल कर धोलें, बीचोंबीच से काट कर बीज निकालकर कतर लें। अब इन सब्जियों को नमक और सफेद मिर्च के साथ मसले हुए केले में मिला लें। इस मिश्रण को 16 बराबर भागों में बाँटकर बॉल बना लें।

एक कड़ाही में घी गर्म करके कोफ्तों को धीमी आंच पर तलकर सुनहरा ब्राउन कर लें।

शोरबा: शोरबे के लिए प्याज़ को छील, धोकर काट लें। टमाटर को धोकर काट लें। टमाटर को ब्लैंडर में पीसकर लुगदी बना लें।

ओवन: ओवन को 275° फारेनहाइट पर गर्म कर लें।

पकाने की विधि

एक हांडी में घी गर्म करके उसमें इलायची, लौंग और दालचीनी डालकर मध्यम आंच पर 30 सैकंड तक हल्का भूनें इसके बाद प्याज़ डालकर भूनें। पारदर्शी कर लें। पिसा हुआ अदरक और लहसुन मिलाकर, प्याज़ के हल्के लाल होंने तक भूनें और टमाटर का गूदा मिला दें। लाल मिर्च और नमक मिलाकर तब तक भूनें जब तक मसाला घी न छोड़ दे। 400 मि.ली. (1 2/3 कप) पानी मिलाएं और उबलने दें। आंच से हटाकर दूसरी हांडी में छलनी से छान लें। छाने हुए शोरबे को आंच पर चढ़ाकर फिर उबालें। आंच मध्यम करकें मक्खन मिलाकर अच्छी तरह चला दें। क्रीम डालें। आंच से हटाकर शहद डालें और अंदाज से नमक मिला दें।

एक ऐसी हांडी लें जो सीधे आंच पर रखी जा सकती हो। ओवनप्रूफ़ केसरोल में भी पका संकते हैं। उसमें घी चुपड़ कर कोफ़्ते डालें। ऊपर से शोरबा डालकर जावित्री और गरम मसाला छिड़ककर, ढक्कन लगाकर, आटे से सील करके दम होने के लिए गर्म ओवन में 8-10 मिनट रखें।

परोसना

सील तोड़कर व्यंजन को हांडी या केसरोल से निकालें और फुल्के या उबले हुए चावल के साथ परोसें।

*'रोटी' का खंड देखें।

बादल जाम

इस रंगीन व्यंजन को धनिये की खुशबू वाले मलाईदार दही के साथ पेश किया जाता है।

तैयारी

बैंगन के डंठल और नीचे वाला सिरा काट दें। धोकर एक बैंगन को 8 बराबर मोटाई के गोल टुकड़ों में काट लें। कड़ाही में घी गर्म करके इन गोल टुकड़ों को मध्यम आंच पर तल लें। रोस्टिंग ट्रे में हल्का-सा घी लगाकर इन टुकड़ों को उसमें रखें और ऊपर से चाट-मसाला छिड़क दें।

टमाटर की चटनी: टमाटर की चटनी (सॉस) बनाने के लिए टमाटर के छिलके उतार लें। बीज निकालकर काट लें। प्याज़ को छील, धोकर बारीक काट लें। लहसुन को छीलकर कतर लें। दही में डालने के लिए 10 ग्राम लहसुन अलग निकाल कर रख लें। अदरक को खुरच धोकर बारीक काट लें।

एक कड़ाही में तेल गर्म करके प्याज़ को तलकर हल्का लाल कर लें। अदरक और लहसुन मिलाकर प्याज़ को सुनहरा लाल होने तक भून लें। इसके बाद टमाटर, लाल मिर्च और नमक डालकर तब तक भूनें जब तक टमाटर बिल्कुल मसल न जाए। चटनी एकसार हो जाए तो अंदाज से नमक मिला दें।

ऊपर से: दही को मलमल के टुकड़े में बांधकर लटका दें। जब पानी टपक कर दही आधा रह जाए तो उसे एक कटोरे में लेकर फेंट लें। धनिया पत्ते को साफ करके धोलें और कतरकर दही में मिलाएं। अलग रखे हुए लहसुन और नींबू के रस को भी दही में अच्छी तरह मिला लें।

ओवन: ओवन को 275° फारेनहाइट पर गर्म कर लें।

पकाने की विधि

हर बैंगन के टुकड़े पर टमाटर के सॉस को बराबर मात्रा में चम्मच से डालें। रोस्टिंग ट्रे को पन्नी से बंद करके दम होने के लिए गर्म ओवन में 5 मिनट तक रखें।

परोसना

पन्नी को फाड़कर व्यंजन को परोसने वाले बर्तन में निकाल लें। हर बैंगन के टुकड़े के ऊपर मसालेदार दही डालकर सजा दें। किसी भी खाने के साथ परोसें।

*'मसाला' का खंड देखें।

सामग्री

2 बैंगन (प्रत्येक 375 ग्राम/13 औंस)
तलने के लिए मूंगफली का तेल
चाट मसाला* छिड़कने के लिए
2 किलो (4½ पौंड) टमाटर
75 मि.ली. (1/3 कप) मूंगफली का तेल
100 ग्राम (2/3 कप) प्याज़
80 ग्राम (½ कप) लहसुन
20 ग्राम (2 बड़ा चम्मच) अदरक
5 ग्राम (1 छोटा चम्मच) लाल मिर्च पाउडर
नमक
1 किलो (4½ कप) दही
20 ग्राम (1/3 कप) धनिया
30 मि.ली. (2 बड़ा चम्मच) नींबू का रस

मात्रा: 4 व्यक्तियों के लिये
तैयारी का समय: 1.05 घंटा
पकाने का समय: 5-6 मिनट

दूधिया बटेर

अवध

सामग्री

12 बटेर

तलने के लिए घी

1 लिटर (4 कप) दूध

5 ग्राम (1½ छोटा चम्मच) काली गोल मिर्च

10 ग्राम (4 छोटा चम्मच) सौंफ के दाने

12 छोटी इलायची

6 लौंग

2 टुकड़ा दालचीनी (1 इंच का)

2 तेज पत्ता

½ ग्राम (1 छोटा) चम्मच केसर

नमक

घोल के लिए

100 ग्राम (2/3 कप) बेसन

3 ग्राम (½ छोटा चम्मच) सौंफ पाउडर

3 ग्राम (½ छोटा चम्मच) लाल मिर्च पाउडर

नमक

½ ग्राम (1 छोटा चम्मच) केसर

200 मि.ली. (7 औंस) दूध

30 मि.ली. (2 बड़ा चम्मच) नीबू का रस

मात्रा: 4 व्यक्तियों के लिये
तैयारी का समय: 25 मिनट
पकाने का समय: 1.20 घंटा

दूधिया बटेर

तैयारी

बटेर: बटेर को साफ करके उसकी चमड़ी उतार दें।

गोल मिर्च: गोल मिर्च को पीस लें।

घोल: घोल बनाने के लिए केसर को गर्म दूध में भिगोएं। अन्य सामग्री को मिलाकर घोल तैयार कर लें।

पकाने की विधि

एक हांड़ी में दूध को उबालें, गोल मिर्च मिलाकर एक मिनट उबालें। इसके बाद बटेर और अन्य दूसरी चीजें (घी को छोड़कर) मिला दें। मध्यम आंच पर बटेर को नरम होने तक उबाल लें। बटेर को अलग़ निकाल लें। (लेकिन उस पर दूध की परत रहने दें।)

एक कड़ाही में घी गर्म करके उबले हुए बटेर को घोल में डुबोकर तल लें। एक बार में तीन बटेर तलें। बटेर के ऊपर की परत कुरकुरी मलाई के रंग की हो जाए तो कड़ाही से निकालें। इस बात का ध्यान रखें कि ऊपर की परत कहीं भी लाल न हो।

परोसना

परोसने वाले बर्तन में निकालकर इस व्यंजन को मनपसंद सलाद के साथ पेश करें।

सामग्री

1.6 किलो (3½ पौंड) मुर्गा (2 मुर्गे)

मुर्गे को तलने और पकाने के लिए घी

मुर्ग मुस्सलम

अवध के राजघराने के बावर्चियों का सबसे प्रसिद्ध व्यंजन है यह। इसके अलावा मुस्सलम बहुत-बहुत बढ़िया और गरिष्ठ होता है इससे अधिक कुछ भी कहना अनावश्यक है।

तैयारी

मुर्गा: मुर्गे को साफ करके उसकी चमड़ी उतार दें।

मैरीनेशन: लाल मिर्च, हल्दी और नमक को पिसे हुए अदरक और लहसुन के साथ मिलाकर मुर्गे को इस मिश्रण से रगड़ें और 30 मिनट के लिए अलग रख दें।

तलना: एक कड़ाही में घी गर्म करके हर मुर्गे को अलग-अलग अच्छी तरह उलट-पलट कर (ताकि चारों ओर बराबर लाल हो) तल लें। बचे हुए घी को रहने दें।

भरने की सामग्री: भरने के लिए प्याज़ को छील धोकर काट लें। अदरक को खुरच, धोकर, आधे अदरक को कतर लें और आधे को सजाने के लिए बारीक काट लें। अंडे को उबाल कर छील लें। सजाने के लिए अंडे को दो टुकड़ों में काट लें। बादाम और पिस्ते भिगो कर छील लें। और बारीक लंबे टुकड़ों में काट लें। इनका आधा भाग सजाने के लिए अलग रख लें। काजू को काट लें। धनिया पत्ते को साफ करके धोकर काट लें और दो तिहाई हिस्सा सजाने के लिए अलग निकालकर हटा दें।

एक कड़ाही में घी गर्म करें वही घी इस्तेमाल करें जिसमें मुर्गा तला गया था (और प्याज़ डालकर मध्यम आंच पर पारदर्शी होने तक तल लें। मुर्गे का कीमा, अदरक और गरम मसाला डालकर, कीमा पक जाने तक भूनते रहें। (जरूरत पड़ने पर आवश्यकतानुसार थोड़ा-थोड़ा पानी भी डालते रहें) आंच से हटाकर ठंडा होने दें। अंडे को छोड़कर दूसरी सारी सामग्री डालकर अच्छी तरह मिला लें। अब इस मिश्रण को दो बराबर भागों में बांट लें।

मेरीनेशन

50 ग्राम (3 बड़ा चम्मच) पिसा अदरक

50 ग्राम (3 बड़ा चम्मच) पिसा लहसुन

5 ग्राम (1 छोटा चम्मच) लाल मिर्च पाउडर

3 ग्राम (½ छोटा चम्मच) हल्दी

भरने के लिए

200 ग्राम (1 कप) मुर्गे के गोश्त का कीमा

30 ग्राम (7½ छोटा चम्मच) घी

60 ग्राम (1/3 कप) प्याज़

20 ग्राम (2 बड़ा चम्मच) अदरक

5 ग्राम (1 छोटा चम्मच) गरम मसाला

नमक

4 अंडे

12 बादाम

16 पिस्ता

12 काजू

10 ग्राम (1 बड़ा चम्मच) किशमिश

20 ग्राम (1/3 कप) धनिया

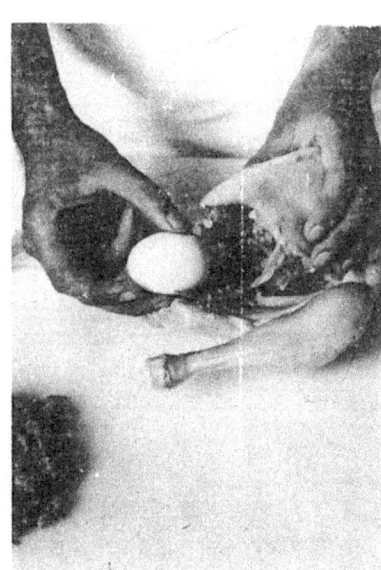

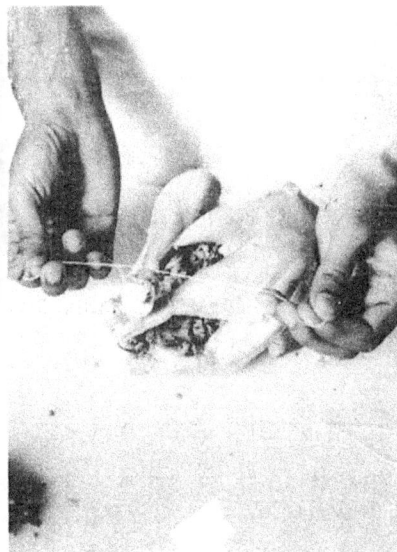

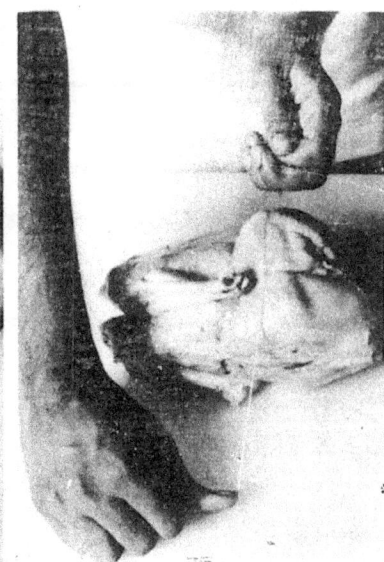

पिट्ठी वाली मच्छी

ऊपरी परत (कोटिंग) के लिए

220 ग्राम (1 कप) दही	
60 ग्राम (4 बड़ा चम्मच) पिसा बादाम	
3 ग्राम (½ छोटा चम्मच) छोटी इलायची पाउडर	
1 ग्राम (¼ छोटा चम्मच) जावित्री पाउडर	
1 ग्राम (2 छोटा चम्मच) केसर	
30 मि.ली. (2 बड़ा चम्मच) दूध	

भरना: मुर्गे के खाली भरवां पेट को पूँछ की तरफ से मसाले से इस तरह भरें। पहले एक भाग का आधा कीमा भरें उसके बाद एक पूरा उबला अंडा इसके बाद फिर आधा बचा कीमा भरें। भरने का काम पूरा करके पेट के खुले भाग को धागे से कसकर बांध दें (तस्वीर देखें)।

ऊपरी परत: दही को एक कटोरे में फेंट लें। केसर को गर्म दूध में भिगो दें। दही-दूध को मिलाकर उसमें अन्य दूसरी डालने वाली चीजें मिलाकर लेप जैसा बना लें। इसे भरे हुए मुर्गे के ऊपर बराबर से डालें।

ओवन को 300° फारेनहाइट पर गर्म कर लें।

पकाने का तरीका

एक रोस्टिंग ट्रे में घी लगाकर मुर्गे को उसमें रखें और बचे हुए लेप को ऊपर से डाल दें। मुर्गे को गर्म ओवन में रोस्ट करें। रोस्ट करने के दौरान बीच-बीच में तब तक घी डालते रहें जब तक मुर्गे के ऊपर की परत लाल न हो जाए।

परोसना

ओवन से ट्रे निकालकर मुर्गे को परोसने वाले बर्तन में रखकर बंधे हुए धागे को खोल दें। रोस्टिंग ट्रे में लगे घी को निकालकर मुर्गे के ऊपर डाल दें। बचे हुए अदरक, धनिया पत्ता, बादाम और पिस्ते से व्यंजन को सजाएं। कटे हुए अंडे को किनारे-किनारे सजा दें। इसे नान या फुल्के* के साथ परोसें।

मात्रा: 4 व्यक्तियों के लिये
तैयारी का समय: 2 घंटे
पकाने का समय: 30 मिनट

* 'रोटी' का खंड देखें।

पिट्ठी वाली मच्छी

सामग्री

'सोल स्टेक' के 16 टुकड़े (प्रत्येक 60 ग्राम/2 औंस का)	
तलने के लिए सरसों का तेल	
मैरीनेशन	
25 ग्राम (4 छोटा चम्मच) पिसा लहसुन	
10 ग्राम (3/4 छोटा चम्मच) पिसा अदरक	
60 मि.ली. (4 बड़ा चम्मच) नीबू का रस	
3 ग्राम (½ छोटा चम्मच) लाल मिर्च पाउडर	

इस व्यंजन में पिट्ठी वाली मछली को चावल के घोल में डुबोकर सरसों के तेल में तला और खास अवधी शोरबे में पकाया जाता है।

तैयारी

मछली: मछली को साफ करके धो लें और पोंछकर सुखा लें।

मैरीनेशन: सारी चीजों को एक साथ मिलाकर मछली के टुकड़ों पर रगड़ें और 15 मिनट के लिए अलग छोड़ दें। 15 मिनट के बाद निकालकर, धीरे से दबाकर, टुकड़ों में लगे फालतू मसाले को अलग कर दें।

पिट्ठीः चावल को चुनकर नल के चलते पानी में धो लें। एक घंटा फूलने के लिए पानी में भिगो दें। पानी निकाल कर, चावल को ब्लैंडर में डालकर लाल मिर्च, नमक और 100 मि०ली० (7 बड़ा चम्मच) पानी के साथ महीन मगर गाढ़ा घोल बना लें। ब्लैंडर से निकाल लें। दही को एक कटोरे में फेंटकर उसमें चावल का घोल अच्छी तरह मिला दें।

एक कड़ाही में सरसों का तेल गर्म करें। धुंआ उठने लगे तो आंच मध्यम कर दें। मछली के टुकड़ों को घोल में डुबोकर हल्का सुनहरा होने तक भून लें। बचे हुए तेल को अलग रख दें।

शोरबाः शोरबा बनाने के लिए प्याज़ को छील, धोकर काट लें। ब्लैंडर में महीन पीसकर तले पिसे प्याज़ को डालकर अच्छी तरह मिला दें। दही को एक कटोरे में फेंट लें।

सजानाः सजाने के लिए धनिया पत्ता को साफ करके धोकर काट लें।

पकाने की विधि

एक हांडी में 100 मि०ली० (7 बड़ा चम्मच) सरसों का तेल गर्म करें (मछली तलने के बाद बचे हुए तेल में)। मिला हुआ पिसा प्याज़ डालकर मध्यम आंच पर एक मिनट चलाएं। पिसा हुआ अदरक, लहसुन और पिसा काजू मिलाकर चलाएं। धनिया पाउडर, लाल मिर्च, हल्दी और नमक मिलाएं। दही मिलाकर उबलने दें। आंच मध्यम करके तब तक भूनें जब तक मसाला तेल न छोड़ दे। 450 मि०ली०. (2 कप) पानी मिलाकर उबलने दें। 10 मिनट तक पकने दें। आंच से हटा दें। शोरबे को छलनी से दूसरी हांडी में छान लें। छने हुए शोरबे को फिर आंच पर रखकर उबलने दें। आंच कम करके उसमें तली हुई मछलियां मिला दें। गरम मसाला, कसूरी मेथी और केवड़ा छिड़क कर ढक दें और 3-4 मिनट पकने दें। अंदाज से नमक मिला दें।

परोसना

मछली को एक कम गहरे बर्तन में सावधानी से निकालकर ऊपर से शोरबा डाल दें। धनिया पत्ते से सजाकर उबले हुए चावल या कुलचे** के साथ परोसें।

*'पेस्ट' का खंड देखें।
**'रोटी' का खंड देखें।

नमक

पिट्ठी

50 ग्राम (¼ कप) बासमती चावल

3 ग्राम (½ छोटा चम्मच) लाल मिर्च पाउडर

नमक

50 ग्राम (3 बड़ा चम्मच) दही

शोरबे के लिए

100 मि.ली. (7 बड़ा चम्मच) सरसों का तेल

100 ग्राम (2/3 कप) प्याज़

50 ग्राम (3 बड़ा चम्मच) तले हुए प्याज़ का लेप

25 ग्राम (4 छोटा चम्मच) पिसा अदरक

50 ग्राम (3 बड़ा चम्मच) पिसा लहसुन

20 ग्राम (3½ छोटा चम्मच) पिसा काजू

15 ग्राम (1 बड़ा चम्मच) धनिया पाउडर

3 ग्राम (½ छोटा चम्मच) लाल मिर्च पाउडर

3 ग्राम (½ छोटा चम्मच) हल्दी

नमक

220 ग्राम (1 कप) दही

3 ग्राम (½ छोटा चम्मच) गरम मसाला

3 ग्राम (¾ छोटा चम्मच) कसूरी मेथी

2 बूंद केवड़ा

सजाने के लिए

10 ग्राम (2 बड़ा चम्मच) धनिया

मात्राः 4 व्यक्तियों के लिये
तैयारी का समयः 1.20 घंटा
पकाने का समयः 40 मिनट

सामग्री

12 मुर्गों की छातियां

रोस्टिंग ट्रे में लगाने के लिए मक्खन

मेरीनेशन

25 ग्राम (4 छोटा चम्मच) पिसा अदरक

25 ग्राम (4 छोटा चम्मच) पिसा लहसुन

3 ग्राम (½ छोटा चम्मच) पीली मिर्च का पाउडर

3 ग्राम (½ छोटा चम्मच) गरम मसाला

नमक

भराव

150 ग्राम (5 औंस) खोया*

175 ग्राम (1 कप) प्याज़

20 ग्राम (2 बड़ा चम्मच) अदरक

5 हरी मिर्च

20 ग्राम (1/3 कप) धनिया

नमक

30 मि.ली. (2 बड़ा चम्मच) नीबू का रस

शोरबे के लिए

100 ग्राम (½ कप) घी

100 ग्राम (2/3 कप) प्याज़

25 ग्राम (4 छोटा चम्मच) पिसा अदरक

मुर्ग वाजिदअली

इस व्यंजन का नाम अवध के नामी भोजन-प्रेमी नवाब वाजिद अली शाह के ऊपर रखा गया है। मुर्गे की छाती से तैयार इस व्यंजन को केसर की खुशबू से तरबतर करके बादाम वाले शोरबे में पकाते हैं।

तैयारी

मुर्गा: मुर्गे को साफ करके उसकी चमड़ी उतार दें। हड्डियां निकालकर बैट या हथौड़े से चपटा कर लें (तस्वीर देखें)।

मैरीनेशन: पीसे हुए अदरक और लहसुन के साथ पीली मिर्च, गरम मसाला और नमक मिलाकर मुर्गे की छातियों को उससे रगड़ें और 15 मिनट के लिए रख छोड़ें।

भरने के लिए: प्याज़ को छील, धोकर काट लें। अदरक को खुरच, धोकर अच्छी तरह काट लें। हरी मिर्च के डंठल हटाकर धो लें। बीच से काटकर बीज निकाल कर कतर लें। धनिया पत्ते को साफ करके धोकर काट लें। खोये को एक कटोरे में मसलकर उसमें कटी हुई इन चीजों के साथ नमक और नींबू का रस डालकर अच्छी तरह मिला लें। इस मिश्रण को 12 बराबर भागों में बांट लें।

भरना: मुर्गे की छाती के पतले छोर की तरफ भरने की सामग्री भर कर मोड़ लें (तस्वीर देखें)।

ओवन: ओवन को 300° फारेनहाइट तक गर्म कर लें।

रोस्ट करना: रोस्टिंग ट्रे में मक्खन चुपड़ दें और उसमें मुर्गे की भरी हुई छातियों को ऐसे रखें कि उनका खुला हुआ किनारा ट्रे को छूता रहे। गर्म ओवन में इन्हें रोस्ट करके हल्का सुनहरा कर लें।

शोरबा: शोरबे के लिए प्याज़ को छील धोकर काट लें। काजू और नारियल को ब्लेंडर में डालकर 100 मि.ली. (7 बड़ा चम्मच) पानी डालें और महीन लेप बना लें। दही को एक कटोरे में फेंट लें। केसर को दूध में भिगो दें।

सजाना: बादाम पर उबलता पानी डालकर तुरंत पानी को पसा लें और बादाम को छील कर लंबे बारीक टुकड़ों में काट लें। गर्म दूध वाले केसर में बादाम डाल दें। धनिया पत्ता को साफ करके धो लें और काट लें।

25 ग्राम (4 छोटा चम्मच) पिसा लहसुन
50 ग्राम (1/3 कप) काजू
10 ग्राम (5 छोटा चम्मच) कसा हुआ नारियल
220 ग्राम (1 कप) दही
5 ग्राम (1 छोटा चम्मच) गरम मसाला
नमक
½ ग्राम (1 छोटा चम्मच) केसर
15 मि.ली. (1 बड़ा चम्मच) दूध

सजाने के लिए

20 बादाम
½ ग्राम (1 छोटा चम्मच) केसर
15 मि.ली. (1 बड़ा चम्मच) दूध
15 ग्राम (¼ कप) धनिया

पकाने की विधि

एक हांडी में घी गर्म करके उसमें प्याज़ को डालकर मध्यम आंच पर तलकर पारदर्शी कर लें। पिसा हुआ अदरक और लहसुन डालकर पानी सूख जाने तक भून लें। काजू और नारियल का लेप मिलाकर 5 मिनट तक भूनें। आंच धीमी करके दही मिलाएं और 2-3 मिनट तक पकने दें। गरम मसाला और नमक डालें। केसर मिलाकर चलाएं। अब सावधानी से रोस्ट किए हुए मुर्गे की छातियों को एक के बाद एक करके शोरबे में डालें और तब तक पकने दें जब तक वे शोरबे में अच्छी तरह लिपट न जाएं। अंदाज से नमक मिला दें।

परोसना

व्यंजन को परोसने वाले बर्तन में निकालकर बादाम, केसर से सजा लें। ऊपर से कटा धनिया पत्ता छिड़क कर नान* के साथ पेश करें।

मात्रा: 4 व्यक्तियों के लिये
तैयारी का समय: 1 घंटा
पकाने का समय: 30 मिनट

*'दूध' का खंड देखें।
**'रोटी' का खंड देखें।

गोश्त कोरमा

कोरमा की यह खासियत होती है कि उसे बिना हल्दी के, पतले शोरबे के साथ बनाया जाता है।

1.2 किलो (2 2/3 पौंड) गोश्त (हर तरह के आकार में कटा)
150 ग्राम (¾ कप) घी
10 छोटी इलायची
5 लौंग
2 टुकड़ा दालचीनी (1-1 इंच का)
2 तेज पत्ता
160 ग्राम (1 कप) प्याज़
50 ग्राम (3 बड़ा चम्मच) पिसा अदरक
50 ग्राम (3 बड़ा चम्मच) पिसा लहसुन

तैयारी

गोश्त: गोश्त को साफ करके छाती को डेढ़ इंच के टुकड़ों में काट लें।

प्याज़: छील धोकर काट लें।

चांदी कलियां

- 10 ग्राम (2 छोटा चम्मच) धनिया पाउडर
- 5 ग्राम (1 छोटा चम्मच) लाल मिर्च पाउडर
- नमक
- 220 ग्राम (1 कप) दही
- 5 ग्राम (1 छोटा चम्मच) गरम मसाला
- 3 ग्राम (½ छोटा चम्मच) जावित्री और छोटी इलायची
- 3 ग्राम (½ छोटा चम्मच) काली मिर्च का पाउडर
- 2 बूंद केवड़ा
- ½ ग्राम (1 छोटा चम्मच) केसर
- 30 मि.ली. (2 बड़ा चम्मच) दूध
- चांदी का वर्क
- 20 भुने हुए बादाम

दही: कटोरे में फेंट लें।

केसर: गर्म दूध में भिगो दें।

बादाम: बादाम को पीस लें।

पकाने की विधि

एक हांडी में घी गर्म करके उसमें इलायची, लौंग, दालचीनी और तेज पंत्ते को मध्यम आंच पर कड़कड़ाने दें। प्याज डालकर हल्का लाल होने तक तल लें। पिसा अदरक और लहसुन मिलाकर तब तक भूनें जब तक उनका पानी बिल्कुल सूख न जाए। धनिया, लाल मिर्च और नमक डालकर चलाएं। गोश्त मिलाकर 5 मिनट भूनें। दही डालकर उबलने दें। उबलने लगे तो 800 मि.ली. (31/3 कप) पानी डालकर ढक दें और पकाएं। बीच-बीच में चलाते रहें। जब गोश्त करीब-करीब पक जाए तो गरम मसाला, जावित्री, इलायची, पाउडर और गोल मिर्च डालकर चला दें। केवड़ा डालकर चलाएं और ढक कर 8-10 मिनट तक पकने दें। अंदाज़ से नमक डाल दें। केसर डालकर चला दें।

मात्रा: 4 व्यक्तियों के लिये
तैयारी का समय: 40 मिनट
पकाने का समय: 1 घंटा

परोसना

व्यंजन को एक कटोरे में निकालकर चांदी के वर्क और भुने बादाम से सजाकर फुल्का* या पुलाव के साथ परोसें।

* 'रोटी' का खंड देखें।

चांदी कलियां

सामग्री

- 1.2 किलो (2 2/3 पौंड) गोश्त
- 150 ग्राम (2/3 कप) सफेद मक्खन
- 10 छोटी इलायची
- 30 ग्राम (3 बड़ा चम्मच) लहसुन
- 100 ग्राम (2/3 कप) प्याज़
- 8 हरी मिर्च
- 20 बादाम
- 225 ग्राम (1 कप) दही
- नमक
- 120 मि.ली. (½ कप) क्रीम (मलाई)

इलायची की खुशबू डालकर बनाए गए गोश्त का यह खास व्यंजन चांदी की तरह चमकता है। इसी से इसका नाम 'चांदी कलियां' पड़ा। इसका शोरबा सफेद रंगत लिये होता है।

तैयारी

गोश्त: गोश्त को साफ करके उसकी हड्डियां निकालकर डेढ़ इंच के टुकड़ों में काट लें।

चांदीपेस्ट: इसे तैयार करने के लिए लहसुन को छील लें। प्याज़ को छील धोकर काट लें। हरी मिर्च के डंठल निकाल कर बीचों-बीच से चीरकर बीज निकाल दें। बादाम को

छील लें। अब इस सारी सामग्री को ब्लेंडर में डालकर 50 मि.ली. (3 बड़ा चम्मच) पानी डालें और महीन लेप बना लें।

दही: एक कटोरे में फेंट लें।

धनिया: साफ करके धोकर काट लें।

5 ग्राम (1 छोटा चम्मच) सफेद मिर्च पाउडर

चांदी का वर्क

5 ग्राम (1 बड़ा चम्मच) धनिया

पकाने की विधि

एक हांडी में मक्खन पिघलाकर उसमें छोटी इलायची डालें और धीमी आंच पर करीब 30 सैकंड तक चलाते रहें। चांदीपेस्ट मिलाकर 5 मिनट तक भूनें और गोश्त, दही और नमक मिलाकर 750 मि.ली. (3 कप) पानी डालकर ढक दें। गोश्त के नरम हो जाने तक पकाएं। बीच-बीच में चला दें। आंच को तेज करके मध्यम कर दें और क्रीम मिलाकर उबालें। गोल मिर्च मिलाकर चलाएं। इलायची पाउडर मिलाएं। अंदाज से नमक मिला दें।

परोसने का तरीका

व्यंजन को डोंगे में निकालकर चांदी के वर्क और धनिया पत्ते से सजाकर पुलाव या फुल्के के साथ परोसें।

मात्रा: 4 व्यक्तियों के लिये
तैयारी का समय: 55 मिनट
पकाने का समय: 1.30 घंटा

नोट: इस बात का ध्यान रखें कि बनाने के दौरान मसाला बर्तन की पेंदी से न चिपके वरना शोरबे का रंग बदल जाएगा।
*'रोटी' का खंड देखें।

नहरी गोश्त

यह मूलतः नाश्ते के समय का व्यंजन है। एक समय में गाँव वाले खेतों में काम के लिए निकलने से पहले सुबह के नाश्ते में इसे खाते थे।

सामग्री

700 ग्राम (1½ पौंड) गोश्त (रान का गोश्त)

450 ग्राम (1 पौंड) छाती का गोश्त

175 ग्राम (6 औंस) घी

250 ग्राम (1½ कप) प्याज़

5 छोटी इलायची

5 लौंग

2 टुकड़ा दालचीनी (1 इंच का)

2 तेज पत्ता

10 ग्राम (2 छोटा चम्मच) धनिया पाउडर

तैयारी

गोश्त: रान के गोश्त को साफ करके 1½ इंच के टुकड़ों में काट लें। छाती के गोश्त को भी साफ कर लें।

प्याज: छीलकर आधे प्याज़ को काट लें और बाकी को कतर लें।

दही: एक कटोरे में फेंट लें।

लज़ीज पसलियां

5 ग्राम (1 छोटा चम्मच) लाल मिर्च पाउडर
3 ग्राम (½ छोटा चम्मच) हल्दी
नमक
50 ग्राम (3 बड़ा चम्मच) पिसा अदरक
50 ग्राम (3 बड़ा चम्मच) पिसा लहसुन
150 ग्राम (2/3 कप) दही
10 ग्राम (2 छोटा चम्मच) आटा
10 ग्राम (2 छोटा चम्मच) बेसन
5 ग्राम (1 छोटा चम्मच) गरम मसाला
3 ग्राम (½ छोटा चम्मच) जावित्री और छोटी इलायची पाउडर
2 बूंद केवड़ा

पकाने की विधि

कड़ाही में 150 ग्राम (5 औंस) घी गर्म करके कटे हुए प्याज डालें और मध्यम आंच पर तलकर सुनहरा कर लें। गोश्त, कतरे हुए प्याज, इलायची, लौंग, दालचीनी और तेज पत्ता मिलाकर तब तक भूनें जब तक पूरा पानी न सूख जाए। धनिया, लाल मिर्च, हल्दी और नमक मिलाकर चलाएं। पिसा अदरक और लहसुन मिलाकर तब तक भूनें जब तक मसाला घी न छोड़ने लगे। दही मिलाकर खौलने दें। आंच मध्यम करके 10 मिनट भूनें और 750 मि.ली. (3 कप) मिलाकर खौलने दें। ढककर पकाएं। बीच-बीच में चला दें। जब गोश्त मुलायम हो जाए तो उसे शोरबे से निकालकर अलग रख दें।

बचे हुए घी को अलग हांडी में गर्म करके उसमें आटे को मिलाकर धीमी आंच पर भूनें। लगातार चलाते रहें। जब तक कि आटे का रंग हल्का लाल न हो जाए। अब उसमें शोरबा मिलाकर चलाएं (ध्यान रखें कि गुठली न बनने पाए)। अब गाढ़े किए हुए इस शोरबे को पहली वाली हांडी में छान लें और उसमें गोश्त भी डाल दें। शोरबा खौलने लगे तो गरम मसाला, जावित्री और इलायची पाउडर डालकर चला दें। अंदाज से नमक मिला दें। केवड़ा डालकर ढक दें और 8-10 मिनट तक पकाएं।

मात्रा: 4 व्यक्तियों के लिये
तैयारी का समय: 40 मिनट
पकाने का समय: 1.30 घंटा

परोसने का तरीका

व्यंजन को एक बड़े कटोरे या डोंगे में निकालकर खमीरी रोटी या कुल्चे के साथ परोसें।

*'रोटी' का खंड देखें।

सामग्री
24 छाती की पसलियां
125 ग्राम (2/3 कप) घी
200 ग्राम (1¼ कप) प्याज़
10 छोटी इलायची
5 लौंग
2 टुकड़ा दालचीनी (1 इंच का)
2 तेज पत्ता
50 ग्राम (3 बड़ा चम्मच) पिसा अदरक
50 ग्राम (3 बड़ा चम्मच) पिसा लहसुन
10 ग्राम (2 छोटा चम्मच) धनिया पाउडर

लज़ीज पसलियां

इस खास व्यंजन में गोश्त की पसलियों को गाढ़े दही डले शोरबे के साथ पकाते हैं।

तैयारी

गोश्त: गोश्त के टुकड़ों को साफ करके फालतू चर्बी निकाल दें।

सब्जियां: प्याज़ को छील, धोकर काट लें। अदरक को खुरच, धोकर, बारीक काट लें। धनिया पत्ते को साफ करके धोकर काट लें।

दही: एक कटोरे में फेंट लें।

3 ग्राम (½ छोटा चम्मच) हल्दी नमक
20 ग्राम (3½ छोटा चम्मच) पिसा काजू
225 ग्राम (1 कप) दही
20 ग्राम (2 बड़ा चम्मच) अदरक
20 ग्राम (1/3 कप) धनिया

पकाने की विधि

एक कड़ाही में घी गर्म करके मध्यम आंच पर प्याज को तलकर हल्का लाल कर लें। इलायची, लौंग, दालचीनी और तेज पत्ता डालकर 30 सेकंड तक चलाएं। पिसा अदरक और लहसुन मिलाकर पानी के सूख जाने तक भून लें। धनिया, लाल मिर्च, हल्दी और नमक मिलाकर चलाएं। इसके बाद पिसा काजू मिलाकर मसाले के घी छोड़ने तक भूनें। दही मिलाकर चलाएं। अब गोश्त डालकर ढक दें और पकाएं। बीच-बीच में चला दें। मुलायम हो जाए तो नमक डालकर उतार लें।

परोसना

व्यंजन को एक चपटे बर्तन में निकालकर, बारीक कटे अदरक और धनिया पत्ते से सजा कर फुल्के के साथ परोसें।

मात्राः 4 व्यक्तियों के लिये
तैयारी का समयः 30 मिनट
पकाने का समयः 1 घंटा

*'रोटी' का खंड देखें।

लौकी मुस्सलम

इस लजीज शाकाहारी व्यंजन में लौकी, खोया और सूखे मेवे भरकर, दही और बेसन में लपेटकर ओवन में पकाते हैं।

सामग्री

2 लौकी (450 ग्राम) प्रत्येक 1 पौंड
तलने के लिए घी

मेरीनेशन

10 ग्राम (1¾ छोटा चम्मच) पिसा अदरक
10 ग्राम (¾ छोटा चम्मच) पिसा लहसुन
60 मि.ली. (4 बड़ा चम्मच) नीबू का रस
5 ग्राम (1 छोटा चम्मच) लाल मिर्च पाउडर
3 ग्राम (½ छोटा चम्मच) हल्दी rqa

भराव

300 ग्राम (2 कप) आलू
100 ग्राम (3½ औंस) खोया
50 ग्राम (¼ कप) घी
50 ग्राम (1/3 कप) प्याज़
10 ग्राम (1 बड़ा चम्मच) अदरक

तैयारी

लौकीः लौकी का डंठल हटाकर धोलें। छीलकर दोनों किनारे काट दें। अंदर के बीज और गूदा निकालकर खोखला कर लें। लौकी की दीवार लगभग आधा इंच मोटी रहने दें।

मैरीनेशनः सारी सामग्री को एक साथ मिलाकर इस मिश्रण को लौकी के अंदर और बाहर रगड़कर 15 मिनट के लिए रख छोडें।

तलनाः एक कड़ाही में घी गर्म करके मध्यम आंच पर लौकी को लगभग 5-7 मिनट तलें। तलने के बाद लौकी बिल्कुल मुलायम हो जायगी इससे घबराएं नहीं। कड़ाही से निकालकर ठंडा कर लें।

भरनाः आलू उबालकर, छीलकर, मसल लें। खोये को एक कड़ाही में मध्यम आंच पर हल्का भूनें। प्याज को छील, धोकर अच्छी तरह कतर लें। अदरक को खुरच, धोकर बारीक कतर लें। धनिया पत्ते को साफ करके धोकर काट लें। हरी मिर्च के डंठल

धिंगरी दुल्मा

5 ग्राम (¼ कप) धनिया
4 हरी मिर्च
3 ग्राम (½ छोटा चम्मच) गरम मसाला
12 काजू
12 बादाम
5 ग्राम (1½ छोटा चम्मच) सूरजमुखी के दाने
15 ग्राम (5 छोटा चम्मच) किशमिश
नमक
30 मि.ली. (2 बड़ा चम्मच) नीबू का रस

ऊपरी परत के लिए

30 ग्राम (2 बड़ा चम्मच) सफेद मक्खन
120 ग्राम (½ कप) दही
50 ग्राम (3 बड़ा चम्मच) भुने हुए काजू का लेप
20 ग्राम (4 छोटा चम्मच) तले हुए प्याज़ का लेप
3 ग्राम (½ छोटा चम्मच) लाल मिर्च पाउडर
नमक
3 ग्राम (½ छोटा चम्मच) गरम मसाला

सजाने के लिए

12 भुने हुए काजू

तैयारी का समय: 1.30 घंटे
पकाने का समय: 8-10 मिनट

तोड़कर धो लें। बीच से काटकर बीज निकाल दें और कतर लें। बादाम के छिलके निकाल दें और दोनों भाग अलग कर दें। एक कड़ाही में घी गर्म करके प्याज़ को मध्यम आंच पर हल्का लाल तलें। आलू डालकर पांच मिनट तक भूनें। नींबू का रस छोड़कर, बाकी सारी चीजें मिलाकर चलाएं और 3 मिनट तक भूनें। आंच से हटाकर ठंडा होने दें। नींबू का रस डालकर अच्छी तरह मिला लें। अंदाज से नमक मिला दें। अब सावधानी से तली हुई लौकी का मुंह खोलें और उसमें भरने के मसाले को अच्छी तरह भर दें।

अब कड़ाही में मक्खन गर्म करके उसमें दही मिलाकर उबलने दें। तीन बार उबल जाए तो भुने हुए काजू का लेप और तले हुए प्याज़ का लेप मिलाकर चलाएं। 30 मि०ली० (2 बड़े चम्मच) पानी डालकर बची हुई चीजें मिला दें और उबलने दें। आंच मध्यम करके २ मिनट तक भूनें।

सजाना: सजाने के लिए भुने हुए काजू को कतर लें। ओवन को 275° फारेनहाइट पर गर्म कर लें।

पकाने की विधि

एक रोस्टिंग ट्रे में घी चुपड़ें और भरी हुई लौकी को उसमें रखें। गर्म ओवन में 4-5 मिनट तक रोस्ट कर लें। ओवन से निकालकर दही और काजू के मिश्रण की परत चढ़ाएं और फिर 4-5 मिनट ओवन में रोस्ट करें।

परोसना

परोसने वाले बर्तन में निकालकर एक इंच मोटे टुकड़ों में काट लें। तेल मसाले को ऊपर डाल दें। भुने काजू से सजाकर फुल्के या तंदूरी रोटी*** के साथ पेश करें।

*'दूध' का खंड देखें।
**'पेस्ट' का खंड देखें।
***'रोटी' का खंड देखें।

सामग्री

675 ग्राम (1½ पौंड) मशरूम
450 ग्राम (1 पौंड) पनीर*

धिंगरी दुल्मा

धिंगरी दुल्मा खुम्बी और पनीर का रंगीन व्यंजन है जिसमें टमाटर और शाही जीरे का खास प्रयोग होता है।

तैयारी

मशरूम: इसका नीचे वाला हिस्सा काटकर निकाल दें। पकाने के तुरंत पहले धोएं और काटें।

पनीर: पनीर का चूरा बना लें।

बची हुई सब्जियां: प्याज़ को छील धोकर चौकोर टुकड़ों में काट लें। टमाटर को धोकर चार टुकड़ों में काटकर बीज निकाल दें और काट लें। अदरक को खुरच धोकर बारीक काट लें। धनिया पत्ते को साफ करके धोकर काट लें।

पकाने की विधि

एक कड़ाही में घी को गर्म करके मध्यम आंच पर जीरा डालकर कड़कड़ाने दें। प्याज़ डालकर हल्का ब्राउन होने तक तल लें। पीसा हुआ अदरक और लहसुन मिलाकर तब तक तलें जब तक उनका पानी न सूख जाए। इसके बाद लाल मिर्च, गोल मिर्च और नमक मिलाकर चला दें। मशरूम डालकर 3-4 मिनट चलाएं। पनीर डालकर 4-5 मिनट तक पकाएं, बीच-बीच में चलाते रहें। टमाटर डालकर 4-5 मिनट तक भूनें। गरम मसाला छिड़ककर मिला दें। अंदाज से नमक मिला दें।

परोसना

व्यंजन को एक चपटे बर्तन में निकालकर अदरक और धनिया पत्ते से सजाकर फुल्के** के साथ परोसें।

*'दूध' का खंड देखें।
**'रोटी' का खंड देखें।

---

100 ग्राम (½ कप)	घी
3 ग्राम (1 छोटा चम्मच)	शाह जीरा
100 ग्राम (2/3 कप)	प्याज़
25 ग्राम (4 छोटा चम्मच)	पिसा अदरक
25 ग्राम (4 छोटा चम्मच)	पिसा लहसुन
3 ग्राम (½ छोटा चम्मच)	लाल मिर्च पाउडर
5 ग्राम (1 छोटा चम्मच)	सफेद मिर्च पाउडर
	नमक
220 ग्राम (1 कप)	टमाटर
3 ग्राम (½ छोटा चम्मच)	गरम मसाला
15 ग्राम (4½ छोटा चम्मच)	अदरक
15 ग्राम (¼ कप)	धनिया

मात्रा: 4 व्यक्तियों के लिये
तैयारी का समय: 30 मिनट
पकाने का समय: 20 मिनट

Ahd-e-Changezi

Khuroos-e-Tursh

Murgh Mussalam

Murgh Wajid Ali

Chandi Kaliyan

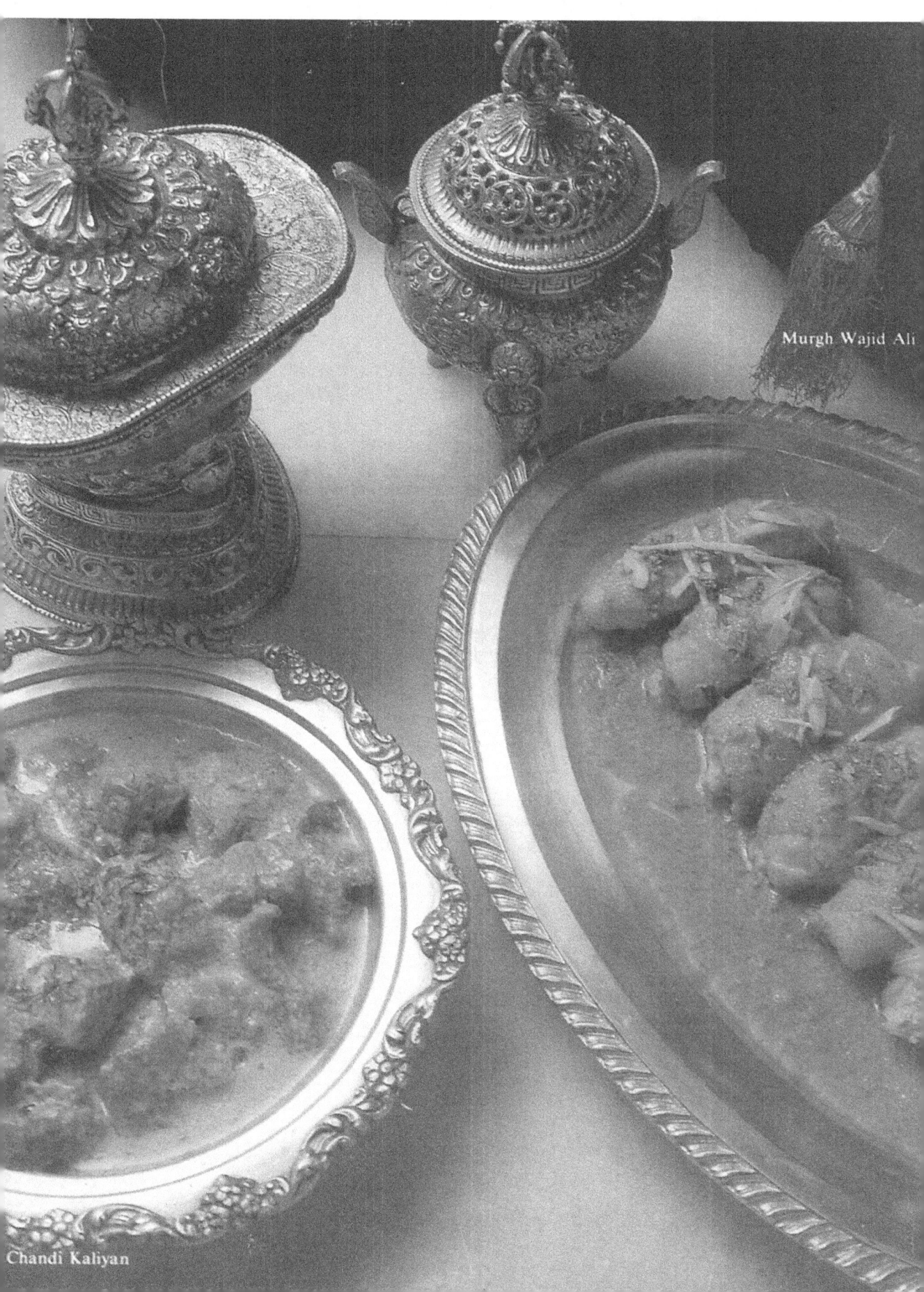

Goa Curry

पश्चिमी तट के भोजन

साभारः अरविंद सारस्वत

गोवा

गोवा के बारे में जो सबसे आश्चर्य की बात है वह यह कि इतना छोटा राज्य होते हुए भी वहां व्यंजनों की भरमार है। और सबके सब उतने ही रंगीन और मजेदार होते हैं जितने वहां के लोग। वहां कुछ खाने ईसाइयों के हैं तो कुछ हिंदुओं के, कुछ ब्राह्मणों के (हिंदू और ईसाई दोनों) तो कुछ गैर ब्राह्मण (क्रिश्चियन और हिंदू दोनों) के। वहां के भोजन को विभिन्न लोगों ने प्रभावित किया है: कश्मीरी (वेले से आने वाले सारस्वत, जिन्होंने सरस्वती नदी के नाम पर सारस्वत नाम ग्रहण किया), मुस्लिम (गोवा बीजापुर के मुस्लिम शासकों के अधीन था) और पुर्तगाली (जो गोवा में सोलहवीं शताब्दी के शुरू में आए और बीसवीं शताब्दी के मध्य तक बने रहे)। बाहर से आने वाले इन सभी के खानपान का प्रभाव गोवा पर पड़ा। फलस्वरूप, कई तरह के भोजन का प्रचलन हुआ और हर तरह का खाना अपनी अलग खासियत और खुशबू लिए हुए है।

उदाहरण के लिए वहां के सारे लोग चावल खाते हैं, दोपहर में और रात में भी। लेकिन वहां के व्यंजनों के शोरबों में काफी विभिन्नता है। कभी-कभी तो व्यंजन का नाम एक ही होता है, उसमें डाले जाने वाले सामान भी एक होते हैं, लेकिन व्यंजनों के स्वाद, खुशबू और रंग-रूप में काफी अंतर होता है। क्योंकि समानता होते हुए भी उनमें कुछ बारीक अंतर होता है। ईसाई सिरका डालते हैं जबकि हिंदू किसी व्यंजन को चटपटा (तीखा) बनाने के लिए कोकुम डालना पसंद करते हैं। उत्तरी गोवा के लोग मसाला और नारियल को अलग-अलग पीसते हैं जबकि दक्षिणी गोवा के लोग इन्हें एक साथ पीसते हैं और बाद में मलमल में छानकर इनका रस निकाल लेते हैं। यहां तक कि सब की खाने की पसंद भी अलग-अलग है। हिंदू बकरे का गोश्त और मुर्गा पसंद करते हैं तो ईसाई सूअर का मांस अधिक पसंद करते हैं। हां, दोनों समुदाय के लोग मछली को जरूर अन्य किसी गोश्त की अपेक्षा ज्यादा पसंद करते हैं।

गोवा के भोजन के बारे में यह बात याद रखने की है कि उसे बनाना तो आसान है लेकिन काफी मिर्च वाला होता है। अभी कुछ वर्षों पहले तक देश की बड़ी-बड़ी सरायों के रसोईघरों में गोवन लोग ही छाए रहते थे जो पाक कला में उनकी दक्षता का प्रमाण है।

ई०बी० इल्मेडा के सहयोग से।

पारसी

पारसियों के बारे में यह कहा जाता है कि इस समुदाय को दो भागो में बांटा जा सकता है, एक वे लोग जो अच्छे खाने के शौकीन हैं और दूसरे वे जो सिर्फ खाने के शौकीन हैं। जिसने पारसी भोजन प्रेमियों को एक जगह एकत्रित देखा है वही इस बात को ठीक से समझ सकता है। मैं इसे अच्छी तरह समझ सकता हूँ क्योंकि मुझे भोजन प्रेमियों की इस जमात को देखने का मौका मिला है। मेरे बंबई के एक पूर्व सहकर्मी की शादी 'लगन नु भोनू' का अवसर था। अभी शादी की रस्म खत्म भी नहीं हुई थी कि कुछ लोग खाने की बड़ी मेज, जिस पर खाने का सामान सफेद चादरों से ढका था, के चक्कर लगाने लगे और मेज के आगे कुर्सियां लगाकर अपने परिवार के लोगों और दोस्तों के लिए 'रिजर्व' करने लगे। विवाह समारोह के खत्म होते ही लोगों में अपनी-अपनी कुर्सी को लेकर मेज तक पहुंचने के लिए भगदड़-सी मच गई।

इसी तरीके से बिल्कुल अनभिज्ञ हम सब लोग (दुल्हन की पार्टी के लोग) मेज के पास आकर एक-एककुर्सी लेकर बैठ गये लेकिन उस समय हमारे आश्चर्य का कोई ठिकाना न रहा जब एक पारसी महिला गुस्से से भरी हुई हमारे पास आकर बोली, "क्या आप लोगों को मालूम नहीं कि ये सीटें रिज़र्व्ड हैं?"

लज्जित होकर हम लोग सीटें छोड़कर उठ खड़े हुए। उसी समय दुल्हन के पिता हमारी मदद के लिए आ गए और कुछ ही मिनटों में हमारी सारी परेशानी खुशी में बदल गई जब एक के बाद एक विभिन्न व्यंजन हमारे सामने आने लगे। चौथे और पांचवे दौर के बाद तो हमें गिनना भी याद नहीं रहा। खाना भी ऐसा बढ़िया, जायकेदार कि 'ना' कहना मुश्किल! वास्तव में, वह भोज याद रखने लायक था।

यूं तो पारसी खाने में बढ़िया से बढ़िया व्यंजनों की भरमार है, लेकिन उनमें अगर कोई राष्ट्रीय ख्याति प्राप्त व्यंजन होने का दावा कर सकता है तो वह है 'धनसाक'। यहां तक की इस एक 'डिश' के भोजन को ज्यादा पंसद करने के कारण पारसियों को 'धनसाकिया' भी कहते हैं। इस खास व्यंजन में 'केरायल' में भूरे किये गए चावल को तीन तरह की दालों, और सब्जियों (सीताफल और बैगन) और गोश्त की बोटियों के साथ मसालेदार शोरबे में पकाते हैं। इसके साथ गहरे भूरे तले हुए कबाब जो देखने में बिल्कुल गोश्त के कोफ़्ते की तरह लगते हैं और पिता एजर (Pinta ager) परोसे जाते हैं। इसे पारसी अकसर छुट्टियों के दिन पकाते हैं, मगर इसके पीछे कोई धार्मिक कारण नहीं है। बस सीधी सी बात यह है कि इसे पचाकर तुरंत काम पर जाना मुश्किल है। पारसी कहते हैं कि इसे खाने के बाद सोने की जरूरत होती है।

साइरस आर० टोडीवाला के सहयोग से।

गोवा

गोवा प्रॉन मसाला

यह काफी तीखा मांसाहारी व्यंजन है। इसे बेहतरीन कॉकटेल नमकीन के रूप में भी पेश किया जा सकता है।

तैयारी

झींगे को छीलकर साफ कर लें और धो पोंछ कर सुखा लें

प्याज़ को छील धोकर काट लें।

पेस्ट के लिए अदरक को खुरच धोकर काट लें। इसे अन्य चीजों के साथ ब्लेंडर में डालें और 90 मि.ली. (6 बड़ा चम्मच) पानी डालकर महीन पीस लें।

पकाने की विधि

- एक कड़ाही में घी गर्म करके प्याज़ को मध्यम आंच पर तलकर सुनहरा ब्राउन कर लें। मसाले का पेस्ट मिलाकर तब तक भूनें जब तक मसाला घी न छोड़ दे। इसके बाद झींगा डालकर भूनते-भूनते पका लें। पानी को सूख जाने दें। अंदाज से नमक मिला दें।

परोसने का तारीका

व्यंजन को परोसने वाले बर्तन में निकाल कर रोटी के साथ परोसें। कॉकटेल के लिए इसे तिनके में गूंथ कर पेश करें।

सामग्री

1 किलो (2¼ पौंड प्रॉन) झींगा (मध्यम साइज के)

120 मि.ली. (½ कप) मूंगफली का तेल

90 ग्राम (½ कप प्याज़)

नमक

पेस्ट (मसाला) के लिए

15 साबूत लाल मिर्च

20 ग्राम (2 बड़ा चम्मच) साबूत जीरा

5 ग्राम (1 छोटा चम्मच) हल्दी

15 लौंग

2 टुकड़ा दालचीनी (1 इंच का)

30 ग्राम (3 बड़ा चम्मच) अदरक

90 मि.ली. (3 बड़ा चम्मच) माल्ट सिरका

मात्रा: 4 व्यक्तियों के लिये
तैयारी का समय: 25 मिनट
पकाने का समय: 10 मिनट

प्रॉन बालचावो

अंग्रेजों को यह व्यंजन इतना अच्छा लगा कि उन्होंने इसका बोतलों में अचार के रूप में संरक्षण शुरू किया। इसके लिए वे प्रिजरवेटिव इस्तेमाल करते थे। दो-तीन दिनों तक अचार बन जाने के बाद ही इस व्यंजन के स्वाद का मजा आता है।

सामग्री

1 किलो (2¼ पौंड झींगा (छोटे)

झींगों को तलने के लिए मूंगफली का तेल

गोवा करी

150 मि.ली. (2/3 कप) मूंगफली का तेल
160 ग्राम (1 कप) प्याज़
120 ग्राम (½ कप) टमाटर
10 करी पत्ते
10 ग्राम (2½ छोटा चम्मच) चीनी
नमक

पेस्ट के लिए
20 साबूत लाल मिर्च
4 टुकड़ा दालचीनी (1 इंच के)
15 छोटी इलायची
3 ग्राम (1 छोटा चम्मच) गोल मिर्च
3 ग्राम (1 छोटा चम्मच) साबूत जीरा
10 ग्राम (1 बड़ा चम्मच) लहसुन
30 ग्राम (3 बड़ा चम्मच) अदरक
150 मि.ली. (¾ कप) माल्ट सिरका

मात्रा: 4 व्यक्तियों के लिये
तैयारी का समय: 40 मिनट
पकाने का समय: 12 मिनट

तैयारी

झींगों के छिलके उतारकर धो लें और पोंछ कर सुखा लें। एक कड़ाही में तेल गर्म कर लें। तेल से धुंआ निकलने लगे तो झींगों को उसमें डालकर 2 मिनट तक तल लें।

प्याज़ को छील, धोकर कतर लें। टमाटर को धोकर काट लें। करी पत्ते को धो लें।

पेस्ट बनाने के लिए लहसुन को छील लें। अदरक को खुरच धोकर काट लें। अब इन सारी चीजों को ब्लेंडर में डालकर महीन पीस लें।

पकाने की विधि

एक हांडी में तेल गर्म करके प्याज़ को मध्यम आंच पर तलकर सुनहरा लाल कर लें। टमाटर डालकर एक मिनट तक चलाएं। इसके बाद पिसा अदरक लहसुन मिलाकर करीब 2 मिनट तक भूनें। अब झींगा डालकर पक जाने तक चलाते रहें। करी पत्ते और चीनी डालकर चलाएं। अंदाज से नमक मिला दें।

परोसने का तरीका

हांडी से निकालकर उबले हुए चावल या मनपसंद रोटी के साथ परोसें।

सामग्री
750 ग्राम (1 2/3 पौंड) पाम्फ्रेट
120 मि.ली. (½ कप) मूंगफली का तेल
60 ग्राम (1/3 कप) प्याज़
60 ग्राम (¼ कप) टमाटर
100 मि.ली. (7 बड़ा चम्मच) नारियल का दूध (पहली बार निकला हुआ)
100 मि.ली. (7 बड़ा चम्मच) नारियल का दूध (दूसरी बार निकला हुआ)
4 हरी मिर्च
नमक

पेस्ट के लिए (मसाला)
15 साबूत लाल मिर्च

गोवा करी

कोंकण की पारम्परिक रसवाली मछली यह 'गोवा करी' भी गोवा के अधिकांश व्यंजनों की तरह तीखी जरूर होती है मगर इसके स्वाद का भी कोई जवाब नहीं।

तैयारी

मछली: साफ करके धो लें और काट लें।

सब्जियां: प्याज़ को छील धोकर काट लें। टमाटर को धोकर काट लें। हरी मिर्च की डंठल हटा दें, धो लें, और बीच से काट कर बीज निकाल दें।

पेस्ट: मसाले का पेस्ट तैयार करने के लिए लहसुन को छीलकर काट लें। अदरक को खुरच धोकर काट लें। इमली के बीज निकाल दें। इन्हें अन्य दूसरी डालने वाली चीजों के साथ ब्लेंडर में डालें और 120 मि.ली. (½ कप) पानी मिलाकर महीन पेस्ट बना लें।

गलिना ज़कूटी
93

पकाने की विधि

एक हांडी में तेल गर्म करें और प्याज़ डालकर मध्यम आंच पर सुनहरा तल लें। टमाटर और पेस्ट मिलाकर 2 मिनट तक भूनें और नारियल का दूध मिला दें। 400 मि.ली. (1 2/3 कप) पानी डालकर उबलने दें। इसके बाद मछली और हरी मिर्च डालकर 5 मिनट तक पकाएं। अंदाज से नमक मिला दें। इसके बाद नारियल का दुबारा निकाला गया दूध मिलाकर खौला दें।

- 15 ग्राम (7½ छोटा चम्मच) साबूत धनिया
- 5 ग्राम (1¾ छोटा चम्मच) साबूत जीरा
- 5 ग्राम (1 छोटा चम्मच) हल्दी
- 5 ग्राम (1½ छोटा चम्मच) लहसुन
- 20 ग्राम (2 बड़ा चम्मच) अदरक
- 40 ग्राम (1½ औंस) इमली

परोसने का तरीका

हांडी से निकालकर कटोरे या डोंगे में रखें और उबले चावल के साथ परोसें।

* 'नारियल' का खंड देखें।

मात्रा: 4 व्यक्तियों के लिये
तैयारी का समय: 40 मिनट
पकाने का समय: 15 मिनट

गलीना ज़कूटी

सामग्री

- 800 ग्राम (1¾ पौंड) मुर्गा (2 मुर्गे)
- 100 मि.ली. (7 बड़ा चम्मच) मूंगफली का तेल
- 100 ग्राम (2/3 कप) प्याज़
- 100 ग्राम (½ कप) टमाटर
- 200 मि.ली. (¾ कप) नारियल का दूध (पहली बार निकला हुआ)
- 30 मि.ली. (2 बड़ा चम्मच) नीबू का रस
- नमक
- 150 ग्राम (1 कप) आलू
- 25 ग्राम (1/3 कप) नारियल
- आलू और नारियल को तलने के लिए मूंगफली का तेल

मसाला पेस्ट

- 30 ग्राम (3 बड़ा चम्मच) खसखस
- 3 ग्राम (1 छोटा चम्मच) अजवाइन
- 4 ग्राम (1 छोटा चम्मच) साबूत सरसों
- 4 ग्राम (1 छोटा चम्मच) साबूत मेथी
- 45 मि.ली. (3 बड़ा चम्मच) मूंगफली का तेल
- 2 टुकड़ा दालचीनी (1 इंच का)
- 10 लौंग

तैयारी

मुर्गा: साफ करके उसकी चमड़ी उतार दें। एक मुर्गे को 8 टुकड़ों में काट लें।

सब्जियां: प्याज़ को छील धोकर काट लें। टमाटर को भी धोकर काट लें।

आलू और नारियल: आलू को उबालकर छील लें और ½ इंच के चौकोर टुकड़ों में काट लें। नारियल के ऊपर का भूरा छिलका निकाल कर, ½ इंच मोटा टुकड़ा करके एक इंच के टुकड़ों में काट लें। अब एक पैन में तेल गर्म करके इन दोनों चीजों को मध्यम आंच पर तलकर लाल कर लें।

पेस्ट: खसखस, अजवाइन, सरसों और मेथी को तवे पर डालकर भूनें और ठंडा कर लें। एक फ्राइंग पैन में तेल गर्म करके दालचीनी और लौंग को 30 सेकेंड तक तल लें और ठंडा कर लें।

प्याज़ को छील धोकर काट लें। नारियल के छोटे-छोटे टुकड़े कर लें। दालचीनी और लौंग तले तेल में प्याज़ और नारियल को तलकर सुनहरा लाल कर लें। साबुत लाल मिर्च और धनिया को तेल में डालकर चलाएं। मिर्च कड़कड़ाने लगे तो निकालकर ठंडा होने दें।

अब भूने और तले हुए मसालों को अन्य चीजों के साथ ब्लेंडर में डालें और 350 मि.ली. (1½ कप) पानी डालकर महीन पेस्ट बना लें।

100 ग्राम (2/3 कप) प्याज़
50 ग्राम (2/3 कप) नारियल
6 साबुत लाल मिर्च
10 ग्राम (5 छोटा चम्मच) साबुत धनिया
3 ग्राम (1 छोटा चम्मच) गोल मिर्च साबुत
6 छोटी इलायची
5 फूलपत्री
1 ग्राम (¼ छोटा चम्मच) जायफल पाउडर
1 ग्राम (¼ छोटा चम्मच) जावित्री पाउडर

तैयारी का समय: 1.20 घंटे
पकाने का समय: 22-23 मिनट

पकाने की विधि

एक हांडी में तेल गर्म करके प्याज़ को मध्यम आंच पर तलकर सुनहरा लाल कर लें। टमाटर और पिसे मसाले मिलाकर 2 मिनट तक भूनें। मुर्गा मिलाकर चलाएं और 400 मि.ली. (1 2/3 कप) के अंदाज से पानी डालकर उबलने दें। पकाकर मुर्गे के गोश्त को मुलायम कर लें। नारियल का दूध और नीबू का रस मिलाकर उबालें और अंदाज से नमक मिला दें।

परोसने का तरीका

हांडी से निकालकर व्यंजन को एक कटोरे या डोंगे में रखें। तले हुए आलू और नारियल से सजाकर उबले चावल के साथ गरम-गरम परोसें।

* 'नारियल' का खंड देखें।

सामग्री
675 ग्राम (1½ पौंड) रान का गोश्त
100 ग्राम (7 बड़ा चम्मच) मूंगफली का तेल
60 ग्राम (1/3 कप) प्याज़
200 ग्राम (1 1/3 कप) आलू
आलू को तलने के लिए मूंगफली का तेल
100 ग्राम (3½ औंस) प्याज़ का अचार
नमक
15 ग्राम (¼ कप) धनिया

मैरीनेशन
120 मि.ली. (½ कप) माल्ट सिरका
5 ग्राम (1½ चाय चम्मच) साबुत गोल मिर्च
5 ग्राम (1¾ चाय चम्मच) चीनी
8 छोटी इलायची
8 लौंग
3 हरी मिर्च
नमक

विंडालू

तीखा तो होता है पर विंडालू गोवा के खास स्वादिष्ट पाक व्यंजनों में से एक है। इसके स्वाद का मजा तब है जब इसे बनाने के एक दिन बाद खाया जाए।

तैयारी

गोश्त: गोश्त को साफ करके हड्डियां निकाल दें और 1 इंच के चौकोर टुकड़े काट लें।

सब्जियां: प्याज को छील, धोकर अच्छी तरह काट लें। आलू को छील धोकर 1 इंच के चौकोर टुकड़े काट लें। अब एक कड़ाही में घी गर्म करके मध्यम आंच पर आलुओं को तलकर सुनहरा लाल कर लें। धनिया को साफ करके धोकर कतर लें।

मैरीनेशन: गोल मिर्च को पीस लें। हरी मिर्च के डंठल निकाल कर धोलें और बीच से काटकर बीज निकाल दें। इन्हें और बची हुई दूसरी चीजों के साथ एक कटोरे में मिला लें। गोश्त के टुकड़ों को इस मिश्रण में करीब एक घंटे के लिए रख छोड़ें।

पेस्ट: लहसुन को छील काट लें। अदरक को खुरच कर धो लें और कतर लें। अब इन चीजों को ब्लेंडर में डालकर 60 मि.ली. पानी मिलाकर महीन पीस लें।

पकाने की विधि

एक पैन में तेल गर्म करके मध्यम आंच पर प्याज़ को तलकर सुनहरा लाल कर लें। पिसे मसाले तब तक भूनें जब तक मसाला तेल न छोड़ दे। इसके बाद मैरीनेड में रखे गोश्त को मिलाकर 2 मिनट चलाएं। 1.2 लीटर पानी में डालकर उबलने दें। ढककर गोश्त पकने दें। आलू और प्याज़ के अचार को मिलाकर आलू के नरम हो जाने तक पकाएं। अंदाज से नमक मिला दें।

परोसने का तरीका

व्यंजन को परोसने वाले बर्तन में निकालकर धनिया पत्ते से सजाकर उबले हुए चावल के साथ परोसें।

पेस्ट के लिए

- 8 साबुत लाल मिर्च
- 10 टुकड़े दालचीनी के (1 इंच के)
- 3 ग्राम (1 चाय चम्मच) साबुत जीरा
- 10 ग्राम (5 चाय चम्मच) साबुत धनिया
- 3 ग्राम (½ चाय चम्मच) हल्दी
- 10 ग्राम (1 बड़ा चम्मच) लहसुन
- 30 ग्राम (3 बड़े चम्मच) अदरक
- 100 मि.ली. (7 बड़े चम्मच) माल्ट सिरका

मात्रा: 4 व्यक्तियों के लिये
तैयारी का समय: 40 मिनट
पकाने का समय: 45 मिनट

सोर पोटल

यह गोश्त और कलेजी से बना हुआ व्यंजन है। इसकी खासियत है कि इसे पारम्परिक मूंगफली के तेल के बजाए मक्खन में पकाया जाता हे।

तैयारी

गोश्त: गोश्त को साफ करके हड्डियां निकाल दें और एक इंच के चौकोर टुकड़े काट लें। कलेजी (लिवर) को भी साफ करके एक इंच के चौकोर टुकड़े काट लें। कलेजी को एक हांडी में रखकर ऊपर से हल्दी, नमक और गरम पानी डाल दें। पानी को पसा दें। एक फ्राइंग पैन में तेल गर्म करके तेज आंच पर गोश्त और कलेजी को अलग-अलग तलकर सुनहरा ब्राउन कर लें।

सब्जियां: प्याज़ को छील धोकर काट लें। टमाटर को धोकर काट लें।

खून: 15 मि.ली. सिरके को 15 मि.ली. पानी के साथ एक हांडी में उबालें। खून मिलाकर तब तक उबालें जब तक वह गाढ़ा न हो जाए। आंच से हटाकर ठंडा होने दें। फ्रिज में जमाकर ठोस कर लें और कस लें।

लेप: लहसुन को छील कर कतर लें। अदरक को खुरच धोकर कतर लें। अब इन्हें ब्लेंडर में डालकर 60 मि.ली. पानी मिलाकर महीन पेस्ट बना लें।

सामग्री

- 675 ग्राम (1½ पौंड) सुअर का गोश्त (रान का)
- 225 ग्राम (½ पौंड) कलेजी (लिवर)
- 3 ग्राम (½ चाय चम्मच) हल्दी
- नमक
- गोश्त और कलेजी को हल्का तलने के लिए मूंगफली का तेल
- 300 ग्राम (1 1/3 कप) मक्खन
- 160 ग्राम (1 कप) प्याज़
- 100 ग्राम (½ कप) टमाटर
- 100 मि.ली. (7 बड़े चम्मच) गोश्त का खून
- 15 मि.ली. (1 बड़ा चम्मच) सिरका

पेस्ट के लिए

- 5 साबुत लाल मिर्च
- 5 ग्राम (1½ चाय चम्मच) गोल मिर्च
- 3 ग्राम (1 चाय चम्मच) साबुत जीरा
- 3 लौंग
- 3 छोटी इलायची
- 5 ग्राम (1½ चाय चम्मच) लहसुन
- 30 ग्राम (3 बड़े चम्मच) अदरक

कोलमिनो पाटियो

पकाने की विधि

हांडी में मक्खन पिघलाएं और उसमें प्याज़ डालकर मध्यम आंच पर तलकर सुनहरा लाल कर लें। टमाटर मिलाकर एक मिनट चलाएं। लेप डालकर तब तक भूनें जब तक मसाला तेल न छोड़ने लगे। गोश्त मिलाकर चलाएं और 1.4 लिटर पानी डालकर उबलने दें। ढककर गोश्त को पकाएं। कलेजी मिलाकर 10 मिनट तक पकाने के बाद कसा हुआ खून मिलाकर चलाएं और अंदाज से नमक मिला दें।

मात्रा: 4 व्यक्तियों के लिये
तैयारी का समय: 40 मिनट
पकाने का समय: 1 घंटा

परोसने का तरीका

व्यंजन को कटोरे में निकालकर उबले हुए चावल के साथ परोसें।

पारसी

कोलमिनो पाटियो

पारसी व्यंजनों में लोकप्रिय यह प्रॉन पाटियो दुर्लभ प्रकार की करी है जो तीखी मीठी और खट्टी होती है।

सामग्री

- 800 ग्राम (1¾ पौंड) झींगा (मध्यम साइज के)
- 100 ग्राम (½ कप) घी
- 160 ग्राम (1 कप) प्याज़
- 20 ग्राम (2 बड़े चम्मच) लहसुन
- 5 साबुत लाल मिर्च
- 10 ग्राम (5 चाय चम्मच) साबुत धनिया
- 5 लौंग
- 1 टुकड़ा दालचीनी (1 इंच का)
- 5 ग्राम (1 चाय चम्मच) हल्दी
- 5 ग्राम (1¾ चाय चम्मच) लाल मिर्च पाउडर
- 50 ग्राम (2 औंस) इमली का गूदा
- 30 ग्राम (1 औंस) गुड़
- 15 ग्राम (¼ कप) धनिया
- 20 मि.ली. (4 चाय चम्मच) नीबू का रस

तैयारी

झींगा: झींगों के छिलके उतार कर साफ करके धो लें और पोंछकर सुखा लें।

सब्जियां: प्याज़ को छील धोकर कतर लें। लहसुन को छील लें। धनिया पत्ते को साफ करके धो और काट लें।

पेस्ट: लहसुन, साबुत लाल मिर्च, साबुत धनिया, लौंग, दालचीनी, हल्दी, साबुत जीरा और लाल मिर्च पाउडर को ब्लेंडर में डालकर लगभग 60 मि.ली. (1¼ कप) पानी मिलाएं और महीन पीस लें।

पकाने की विधि

हांडी में घी गर्म करके मध्यम आंच पर प्याज़ को तलकर सुनहरा लाल कर लें। पेस्ट डालकर मसाले के घी छोड़ने तक भून लें। झींगा मिलाकर एक मिनट भूनें। 500

मि.ली. पानी मिलाकर उबलने दें। झींगा के पक जाने तक धीरे-धीरे पकने दें। अब इमली, गुड़, कटा हुआ धनिया और नीबू का रस मिलाकर 2 मिनट तक चलाएं। अंदाज से नमक मिला दें।

परोसने का तरीका

व्यंजन को हांडी से निकालकर 'ब्राउन चावल' (धनसाक व्यंजन देखें) के साथ परोसें।

मात्रा: 4 व्यक्तियों के लिये
तैयारी का समय: 40 मिनट
पकाने का समय: 15 मिनट

धान-दाल पाटियो

धान-दाल पाटियो मछली करी है जिसे चावल और दाल के साथ परोसा जाता है।

सामग्री
- 450 ग्राम (1 पौंड) पाम्फ्रेट
- 100 ग्राम (½ कप) घी
- 120 ग्राम (¾ कप) प्याज़
- 10 ग्राम (1 बड़ा चम्मच) लहसुन
- 10 साबुत लाल मिर्च
- 8 ग्राम (2¾ चाय चम्मच) साबुत जीरा
- 3 ग्राम (½ चाय चम्मच) हल्दी
- 15 ग्राम (¼ कप) धनिया
- 5 ग्राम (1 चाय चम्मच) धनसाक मसाला*
- 120 ग्राम (½ कप) टमाटर
- नमक
- 50 ग्राम (2 औंस) इमली का गूदा
- 10 ग्राम (1 बड़ा चम्मच) गुड़
- 100 ग्राम (3½ औंस) बैंगन
- नमक

मोरी दाल
- 150 ग्राम (¾ कप) तुअर दाल
- 3 ग्राम (½ चाय चम्मच) हल्दी
- नमक
- 120 ग्राम (2/3 कप) घी
- 120 ग्राम (¾ कप) प्याज़
- 5 ग्राम (1 चाय चम्मच) लहसुन

तैयारी

मछली: मछली को साफ करके काट लें।

सब्जियां: प्याज़ को छील धोकर काट लें। लहसुन को छील लें। धनिया को साफ करके धोकर काट लें और ¾ इंच के चौकोर टुकड़ों में काट लें। कटे हुए बैगन को पानी में डुबो छोड़ें।

पेस्ट: लहसुन, साबुत लाल मिर्च और जीरा को ब्लेंडर में लगभग 60 मि.ली. (¼ कप) पानी के साथ डालकर महीन पेस्ट बना लें।

मोरी दाल: दाल को चुनकर नल के चलते पानी में धो लें। प्याज़ को छीलकर काट लें। लहसुन को छीलकर कतर लें।

पकाने की विधि

हांडी में घी गर्म करके प्याज़ को मध्यम आंच पर तलकर लाल कर लें। पेस्ट और हल्दी डालकर एक मिनट तक भूनें। धनिया और धनसाक मसाला मिलाकर 30 सेकंड तक चलाएं। टमाटर डालकर तब तक भूनें जब तक मसाला एकदम चिकना न हो जाए। इसके बाद 400 मि.ली. (1 2/3 कप) पानी डालकर उबलने दें। ढककर 5 मिनट तक पकाएं। अंदाज से नमक मिलाएं। इमली और गुड़ मिलाकर 2-3 मिनट तक पकाएं और बैगन मिला दें। बैगन आधा पक जाए तो मछली डालकर अच्छी तरह पका लें।

एक हांडी में दाल को हल्दी, नमक और 800 मि.ली. (3 1/3 कप) पानी मिलाकर तब तक उबालें जब तक पककर एकदम मुलायम न हो जाए। एक छलनी से छान लें।

एक अलग हांडी में घी गर्म करके प्याज़ को मध्यम आंच पर तलकर हल्का लाल कर लें। आधे प्याज़ को सजाने के लिए अलग निकाल लें। बचे हुए आधे प्याज़ में लहसुन डालकर तलकर लाल कर लें। पकी हुई दाल को अब इसमें मिलाकर 2 मिनट तक चलाएं और अंदाज से नमक मिला दें।

परोसने का तरीका

मात्रा: 4 व्यक्तियों के लिये
मोरी दाल: 400 ग्राम (14 औंस)
पाटिओ: 1.1 किलो ग्राम (2½ पौंड)
तैयारी का समय: 1 घंटा
पकाने का समय: 20 मिनट
मोरी दाल: 20 मिनट
पाटियो: 20 मिनट

मछली और दाल को अलग-अलग डोंगे में निकालकर रखें और उसे उबले हुए चावल के साथ परोसें। हर व्यक्ति के लिए अलग-अलग प्लेट में पहले चावल निकालें। चावल के ऊपर दाल डालकर ऊपर से मछली पाटियों रखें और तले हुए प्याज़ से सजाकर पेश करें।

* 'मसाला' का खंड देखें।

खीमा-साली

सामग्री

- 750 ग्राम (1 2/3 पौंड) बकरे का कीमा किया गोश्त
- 250 ग्राम (1 2/3 कप) आलू
- साली को तलने के लिए घी
- 120 ग्राम (2/3 कप) घी
- 160 ग्राम (1 कप) प्याज़
- 10 ग्राम (1 बड़ा चम्मच) लहसुन
- 10 ग्राम (1 बड़ा चम्मच) अदरक
- 8 साबुत लाल मिर्च
- 10 ग्राम (1 बड़ा चम्मच) साबुत जीरा
- 5 ग्राम (1 चाय चम्मच) लाल मिर्च पाउडर
- 3 ग्राम (½ चाय चम्मच) हल्दी
- 90 ग्राम (1/3 चाय चम्मच) टमाटर
- नमक
- 30 मि.ली. (2 बड़े चम्मच) सिरका
- 10 ग्राम (2½ चाय चम्मच) चीनी

तैयारी

आलू: आलू को छील धोकर लंबे-पतले टुकड़ों में काटकर पानी में डुबो दें फिर पानी छान लें। एक कड़ाही में घी गर्म करके मध्यम आंच पर उन्हें सुनहरा लाल तल लें।

बची हुई सब्जियां: प्याज़ को छील धोकर काट लें। लहसुन को छील लें अदरक को खुरच धोकर काट लें। टमाटर को धोकर काट लें।

पेस्ट: लहसुन, अदरक, साबुत लाल मिर्च और जीरा को ब्लेंडर में डालकर 20 मि.ली. पानी मिलाकर महीन पीस लें।

पकाने की विधि

हांडी में घी गर्म करके प्याज़ को मध्यम आंच पर तलकर लाल कर लें। पिसे मसाले लाल मिर्च पाउडर और हल्दी मिलाकर एक मिनट चलाएं। टमाटर डालकर तब तक भूनें जब तक मसाला बिलकुल चिकना न हो जाए। इसके बाद गोश्त मिलाकर तब तक भूनें जब तक पूरा पानी सूख न जाए। अब करीब 20 मि.ली. (4 चाय चम्मच) पानी मिलाकर ढक्कन लगा दें और गोश्त को अच्छी तरह पकने दें। गोश्त के पानी को सूख जाने दें। अंदाज से नमक मिला दें। अब वूर्स्टर सॉस, सिरका और चीनी मिलाकर 2 मिनट तक चलाएं।

परोसने का तरीका

व्यंजन को परोसने वाले बर्तन में निकालकर उसके ऊपर तले हुए आलू के टुकड़े छिड़ककर मनपंसद रोटी के साथ परोसें।

मात्रा: 4 व्यक्तियों के लिये
तैयारी का समय: 50 मिनट
पकाने का समय: 30 मिनट

पतरानी मच्छी

तैयारी

मछली: साफ करके धोलें और पोंछ कर सुखा लें।

केले के पत्ते: काट कर धोलें और पोंछकर सुखा लें।

चटनी: नारियल का ऊपर वाला भूरा भाग निकाल दें और नारियल को कस लें। धनिया पत्ते को साफ करके धो और काट लें। हरी मिर्च के डंठल निकाल दें, धो लें, बीचों-बीच काटकर बीज निकाल दें। लहसुन को छीलकर काट लें। इस सारी सामग्री को अन्य बची हुई सामग्री के साथ ब्लेंडर में डालकर महीन पीस लें।

लपेटना: मछली के टुकड़ों के पाकेट में चटनी भर दें। मछली के टुकड़ों के दोनों तरफ चटनी लगा दें। केले के पत्ते पर तेल लगाकर मछली के टुकड़ों को अलग-अलग लपेट लें।

नीबू: धोकर टुकड़े कर लें।

पकाने की विधि

मछली को भाप देने वाले या इडली के बर्तन में 30 मिनट तक भाप में पकाएं।

परोसने का तरीका

केले के पत्ते निकालकर मछली को परोसने वाले बर्तन में निकालकर नीबू के टुकड़ों से सजाकर पेश करें।

सामग्री
800 ग्राम (1¾ पौंड) मछली
90 मि.ली. (6 बड़े चम्मच) माल्ट सिरका
नमक
मछली के टुकड़ों को अलग-अलग ढकने के लिए केला का पत्ता
30 मि.ली. (2 बड़े चम्मच) मूंगफली का तेल
3 नीबू

नारियल की चटनी
100 ग्राम (1¼ कप) ताजा नारियल
50 ग्राम (1 कप) धनिया
6 हरी मिर्च
20 ग्राम (2 बड़े चम्मच) लहसुन
5 ग्राम (1 चाय चम्मच) लाल मिर्च पाउडर
15 ग्राम (7½ चाय चम्मच) साबुत धनिया
15 ग्राम (5 चाय चम्मच) साबुत जीरा
60 मि.ली. (4 बड़े चम्मच) नीबू का रस
नमक
25 ग्राम (2 बड़े चम्मच) चीनी

मात्रा: 4 व्यक्तियों के लिये
तैयारी का समय: 40 मिनट
पकाने का समय: 30 मिनट

धनसाक

सामग्री

750 ग्राम (1 2/3 पौंड) रान का गोश्त
100 ग्राम (½ कप) अरहर दाल
100 ग्राम (½ कप) मसूर दाल
200 ग्राम (1 कप) घी
200 ग्राम (1¼ कप) प्याज़
10 ग्राम (1 बड़ा चम्मच) अदरक
10 ग्राम (1 बड़ा चम्मच) लहसुन
50 ग्राम (2 औंस) आलू
100 ग्राम (3½ औंस) बैंगन
100 ग्राम (3½ औंस) कद्दू
300 ग्राम (1 1/3 कप) टमाटर
5 ग्राम (1 चाय चम्मच) लाल मिर्च पाउडर
3 ग्राम (½ चाय चम्मच) हल्दी
नमक
2 हरी मिर्च
10 दाना गोल मिर्च
50 ग्राम (2 औंस) इमली का गूदा
50 ग्राम (2 औंस) मक्खन
3 ग्राम (1 चाय चम्मच) साबुत जीरा
2 साबुत लाल मिर्च
20 ग्राम (4 चाय चम्मच) धनसाक मसाला
30 ग्राम (½ कप) धनिया

कबाब

300 ग्राम (½ पौंड) गोश्त कीमा
90 ग्राम (½ कप) प्याज़
15 ग्राम (2½ चाय चम्मच) पिसा अदरक और लहसुन
2 ग्राम (1/3 चाय चम्मच) हल्दी
15 ग्राम (¼ कप) धनिया
10 ग्राम (2 बड़े चम्मच) पुदीना
4 हरी मिर्च
30 मि.ली. (2 बड़े चम्मच) वोस्टर सॉस
60 ग्राम 3 स्लाइस सॉस डबल रोटी
1 अंडा
नमक
150 ग्राम (1½ कप) सूखी डबल रोटी
तलने के लिए घी

धनसाक

तैयारी

गोश्त: साफ करके एक इंच के टुकड़ों में काट लें।

दाल: चुन कर चलते हुए नल के पानी में धो लें। सारी दाल को एकसाथ पानी में 30 मिनट के लिए भिगो दें। पानी छान लें।

सब्जियां: प्याज़ को छील धोकर काट लें। अदरक को खुरच धोकर कतर लें। लहसुन को छील कर कतर लें। आलू को छील धोकर चौकोर टुकड़ों में काट लें। बैगन के डंठल निकाल कर, धोकर चौकोर टुकड़ों में काट लें। आलू और बैंगन को पानी में डाल दें। लाल कद्दू को छीलकर चौकोर टुकड़ों में काट लें। टमाटर को धोकर काट लें। हरी मिर्च के डंठल निकाल कर उसे बीच से काटकर बीज निकाल दें। हरा धनिया साफ करके धो लें और काट लें।

सूखा मसाला: तवे पर जीरा और साबूत लाल मिर्च को भून लें। ठंडा होने पर बुरक लें।

कबाब: प्याज़ को छील धोकर अच्छी तरह काट लें। धनिया और पुदीने को साफ करके धोकर काट लें। हरी मिर्च के डंठल निकाल कर धोलें, बीचों बीच काट कर बीज निकाल दें और काट लें। डबलरोटी के किनारों को काटकर निकाल दें और पानी में डुबोकर निचोड़ लें। डबलरोटी के चूरे और घी को छोड़कर अन्य सारी चीजों को अच्छी तरह एक साथ मिला दें। अब इन्हें 20 बराबर भागों में बांटकर गोले बना लें। कड़ाही में घी गर्म करके कबाब को मीठी आंच पर लाल होने तक तल लें।

ओवन को 375° फारेनहाइट पर गर्म कर लें।

ब्राउन चावल: चावल को चुन धोकर नल के चलते हुए पानी में धो लें और 30 मिनट तक पानी में भिगों दें। इसके बाद पानी से छानकर निकाल लें। प्याज को छील धोकर काट लें। एक पैन में चीनी डालकर उसे भूरा हो जाने दें। 180 मि.ली. (¾ कप) पानी डालकर उसे तब तक पकाएं जब तक एकदम चिकना न हो जाए। हांडी घी गर्म करके मध्यम आंच पर प्याज़ को तलकर लाल कर लें। आधे प्याज़ को निकालकर सजाने के लिए अलग रख दें। बचे हुए आधे प्याज़ में दालचीनी, लौंग, नमक और चावल मिलाकर एक मिनट तक चलाएं। भूरी की गई चीनी (केरामल) और 600 मि.ली. (2½ कप) पानी मिलाकर उबलने दें। तब तक उबालें जब तक सारा पानी सूख न जाए। इसे ऊपर से एक गीले कपड़े से ढककर ढक्कन लगा दें और गर्म ओवन पर दम होने के लिए 15 मिनट छोड़ दें।

चावल के लिए

400 ग्राम (2 कप) बासमती चावल
100 ग्राम (½ कप) घी
120 ग्राम (¾ कप) घी
2 टुकड़ा दालचीनी (1 इंच का)
10 लौंग
नमक
20 ग्राम (5 चाय चम्मच) चीनी

पकाने की विधि

एक पैन में घी गर्म करके प्याज़, अदरक और लहसुन को मध्यम आंच पर दो मिनट तक तल लें। गोश्त मिलाकर दस मिनट तक भूनें। इसके बाद दाल, आलू, बैगन, कद्दू, टमाटर, लाल मिर्च, हल्दी, नमक, हरी मिर्च और गोल मिर्च मिलाकर 2-3 मिनट तक भूनें। 1.6 लीटर (6 2/3 कप) के अंदाज से पानी मिलाकर उबलने दें। अब ढककर तब तक पकाएं जब तक गोश्त बिलकुल नरम न हो जाए और दाल और सब्जी बिलकुल मिल न जाए। गोश्त के टुकड़ों को हांडी से अलग निकाल लें। दाल और सब्जी को एक छनने से अलग हांडी में छान लें। इमली मिलाकर अच्छी तरह चला दें। अंदाज से नमक मिला लें।

एक अलग हांडी में मक्खन गर्म करके उसमें सूखा मसाला और धनसाक मसाला डालकर मध्यम आंच पर करीब 30 सेकेंड तक चलाते रहें। पका हुआ गोश्त और घोटी गई दाल सब्जी मिलाकर उबलने दें। आंच कम करके 5 मिनट तक पकने दें।

परोसने का तरीका

व्यंजन को परोसने वाले बर्तन में निकाल कर धनिया से सजाकर 'ब्राउन चावल' के साथ परोसें।

मात्रा: 4 व्यक्तियों के लिये
तैयारी का समय: 1.50 घंटा
पकाने का समय: 1.25 घंटा

* 'मसाला' का खंड देखें।

पंजाब

साभारः मंजीत सिह गिल

पंजाब पांच नदियों का वह प्रदेश है जहां दूध और शहद की नदी बहती है। पंजाब इस उपमहाद्वीप का धन का भंडार है। पंजाब उन लोगों का प्रांत है जो किसी के आगे झुकना नहीं जानते और भारतीय पौरुष के प्रतीक हैं। यह शूर-वीर पुरुषों की धरती है। और इन सबके अलावा पंजाब ही वह जगह है जहां तंदूरी और एक से एक श्रेष्ठ व्यंजन बनाए जाते हैं। यहां की पाक कला पर बाहर से आए आक्रामकों का प्रभाव पड़ा है। यूनान के सिकन्दर से लेकर फ़ारस के नादिर शाह, शेरशाह अफगान और मंगोल बाबर तक।

लगभग एक दशक पहले जब मैं पहली बार लंदन गया था तो वहां ढेर सारे भारतीय रेस्तराँ देखकर बहुत खुशी हुई थी। लेकिन बाद में यह जानने पर कि वे सब छोटे-छोटे ढाबे बंगलादेशी हैं और कीर पाउडर से बनी 'करी' और 'पापड़म' के साथ चावल ही वहां मिलता है तो बहुत निराशा हुई थी। इसके पाँच साल बाद ही मैंने पाया कि उस शहर में यहां-वहां हर जगह अच्छे से अच्छे भारतीय रेस्तराँ भरे हुए हैं। भारत के पंजाब और पाकिस्तान से गए नए तरह के रेस्तराँ व्यवसायियों के कारण वहां रेस्तराओं की बाढ़ सी आ गई। ये लोग वाकई धन्यवाद के पात्र हैं जिनके कारण दुनिया के लोग सर्वश्रेष्ठ भारतीय व्यंजनों के स्वाद से परिचित हो सके। दुनिया के उम्दा व्यंजनों में भारतीय पाक कला अपना जो स्थान बना सकी है उसका श्रेय पंजाबी भोजन द्वारा मार्ग दर्शन को ही है।

मंजीत सिंह गिलः आप ''महारानी एलिजाबेथ द्वितीय'' की दसवीं विश्व यात्रा के प्रमुख सितारा थे। आजकल नई दिल्ली में वेलकम ग्रुप के मौर्य शेरटन के कार्यकारी शेफ़ हैं। यह पद उन्होंने 30 वर्ष की उम्र में ही पा लिया। दल के संचालन में वे काफी माहिर हैं। यह माना जाता है कि गिल ने एक असंतुष्ट दल को अनुशासित किया और उसमें नई जान डाली, बल्कि उसे इस ऊंचाई तक ले गए कि उनकी पाकशाला को भारत की सर्वश्रेष्ठ पाकशालाओं में से एक माना जाता है। दिल्ली के अग्रणी रेस्तरां बुखारा और मयूर उनकी योग्यता के प्रमाण हैं।

पंजाब की दूसरी बड़ी देन सड़क के किनारे पाए जाने वाले ढाबे हैं जिनका राष्ट्रीय और राज्यों के राजमार्गों पर जाल सा बिछा हुआ है। शुरू-शुरू में इन ढाबों में केवल हजारों ट्रक ड्राइवर ही जाया करते थे लेकिन आज इन में खाना फैशन बन गया है। अम्बाले के पूरन सिंह का ढाबा अपने स्वादिष्ट भोजन के लिए पूरे देश में मशहूर है। उसी तरह दिल्ली के 'मोती महल' के 'तंदूरी मुर्गे' को अन्तर्राष्ट्रीय ख्याति प्राप्त है।

पंजाबी खाने में ऐसी कौन सी विशेषता है? उसका एक शब्द में जवाब हैं 'तंदूर'। तंदूर अपने आप में केवल रसोई उपकरण ही नहीं एक सामाजिक संस्था भी है। पंजाब के गाँवों में सामूहिक तंदूर जमीन खोदकर बनाया जाता है। तंदूर भी गाँव के कुएँ की तरह ग्रामीण औरतों के लिए मिलने की जगह होती है। औरतें वहां अपने-अपने घरों से गूंथा हुआ आटा और कभी-कभी मसाला मिला गोश्त पकाने के लिए लाती हैं और आपस में गप-शप करती हैं। और ऐसा केवल गाँवों में ही नहीं होता। अभी कुछ वर्षों पहले तक शहर के मोहल्लों में भी इस तरह के सामुदायिक तंदूर हुआ करते थे। बल्कि कुछ तो आज भी हैं।

पंजाबी व्यंजनों में कुछ गैरतंदूरी व्यंजन भी उतने ही अच्छे और स्वादिष्ट हैं जितने तंदूरी। इनके बारे में खास बात यह है कि ये बनाने में बहुत आसान होते हैं। सरसों का साग (मक्खन मिला सरसों का साग) मक्की की रोटी और लस्सी पंजाब का खास व्यंजन है।

पंजाबी पाक कला को समझने के लिए कई बातें जानने लायक हैं, जैसे पंजाबी खाने के लिए खास शब्द 'पर से' का प्रयोग करते हैं। सब्जी और दाल से बने व्यंजनों को 'चोपड़ा फुल्का' (देसी घी चुपड़ी रोटी) या तंदूरी पराठे के साथ खाते हैं। गोश्त से बने व्यंजनों को बिना घी लगे फुल्के और तंदूरी रोटी के साथ खाते हैं और इसके साथ रायता और ज्यादा से ज्यादा मुट्ठी मार कर तोड़े गए प्याज़ लेते हैं।

पारम्परिक रूप से गोश्त के व्यंजन पुरुष बनाया करते हैं, वह भी छुट्टियों के दिन। अधिकतर औरतें शाकाहारी होने के कारण गोश्त नहीं पकाती हैं। छुट्टियों के दिन बनने वाले खास व्यंजनों में भरवां पराठे, दही, दाल या राजमा के साथ खाए जाते हैं। कभी-कभी पूरी और आलू भी बनाए जाते हैं।

सतिन्दर पाल चौधरी के सहयोग से।

Sorpotel

Vindaloo

Patrani Machchi in plantain leaves

Dhansak

Amritsari Machchi

Masalewalian Chaampan

Patialashahi Meat

अमृतसरी मछली

अजवाइन की सुगंध वाला मछली का यह लोकप्रिय व्यंजन है।

तैयारी

मछली: साफ करके, धोकर ½ इंच मोटे टुकड़े काटकर सुखा लें।

पहला मैरीनेशन: सिरके में नमक मिलाकर मछली को इसमें कम से कम 25 मिनट के लिए छोड़ दें। बाहर निकालकर दो झाड़नों के बीच में रखें और दबाएं जिससे फालतू सिरका निकल जाए। मछली में फालतू सिरका रह जाने से काफी खट्टा हो जाएगा और दूसरा मैरीनेशन बर्बाद हो जाएगा।

दूसरा मैरीनेशन: पिसे हुए अदरक और लहसुन, अजवाइन, लाल मिर्च, हल्दी, गोल मिर्च और नमक को बेसन के साथ मिलाकर उसमें करीब 100 मि.ली. पानी और केसरिया रंग मिलाएं। अब इसका अच्छा लेप तैयार कर लें। इस लेप को कटी हुई मछली के टुकड़ों के दोनों तरफ लगाकर उन्हें एक ट्रे में कम से कम एक-एक इंच की दूरी पर रखें और 20 मिनट के लिए अलग हटा कर रख दें।

नीबू: नीबू को धोकर उसके टुकड़े काट लें।

पकाने की विधि

एक कड़ाही में घी गर्म करके मध्यम आंच पर मछली को कुरकुरा कर लें।

परोसने का तरीका

तली हुई मछली को एक छिछले बर्तन में रखकर ऊपर से चाट मसाला छिड़क दें और नीबू के टुकड़ों के साथ परोसें।

नोट: अमृतसरी मछली को चाय और कॉकटेल के साथ बढ़िया नमकीन के रूप में पेश कर सकते हैं।

* देखें मसाले का खंड।

सामग्री

- 1.2 किलोग्राम (2 2/3 पौंड) मछली
- 120 मि.ली. (½ कप) माल्ट सिरका
- नमक
- 50 ग्राम (3 बड़े चम्मच) पिसा हुआ अदरक
- 50 ग्राम (3 बड़े चम्मच) पिसा हुआ लहसुन
- 10 ग्राम (3 बड़े चम्मच) अजवाइन
- 5 ग्राम (1 चाय चम्मच) लाल मिर्च पाउडर
- 3 ग्राम (½ चाय चम्मच) हल्दी
- 3 ग्राम (½ चाय चम्मच) सफेद गोल मिर्च
- 150 ग्राम (1 कप) बेसन
- दो-चार बूंद केसरिया रंग
- तलने के लिए घी
- 2 नीबू
- चाट मसाला* छिड़कने के लिए

मात्रा: 4 व्यक्तियों के लिये
तैयारी का समय: 45 मिनट
पकाने का समय: 5-6 मिनट हर पारी (lot) के लिए।

मोगेवाला कुकड़

मुर्ग टिक्के को टमाटर, प्याज, शिमला मिर्च और पुदीना पत्ते के साथ छड़ में गूंथकर शाही जीरा के मसाले के साथ पकाया जाता है।

सामग्री

- 1.2 किलोग्राम (2 2/3 पौंड) मुर्गे की छाती
- 450 ग्राम (1 पौंड) टमाटर

225 ग्राम (½ पौंड) प्याज
225 ग्राम (½ पौंड) शिमला मिर्च
25 पुदीना के पत्ते
100 ग्राम (½ कप) घी
4 तेज पत्ता
25 ग्राम (4 चाय चम्मच) पिसा हुआ अदरक
25 ग्राम (4 चाय चम्मच) पिसा हुआ लहसुन
10 ग्राम (1 बड़ा चम्मच) कश्मीरी देगी मिर्च (या पापरिका)
3 ग्राम (1 चाय चम्मच) शाह जीरा
5 ग्राम (1 चाय चम्मच) गरम मसाला
नमक

मात्रा: 4 व्यक्तियों के लिये
तैयारी का समय: 1 घंटा
पकाने का समय: 30 मिनट

तैयारी

मुर्गा: साफ करके चमड़ी और हड्डियां निकाल दें और 1 इंच के टिक्कों में काट लें।

सब्जियां: टमाटर को धो लें, 225 ग्राम टमाटर को चौथाई टुकड़ों में काट कर उसके अंदर का गूदा निकाल दें और 1-1 इंच के टुकड़ों में काट लें। बाकी टमाटर को मसाले के लिए काट लें। एक तिहाई प्याज को छील धोकर चार-चार टुकड़ों में काट लें और उनकी परतें अलग कर दें। बाकी को मसाले के लिए काट लें। शिमला मिर्च के डंठल हटाकर धो लें। दो बराबर भागों में काट कर बीज निकाल दें और एक-एक इंच के टुकड़ों में काट लें। पुदीना को साफ करके धो लें।

छड़ में गूंथना: टिक्कों और सब्जियों को लकड़ी की छड़ में तीन-तीन इंच की दूरी पर इस तरह गूथें: पहले टिक्का, टमाटर, पुदीने का पत्ता, टिक्का, प्याज, पुदीने का पत्ता, फिर टिक्का और शिमला मिर्च।

पकाने की विधि

एक हांडी में घी गर्म करके मध्यम आंच पर प्याज को भूनकर हल्का लाल कर लें। तेज पत्ता और पिसा हुआ अदरक लहसुन मिलाएं और प्याज को सुनहरा लाल हो जाने दें। अब टमाटर और ढेगी मिर्च (पापरिका) मिलाकर तब तक भूनें जब तक मसाला तेल न छोड़ने लगे। छड़ों को पतीली में डालकर तब तक भूनें जब तक मुर्गा नरम न हो जाए। जीरा छिड़क कर चला दें। गरम मसाला छिड़कें। अंदाज से नमक मिला दें।

परोसने का तरीका

छड़ों को एक छिछले बर्तन में रखकर ऊपर से मसाला फैला दें। इसे फुल्का* के साथ परोसें।

* 'रोटी' का खंड देखें।

सामग्री
2 मुर्ग तंदूरी*

शोरबे के लिए
250 ग्राम (9 औंस) मक्खन
50 ग्राम (3 बड़े चम्मच) पिसा हुआ अदरक
50 ग्राम (3 बड़े चम्मच) पिसा हुआ लहसुन

मखनी चूज़े

इसके बारे में आसानी से कहा जा सकता है कि मुर्ग तंदूरी या तंदूरी चिकन के बाद यह सबसे लोकप्रिय मुर्ग व्यंजन है।

तैयारी

मुर्गा: हर मुर्गे के आठ टुकड़े काट लें।

पटियालाशाही गोश्त

सब्जियां: टमाटर को धोकर काट लें। अदरक को खुरचकर धो और काट लें। हरी मिर्च की डंठल निकाल कर धो लें। बीच से काट कर बीज निकालकर कतर लें। धनिया पत्ते को साफ करके धो और काट लें।

1 किलो (4½ कप) टमाटर
नमक
10 ग्राम (1 बड़ा चम्मच) अदरक
8 हरी मिर्च
30 ग्राम (5 चाय चम्मच) पिसा हुआ काजू
3 ग्राम (½ चाय चम्मच) कश्मीरी देगी मिर्च (पापरिका)
150 मि.ली. (2/3 कप) मलाई (क्रीम)
20 ग्राम (1/3 कप) धनिया

पकाने की विधि

आधे मक्खन को एक हांडी में पिघलाएं और उसमें पिसा हुआ अदरक और लहसुन डालकर मध्यम आंच पर तब तक चलाएं जब तक मक्खन सूख न जाए। टमाटर नमक और 500 मि.ली. पानी मिलाकर ढक दें और अच्छी तरह गल जाने तक पकने दें। शोरबे को एक महीन छलनी से दूसरी हांडी में छानकर अलग रख दें।

बचे हुए मक्खन को एक कड़ाही में गर्म करें और उसमें कटे हुए अदरक और हरी मिर्च डालकर मध्यम आंच पर एक मिनट तल लें। पिसा काजू मिलाकर लाल होने तक भून लें। देगी मिर्च मिलाकर चलाएं (देगी मिर्च का इस्तेमाल अच्छा रंग लाने के लिए किया जाता है)। अब इसमें छने हुए शोरबे को मिलाकर खौलने दें। तंदूरी मुर्ग मिलाकर 7-8 मिनट तक पकने दें। मलाई डालकर चलाएं। अंदाज से नमक मिला दें।

परोसने का तरीका

व्यंजन को एक डोंगे में निकालकर धनिया पत्ते से सजाएं और नान** के साथ परोसें।

मात्रा: 4 व्यक्तियों के लिये
तैयारी का समय: 20 मिनट (इसके अलावा मुर्गे को रोस्ट करने का समय)
पकाने का समय: 45 मिनट

* 'कबाब' का खंड देखें।
** 'रोटी' का खंड देखें।

पटियालाशाही गोश्त

यह पटियाला राजघराने की वैभवशाली रसोई का व्यंजन है जो विख्यात भोजनप्रेमी महाराजा भूपेन्द्र सिंह को बेहद प्रिय था।

सामग्री
1.2 किलो (2 2/3 पौंड) रान का गोश्त
125 ग्राम (2/3 कप) घी
नमक
25 ग्राम (4 चाय चम्मच) पिसा हुआ अदरक
25 ग्राम (4 चाय चम्मच) पिसा हुआ लहसुन
4 बड़ी इलायची
5 लौंग

तैयारी

गोश्त: साफ करके हड्डियां निकाल दें और एक इंच के टुकड़ों में काट लें।

सब्जियां: प्याज को छील, धोकर काट लें। टमाटर को धोकर काट लें। अदरक को खुरचकर धो लें और पतले-पतले गोल टुकड़े काट लें। धनिया को साफ करके धोकर काट लें।

मसालेवालियाँ चॉप

2 तेज पत्ता	
2 टुकड़ा दाल चीनी (1 इंच का)	
3 ग्राम (1 चाय चम्मच) काली गोल मिर्च	
5 ग्राम (1 चाय चम्मच) लाल मिर्च पाउडर	
3 ग्राम (½ चाय चम्मच) हल्दी	
20 ग्राम (4 चाय चम्मच) धनिया पाउडर	
250 ग्राम (1 कप) टमाटर	
20 ग्राम (2 बड़े चम्मच) अदरक	
12 ग्राम (2 बड़े चम्मच) जीरा	
20 ग्राम (½ कप) धनिया	

गोल मिर्च: पीस लें।

जीरा: ब्लेंडर में महीन पाउडर बना लें।

पकाने की विधि

एक पतीली में घी गर्म करें और उसमें गोश्त, प्याज और नमक डालकर मीठी आंच पर भूनकर हल्का लाल कर लें। पिसा हुआ अदरक और लहसुन मिलाकर 8-10 मिनट तक भूनें। इलायची, लौंग, तेज पत्ता, दालचीनी और गोलमिर्च मिलाकर 30 सेकेंड चलाएं। इसके बाद 750 मि.ली. पानी मिलाकर ढककर गोश्त के नरम होने तक पकने दें। बीच-बीच में चलाते रहें। बोटी को शोरबे से निकालकर गोश्त एक तरफ रख दें। शोरबे में लाल मिर्च और हल्दी मिला दें। इसके बाद धनिया पाउडर मिलाकर चला दें। आंच तेज करके मध्यम कर दें और टमाटर मिलाकर पूरी तरह गल जाने तक भूनते रहें। 60 मि.ली. पानी मिलाकर पकने दें।

इस बीच 2 इंच की लकड़ी की छड़ में दो बोटियों के बीच में अदरक के पतले गोल कतरे भी गूंथ लें। अब इन छड़ों को शोरबे में डालकर करीब 5 मिनट तक पकने दें। छड़ को बीच-बीच में ठीक समय पर पलट दें। जीरा पाउडर मिलाकर एक मिनट तक चलाएं। अंदाज से नमक मिला दें।

मात्रा: 4 व्यक्तियों के लिये
तैयारी का समय: 30 मिनट
पकाने का समय: 1.45 घंटा

परोसने का तरीका

गोश्त गुंथे छड़ों को एक चपटे बर्तन में रखकर ऊपर से शोरबा डाल दें और धनिया पत्ते से सजाकर तंदूरी परांठे* के साथ परोसे।

* 'रोटी' का खंड देखें।

मसालेवालियाँ चॉप

सामग्री

1.2 किलो (2 2/3 पौंड) गोश्त चॉप	
175 ग्राम (1 कप) प्याज	
120 ग्राम (½ कप) टमाटर	
50 ग्राम (3 बड़े चम्मच) पिसा हुआ अदरक	
50 ग्राम (3 बड़े चम्मच) पिसा हुआ लहसुन	
225 ग्राम (1 कप) दही	
नमक	

इस व्यंजन के गोश्त की चॉप को उनकी अपनी चर्बी में ही पकाते हैं। यह एक अनोखा व्यंजन है क्योंकि इसे पकाने में अलग से घी या तेल इस्तेमाल नहीं करतें।

तैयारी

गोश्त: साफ़ करके 2 पसलियों का चॉप बना लें।

सब्जियां: प्याज़ को छील, धोकर काट लें। टमाटर को भी धोकर काट लें।

दही: एक कटोरे में फेंट लें।

जीरा: ब्लेंडर में डालकर महीन पाउडर बना लें।

सजाने के लिए: अदरक को खुरच, धोकर लम्बे, पतले टुकड़े काट लें और तुरंत नीबू के रस में भिगो दें। तब तक भिगोए रखें जब तक चॉप बनकर तैयार न हो जाए।

5 ग्राम (1 चाय चम्मच) लाल मिर्च पाउडर
6 ग्राम (2 चाय चम्मच) साबुत जीरा
5 ग्राम (1 चाय चम्मच) गरम मसाला
सजाने के लिए
20 ग्राम (2 बड़े चम्मच) अदरक
15 मि.ली. (1 बड़ा चम्मच) नीबू का रस

पकाने का तरीका

जीरा, गरम मसाला और सजाने की सामग्री को छोड़कर बाकी सारी चीजों को कड़ाही में डालकर उबालें। ढक्कन लगाकर तब तक पकने दें जब तक गोश्त नरम न हो जाए। चॉप को अलग निकालकर रख दें। मसाले को तब तक भूनें जब तक आधा पानी न सूख जाए। जीरा डालकर एक मिनट चलाएं, चॉप को फिर कड़ाही में डालकर 3 मिनट तक पकाएं। गरम मसाला छिड़ककर चला दें। अंदाज से नमक मिला दें।

परोसने का तरीका

गोश्त चॉप को एक चपटे बर्तन में निकालकर ऊपर से मसाला फैला दें। मेरीनेटेड (नीबू के रस में भीगे) अदरक से सजाकर फुलके या तंदूरी रोटी के साथ परोसें।

मात्रा: 4 व्यक्तियों के लिये
तैयारी का समय: 25 मिनट
पकाने का समय: 1.10 घंटा

* 'रोटी' का खंड देखें।

मीट बेली राम

विभाजन के पहले जिन्हें पंजाबी खाने का निर्विवाद बादशाह माना जाता था, लाहौर के महान पाक विशेषज्ञ बेली राम द्वारा बनाया गया गोश्त का यह व्यंजन किसी भी भोज का अनिवार्य अंग था। उन्हीं की याद में इस व्यंजन को हम प्रस्तुत कर रहे हैं।

सामग्री
1.2 किलो (2 2/3 पौंड) गोश्त (मिला हुआ)
600 ग्राम (2 1/3 कप) दही
500 ग्राम (3 कप) प्याज
70 ग्राम (7 बड़े चम्मच) अदरक
50 ग्राम (5 बड़े चम्मच) लहसुन
10 छोटी इलायची
5 लौंग
2 टुकड़ा दालचीनी (1 इंच का)
नमक
10 ग्राम (2 चाय चम्मच) कश्मीरी देगी मिर्च (या पापरिका)
125 ग्राम (2/3 कप) घी
15 ग्राम ($7\frac{1}{2}$ चाय चम्मच) साबुत धनिया

तैयारी

गोश्त: साफ करके छाती और पीठ के गोश्त को $1\frac{1}{2}$ इंच के टुकड़ों में काट लें। टुकड़ों को साफ कर लें।

दही: एक बड़े कटोरे में फेंट ले।

सब्जियां: प्याज को छील, धोकर काट लें, अदरक को खुरच, धोकर काट लें। लहसुन को धोकर कतर लें।

पेशावरी छोले

मैरीनेशन: साबुत धनिया और घी को छोड़कर बाकी सारी चीजें दही में मिला दें और गोश्त के टुकड़ों को इसमें करीब 1.45 घंटे तक डालकर छोड़ दें।

पकाने की विधि

एक हांडी में घी गर्म करके उसमें साबुत धनिया को मिलाएं और मध्यम आंच पर उसे कड़कने दें। मैरीनेड समेत गोश्त को उसमें डालकर उबलने दें और लगातार चलाते रहें। इसके बाद ढककर पकने दें। जब तक गोश्त पक न जाए बीच-बीच में चलाते रहें। ढक्कन हटाकर, आंच बढ़ाकर, मध्यम कर दें और तब तक भूनते रहें। जब तक मसाला घी न छोड़ दे। अंदाज से नमक मिला दें।

मात्रा: 4 व्यक्तियों के लिये
तैयारी का समय: 2 घंटे
पकाने का समय: 1.15 घंटे

परोसने का तरीका

व्यंजन को परोसने वाले बर्तन में निकालकर तंदूरी रोटी* के साथ परोसें।

* 'रोटी' का खंड देखें।

पेशावरी छोले

सफेद चने और गोश्त के कीमे से बने इस व्यंजन को मैंने अपनी माँ के संकलन से लिया है। इस खंड के मेरे सहयोगी लेखकों ने इसे पूर्णता प्रदान की है।

सामग्री

- 150 ग्राम (¾ कप) सफेद चना
- एक चुटकी सोडा बाइ-कार्ब
- नमक
- 50 ग्राम (¼ कप) घी
- 10 ग्राम (1¾ चाय चम्मच) पिसा हुआ अदरक
- 10 ग्राम (1¾ चाय चम्मच) पिसा हुआ लहसुन
- 3 ग्राम (½ चाय चम्मच) लाल मिर्च पाउडर
- छिड़कने के लिए गरम मसाला

बुके गरनी

चने

- 2 चाय की थैलियाँ
- 4 बड़ी इलायची
- 2 टुकड़ा दालचीनी (1 इंच का)
- 2 तेज पत्ता

गोश्त के टुकड़े कीमा के लिए

- 400 ग्राम (14 औंस) गोश्त के टुकड़े

तैयारी

चना: चुनकर नल के चलते हुए पानी में धो लें और रातभर पानी में भिगो रखें।

चॉप को एक मलमल के टुकड़े से बाँध दें।

कीमा: प्याज़ को छील, धोकर काट लें। टमाटर को भी धोकर काट लें।

सजाने के लिए: अदरक को खुरच, धोकर बारीक काट लें। हरी मिर्च को धोकर एक ओर से काट लगा दें। अमचूर और नमक को एक साथ मिलाकर कटी हुई हरी मिर्च में भर दें।

एक फ्राइंग पैन में घी गर्म करके कटे हुए बारीक अदरक को मध्यम आंच पर सुनहरा लाल तल कर निकाल लें। अब उसी तेल में भरी हुई हरी मिर्च को तलकर (करीब 1 मिनट) एकदम हरा कर लें।

पकाने की विधि

भिगोए हुए चने को हांडी में डालकर उसमें सोडा बाइकार्ब, नमक और 500 मि.ली. पानी मिलाकर उबलने के लिए चढ़ा दें। आंच कम करके मलमल की पोटली उसमें डुबोकर बंद कर दें। चना पक जाए तो हांडी को उतार लीजिए। (चाय की थैली का इस्तेमाल रंग लाने के लिए किया जाता है।) पोटली को हांडी से निकाल दें।

एक कड़ाही में घी गर्म करके उसमें पिसा हुआ अदरक और लहसुन डालकर मध्यम आंच पर 30 सेकेंड तक भूनें। लाल मिर्च और पानी मिलाकर 4-5 मिनट तक भूनते रहें। इसके बाद उबला हुआ चना मिलाकर धीरे-धीरे 3-4 मिनट तक भूनें। गरम मसाला मिला कर एक मिनट सावधानी से चलाएं ताकि टूट न जाए।

गोश्त तैयार करने के लिए एक अलग कड़ाही में घी गर्म करें और उसमें गोश्त के टुकड़े मिलाकर मध्यम आंच पर 2-3 मिनट तल लें। 200 मि.ली. पानी मिलाकर चलाएं और तब तक पकने दें जब तक आधा पानी सूख न जाए। इसके बाद गरम मसाले को छोड़कर दूसरी सारी चीजें मिलाकर पकने दें। जब सारा पानी सूख जाए तो आंच को तेज करके भूनना शुरू करें और तब तक भूनें जब तक तेल गोश्त से अलग न हो जाए। अब थोड़ा सा (75 मि.ली. के करीब) पानी मिलाकर एक मिनट तक चलाएं। (अंतिम बार मिलाए पानी से गोश्त मुलायम और रसभरा बनेगा।) अंदाज से नमक मिला दें। ऊपर से गरम मसाला मिलाकर चला दें।

75 ग्राम (6 बड़े चम्मच) घी
50 ग्राम (1/3 कप) प्याज
10 ग्राम (1¾ चाय चम्मच) पिसा हुआ अदरक
10 ग्राम (1¾ चाय चम्मच) पिसा हुआ लहसुन
5 ग्राम (1 चाय चम्मच) धनिया
120 ग्राम (½ कप) टमाटर
नमक
5 ग्राम (1 चाय चम्मच) गरम मसाला

सजाने के लिए

10 ग्राम (1 बड़ा चम्मच) अदरक
4 हरी मिर्च
5 ग्राम (1 चाय चम्मच) अमचूर
नमक
तलने के लिए घी

परोसने का तरीका

एक डोंगे में चने की एक परत बिछाकर ऊपर से गोश्त के टुकड़ों को फैला दें। बारीक कटे अदरक और तली हुई भरवाँ हरी मिर्च से सजाकर भटूरे, कुल्चे या पुरी* के साथ परोसें।

मात्रा: 4 व्यक्तियों के लिये
तैयारी का समय: 25 मिनट
पकाने का समय: 1.45 घंटे

* 'रोटी' का खंड देखें।

रारहा मीट

पाक कला में अपनी निपुणता प्रमाणित करने के लिए गोश्त के इस व्यंजन को पंजाबी मर्द बनाना पसंद करते हैं। यह व्यंजन हिन्दुस्तानी पाक कला में भूनने के महत्व का अच्छा उदाहरण है।

सामग्री

1.2 किलो (2 2/3 पौंड) गोश्त (फालतू टुकड़े)
150 ग्राम (2/3 कप) दही

सरसों का साग

नमक
| 150 ग्राम (¾ कप) घी
| 10 छोटी इलायची
| 4 बड़ी इलायची
| 2 तेजपत्ता
| 250 ग्राम (½ कप) प्याज
| 50 ग्राम (3 बड़े चम्मच) पिसा हुआ अदरक
| 50 ग्राम (3 बड़े चम्मच) पिसा हुआ लहसुन
| 25 ग्राम (5 चाय चम्मच) धनिया पाउडर
| 5 ग्राम (1 चाय चम्मच) लाल मिर्च पाउडर
| 3 ग्राम (½ चाय चम्मच) हल्दी
| 400 ग्राम (¾ कप) टमाटर
| 20 ग्राम (2 बड़े चम्मच) अदरक
| 20 ग्राम (2 बड़े चम्मच) लहसुन
| 10 ग्राम (2 चाय चम्मच) जीरा पाउडर
| 4 साबुत लाल मिर्च

तैयारी

गोश्त: साफ करके छाती और पीठ के हिस्से को 1½ इंच के टुकड़ों में काट लें। चॉप को साफ कर लें।

मैरीनेशन: एक बड़े कटोरे में दही को फेंटकर उसमें नमक मिला दें। अब इसमें गोश्त को डालकर करीब 90 मिनट के लिए रख छोड़ें।

सब्जियाँ: प्याज़ को छील, धोकर काट लें। टमाटर को धोकर काट लें। अदरक को खुरच, धोकर काट लें। लहसुन को छीलकर कतर लें।

पकाने की विधि

एक पतीली में घी गर्म करें और उसमें छोटी इलायची, बड़ी इलायची और तेज पत्ता डालकर 10 सेकेंड तक मध्यम आंच पर तल लें। प्याज़ डालकर हल्का लाल होने तक तल लें। पिसा हुआ अदरक और लहसुन मिलाकर तब तक चलाएं जब तक पानी एकदम सूख न जाए। धनिया, लाल मिर्च पाउडर और हल्दी मिलाकर चलाएं। अब मैरीनेड समेत गोश्त हांडी में डालकर उबलने दें, आंच कम कर दें और ढक्कन लगाकर मुलायम हो जाने तक पकने दें (थोड़ी-थोड़ी देर में 30 मि.ली. पानी मिलाते रहें ताकि गोश्त बर्तन से चिपके नहीं)। अब टमाटर, कतरा हुआ अदरक और लहसुन मिलाकर चला दें और तब तक भूनें जब तक गोश्त मसाले में पूरी तरह न मिल जाए। जीरा और साबुत मिर्च मिलाकर एक मिनट चलाएं और अंदाज से नमक मिला दें।

परोसने का तरीका

व्यंजन को एक चपटे बर्तन में निकालकर तंदूरी रोटी* के साथ परोसें।

* 'रोटी' का खंड देखें।

मात्रा: 4 व्यक्तियों के लिये
तैयारी का समय: 2 घंटे
पकाने का समय: 1.45 घंटे

सामग्री
| 1 किलो (2¼ पौंड) सरसों का साग
| 250 ग्राम (9 औंस) पालक

सरसों का साग

पंजाबी किसानों का जाड़े का खाना—मक्खन में बना हुआ सरसों का साग आज राष्ट्रीय पसंद की चीज हो गई है। सरसों का साग थोड़ा कड़ुआ जरूर होता है लेकिन होता बहुत स्वास्थ्यवर्धक और स्वा!दिष्ट है।

8 हरी मिर्च

ग्राम (2 औंस) अदरक

नमक

20 ग्राम (2 बड़े चम्मच) मक्की का आटा

5 ग्राम (1 चाय चम्मच) लाल मिर्च पाउडर

225 ग्राम (1 कप) मक्खन

तैयारी

सरसों और पालक का साग: साफ़ करके नल के बहते पानी में धो लें। साग को काट लें। साग के डंठल को बारीक काट लें। मोटे डंठल को फेंक दें।

बची हुई सब्जियां: हरी मिर्च के डंठल निकाल कर धो लें। अदरक को खुरच, धोकर दो तिहाई हिस्सा कतर लें और बाकी को बारीक-बारीक काट लें।

पकाने की विधि

सरसों और पालक के साग को 4 हरी मिर्च, कतरे हुए अदरक, नमक और 2 लीटर पानी के साथ हांडी में डालकर उबलने के लिए चढ़ा दें। ढककर साग को करीब 1.45 घंटे तक पकने दें। आंच से उतार लें। पानी बचा हो तो उसे अलग निकालकर रख दें। अब पानी छने साग को बलेंडर में डालकर पीस लें। इसे हांडी में डालकर मक्की का आटा, लाल मिर्च और बची हुई हरी मिर्च डालकर अच्छी तरह मिला दें। अब फिर आंच पर चढ़ाकर छाना हुआ पानी और 100 ग्राम मक्खन मिला दें। ढककर पकने दें। बीच-बीच में चला दिया करें। 30 मिनट तक रुक-रुक कर चलाने के बाद अंदाज से नमक मिला दें।

इसी बीच साग को छौंक लगाने के लिए फ्राइंग पॅन में 100 ग्राम मक्खन गर्म करके उसमें बारीक कटे अदरक को मध्यम आंच पर 2-3 मिनट तलकर पकते हुए सरसों के साग में डाल दें। अच्छी तरह चला दें।

परोसने का तरीका

साग को डोंगे में निकालकर बचे हुए मक्खन से सजा दें और गरमा-गरम मक्की की रोटी के साथ परोसें।

मात्रा: 4 व्यक्तियों के लिये
तैयारी का समय: 30 मिनट
पकाने का समय: 2.30 घंटे

नोट: मक्की की रोटी तंदूर या तवे पर सेकी ज सकती है। मक्की के आटे में नमक मिलाकर गुनगुने पानी से अच्छी तरह गूंथ लें। तंदूरी रोटी या फुल्के की तरह इसे भी सेक लें। तवे पर बनाए जाने पर यह फुल्के की तरह फूल नहीं पाएगी।

हरा छोलिया ते पनीर

जाड़े में पंजाबी गृहणियां सुबह का अधिकांश समय ताजे हरे चने (छोलिया) छीलकर दाने निकालने में लगाती हैं। ताजा हरे चने से कई तरह के स्वादिष्ट

सामग्री

600 ग्राम (1 1/3 पौंड) छोलिया (ताजा बंगाल का चना)

मसालेदार करेले

300 ग्राम (2/3 पौंड) पनीर*
100 ग्राम (½ कप) घी
100 ग्राम (2/3 कप) हरा प्याज
20 ग्राम (3½ चाय चम्मच) पिसा हुआ अदरक
20 ग्राम (3½ चाय चम्मच) पिसा हुआ लहसुन
5 हरी मिर्च
3 ग्राम (½ चाय चम्मच) लाल मिर्च पाउडर
नमक
50 मि.ली. (2 औंस) टमाटर गूदा
10 ग्राम (2 चाय चम्मच) जीरा पाउडर
3 ग्राम (½ चाय चम्मच) गरम मसाला
10 ग्राम (1 बड़ा चम्मच) अदरक
20 ग्राम (1/3 कप) हरा धनिया

व्यंजन बनाए जाते हैं। इसे गोश्त, आलू और अंडे के साथ बनाने के अलावा परांठे में भरते हैं, पुलाव में डालते हैं और घरेलू पनीर के साथ तो इसकी लाजवाब सब्जी बनती है।

तैयारी

छोलिया: दाने निकाल कर धो लें।

पनीर: आधे इंच के टुकड़ों में काट लें।

बची हुई सब्जियां: हरे प्याज़ को छीलकर धो लें और काट लें। हरी पत्तियों को निकालकर फेंक दें। हरी मिर्च के डंठल निकाल कर धो लें। बीच से काटकर बीज निकाल दें और कतर लें। अदरक को खुरच, धोकर बारीक लम्बे टुकड़ों में काट लें। धनिया को साफ करके धोकर कतर लें।

पकाने की विधि

एक पतीली में घी गर्म करके प्याज़ को मध्यम आंच पर तलकर हल्का लाल कर लें। पिसा हुआ अदरक और लहसुन डालकर भून लें। हरी मिर्च डालें। लाल मिर्च और नमक डालकर चलाएं। अब टमाटर का गूदा मिलाकर तब तक भूनें जब तक मसाला तेल न छोड़ने लगे। इसके बाद चना मिलाकर 5 मिनट तक भूनें और 240 मि.ली. पानी मिलाकर उबलने दें। आंच मध्यम करके नरम हो जाने तक पकने दें। अब पनीर मिलाकर एक मिनट तक चलाएं। आंच बिल्कुल कम करके 5 मिनट तक पकने दें। अंदाज से नमक मिलाकर ऊपर से जीरा और गरम मसाला छिड़ककर एक मिनट चला दें।

मात्रा: 4 व्यक्तियों के लिये
तैयारी का समय: 35 मिनट (इसके अलावा चने छीलने का समय। हरा चना बंद डिब्बों में भी मिलता है।)
पकाने का समय: 30 मिनट

परोसने का तरीका

व्यंजन को हांडी से निकालकर अदरक और धनिया से सजाकर फुल्के या तंदूरी रोटी के साथ परोसें।

* 'दूध' का खंड देखें।
** 'रोटी' का खंड देखें।

सामग्री
1 किलो (2¼ पौंड) करेला (मझोले आकार के)
नमक

मसालेदार करेले

करेले के इस लाजवाब व्यंजन में उसके बाहर की खुरचन और मसालेदार प्याज़ भरते हैं। रक्त को शुद्ध करने के लिए करेले का प्रयोग आयुर्वेदिक और यूनानी

दवाओं में होता है। इसके अलावा इसमें स्वस्थ सुंदर भारतीय त्वचा का राज़ भी छुपा हुआ है।

16 छोटे प्याज
तलने के लिए मूंगफली का तेल

भरने के लिए
300 ग्राम (1¾ कप) प्याज
5 ग्राम (1 चाय चम्मच) अमचूर
3 ग्राम (½ चाय चम्मच) काली मिर्च
3 ग्राम (½ चाय चम्मच) लाल मिर्च पाउडर
3 ग्राम (½ चाय चम्मच) हल्दी

तैयारी

करेले: धोकर खुरच लें और खुरचन को अलग रख लें। एक ओर से लम्बाई में बीचोंबीच काट लें। करेले पर नमक रगड़कर खुरचन के साथ मिलाकर आधे घंटे के लिए धूप में रख दें। अब उनको और खुरचन को अलग-अलग झाड़नों में लपेटकर अच्छी तरह निचोड़ दें जिससे उनके अंदर का सारा पानी निचुड़ जाए (ऐसा करने से करेले का कड़वापन भी काफी हद तक कम हो जाता है)।

छोटे प्याज़: छील कर धोलें।

भराव: प्याज़ को छील, धोकर कूटें और दरदरा कर लें।

सामग्री: इसमें दूसरी चीजें भी मिला दें।

भरना: भरने के मसाले का तीन चौथाई हिस्सा करेलों में बराबर-बराबर भरकर, धागे से बांध दें ताकि भरा हुआ मसाला बाहर न निकले।

पकाने की विधि

एक कड़ाही में तेल गर्म करके भरे हुए करेले को मध्यम आंच पर सावधानी से उलट-पलटकर तल लें। करेले अच्छी तरह पक जाने चाहिए। निकालकर अलग रख दें। अब कड़ाही के बचे हुए तेल में ही (जरूरत हो तो और तेल डाल लें) बचे मसाले, करेले की खुरचन और छोटे प्याज़ को भून लें और भरे हुए करेले को उसमें मिलाकर 2 मिनट तक चला दें।

परोसने का तरीका

मसालेदार करेले को एक चपटे बर्तन में निकाल लें। तले हुए छोटे प्याज़ को करेले के ऊपर सजा दें। इसे खाने के साथ परोसें।

मात्रा: 4 व्यक्तियों के लिये
तैयारी का समय: 1.15 घंटे
पकाने का समय: 40 मिनट

नोट: करेले में कई तरह की दूसरी चीजें भी भरी जा सकती हैं। दूसरा लोकप्रिय भरवां आलू और कीमा है।

सामग्री

1 किलोग्राम (2¼ पौंड) (बड़े-बड़े गोल बैंगन)
150 ग्राम (¾ कप) घी
3 ग्राम (1 चाय चम्मच) साबुत जीरा
120 ग्राम (¾ कप) प्याज
10 ग्राम (1 बड़ा चम्मच) अदरक
5 ग्राम (1 बड़ा चम्मच) कश्मीरी देगी मिर्च (या पापरिका)
नमक
500 ग्राम (2¼ चाय चम्मच) टमाटर
4 हरी मिर्च
20 ग्राम (1/3 कप) धनिया

मात्रा: 4 व्यक्तियों के लिये
तैयारी का समय: 25 मिनट
पकाने का समय: 20 मिनट

भरता

कोयले पर भूने गए इस भरते में प्याज़ और टमाटर डाले जाते हैं।

तैयारी

बैंगन: बैंगन को छड़ में गूंथकर उस पर थोड़ा-सा घी मलें और तंदूर की मध्यम आंच पर उसे तब तक भूनें जब तक बैंगन के छिलके खुद उतरने न लगें। (कोयले के चूल्हे गैस के चूल्हे और ओवन पर भी बैंगन भूना जा सकता है। हाँ, यह बात जरूर है कि गैस के चूल्हे और ओवन में भूनने से उसमें सोंधापन नहीं आ पाएगा।) बैंगन को छड़ निकालकर ठंडा होने के लिए पानी में डाल दें। इसके बाद छिलके और डंठल निकाल लें और मसल लें। (मसलने के बाद बचा बैंगन, अंदाज से 400 ग्राम होगा।)

बची हुई सब्जियां: छील, धोकर प्याज़ को काट लें। अदरक को खुरच, धोकर कत लें। टमाटर को भी धोकर काट लें। हरी मिर्च के डंठल निकाल कर धो लें। बीच से काटकर, बीज निकालकर, कतर लें। धनिया पत्ते को साफ करके धोकर कतर लें।

पकाने की विधि

कड़ाही में घी गर्म करके उसमें साबुत जीरा डालकर कड़कड़ाने दें। प्याज़ डालकर पारदर्शी होने तक तल लें, अदरक डालकर 30 सेकेंड तक चलाएं। आंच कम करके देगी मिर्च और नमक मिलाकर चलाएं। टमाटर डालकर तब तक भूनें जब तक तेल बर्तन के किनारों को न छोड़ने लगे। अब मसले हुए बैंगन को मिलाकर करीब 4-5 मिनट तक भूनें। हरी मिर्च मिलाकर चलाएं और अंदाज़ से नमक मिला दें।

परोसने का तरीका

परोसने वाले बर्तन में निकालकर, कटे हुए धनियापत्तों से सजाकर तंदूरी रोटी या फुल्के* के साथ परोसें।

नोट: अच्छा भरता बनाने के लिए यह जरूरी है कि बैंगन हल्के, बड़े और गोल हों। भारी बैंगन में प बीज होते हैं जिससे व्यंजन का स्वाद ही खराब हो जाएगा।

* 'रोटी' का खंड देखें।

कढ़ी

यह व्यंजन बेसन तथा दही के घोल में पकौड़े डालकर बनाया गया है।

तैयारी

दही: एक कटोरे में फेंट लें। बेसन, लाल मिर्च, हल्दी और नमक डालकर अच्छी तरह मिला लें।

सब्जियां: आलू और प्याज़ को छील, धोकर चौथाई इंच के गोलाकार टुकड़ों में काट लें।

पकौड़ा: अदरक को खुरच, धोकर अच्छी तरह कतर लें, हरी मिर्च के डंठल निकाल दें। बीचों-बीच से काटकर बीज निकाल दें और कतर लें। बेसन और सोडा बाइ-कार्ब को एक साथ छान लें। अजवाइन, कसूरी मेथी और आवश्यकतानुसार पानी मिलाकर गाढ़ा घोल तैयार कर लें। बची हुई सामग्री डाल कर अच्छी तरह मिला लें।

कड़ाही में घी गर्म करके 1½ इंच के पकौड़े सुनहरे लाल तल लें और निकालकर अलग रख दें।

पकाने की विधि

हांडी में घी गर्म करके उसमें दही का मिश्रण और लगभग 800 मि.ली. पानी डालकर उबलने दें। आंच कम करके 8-10 मिनट तक पकने दें। चलाना लगातार जारी रखें नहीं तो दही के थक्के बन जाएंगे। आलू मिलाकर उबलने दें। आंच कम करके 8-10 मिनट तक पकाएं। अब प्याज़ मिलाकर तब तक खदकाएं जब तक आलू पक न जाएं। पकौड़े मिलाकर दो मिनट तक चलाएं। अंदाज से नमक मिला दें।

कढ़ी में छौंक लगाने के लिए एक फ्राइंग पेन में घी गर्म करके मध्यम आंच पर सारे साबुत मसाले, (जीरा, मेथी, सरसों) डालकर कड़काएं। लाल मिर्च मिलाकर चलाएं और आंच से हटाकर खौलती हुई कढ़ी में छौंक लगा दें। कढ़ी को अच्छी तरह चला दें।

परोसने का तरीका

कढ़ी को डोंगे में निकालकर गरमा-गरम चावल के साथ परोसें।

नोट: मारवाड़ी लोग कढ़ी में प्याज की जगह एक चुटकी हींग मिलाते हैं।

सामग्री

- 350 ग्राम (1½ कप) दही (1 दिन का बासी)
- 60 ग्राम (6 बड़े चम्मच) बेसन
- 50 ग्राम (¼ कप) घी
- 5 ग्राम (1 चाय चम्मच) लाल मिर्च पाउडर
- 3 ग्राम (½ चाय चम्मच) हल्दी
- नमक
- 150 ग्राम (5 औंस) आलू
- 150 ग्राम (5 औंस) प्याज़

पकौड़े के लिए

- 75 ग्राम (½ कप) बेसन
- एक चुटकी सोडा बाइ-कार्ब
- नमक
- 2 ग्राम (¾ चाय चम्मच) अजवाइन
- 2 ग्राम (1 चाय चम्मच) कसूरी मेथी
- 5 ग्राम (1½ चाय चम्मच) अदरक
- 5 हरी मिर्च
- तलने के लिए घी

छौंक लगाने के लिए

- 25 ग्राम (5 चाय चम्मच) घी
- 3 ग्राम (1 चाय चम्मच) जीरा
- 1 ग्राम (¼ चाय चम्मच) मेथी
- 1 ग्राम (¼ चाय चम्मच) सरसों
- 4 साबुत लाल मिर्च

मात्रा: 4 व्यक्तियों के लिये
तैयारी का समय: 45 मिनट
पकाने का समय: 35 मिनट

सामग्री

30 ग्राम (7 बड़े चम्मच) मूंग दाल (साबुत)

30 ग्राम (7 बड़े चम्मच) मसूर दाल (साबुत)

30 ग्राम (7 बड़े चम्मच) उड़द दाल (साबुत)

30 ग्राम (7 बड़े चम्मच) चना दाल

30 ग्राम (7 बड़े चम्मच) अरहर दाल

75 ग्राम (6 बड़े चम्मच) घी

3 ग्राम (1 चाय चम्मच) शाह जीरा

50 ग्राम (1/3 कप) प्याज

10 ग्राम (2 चाय चम्मच) धनिया पाउडर

3 ग्राम (½ चाय चम्मच) लाल मिर्च पाउडर

3 ग्राम (½ चाय चम्मच) हल्दी

नमक

5 ग्राम (1 चाय चम्मच) जीरा पाउडर

5 ग्राम (1 चाय चम्मच) सौंफ पाउडर

20 ग्राम (1/3 कप) धनिया

छौंक लगाने के लिए

60 ग्राम (4 बड़े चम्मच) मक्खन

60 ग्राम (¼ कप) टमाटर

ग्राम (½ कप) दही

3 ग्राम (½ चाय चम्मच) गरम मसाला

मात्रा: 4 व्यक्तियों के लिये
तैयारी का समय: 1 घंटा
पकाने का समय: 2.30 घंटे

पंचरत्नी दाल

इस खास किस्म की दाल में पाँच तरह की दालें मिलाते हैं।

तैयारी

दाल: चुनकर नल के चलते हुए पानी में धो लें और एक घंटे के लिए पानी में भिगो दें।

सब्जियां: प्याज़ को छील, धोकर कतर लें। धनिया पत्ते को साफ करके धोकर कतर लें।

बघार: बघार लगाने के लिए टमाटर धोकर काट लें। दही को एक कटोरे में फेंट लें।

पकाने की विधि

हांडी में घी गर्म करके मध्यम आंच पर जीरा का तड़का दें। प्याज़ डालकर हल्का लाल तल लें। सारी दालों को मिलाकर 4-5 मिनट तक भूनें। अब करीब 2 लीटर पानी मिलाकर उबलने दें। आंच कम करके ऊपर आ गए छिलकों को निकाल दें। धनिया पाउडर, लाल मिर्च, हल्दी और नमक मिला दें। अब ढककर तब तक पकने दें जब तक दालें नरम न हो जाएं और दो तिहाई पानी सूख न जाए। लकड़ी के चम्मच से दाल को हल्के-हल्के मसल दें। जीरा और सौंफ पाउडर मिलाकर 2-3 मिनट तक चलाएं। अंदाज से नमक मिला दें।

छौंक तैयार करने के लिए एक कड़ाही में मक्खन पिघलाकर उसमें टमाटर, दही और गरम मसाला मिलाएं। मध्यम आंच पर इन्हें तब तक भूनें जब तक घी बर्तन के दोनों किनारों को छोड़ने न लगे। पकी हुई दाल को अब इस छौंक में मिलाकर 3-4 मिनट तक अच्छी तरह चला दें।

परोसने का तरीका

दाल को डोंगे में निकालकर कटे हुए धनिया पत्तों से सजाकर फुल्के*, उबले चावल या अन्य किसी चीज के साथ परोसें।

* 'रोटी' का खंड देखें।

दाल अमृतसरी

सिखों के पवित्र धर्म स्थान अमृतसर में स्वर्ण मंदिर के बाहर सड़क के किनारे के ढाबों ने इस खास किस्म की दाल को ख्याति प्रदान की है। और हमारे पाकविद्या ने इस व्यंजन को पूर्णता प्रदान की है। धीरे-धीरे पकाई जाने वाली इस अनोखी दाल में कोई भी मसाला नहीं मिलाया जाता।

सामग्री

- 200 ग्राम (1 कप) उरद दाल (साबुत)
- 50 ग्राम (¼ कप) चना दाल
- नमक
- 20 ग्राम (2 बड़े चम्मच) अदरक
- 20 ग्राम (2 बड़े चम्मच) लहसुन
- 25 मि.ली. (5 चाय चम्मच) मूंगफली का तेल
- 30 ग्राम (3 बड़े चम्मच) प्याज
- 5 हरी मिर्च
- 60 ग्राम (¼ कप) टमाटर
- 5 ग्राम (1 बड़ा चम्मच) पुदीना
- 100 ग्राम (7 बड़े चम्मच) सफेद मक्खन

तैयारी

दालः चुनकर, नल के चलते हुए पानी में धोकर करीब 30 मिनट के लिए भिगोएं। बाद में पानी छान दें।

सब्जियांः खुरच, धोकर अदरक को काट लें। लहसुन को छीलकर कतर लें। छील धोकर प्याज़ को कतर लें। हरी मिर्च के डंठल निकाल कर धो लें। बीच से काटकर बीज निकाल दें और कतर लें। टमाटर को धोकर काट लें। पुदीना साफ करके धो लें।

पकाने की विधि

पानी छनी हुई दालों को एक हांडी में डालकर नमक और दो लीटर पानी मिलाकर उबलने के लिए चढ़ा दें। उबलने लगे तो आंच कम करके ऊपर आ गए दाल के छिलकों को निकाल दें। दो-तिहाई अदरक और लहसुन मिलाकर ढक दें और तब तक खदकने दें जब तक दाल अच्छी तरह पक न जाए और उसका दो-तिहाई पानी न सूख जाए। लकड़ी के चम्मच से दाल को हल्के-हल्के मसल दें। अंदाज से नमक डाल दें।

एक कड़ाही में घी गर्म करके मध्यम आंच पर प्याज़ को तलकर हल्का लाल कर लें। बचे हुए अदरक और लहसुन को मिलाकर प्याज़ को लाल होने तक तल लें। हरी मिर्च मिलाकर एक मिनट तक चलाएं। टमाटर मिलाकर तब तक भूनें जब तक वह मसल न जाए। अब इसे पकी हुई दाल में डालकर 2 मिनट तक चलाएं और दाल को गाढ़ी होने तक पका लें।

परोसने का तरीका

दाल को अलग-अलग चार कटोरों में निकालकर पुदीना छिड़क दें और ऊपर से मक्खन डालकर किसी भी चीज के साथ परोसें।

मात्राः 4 व्यक्तियों के लिये
तैयारी का समयः 45 मिनट
पकाने का समयः 3 घंटे

सामग्री

120 ग्राम (2/3 कप) साबुत उरद

30 ग्राम (3 बड़े चम्मच) राजमा

नमक

20 ग्राम (3½ चाय चम्मच) पिसा हुआ अदरक

20 ग्राम (3½ चाय चम्मच) पिसा हुआ लहसुन

120 मि.ली. (4½ औंस) टमाटर मसला हुआ

5 ग्राम (1 चाय चम्मच) लाल मिर्च पाउडर

120 ग्राम (½ कप) सफेद मक्खन

120 मि.ली. (½ कप) क्रीम (मलाई)

मात्रा: 4 व्यक्तियों के लिये
तैयारी का समय: 15 मिनट
पकाने का समय: 3 घंटे

दाल मखनी

पूरे राष्ट्र की पसंदीदा दाल मखनी का असली मजा, पता नहीं क्यों, तब आता है जब इसे फ्रिज में रखकर एक दिन बाद खाया जाए।

तैयारी

दाल और राजमा: चुनकर नल के चलते हुए पानी में धो लें और रात भर के लिए पानी में भिगो दें। बाद में छान लें।

पकाने की विधि

छने हुए उड़द और राजमा को नमक और 1.5 लीटर पानी के साथ पतीली में डालकर उबलने के लिए चढ़ा दें। उबलने लगे तो ढककर तब तक खदकाएं जब तक दाल पक न जाए और उसका दो-तिहाई पानी सूख न जाए। दाल को लकड़ी के चम्मच से धीरे-धीरे मसल दें। पिसा अदरक, लहसुन, मसले टमाटर, लाल मिर्च और 100 ग्राम मक्खन मिलाकर चला दें और 45 मिनट तक पकने दें। इसके बाद राजमा गलाकर चलाएं और फिर 10 मिनट तक पकाएं। अंदाज से नमक मिला दें।

परोसने का तरीका

दाल को डोंगे में निकालकर बचे हुए मक्खन से सजाकर तंदूरी रोटी या फुल्के* के साथ परोसें।

* 'रोटी' का खंड देखें।

राजस्थान

साभारः मनु मेहता

मनुष्य को चुनौती देने वाले रेगिस्तान ने आदिकाल की सभ्यता को भी जन्म दिया। प्रकृति के साथ शताब्दियों से चल आ रहे संघर्ष के कारण ही यहां के लोग औरों से कुछ भिन्न होते हैं।

राजस्थानियों में जिस तरह का उत्साह और साहस होता है वह और लोगों में नहीं दिखाई देता। थार के रेगिस्तान में रहनेवालों के साल भर चलनेवाले उत्सवों की बराबरी अन्य लोगों के हजार पर्व भी नहीं कर सकते। वहां इतिहास और मिथक के अभूतपूर्व मिश्रण ने नाना त्योहारों को जन्म दिया है। उत्सवों का दौर पर दौर चलता रहता है। ऐसे में स्वादिष्ट व्यंजन भी भला कैसे पीछे रह सकते हैं।

राजाओं के इस प्रदेश में राजमहलों में और उससे बाहर भी नाना प्रकार के व्यंजन बनाए जाते रहे हैं। राजाओं के शिकार प्रेम ने एक खास तरह के राजकीय व्यंजनों को जन्म दिया। सर्वश्रेष्ठ व्यंजनों की दुनिया में शिकारी व्यंजनों का एक अलग स्थान है। शिकार को साफ करना, काटना, और पकाना अपने आप में एक कला है जो सबके वश की बात नहीं। रेगिस्तान में पाए जानेवाले जंगली सूअर, हिरण, तीतर, बटेर, बत्तख आदि के शिकार से एक से एक स्वादिष्ट व्यंजन बनाये जाने लगे। यों कहा जा सकता है कि वहां शिकार पकाने के उतने ही तरीके हैं जितनी तरह के राजे-महाराजे। उदाहरण के लिए, धुएं की आंच पर पकाया जाने वाला राजस्थानी कबाब 'सूले' ग्यारह विभिन्न तरीकों से पकाया जाता है। राजस्थान में शिकार के गोश्त का इतना महत्व है कि उसे पकाकर तुरंत तो खाते ही हैं, अचार बनाकर भी रखते हैं। सूअर के गोश्त का अचार तो इतना स्वादिष्ट होता है कि उसे ताले में बन्द करके रखा जाता है और केवल खास मेहमानों और दोस्तों को पेश किया जाता है।

मनु मेहताः 29 वर्षीय, प्रतिभा-सम्पन्न मनु मेहता की रुचि न केवल विज्ञान और कंप्यूटर में है, बल्कि आप जाने हुए सर्वश्रेष्ठ शेफ़ भी हैं। फिलहाल ये बडोदरा के वेलकम ग्रुप में कार्यकारी शेफ़ (ऍग्जिक्यूटिव शेफ़) के पद पर कार्यरत हैं।

दूसरे छोर पर माहेश्वरी और जोधपुर के मेवाड़ों के शाकाहारी व्यंजन हैं। ये लोग प्याज़ और लहसुन तक से परहेज करते हैं। वर्षा की कमी के कारण राजस्थान में हरी सब्ज़ियों का काफी अभाव रहता है। बस नाम मात्र की ही सब्जियां उगती हैं लेकिन उद्यमी मारवाड़ियों ने सीमित साधनों से ही इसका इंतजाम कर लिया है। वे हरी सब्जियों को धूप में सुखाकर साल भर का बन्दोबस्त कर लेते हैं। सब्जियों की कमी के बावजूद भी राजस्थान में एक से एक स्वादिष्ट व्यंजनों की भरमार है। अफसोस है कि धूप में सुखाई गई कुछ सब्जियाँ केहर (छोटे बेरी जैसे फल), सांगरी (बीन), फोग आदि के न मिलने के कारण हम इस पुस्तक में उनसे बने व्यंजनों को नहीं ले पाए हैं।

दाल की हजारों किस्में और व्यंजन—मूंगदाल खिलमा, मुंगौड़ी की तरकारी, बेसन के गट्टे आदि वहां प्रोटीन के मुख्य स्रोत हैं। माहेश्वरी खाने के संबंध में दूसरी महत्वपूर्ण बात यह है कि वे टमाटर की कमी के कारण उसके बदले अमचूर का प्रयोग करते हैं। इसी तरह भोजन के स्वाद को बढ़ाने के लिए लहसुन और प्याज़ की जगह हींग का प्रयोग करते हैं।

*इस पुस्तक में शेफ़ शब्द का ही प्रयोग किया गया है क्योंकि किसी भी आधुनिक बड़े होटल की पाकशाला का प्रमुख शेफ़ कहलाता है। बावर्ची या पाकशास्त्री आदि उसका ठीक पर्याय नहीं बन सकते।

मांस के सूले

शिकार गोश्त (हिरण, जंगली सूअर, तीतर, बटेर) बकरे के गोश्त, मुर्गा और मछली से बने इस बेहतरीन व्यंजन को 'राजपूत कबाब' भी कहते हैं। इसे बनाने के कम से कम ग्यारह तरीके हैं। 'सूले' साधारण और खास दोनों तरीके से बनते हैं।

सामग्री

1 2 क्लो (2 2/3 पौंड) हिरण* का मांस (गोश्त)

बेस्ट करने (पकाने) के लिए साफ किया हुआ मक्खन

पहले मैरीनेशन के लिए

75 ग्राम (½ कप) कच्चा पपीता

30 ग्राम (5 चाय चम्मच) पिसा हुआ लहसुन

10 ग्राम (2 चाय चम्मच) लाल मिर्च पाउडर

नमक

दूसरे मैरीनेशन के लिए

120 ग्राम (½ कप) दही

120 ग्राम (¾ कप) प्याज़

30 ग्राम (3 बड़े चम्मच) लहसुन

तलने के लिए साफ किया हुआ मक्खन

15 ग्राम (5 चाय चम्मच) अदरक

2 ग्राम (½ चाय चम्मच) लौंग पाउडर

नमक

धुंआने के लिए

10 लौंग

थोड़ा सा कोयला

15 ग्राम (1 बड़ा चम्मच) साफ किया हुआ मक्खन

तैयारी

हिरण का गोश्तः साफ करके हड्डियां निकाल दें और 1½ इंच के टुकड़े काट लें।

पहला मैरीनेशनः पपीते को छीलकर उसके बीज निकाल दें और काटकर ब्लेंडर में डालकर महीन लेप बना लें। ब्लेंडर से निकालकर पिसे हुए लहसुन, लाल मिर्च और नमक के साथ मिला लें। अब इस मिश्रण से गोश्त के टुकड़ों को रगड़कर फ्रिज में दस घंटे के लिए रख दें। गोश्त का अतिरिक्त पानी निकाल दें। (बकरे के मेरीनेट किए गोश्त को 2 घंटे तक फ्रिज में रखें)।

दूसरा मैरीनेशनः एक कटोरे में दही फेंट लें। प्याज़ को छील, धोकर, बराबर से काट लें, लहसुन को भी छीलकर बराबर टुकड़ों में काट लें। फ्राइंग पैन में साफ किया हुआ मक्खन गर्म करके प्याज़ और लहसुन को अलग-अलग मध्यम आंच पर तलकर, सुनहरा लाल कर लें। अदरक को खुरच, धोकर कतर लें, और इसे तले हुए प्याज़, लहसुन, लौंग पाउडर, नमक और पानी (30 मि.ली.) के साथ ब्लेंडर में डालकर महीन पेस्ट बना लें। अब इस पेस्ट को दही में मिला दें और मैरीनेटेड, गोश्त पर इस मिश्रण को मलें। इन्हें 2 घंटे के लिए अलग रख दें।

ओवनः ओवन को 350° फारेनहाइट पर गर्म कर लें।

छड़ में गूंथनाः मैरीनेटेड किए गोश्त को छड़ में कम से कम एक-एक इंच की दूरी पर गूंथ लें। अतिरिक्त मसाले को टपकने के लिए छड़ के नीचे एक ट्रे रखें।

पकाने की विधि

सामान्य गर्म तंदूर या कोयले के ग्रिल पर इसे 10-12 मिनट तक रोस्ट करें। गर्म ओवन में 18-20 मिनट तक रोस्ट करना होगा। छड़ को आंच से हटाकर लटका दें ताकि फ़ालतू मसाला टपक जाए (करीब 5-6 मिनट तक लटका रखें)। अब साफ़ किया हुआ मक्खन ऊपर डाल कर फिर 8-10 मिनट तक रोस्ट करें।

अंत में

कोयले के एक अंगारे को एक कटोरी में रखकर उसे गर्म बड़े आकार के केसरॉल के बीच में रखें। बोटियों को छड़ से निकालकर केसरॉल में रखी कटोरी के चारों ओर रख

सफेद मांस

दें। अब लौंग और साफ किए हुए मक्खन को कोयले के ऊपर डालकर जल्दी से ढक्कन बंद कर दें। गोश्त बोटियों को अंदर के धुएं में 3-4 मिनट तक पकने दें।

परोसने का तरीका

केसरॉल का ढक्कन हटाकर कटोरी को बाहर निकाल दें और सूले को उसी केसरॉल में गरमा गरम परोसें।

मात्रा: 4 व्यक्तियों के लिये
तैयारी का समय: 12.30 घंटे
पकाने का समय: 1 घंटा

सफेद मांस

सफेद मांस बहुत पुराना राजस्थानी व्यंजन है।

सामग्री
1.2 किलो (2 2/3 पौंड) गोश्त
नमक
225 ग्राम (1 कप) दही
125 ग्राम (2/3 कप) घी
5 ग्राम (1 चाय चम्मच) सफेद मिर्च
20 ग्राम (2 बड़े चम्मच) अदरक
60 ग्राम (½ कप) बादाम
30 ग्राम (1/3 कप) नारियल
4 हरी मिर्च
3 ग्राम (½ चाय चम्मच) छोटी इलायची पाउडर
120 मि.ली. (½ कप) क्रीम (मलाई)

तैयारी

गोश्त: साफ करके 1½ इंच के टुकड़े काट लें। एक हांडी में डालकर नमक और डेढ़ लीटर (1.5 ली.) पानी के साथ करीब 5 मिनट उबालें। गोश्त के टुकड़ों को पानी से निकाल कर धोलें।

दही: दही को एक कटोरे में फेंटकर सफेद मिर्च के साथ अच्छी तरह मिला दें।

अदरक: खुरच, धोकर बारीक टुकड़ों में काट लें।

बादाम का लेप: बादाम पर उबलता पानी डालें और उसका छिलका उतार लें। नारियल का भूरा छिलका उतार कर काट लें। हरी मिर्च के डंठल तोड़ कर धो लें और

बीच से काटकर बीज निकाल दें। अब इस सारी सामग्री को ब्लेंडर में डालकर 60 मि.ली. पानी के साथ महीन लेप बना लें।

ओवन: 275° फारेनहाइट पर गर्म कर लें।

15 मि.ली. (1 बड़ा चम्मच) नीबू का रस

15 मि.ली. (1 बड़ा चम्मच) गुलाब जल

पकाने की विधि

हांडी में घी गर्म करके उसमें गोश्त, मसाला मिला हुआ दही, अदरक, नमक और पानी (800 मि.ली.) डालकर ढक कर पकने दें। बीच-बीच में चलाएं। गोश्त को तब तक पकाएं जब तक वह नरम न हो जाए और उसका चार-पांच भाग पानी सूख न जाए। लेप मिलाकर 2 मिनट तक चलाएं, इलायची पाउडर मिलाकर चला दें। इसके बाद मलाई, नीबू का रस, गुलाबजल मिलाकर चलाएं और अंदाज से नमक मिला दें।

अंत में

हांडी को ढककर आटे से सील कर दें और दम होने के लिए गर्म ओवन पर 15 मिनट रख दें।

परोसने की विधि

सील तोड़कर गोश्त को निकाल लें और एक चपटे बर्तन में सजाकर फुल्के* के साथ परोसें।

* 'रोटी' का खंड देखें।

मात्रा: 4 व्यक्तियों के लिये
तैयारी का समय: 30 मिनट
पकाने का समय: 1.30 घंटा

लाल मांस

राजस्थान का यह खास गोश्त का व्यंजन बस उन्हीं लोगों के लिए है जिनका हाज़मा बहुत अच्छा हो। यह इस पुस्तक का सबसे तीखा व्यंजन है।

सामग्री

1.2 किलो (2 2/3 पौंड) गोश्त (रान का)

30 साबुत लाल मिर्च

150 ग्राम (¾ कप) घी

60 ग्राम (1/3 कप) लहसुन

200 ग्राम (1¼ कप) प्याज़

5 बड़ी इलायची

5 छोटी इलायची

3 ग्राम (1 चाय चम्मच) साबुत जीरा

225 ग्राम (1 कप) दही

20 ग्राम (4 चाय चम्मच) धनिया पाउडर

तैयारी

गोश्त: साफ करके 1½ इंच के टुकड़ों में काट लें।

मिर्च: डंठल निकाल कर बीच से काटकर बीज निकाल दें।

सब्जियां: लहसुन को छीलकर कतर लें। प्याज को छील, धोकर अच्छी तरह कतर लें, धनिया को साफ करके काट लें।

3 ग्राम (½ चाय चम्मच) हल्दी
नमक
20 ग्राम (1/3 कप) धनिया

जीराः तवे पर जीरा को हल्का भून लें।

दहीः दही को एक कटोरे में फेंटकर लाल मिर्च, जीरा, धनिया पाउडर, हल्दी और नमक डालकर अच्छी तरह मिला दें और 10 मिनट के लिए अलग हटाकर रख दें।

पकाने की विधि

एक हांडी में घी गर्म करके उसमें लहसुन को मध्यम आंच पर तलकर सुनहरा लाल कर लें। अब प्याज के साथ छोटी, बड़ी इलायची मिलाकर तब तक तलें जब तक प्याज सुनहरा लाल न हो जाए। इसके बाद गोश्त डालकर 4-5 मिनट तक भूनें। दही का मिश्रण मिलाकर तब तक भूनें जब तक सारा पानी न सूख जाए। अब करीब 800 मि.ली. पानी मिलाकर उबलने दें। ढककर पकने के लिए छोड़ दें। बीच-बीच में चलाते रहें। अंदाज से नमक मिला दें। गोश्त अच्छी तरह पक जाए तो उतार लें।

परोसने का तरीका

मात्राः 4 व्यक्तियों के लिये
तैयारी का समयः 30 मिनट
पकाने का समयः 1.45 घंटा

एक डोंगे में निकालकर, कटे हुए धनिया से सजाकर फुल्के* के साथ परोसें। (राजस्थानीं लोग फुल्के को फैलाकर उस पर लाल मांस रख देते हैं। ऊपर से पापड़ का चूरा डाल देते हैं। फुल्का जब पूरा शोरबा सोख लेता है तो उसे खाते हैं।)

*'रोटी' का खंड देखें।

मक्की का सोवेता

सामग्री

750 ग्राम (1 2/3 पौंड) गोश्त
450 ग्राम (1 पौंड) मक्की
150 ग्राम (¾ कप) घी
3 ग्राम (1 चाय चम्मच) जीरा
4 छोटी इलायची
4 बड़ी इलायची
8 लौंग
2 टुकड़ा दालचीनी (1 इंच का)
2 तेजपत्ता
300 मि.ली. (1¼ कप) दूध
30 मि.ली. (2 बड़े चम्मच) नीबू का रस
20 ग्राम (1/3 कप) धनिया

राजस्थानी इस बात पर गर्व करते हैं कि और कहीं के भी लोग उनकी तरह मक्की के व्यंजन नहीं बना सकते। सोवेता मक्की और गोश्त से बना मसालेदार व्यंजन है।

तैयारी

गोश्तः साफ करके छाती और पीछे के भाग के 1½ इंच के टुकड़े काट लें। गोश्त के टुकड़ों को साफ कर लें।

मक्कीः उबालकर कर ठंडा करके दरदरा पीस लें।

पेस्टः प्याज़ को छील धोकर कतर लें। लहसुन को छील लें। हरी मिर्च के डंठल निकाल कर धोकर बीच से काटकर बीज निकाल दें। अब इस सारी सामग्री का ब्लेंडर में महीन पेस्ट बना लें।

मांस की कढ़ी
127

मैरीनेशनः एक बड़े कटोरे में दही फेंटकर उसमें पेस्ट, धनिया पाउडर, लाल मिर्च, हल्दी और नमक अच्छी तरह मिला दें। अब इस मिश्रण में गोश्त को डालकर करीब 45 मिनट तक छोड़ दें।

धनियाः साफ करके धोकर काट लें।

लेप के लिए

- 160 ग्राम (1 कप) प्याज़
- 50 ग्राम (5 बड़े चम्मच) लहसुन
- 8 हरी मिर्च

मैरीनेशन

- 225 ग्राम (1 कप) दही
- 10 ग्राम (2 चाय चम्मच) धनिया पाउडर
- 5 ग्राम (1 चाय चम्मच) लाल मिर्च पाउडर
- 3 ग्राम (½ चाय चम्मच) हल्दी
- नमक

पकाने की विधि

एक हांडी में घी गर्म करके उसमें जीरा, इलायची, लौंग, दाल चीनी और तेजपत्ता डालकर मध्यम आंच पर कड़कने दें। अब मैरीनेड समेत गोश्त डालकर तब तक भूनें जब तक चारों ओर से बराबर ब्राउन न हो जाए और उसका पानी न सूख जाए। इसके बाद 750 मि.ली. पानी मिलाकर उबलने दें। ढक्कन लगाकर गोश्त के नरम हो जाने तक पकने दें। कसी हुई मक्की और दूध मिलाकर पकाएं और लगातार चलाते रहें। 8-10 मिनट पकाने के बाद आंच से हटा लें। नीबू का रस मिलाकर चलाएं और अंदाज से नमक मिला दें।

परोसने का तरीका

ट्रेनुमा बर्तन में निकालकर हरा धनिया सजाकर परोसें। यह अपने आप में सम्पूर्ण भोजन है।

मात्राः 4 व्यक्तियों के लिये
तैयारी का समयः 1.25 घंटा
पकाने का समयः 1.30 घंटा

मांस की कढ़ी

बेसन और मट्ठे में पकाया जाने वाला गोश्त का यह एक अनोखा व्यंजन है।

सामग्री

- 1 किलो (2¼ पौंड) गोश्त
- 100 ग्राम (½ कप) घी
- 5 ग्राम (1¾ चाय चम्मच) जीरा (साबुत)
- एक भरपूर चुटकी हींग
- 100 ग्राम (½ कप) उबला पिसा प्याज़
- 50 ग्राम (3 बड़े चम्मच) पिसी लहसुन
- 400 ग्राम (1¾ कप) दही (एक दिन का बासी)
- 50 ग्राम (1/3 कप) बेसन
- 5 ग्राम (1 चाय चम्मच) लाल मिर्च पाउडर
- 3 ग्राम (½ चाय चम्मच) हल्दी

तैयारी

गोश्तः साफ करके हड्डियां निकाल दें और एक इंच के टुकड़े काट लें।

जीराः आधे जीरे को तवे पर जलाकर, ठंडा होने पर सूखा पीस लें।

दहीः दही को एक कटोरे में फेंटकर उसमें बेसन, लाल मिर्च, हल्दी और नमक अच्छी तरह मिला दें। 800 मि.ली. पानी डालकर फिर फेंट लें।

सब्जियांः हरी मिर्च की डंठल तोड़ कर धोलें। बीच से काटकर बीज निकाल दें और बारीक कतर लें। धनिया पत्ते को साफ करके, धोकर काट लें।

खड़

नमक
8 हरी मिर्च
20 ग्राम (1/3 कप) धनिया (हरा)

पकाने की विधि

एक कड़ाही में घी गर्म करके उसमें जीरा, हींग डालकर मध्यम आंच पर तड़कने दें। अब गोश्त और नमक डालकर भूनें। गोश्त चारों ओर से बराबर भूरा हो जाए तो उबला पिसा प्याज और लहसुन मिलाकर 3-4 मिनट भूनें। इसके बाद 600 मि.ली. पानी डालकर उबलने दें। ढककर पकने दें, बीच-बीच में चला दिया करें। गोश्त पककर बिल्कुल नरम हो जाए तो दही का मिश्रण मिलाएं और उबलने दें। आंच मध्यम करके पकाएं और लगातार चलाना जारी रखें जब तक कि शोरबा गाढ़ा न हो जाए। जीरा पाउडर और हरी मिर्च मिलाकर चलाएं और 2-3 मिनट तक पकने दें। अंदाज से नमक मिला दें।

मात्रा: 4 व्यक्तियों के लिये
तैयारी का समय: 35 मिनट
पकाने का समय: 2.15 घंटे

परोसने का तरीका

एक डोंगे में निकालकर धनिया पत्ते से सजाएं और गरमागरम उबले चावल के साथ परोसें।

नोट: कड़ाही में बनाने के लिए मक्खनी दूध, दही और पानी के मिश्रण से अच्छा होगा।
*'पेस्ट' का खंड देखें।

सामग्री

800 ग्राम (1¾ पौंड) गोश्त के टुकड़े (छोटे-छोटे)
300 ग्राम (11 औंस) आलू
120 ग्राम (2/3 कप) घी
350 ग्राम (12 औंस) प्याज
100 ग्राम (3½ औंस) दही
20 ग्राम (3½ चाय चम्मच) पिसा हुआ अदरक
20 ग्राम (3½ चाय चम्मच) पिसा हुआ लहसुन
20 ग्राम (4 चाय चम्मच) धनिया
5 ग्राम (1 चाय चम्मच) मिर्च पाउडर
3 ग्राम (½ चाय चम्मच) हल्दी
नमक
20 ग्राम (1/3 कप) धनिया
4 हरी मिर्च

खड़

गोश्त और फुल्के की कई परतों का बना यह 'केक' अपने आप में एक शानदार व्यंजन है। 'खड़' का मतलब जमीन में बना गड्ढा या छेद होता है। शुरू-शुरू में जमीन में बनाए गए गड्ढे में ही 'केक' को कोयले और गर्म बालू में 'बेक' करते थे। अब उनकी जगह बिजली के ओवन ने ले ली है।

तैयारी

सब्जियां: आलू को छील धोकर चौकोर टुकड़े काट लें। छील, धोकर 100 ग्राम प्याज को कतर लें बाकी को मोटा-मोटा काट लें और ब्लेंडर में डालकर दरदरा पेस्ट बना लें। धनिया को साफ करके धोकर काट लें। हरी मिर्च की डंठल हटाकर धोकर, बीच से काटकर बीज निकाल दें और अच्छी तरह कतर लें।

गोश्त: एक बड़े कटोरे में दही को फेंटकर उसमें गोश्त, पिसा प्याज, अदरक, लहसुन, धनिया पाउडर, लाल मिर्च, हल्दी, और नमक डालकर अच्छी तरह मिला लें और 10 मिनट के लिए अलग रख दें।

ओवन: 275° फारेनहाइट पर गर्म कर लें।

15 मि.ली. (1 बड़ा चम्मच) नीबू का रस

12 फुल्के* (पतले-पतले)

पकाने की विधि

एक कड़ाही में घी गर्म करके मध्यम आंच पर प्याज़ को तलकर सुनहरा लाल कर लें। आंच को कम करके गोश्त और मिश्रण को डालकर करीब 5 मिनट तक भूनें। इसके बाद आलू डालकर भूनते रहें (जरूरत पड़ने पर थोड़ा पानी मिला लें)। जब आलू पक जाए और पानी सूखने लगे तो आंच से हटाकर धनिया और हरी मिर्च मिलाकर चला दें। नीबू का रस छिड़ककर चला दें और अब इसे ग्यारह बराबर भागों में बांट लें।

अंत में

केक तैयार करने के लिए यह तरीका इस्तेमाल करें: एक फुल्का रखकर उसके ऊपर बना हुआ गोश्त फैलाएं। फिर उसके ऊपर फुल्का रखें फिर गोश्त। इस प्रकार सारे फुल्कों और गोश्त को एक पर एक सजा लें। अब इसे चाँदी के वर्क में लपेटकर बेकिंग ट्रे में रखकर ओवन में 8-9 मिनट तक बेक करें। ओवन से निकालकर फिर इसे उलट कर 8-9 मिनट बेक करें।

परोसने की विधि

चाँदी का वर्क हटाकर 'केक' को मनचाहे साइज़ में काटकर कचूमर**, पुदीनें की चटनी और नीबू के टुकड़ों के साथ परोसें।

मात्रा: 4 व्यक्तियों के लिये
तैयारी का समय: 30 मिनट
पकाने का समय: 1.05 घंटे

नोट: 'खड़ एक चपाती के साथ भी बनाई जा सकती है। गोश्त को 12 भागों में बांटकर अलग-अलग चपातियों में रोल कर लें और चांदी के वर्क में लपेट कर बेक कर लें।

* 'रोटी' का खंड देखें।
** 'सलाद' का खंड देखें।

अमरूद की सब्ज़ी

जी हां, यह अमरूद से बना खास व्यंजन है जिसे टमाटर और दही-मसाले के साथ पकाते हैं।

सामग्री

1 किलो (2¼ पौंड) अमरूद (अधपके)

125 ग्राम (2/3 कप) घी

5 ग्राम (1 3/4 चाय चम्मच) जीरा (साबुत)

एक चुटकी हींग

25 ग्राम (5 चाय चम्मच) धनिया पाउडर

तैयारी

अमरूद: छीलकर चौथाई टुकड़ों में काट लें, बीज निकालकर हर टुकड़े को दो बराबर टुकड़ों में काट लें।

3 ग्राम (½ चाय चम्मच) लाल मिर्च पाउडर
5 ग्राम (1 चाय चम्मच) हल्दी
नमक
120 ग्राम (½ कप) टमाटर
225 ग्राम (1 कप) दही
3 ग्राम (½ चाय चम्मच) गरम मसाला
10 ग्राम (2 चाय चम्मच) अमचूर
10 ग्राम (2 चाय चम्मच) सौंफ पाउडर
75 ग्राम (1 1/3 कप) चीनी
30 मि.ली. (2 बड़े चम्मच) नीबू का रस

टमाटर: धोकर काट लें।

दही: एक कटोरे में फेंट लें।

पकाने की विधि

एक हांडी में घी गर्म करके मध्यम आंच पर जीरा डालकर करकरा होने दें। हींग मिलाकर चलाएं इसके बाद धनिया पाउडर, लाल मिर्च, हल्दी और नमक डालकर चलाएं। टमाटर और दही मिलाकर भूनें, जब तेल मसाले से अलग होने लगे तो 250 मि.ली. पानी मिला दें और उबलने दें। इसके बाद अमरूद मिलाकर उबलने दें। आंच मध्यम करके ढककर पकने दें, बीच-बीच में चला दिया करें। अच्छी तरह पक जाए तो गरम मसाला, अमचूर और सौंफ पाउडर मिलाकर चलाएं। चीनी मिलाकर 5 मिनट तक पकाएं। अंदाज से नमक मिला दें। नीबू का रस छिड़ककर चला दें।

परोसने का तरीका

मात्रा: 4 व्यक्तियों के लिये
तैयारी का समय: 25 मिनट
पकाने का समय: 40 मिनट

सब्जी को निकालकर गरम-गरम 'पूरी'* के साथ परोसें।

* 'रोटी' का खंड देखें।

सामग्री
240 ग्राम (1¼ कप) मूंग दाल (धुली हुई)
5 ग्राम (1 चाय चम्मच) लाल मिर्च पाउडर
नमक
तलने के लिए घी

मसाला
60 ग्राम (5 बड़े चम्मच) घी
2 ग्राम (1 चाय चम्मच) धनिया (साबुत)
3 ग्राम (1 चाय चम्मच) जीरा (साबुत)
एक चुटकी हींग
20 ग्राम (4 चाय चम्मच) धनिया पाउडर
3 ग्राम (½ चाय चम्मच) लाल मिर्च पाउडर

मुंगौड़ी की तरकारी

मूंग की दाल से बने अंगूर के आकार की मंगौड़ी को मसालेदार कढ़ी में भी डाला जा सकता है।

तैयारी

मुंगौड़ी: दाल को चुनकर नल के चलते हुए पानी में धोलें और 30 मिनट के लिए इसे पानी में भिगो दें। छानकर ब्लेंडर में या सिल पर लाल मिर्च और नमक के साथ दरदरा पीस लें। चम्मच से एक ट्रे में दाल डालकर अंगूर के बराबर बड़ियां बना लें। इन्हें धूप में अच्छी तरह कम से कम दो दिनों तक सुखा लें। मुंगौड़ियों को हवा बंद डिब्बे में रखें तो ये छह महीने तक रह सकती हैं।

धनिया: साफ करके धो, काट लें।

पकाने की विधि

एक कड़ाही में घी गर्म करके मुंगौड़ियों को मध्यम आंच पर तलकर हल्का लाल कर लें। मुंगौड़ियों को अलग निकाल लें।

बचे हुए घी को फिर गर्म करके मध्यम आंच पर धनिया और जीरा डालकर कड़कने दें। हींग मिलाकर चला दें। धनिया पाउडर, लाल मिर्च, हल्दी और अमचूर को 120 मि.ली. पानी में घोलकर डालें और लगातार चलाते रहें। जब पूरा पानी सूख जाए तो 600 मि.ली. पानी फिर डालें और उबलने दें। तली हुई मुंगौड़ियां और नमक मिलाकर उबलने दें। ढककर तब तक पकाएं जब तक मुंगौड़ियां नरम होकर शोरबे में अच्छी तरह लिपट न जाएं। अंदाज से नमक मिला दें।

3 ग्राम (½ चाय चम्मच) हल्दी
10 ग्राम (2 चाय चम्मच) अमचूर
नमक

सजाने के लिए
15 ग्राम (¼ कप) धनिया

मात्रा: 4 व्यक्तियों के लिये
तैयारी का समय: 10 मिनट
इसके अलावा मुंगौड़ियां तलने का समय
पकाने का समय: 1 घंटा

परोसने का तरीका

व्यंजन को निकालकर धनिया से सजाएं और पूरी या फुल्के के साथ परोसें।

नोट: कढ़ी में मुंगौड़ी बनाने के लिए 100 ग्राम मुंगौड़ी लें और इसे तलकर पकती कढ़ी में डालें। (देखें 'पंजाब' खंड)। जबकि मारवाड़ी कढ़ी बनाने के लिए 80 ग्राम बेसन और साधारण नमक की जगह लाल नमक इस्तेमाल करें।

* 'रोटी' का खंड देखें।

बेसन के गट्टे

बेसन के गट्टे या बेसन की पकौड़ियों की तरकारी जीरा और हींग युक्त तीखे शोरबे में पकाई जाती है।

तैयारी

गट्टे: अदरक को खुरच, धोकर बारीक कतर लें। पुदीने को साफ करके, धोकर काट लें। दही को कटोरे में फेंटकर उसमें सारी बची हुई सामग्री मिलाकर गरम पानी के साथ कड़ा मगर लचीला गूंथ लें। अब इसे 8 बराबर भागों में बांट लें और हर भाग को ½ इंच व्यास का लम्बाकर बना लें।

एक हांडी में 1.5 लीटर पानी गर्म करके बेसन के गट्टों को उसमें 20 मिनट तक उबालें। इन्हें निकालकर बचा हुआ पानी अलग रख दें। बेसन के गट्टे ठंडे हो जाएं तो आधा इंच के टुकड़ों में काट लें। अब कड़ाही में घी गर्म करके इन टुकड़ों को मध्यम आंच पर तलकर सुनहरा लाल कर लें।

शोरबा: एक कटोरे में दही फेंट लें और उसमें धनिया पाउडर, लाल मिर्च, हल्दी और नमक मिला दें। इसे 10 मिनट तक अलग रख दें। पुदीना को साफ करके धोकर काट लें। हरी मिर्च के डंठल निकाल दें, धो लें, बीच से काटकर बीज निकाल दें और कतर लें।

सामग्री

गट्टे (पकौड़ियों) के लिए: 350 ग्राम (2½ कप) बेसन
एक चुटकी सोडाबाई-कार्ब
5 ग्राम (1¾ चाय चम्मच) जीरा पाउडर
3 ग्राम (½ चाय चम्मच) लाल मिर्च पाउडर
नमक
15 ग्राम (4 चाय चम्मच) अदरक
5 ग्राम (1 बड़ा चम्मच) पुदीना
60 ग्राम (¼ कप) दही
30 ग्राम (7½ चाय चम्मच) घी
तलने के लिए घी

शोरबे के लिए
100 ग्राम (½ कप) घी
3 ग्राम (1 चाय चम्मच) जीरा (साबुत)
6 लौंग
2 टुकड़े दालचीनी (1-1 इंच के)
2 तेजपत्ता

मूंग दाल खिलमा

एक भरपूर चुटकी हींग	
220 ग्राम (1 कप) दही	
20 ग्राम (4 चाय चम्मच) धनिया पाउडर	
3 ग्राम (½ चाय चम्मच) लाल मिर्च पाउडर	
3 ग्राम (½ चाय चम्मच) हल्दी	
नमक	
5 ग्राम (1 बड़ा चम्मच) पुदीना	
4 हरी मिर्च	
3 ग्राम (½ चाय चम्मच) गरम मसाला	

सजाने के लिए
15 ग्राम (¼ कप) हरा धनिया
15 ग्राम (4 चाय चम्मच) अदरक

मात्रा: 4 व्यक्तियों के लिये
तैयारी का समय: 1 घंटा
पकाने का समय: 30 मिनट

सजाने के लिए: धनिया पत्ते को साफ करके धोकर काट लें। अदरक को खुरच धोकर बारीक टुकड़ों में काट लें।

पकाने की विधि

एक हांडी में घी गर्म करके उसमें साबुत जीरा, लौंग, दालचीनी और तेजपत्ता, डालें और मध्यम आंच पर कड़कने दें। हींग मिलाकर कुछ सेकेंड तक चलाएं। आंच कम करके दही का मिश्रण मिलाकर चलाएं। आंच बगैर तेज किए, दही को उबलने दें। अब 500 मि.ली. अलग रखा पानी (बेसन गट्टे का पानी) डालकर उबलने दें। ढककर 5 मिनट तक पकने दें। इसके बाद पकौड़े या गट्टे डालकर उबालें और करीब दस मिनट तक पकने दें। पुदीना और हरी मिर्च मिलाकर चलाएं। गरम मसाला छिड़कें, अंदाज से नमक मिला दें।

परोसने का तरीका

डोंगे में निकालकर धनिया और अदरक से सजाएं और फुल्का* या उबले चावल के साथ परोसें।

*देखें 'रोटी' का खंड।

मूंग दाल खिलमा

सामग्री
300 ग्राम (1½ कप) मूंग दाल छिलके वाली
10 ग्राम (1 बड़ा चम्मच) अदरक
10 ग्राम (2 बड़े चम्मच) धनिया

छौंक के लिए
75 ग्राम (6 बड़े चम्मच) घी
3 ग्राम (1 चाय चम्मच) जीरा (साबुत)
एक चुटकी हींग
3 ग्राम (½ चाय चम्मच) लाल मिर्च पाउडर
3 ग्राम (½ चाय चम्मच) हल्दी
नमक
3 ग्राम (½ चाय चम्मच) गरम मसाला
15 मि.ली. (1 बड़ा चम्मच) नीबू का रस

यह सूखी दाल का व्यंजन है।

तैयारी

दाल: चुनकर, नल के चलते हुए पानी में धोलें।
सब्जियां: अदरक को खुरच, धो लें। धनिया को साफ करके धो लें और कतर लें।

पकाने का तरीका

दाल को अदरक के साथ एक पतीले में डालें और 750 मि.ली. पानी मिलाकर उबलने दें। ढककर दाल को पकने दें। इस बात का ध्यान रखें कि दाल बस मुलायम हो बिल्कुल गल न जाए।

छौंक तैयार करने के लिए एक कड़ाही में घी गर्म करें और उसमें मध्यम आंच पर जीरे का तड़का दें। हींग मिलाकर चलाएं। लाल मिर्च, हल्दी और नमक मिला दें। अब इसमें पकी हुई दाल मिलाकर सावधानी से 5 मिनट तक चलाएं। इस बात का ध्यान रखें कि दाल एकदम मसलने न पाए। गरम मसाला और नीबू का रस छिड़कें। अंदाज से नमक मिला दें।

परोसने का तरीका

कम गहरे डोंगे में निकालकर, धनिया से सजाकर परोसें।

मात्रा: 4 व्यक्तियों के लिये
तैयारी का समय: 20 मिनट
पकाने का समय: 1.35 घंटा

दक्षिण भारत

साभारः जे० रमेश बाबू और सैयद नसीर

इससे पहले कि मुझ पर कोई ग़लती करने का आरोप लगे मैं माफी मांग लेता हूं। ग़लती या अन्याय का आरोप इसलिए क्योंकि हैदराबाद सहित तमाम दक्षिण राज्यों के व्यंजनों को मैंने एक ही अध्याय में समेट लिया है। इस संबंध में मैं यही सफाई देता हूं कि नाना प्रकार के दक्षिण भारतीय व्यंजनों के लिए तो एक अलग पुस्तक होनी चाहिए और मैं खुद इस विषय पर काम करने का विचार कर रहा हूँ। मालाबारी, तुलू, कुर्गी, सीरियन, क्रिश्चियन, कोचिन, यहूदी, कितने ही तरह की दक्षिण भारतीय पाक विधाएं हैं जिन्हें यहां छोड़ना पड़ा है। बहुत सारे दक्षिण भारतीय व्यंजन लगभग एक जैसे ही हैं। बहुत कम अंतर है उनमें। लेकिन इस अध्याय में शामिल किए गए सारे व्यंजन वास्तव में मुहं में पानी भर देने वाले हैं।

दक्षिण भारतीय खाने के बारे में लोगों के मन में बहुत सी ग़लत और अक्षम्य धारणाएं हैं। पश्चिम के लोग दक्षिण भारतीय खाने पर हर जगह मिलने वाली 'करी' (मद्रास सूप) और मुलीगेटावनी को ही जानते हैं और इससे भी बुरा हाल तो उन अधिकांश भारतीयों का है जो दोसई, इडली, बोंडा, बड़ा, साम्बार, रसम के अलावा और किसी दक्षिणी व्यंजन के बारे में जानते ही नहीं हैं। जब कि ये सारे के सारे व्यंजन नाश्ते के समय या 'साइड डिश' के रूप में खाए जाने वाले हैं। यह कहा जा सकता है कि दक्षिण भारतीय राज्यों में भी उतने ही विविध व्यंजन हैं जितने देश के अन्य भागों में।

दक्षिण भारतीय खाने के बारे में लोगों की यह मान्यता है कि वे विशुद्ध शाकाहारी होते हैं, एकदम गलत है। यह जरूर सच है कि दक्षिण भारतीय मुस्लिमों (मुग़लों) के प्रभाव से बिल्कुल अछूते रहे हैं। इसलिए वहां के अधिकतर लोग

जे० रमेश बाबूः आप मद्रास विश्वविद्यालय के वनस्पति शास्त्र के स्नातक (ग्रेजुएट) ही नहीं बल्कि बैडमिंटन और फुटबाल के अच्छे खिलाड़ी भी रह चुके हैं। इसके अलावा आप अव्यावसायिक पायलट भी हैं। संभवतः आप पहले ऐसे भारतीय 'शेफ' हैं जिनके पास पायलट का लाइसेंस है। रमेश बाबू फ़िलहाल वेलकमग्रुप के मौर्य शेरेटन में शेफ़ हैं। दक्षिण भारतीय खाने के अलावा आपने फ्रांसीसी और इतालवी पाक कला में भी दक्षता हालिस की है।

सैयद नसीर: बारह साल की उम्र में ही स्कूल छोड़ देने वाले सैयद नसीर की: अभिभावकों की सख्त असहमति और कई बार उनसे मार खाने के बाद भी पाक-शास्त्र में रुचि कम नहीं हुई। हैदराबाद के प्रसिद्ध उस्ताद नूर खान से पाक कला का प्रशिक्षण पाने वाले नसीर अपने काम में सचमुच इतने उस्ताद थे कि स्नातक होते ही ओबेराय ग्रुप ने इन्हें बंबई के ओबेराय टावर के मुगल रूम का शेफ़ नियुक्त कर लिया।

शाकाहारी हैं। फिर भी, इसके बावजूद, वहां समुद्री मछलियों के जो एक से बढ़कर एक व्यंजन बनते हैं, उनका कोई जवाब ही नहीं है। वहां के मांसाहारी खाने के बारे में यह बात ध्यान देने की है कि वहां के लोग किसी भी जानवर को काटने से पहले पानी में डुबोते हैं।

चौंका देने वाले एक से एक स्वादिष्ट मांसाहारी व्यंजनों के बावजूद दक्षिण भारतीय शाकाहारी खाने की आत्मा चावल और दाल ही है। वहां के लोग नाश्ते, दोपहर के खाने, रात के खाने और इनके बीच भी अधिकतर चावल के ही अलग-अलग तरह के व्यंजन बनाते हैं। दाल वहां प्रोटीन के मुख्य स्रोत हैं। गेहूं की रोटी और इसके अन्य व्यंजनों को वहां के लोग बहुत कम खाते हैं। गेहूं का सबसे लोकप्रिय व्यंजन वहां पूरी है जिसे खास अवसरों जैसे कि पोंगल आदि पर मिठाई के साथ खाते हैं। अपनी अद्भुत कल्पना और प्रतिभा के बल पर दक्षिण भारतीय पाकविशेषज्ञों ने दाल और चावल के साथ खाने के लिए कई तरह के स्वादिष्ट शाकाहारी व्यंजनों का आविष्कार किया है।

दक्षिण भारतीय खाने के संबंध में दूसरी महत्वपूर्ण बात यह है कि उसमें नारियल, करी पत्ते, मेथी, इमली और हींग का बहुतायत से प्रयोग होता है। लोगों की आम मान्यता के विपरीत दक्षिण भारतीय खाने बहुत तीखे और मिर्च-मसाले वाले नहीं होते हैं। हां, आंध्र प्रदेश के खाने इस मामले में जरूर अपवाद हैं जो बेहद तीखे होते हैं। तीखे तो केरल के व्यंजन भी होते हैं लेकिन बहुत अधिक नहीं।

संयोग से करी तमिल शब्द कारी (Kari) का ही सरल रूप हो गया है जिसका अर्थ सॉस होता है। वैसे 'करी' शब्द किसी भी भारतीय पाक-कला के शब्द-कोष में है ही नहीं। इसे ब्रिटिश शासन की ही देन कहेगें कि भारतीयों को अच्छा न लगने के बावजूद करी शब्द हमारे खान-पान का पर्याय बन गया और कुछ मुट्ठी भर बावर्ची अपने अंग्रेज साहबों को खुश करने के लिए करी के नाम पर नीरस, बेरंग और बेस्वाद शोरबा बनाने लगे। यह वास्तव में भारतीय पाक-कला के लिए अपमान की बात थी। इस भ्रम का और भी खराब नतीजा इस रूप में सामने आया कि अंग्रेज साहबों ने भी खाने में उस करी पाउडर का प्रयोग शुरू कर दिया जिसका भारतीय मसालों में नामोनिशान तक नहीं है। खैर, गनीमत है कि दुनिया के लोग अब विभिन्न प्रकार के भारतीय खाने और अलग-अलग तरह के शोरबे का फर्क समझने लगे हैं।

दक्षिण भारत में दोनों पांव मोड़कर, जमीन पर बैठने और केले के पत्ते बिछाकर उसमें खाने की परम्परा है। खाना स्टील के बड़े-बड़े हंड़ों से काफी अधिक मात्रा में परोसा जाता है और हर व्यंजन के ऊपर शुद्ध देसी घी डाला जाता है। खाने के अंत में दक्षिण में दही खाने का प्रचलन है ताकि मसालेदार खाने के बाद पेट को ठंडक पहुंचे।

सहायक: पोन्नापट्टी पापइयाह

Besan ke Gatte

Maas ki Kadhi

Bati

Mongodi ki Subzi

Lal Maas

Khad

Erha Kari

Kerala Nandu Masala

Milagu Kozhi Chettinad

इग्गारु रोया

समुद्री मछली का यह घरेलू किस्म का व्यंजन है जिसे जीरा, मेथी, और गोल मिर्च के साथ पकाते हैं।

तैयारी

झींगा: छिलके निकालकर, साफ करके, धोकर सुखा लें।

सब्जियां: प्याज़ को छील, धोकर काट लें। टमाटर को धोकर काट लें। करी पत्तों को धो लें। धनिया को साफ़ करके धोकर कतर लें।

पिसा नारियल: भूरा छिलका निकाल कर नारियल को कस लें। ब्लेंडर में डालकर (चौथाई कप) 70 मि.ली. नारियल के ही पानी के साथ महीन लेप बना लें।

मसाले: जीरा, मेथी और गोल मिर्च को पीस लें।

पकाने की विधि

कड़ाही में घी गर्म करके प्याज़ को मध्यम आंच पर तलकर हल्का लाल कर लें। पिसा हुआ लहसुन और अदरक डालकर तब तक चलाएं जब तक पानी न सूख जाए। अब टमाटर और नमक डालकर भूनें। टमाटर आधा गल जाए तो आंच कम करके नारियल का लेप और करी पत्ता मिला दें, दो मिनट तक चलाएं। अब झींगा डालकर चलाएं। पिसे हुए मसाले मिलाकर चलाएं और आंच को तेज़ करके मध्यम कर दें। तब तक भूनते रहें जब तक झींगा अच्छी तरह पक न जाए। अंदाज से नमक मिला दें।

परोसने का तरीका

एक चपटे बर्तन में व्यंजन को निकालकर धनिया से सजाकर गर्म-गर्म उबले चावल के साथ परोसें।

सामग्री

- 1 किलो (2¼ पौंड) झींगा (मध्यम आकार के)
- 125 मि.ली. (½ कप) मूंगफली का तेल
- 200 ग्राम (1¼ कप) प्याज़
- 20 ग्राम (1¾ चाय चम्मच) पिसा अदरक
- 20 ग्राम (3½ चाय चम्मच) पिसा लहसुन
- 400 ग्राम (1¾ कप) टमाटर
- नमक
- 75 ग्राम (1 कप) नारियल
- 10 करी पत्ता
- 5 ग्राम (1¾ चाय चम्मच) जीरा (साबुत)
- 2 ग्राम (½ चाय चम्मच) मेथी (साबुत)
- 10 ग्राम (1 बड़ा चम्मच) काली मिर्च
- 20 ग्राम (1/3 कप) धनिया

मात्रा: 4 व्यक्तियों के लिये
तैयारी का समय: 1 घंटा
पकाने का समय: 15 मिनट

एढ़ा करी

नारियल और धनिया पत्ते की खुशबू डालकर पकाए गए इस झींगा करी में सूखा पाउडर और ताजा दोनों प्रकार का धनिया इस्तेमाल करते हैं।

सामग्री

- 1 किलो (2¼ पौंड) झींगा (मध्यम आकार के)
- 100 मि.ली. (7 बड़े चम्मच) मूंगफली का तेल

केरला नांदू मसाला

200 ग्राम (1¼ कप) प्याज़
20 ग्राम (3½ चाय चम्मच) पिसा हुआ लहसुन
10 ग्राम (1¾ चाय चम्मच) पिसा हुआ अदरक
10 ग्राम (2 चाय चम्मच) धनिया पाउडर
10 ग्राम (2 चाय चम्मच) लाल मिर्च पाउडर
3 ग्राम (½ चाय चम्मच) हल्दी
नमक
300 ग्राम (1 1/3 कप) टमाटर
75 ग्राम (1 कप) नारियल
10 करी पत्ता
20 ग्राम (1/3 कप) हरा धनिया

तैयारी

झींगा: छिलके उतारकर, साफ करके धोकर सुखा लें।

सब्जियां: छील धोकर काट लें। टमाटर को धोकर काट लें। करी पत्तों को धो लें। धनिया पत्ते को साफ करके धोकर काट लें।

नारियल का लेप: भूरा हिस्सा निकालकर फेंक दें और नारियल को कस लें। अब ब्लेंडर में नारियल और 60 मि.ली. नारियल का पानी मिलाकर महीन लेप बना लें।

पकाने की विधि

एक हांडी में घी गर्म करके मध्यम आंच पर प्याज़ को तलकर पारदर्शी कर लें। पिसा हुआ लहसुन और अदरक मिलाकर चलाएं। पानी सूखने लगे तो धनिया पाउडर, लाल मिर्च, हल्दी और नमक मिलाकर चलाएं। अब टमाटर मिलाकर तब तक भूनें जब तक टमाटर आधा गल न जाए। आंच कम करके नारियल का लेप और करी पत्ता मिलाकर दो मिनट तक चलाएं। इसके बाद झींगा और 400 मि.ली. पानी मिलाकर उबलने दें। आंच बिल्कुल धीमी करके पकने दें। बीच-बीच में चला दें। अच्छी तरह पक जाए तो अंदाज से नमक मिलाकर आंच से हटा दें।

मात्रा: 4 व्यक्तियों के लिए
तैयारी का समय: 1 घंटा
पकाने का समय: 15 मिनट

परोसने का तरीका

व्यंजन को एक डोंगे में निकालकर, धनिया से सजाकर गर्म-गर्म उबले चावल के साथ परोसें।

केरला नांदू मसाला

नारियल के साथ बने केकड़ा करी का असली मजा खोल से गोश्त निकाल-निकालकर खाने में है।

सामग्री
8 केकड़े (मझोले)
100 मि.ली. (7 बड़े चम्मच) मूंगफली का तेल
2 ग्राम (½ चाय चम्मच) सरसों (साबुत)
2 साबुत लाल मिर्च
120 ग्राम (2/3 कप) प्याज़
50 ग्राम (3 बड़े चम्मच) पिसा हुआ अदरक
50 ग्राम (3 बड़े चम्मच) पिसा हुआ लहसुन

तैयारी

केकड़ा: नल के चलते हुए पानी में डुबोकर धो लें। पंजों को निकाल दें। एक केकड़े को दो टुकड़ों में काट लें।

सब्जियां: प्याज़ को छील, धोकर काट लें। टमाटर को धोकर काट लें। करी पत्ते को साफ करके धो लें। धनिया पत्ते को साफ करके धो, काट लें।

नारियल का लेप: भूरा हिस्सा निकाल दें और कस लें। हरी मिर्च के डंठल तोड़ कर धो लें, बीच से काटकर बीज निकाल दें और कतर लें। अब इन दोनों चीजों को ब्लेंडर में डालकर, 75 मि.ली. नारियल पानी मिलाकर महीन लेप बना लें।

पकाने की विधि

एक हांडी में घी गर्म करके मध्यम आंच पर सरसों को कड़कन दें। साबुत लाल मिर्च मिलाकर 5 सेकेंड चलाएं और प्याज़ डालकर हल्का सुनहरा तल लें। पिसा हुआ अदरक और लहसुन मिलाकर चलाएं। पानी सूखने लगे तो लाल मिर्च पाउडर, हल्दी और नमक मिलाकर 30 सेकेंड चलाएं। अब टमाटर डालकर भूनें। मसाला तेल छोड़ने लगे तो नारियल का लेप मिलाकर आंच कम कर दें और 2 मिनट तक चलाएं। केकड़ा, करी पत्ते और 300 मि.ली. पानी मिलाकर उबलने दें। ढककर करीब 20 मिनट तक धीरे-धीरे पकने दें। अंदाज से नमक मिला दें।

परोसने का तरीका

डोंगे में निकालकर, धनिया से सजाएं और उबले हुए चावल और नीबू के कटे टुकड़ों के साथ परोसें।

3 ग्राम (½ चाय चम्मच) लाल मिर्च पाउडर	
3 ग्राम (½ चाय चम्मच) हल्दी	
नमक	
400 ग्राम (1¾ कप) टमाटर	
75 ग्राम (1 कप) नारियल	
2 हरी मिर्च	
10 करी पत्ते	
20 ग्राम (1/3 कप) धनिया	

मात्रा: 4 व्यक्तियों के लिये
तैयारी का समय: 30 मिनट
पकाने का समय: 40 मिनट

पाम्फ्रेट मप्पास

पाम्फ्रेट को इमली के घोल में डालकर हल्के मसाले वाले शोरबे में पकाते हैं।

तैयारी

मछली: धोकर सुखा लें। एक फिलेट को दो बराबर भागों में काट लें।

मैरीनेशन: इमली के गूदे को 10 मिनट के लिए 100 मि.ली. पानी में छोड़ दें। अब इस मैरीनेड में नमक मिलाकर मछली डालें और 15 मिनट तक रहने दें।

सब्ज़ियां: प्याज़ को छील, धोकर काट लें। अदरक को खुरच धोकर कतर लें। लहसुन को छीलकर कतर लें। करी पत्ते को धो लें। हरी मिर्च के डंठल तोड़ कर धो लें, बीच से काटकर बीज निकाल दें और कतर लें।

सामग्री
मछली का गोश्त 12 टुकड़े
75 ग्राम (1/3 कप) इमली का गूदा
नमक
150 मि.ली. (2/3 कप) नारियल का तेल
4 ग्राम (1 चाय चम्मच) काली सरसों (साबुत)
75 ग्राम (½ कप) प्याज़
20 ग्राम (2 बड़े चम्मच) अदरक
30 ग्राम (3 बड़े चम्मच) लहसुन
3 ग्राम (½ चाय चम्मच) हल्दी
10 करी पत्ते
4 हरी मिर्च
5 ग्राम (1 चाय चम्मच) धनिया पाउडर

5 ग्राम (1 चाय चम्मच) सौंफ पाउडर

1 ग्राम (¼ चाय चम्मच) लौंग पाउडर

2 ग्राम (½ चाय चम्मच) दालचीनी पाउडर

100 मि.ली. (½ कप) नारियल का दूध (पहली बार निकाला हुआ**)

100 मि.ली. (½ कप) नारियल का दूध (दूसरी बार निकाला हुआ**)

10 मि.ली. (2 चाय चम्मच) माल्ट सिरका

पकाने की विधि

हांडी में घी गर्म करके मध्यम आंच पर सरसों डालकर चलाएं और उसे कड़कने दें। प्याज़ डाल कर उसे हल्का लाल कर लें। अदरक और लहसुन मिलाकर 2-3 मिनट चलाएं। हल्दी और नमक डालें। 30 सेकेंड चलाएं। करी पत्ता और हरी मिर्च मिलाकर एक मिनट चलाएं। धनिया, सौंफ, लौंग और दालचीनी पाउडर डालकर एक मिनट चलाएं। नारियल का दूसरी बार का निकाला गया दूध मिलाकर 5 मिनट तक पकाएं। अब मछली मिलाकर उबलने दें और सिरका और नारियल का पहली बार का निकाला गाढ़ा दूध मिलाकर उबलने दें। ढककर तब तक खदकने दें जब तक मछली पक न जाए। अंदाज से नमक मिला दें।

मात्रा: 4 व्यक्तियों के लिये
तैयारी का समय: 30 मिनट
पकाने का समय: 30 मिनट

परोसने का तरीका

एक डोंगे में निकालकर उबले चावल के साथ परोसें।

* 'इमली' का खंड देखें।
** 'नारियल' का खंड देखें।

कोज़ी वर्था करी

नरम-नरम बिना हड्डी के मुर्ग के टुकड़ों को जायकेदार वनस्पति और मसालों के साथ पकाया जाता है।

सामग्री

1.2 किलो (2 2/3 पौंड) मुर्गा

45 ग्राम (7½ चाय चम्मच) पिसा हुआ अदरक

30 ग्राम (5 चाय चम्मच) पिसा हुआ लहसुन

3 ग्राम (½ चाय चम्मच) लाल मिर्च पाउडर

5 ग्राम (1 चाय चम्मच) हल्दी

नमक

120 मि.ली. (½ कप) मूंगफली का तेल

10 करी पत्ते

150 ग्राम (1 कप) प्याज़

100 (½ कप) टमाटर

3 ग्राम (½ चाय चम्मच) धनिया पाउडर

2 ग्राम (1/3 चाय चम्मच) छोटी इलायची पाउडर

तैयारी

मुर्गा: साफ करके चमड़ी उतार दें, हड्डियां निकाल दें और डेढ़-डेढ़ इंच के टिक्कों में काट लें।

मैरीनेशन: आधे इंच अदरक के टुकड़े और लहसुन के लेप के साथ लाल मिर्च, हल्दी और नमक मिलाकर मुर्ग टिक्कों को रगड़ें और 30 मिनट के लिए छोड़ दें।

हल्का तलना: एक कड़ाही में घी गर्म करके मसाले लगे मुर्ग के टिक्के मिलाएं और मध्यम आंच पर तलकर चारों ओर से बराबर लाल कर लें। टिक्कों को निकालकर घी को रख दें।

सब्जियां: करी पत्तों को धो लें। प्याज़ को छील, धोकर काट लें। टमाटर को धोकर काट लें। धनिया को साफ करके धोकर काट लें।

इमली: 25 मि.ली. पानी में फूलने के लिए भिगोएं।

गोल मिर्च: पीस लें।

2 ग्राम (1/3 चाय चम्मच) लौंग और दालचीनी पाउडर
25 ग्राम (4 चाय चम्मच) इमली का गूदा
3 ग्राम (1 चाय चम्मच) काली गोल मिर्च
15 मि.ली. (1 बड़ा चम्मच) नीबू का रस
20 ग्राम (1/3 कप) धनिया

पकाने की विधि

रखे हुए तेल को फिर गर्म करके उसमें करी पत्ता डालकर चलाएं। 30 सेकेंड के बाद प्याज़ डालें और तलकर हल्का लाल कर लें। बचे हुए अदरक और लहसुन के लेप को मिलाकर एक मिनट चलाएं। टमाटर मिलाएं और तब तक भूनें जब तक मसाला तेल न छोड़ने लगे। इसके बाद धनिया, इलायची लौंग और दालचीनी पाउडर मिलाकर एक मिनट चलाएं। इमली डालकर 5 मिनट चलाएं। अब मुर्गा मिलाकर 8-10 मिनट भूनें और 240 मि.ली. पानी मिलाकर उबलने दें। आंच कम करके मध्यम कर दें। भूनना और चलाना तब तक जारी रखें जब तक पानी सूखने न लगे और मसाला टिक्के से अच्छी तरह लिपट न जाए। गोल मिर्च और नीबू का रस छिड़ककर अंदाज से नमक मिला दें।

परोसने का तरीका

व्यंजन को एक डोंगे में निकालकर धनिया से सजाएं और दोसई, परांठा या पूरी के साथ परोसें। इसे तिनके में गूथकर कॉकटेल के साथ नमकीन के रूप में भी पेश किया जा सकता है।

मात्रा: 4 व्यक्तियों के लिये
तैयारी का समय: 1 घंटा
पकाने का समय: 30 मिनट

* 'इमली' का खंड देखें।
** 'नमकीन' का खंड देखें।
*** 'रोटी' का खंड देखें।

मिलागू कोज़ी चेट्टीनाड़

सामग्री

1.2 (2 2/3 पौंड) मुर्गा (2 मुर्गे)
25 ग्राम (1/3 कप) धनिया

मैरीनेशन

20 ग्राम (2 बड़े चम्मच) काली गोल मिर्च
125 ग्राम (½ कप) दही
25 ग्राम (4 चाय चम्मच) पिसा हुआ अदरक
25 ग्राम (4 चाय चम्मच) पिसा हुआ लहसुन
30 मि.ली. (2 बड़े चम्मच) नीबू का रस
नमक

तैयारी

मुर्गा: साफ करके चमड़ी हटा दें और एक मुर्गे को 8 टुकड़ों में काट लें।

धनिया: साफ करके धोकर काट लें।

मेरीनेशन: गोल मिर्च को पीस लें। एक बड़े कटोरे में दही फेंट लें और उसमें पीसी हुई गोल मिर्च, पिसा अदरक और लहसुन का पेस्ट, नीबू का रस और नमक अच्छी तरह मिला लें। अब इस घोल में मुर्गे के टुकड़ों को करीब आधे घंटे के लिए डाल दें।

शोरबा: प्याज़ को छील, धोकर काट लें। टमाटर को धोकर काट लें।

शोरबा

100 मि.ली. (7 बड़े चम्मच)	मूंगफली का तेल
175 ग्राम (1 कप)	प्याज़
25 ग्राम (4 चाय चम्मच)	पिसा हुआ अदरक
25 ग्राम (4 चाय चम्मच)	पिसा हुआ लहसुन
150 ग्राम (2/3 कप)	टमाटर
	नमक
5 ग्राम (1 चाय चम्मच)	गरम मसाला

मात्रा: 4 व्यक्तियों के लिये
तैयारी का समय: 45 मिनट
पकाने का समय: 25 मिनट

पकाने की विधि

एक हांडी में घी गर्म करके मध्यम आंच पर प्याज़ को तलकर हल्का सुनहरा कर लें। अदरक और लहसुन का पेस्ट मिलाकर, प्याज़ को तलकर सुनहरा लाल कर लें। अब टमाटर डालकर भूनना शुरू करें। तेल जब मसाले से अलग होने लगे तो मैरीनेड समेत मुर्गा डाल दें और 4-5 मिनट तक चलाएं। 250 मि.ली. पानी मिलाकर उबलने दें। उबलने लगे तो ढककर पकाएं। बीच-बीच में चला दिया करें। मुर्गा नरम हो जाए तो अंदाज से नमक मिलाकर, गरम मसाला छिड़ककर चला दें।

परोसने का तरीका

व्यंजन को एक छिछले बर्तन में निकालकर धनिया से सजाकर उबले चावल और परांठे* के साथ परोसें।

*देखें 'रोटी' का खंड।

वेनडेक्का मसाला पच्चड़ी

भिंडी को नारियल और दही के गाढ़े शोरबे में पकाया गया व्यंजन।

सामग्री

800 ग्राम (1¾ पौंड)	भिंडी
	तलने के लिए मूंगफली का तेल
3 ग्राम (1 चाय चम्मच)	साबुत जीरा
4 ग्राम (1 चाय चम्मच)	साबुत सरसों
20 ग्राम (2 बड़े चम्मच)	उरद दाल
3	साबुत लाल मिर्च
10	करी पत्ते
125 ग्राम (¾ कप)	प्याज़
250 ग्राम (1 कप)	टमाटर
5 ग्राम (1 चाय चम्मच)	लाल मिर्च पाउडर
3 ग्राम (½ चाय चम्मच)	हल्दी
15 ग्राम (1 बड़ा चम्मच)	धनिया पाउडर
	नमक
75 ग्राम (1 कप)	नारियल
15 ग्राम (2 बड़े चम्मच)	काजू
100 ग्राम (½ कप)	दही

तैयारी

भिंडी: बीच से बिना चीरे उसके दोनों किनारे काट दें। धोकर सुखा लें और एक-एक इंच के टुकड़ों में काट लें। एक कड़ाही में तेल गर्म करके मध्यम आंच पर 5-6 मिनट तलकर कुरकुरा कर लें। बचे हुए तेल को रख दें।

बाकी सब्जियां: करी पत्ते धोलें। प्याज़ को छील, धोकर काट लें। टमाटर को धोकर काट लें।

दाल: चुनकर, नल के चलते पानी में धोकर सुखा लें।

नारियल का पेस्ट: भूरा छिलका निकालकर नारियल को कस लें। काजू को बीच से अलग कर के दो कर दें। अब इन्हें ब्लेंडर में डालकर 60 मि.ली. नारियल का पानी मिलाकर महीन लेप बना लें।

दही: एक कटोरे में फेंट लें।

पकाने की विधि

पहले का बचा हुआ 75 मि.ली. तेल पतीले में गर्म करें। अब उसमें साबुत जीरा, सरसों, उरद दाल, साबुत लाल मिर्च, करी पत्ते डालकर मध्यम आंच पर तब तक तलें जब तक वे कड़कड़ाने न लगें। प्याज़ डालकर, तलकर सुनहरा लाल कर लें। अब टमाटर मिलाकर चलाएं, लाल मिर्च पाउडर, हल्दी, धनिया और नमक मिलाकर भूनें। मसाला तेल छोड़ने लगे तो आंच कम करके पिसा नारियल मिलाएं और 2 मिनट तक चलाएं। पतीले को आंच से हटाकर दही मिलाकर चलाएं, और 400 मि.ली. पानी मिलाकर फिर आंच पर चढ़ा दें। उबलने लगे तो तली हुई भिंडी मिलाकर पकाएं। भिंडी जब शोरबे से अच्छी तरह लिपट जाए तो अंदाज़ से नमक मिला दें।

परोसने का तरीका

व्यंजन को एक चपटे बर्तन में निकालकर उबले चावल के साथ परोसें।

मात्रा: 4 व्यक्तियों के लिये
तैयारी का समय: 30 मिनट
पकाने का समय: 30 मिनट

मुरुंगक्कई सांभर

दाल और सहजन के डांठे के इस व्यंजन को हर वक्त नाश्ता, दोपहर और रात के भोजन के साथ लेते हैं।

सामग्री

200 ग्राम (1 कप) अरहर दाल
200 ग्राम (7 औंस) सहजन के डंठे
5 ग्राम (1 चाय चम्मच) हल्दी
5 ग्राम (1 चाय चम्मच) लाल मिर्च पाउडर
4 हरी मिर्च
175 ग्राम (1 कप) प्याज़
300 ग्राम (1 1/3 कप) टमाटर
नमक
5 मि.ली. (1 चाय चम्मच) मूंगफली का तेल
15 ग्राम (2½ चाय चम्मच) इमली का गूदा*
10 ग्राम (1 बड़ा चम्मच) गुड़
75 ग्राम (5 बड़े चम्मच) पिसा नारियल
20 ग्राम (1/3 कप) धनिया

बघार के लिए

30 मि.ली. (2 बड़े चम्मच) मूंगफली का तेल

तैयारी

दाल: चुनकर नल के चलते हुए पानी में धो लें और 30 मिनट पानी में भिगो दें। छानकर निकाल लें।

सहजन: छीलकर धो लें और 1-1 इंच के टुकड़ों में काट लें।

बची हुई सब्जियां: हरी मिर्च के डंठल हटाकर धो दें, बीच से काटकर बीज निकाल दें। प्याज़ को छील, धोकर काट लें। टमाटर को धोकर चौथाई टुकड़ों में काट लें। धनिया को साफ करके धोकर काट लें।

इमली: 30 मि.ली. पानी में इमली को भिगो दें।

गुड़: मसलकर 30 मि.ली. नारियल पानी के साथ मिलाएं।

छौंक के लिए: उड़द दाल को चुनकर नल के चलते हुए पानी में धो लें और सुखा लें। करी पत्तों को धो लें।

- 4 ग्राम (1 चाय चम्मच) सरसों (साबुत)
- 6 ग्राम (2 चाय चम्मच) जीरा (साबुत)
- 2 ग्राम (1 चाय चम्मच) धनिया (साबत)
- 3 ग्राप (1 चाय चम्मच) तिल (साबुत)
- 10 ग्राम (1 बड़ा चम्मच) उड़द दाल
- 15 करी पत्ते
- एक भरपूर चुटकी हींग

पकाने का तरीका

पानी छनी दाल को एक लीटर पानी के साथ पतीले में डालें और उसमें सहजन, हल्दी, लाल मिर्च, हरी मिर्च, प्याज़, टमाटर और नमक मिलाकर उबालें। दाल पक जाए तो उसमें तेल मिलाकर आंच से हटा लें।

छौंक तैयार करने के लिए एक बड़ी कड़ाही में तेल गर्म कर लें। अब सरसों, जीरा, धनिया, तिल और उरद दाल मिलाकर तब तक तलें जब तक कड़कड़ाने न लगे। करी पत्ते मिलाकर चलाएं, हींग मिला दें। अब इसमें पकी हुई दाल और इमली मिलाकर 5 मिनट पकाएं। गुड़ मिलाकर उबलने दें। आंच कम करके पिसा नारियल मिलाएं और 5 मिनट पकाएं। कटे हुए धनिया को छिड़क कर अंदाज़ से नमक मिला दें।

मात्रा: 4 व्यक्तियों के लिये
तैयारी का समय: 55 मिनट
पकाने का समय: 45 मिनट

परोसने का तरीका

व्यंजन को डोंगे में निकालकर किसी नाश्ते या भोजन के साथ परोसें।

* 'इमली' का खंड देखें।

सामग्री

- 750 ग्राम (1 2/3 पौंड) हरी मटर
- 750 (1 2/3 पौंड) ताजी खुम्बी
- 150 ग्राम (2/3 कप) मूँगफली का तेल
- 6 ग्राम (2 चाय चम्मच) साबुत जीरा
- 4 ग्राम (1 चाय चम्मच) साबुत सरसों
- 1 ग्राम (¼ चाय चम्मच) सौंफ
- 20 ग्राम (2 बड़े चम्मच) उड़द दाल
- 125 ग्राम (¾ कप) प्याज़
- 25 ग्राम (4 चाय चम्मच) पिसा हुआ अदरक
- 25 ग्राम (4 चाय चम्मच) पिसा हुआ लहसुन
- 10 ग्राम (2 चाय चम्मच) धनिया पाउडर
- 5 ग्राम (1 चाय चम्मच) लाल मिर्च पाउडर

बटानी काल करी

मटर और खुम्बी के इस स्वादिष्ट व्यंजन को गाढ़े शोरबे के साथ पकाते हैं।

तैयारी

मटर: उबाल कर छान लें।

खुम्बी: जमीन के नीचे रहने वाले भाग को काटकर निकाल दें। चौथाई टुकड़ों में काट लें। कड़ाही में 50 मि.ली. तेल गर्म करके मध्यम आंच पर इन्हें 4-5 मिनट तल लें।

दाल: चुनकर, नल के चलते हुए पानी में धोकर सुखा लें।

बची हुई सब्जियां: छील, धोकर प्याज़ को काट लें। टमाटर को धोकर काट लें। करी पत्ते को धो लें। धनिया पत्ते को साफ करके धोकर काट लें।

पिसा नारियल: नारियल का ऊपरी भूरा छिलका निकाल दें और नारियल को कस लें। काजू को दो भागों में कर लें। अब इन दोनों चीजों को ब्लेंडर में डालकर 60 मि.ली. नारियल पानी के साथ बारीक पीस लें।

5 ग्राम (1 चाय चम्मच) हल्दी
नमक
250 ग्राम (1 कप) टमाटर
60 ग्राम (¾ कप) नारियल
30 ग्राम (¼ कप) काजू
20 करी पत्ते
20 ग्राम (1/3 कप) धनिया

पकाने की विधि

एक कड़ाही में तेल गर्म करके, जीरा, सरसों, सौंफ और उरद दाल डालकर मध्यम आंच पर तलकर कड़कड़ाने दें। प्याज़ डालकर तलकर हल्का लाल कर लें। अदरक और लहसुन डालकर चलाएं और पानी को सूख जाने दें। इसके बाद धनिया पाउडर, लाल मिर्च, हल्दी और नमक मिलाकर चलाएं। टमाटर डालकर तब तक चलाएं जब तक मसाला तेल न छोड़ने लगे। आंच कम करके पिसा नारियल और करी पत्ते मिलाकर एक मिनट चलाएं और 500 मि.ली. पानी मिलाकर उबलने दें। अब उबली हुई मटर और तली हुए खुम्बी मिलाकर 5 मिनट पकाएं। अंदाज से नमक मिला दें।

परोसने का तरीका

एक डोंगे में व्यंजन को निकालकर धनिया पत्ते से सजाकर सादे उबले हुए चावल के साथ परोसें।

मात्रा: 4 व्यक्तियों के लिये
तैयारी का समय: 1 घंटा
पकाने का समय: 30 मिनट

रसम

रसम एक तरह का रस या सार होता है जिसे भूख तेज करने के लिए दोपहर या रात के खाने के साथ लेते हैं। यह कई तरह से बनाया जाता है लेकिन उसमें सबसे अधिक लोकप्रिय है टमाटर और नीबू से बनाया गया रसम।

सामग्री
350 ग्राम (1½ कप) टमाटर
75 ग्राम (7 बड़े चम्मच) अरहर दाल
1 हरी मिर्च
एक चुटकी हल्दी
नमक
15 मि.ली. (1 बड़ा चम्मच) मूँगफली का तेल
4 ग्राम (1 चाय चम्मच) काली सरसों (साबुत)
6 ग्राम (2 चाय चम्मच) जीरा (साबुत)
3 साबुत लाल मिर्च
10 करी पत्ते
एक चुटकी हींग
30 ग्राम (3 बड़े चम्मच) लहसुन
5 ग्राम (1½ चाय चम्मच) गोल मिर्च
100 ग्राम (5 बड़े चम्मच) इमली का गूदा*
20 ग्राम (½ कप) धनिया

तैयारी

टमाटर: टमाटर को धोकर काट लें और ब्लेंडर में पीसकर गूदा बना लें।

गाढ़ी उबली और मसली दाल: चुनकर दाल को नल के चलते हुए पानी में धो लें। हरी मिर्च के डंठल निकाल दें। धो लें, बीच से काटकर बीज निकाल दें। अब इन दोनों को पतीले में डालकर हल्दी नमक और 800 मि.ली. पानी के साथ उबालें। ढककर तब तक उबालें जब तक दाल एकदम गल न जाए। एक पतीली पर छलनी रखें। उसमें पकी दाल को डालकर, रगड़कर दूसरी पतीली में निकाल लें।

बची हुई सब्जियां: करी पत्तों को धो लें। लहसुन को छीलकर कुचल लें। धनिया को साफ करके धोकर काट लें।

गोल मिर्च: पीस लें।

इमली: 100 मि.ली. पानी में भिगो दें।

बिसी भेला हुलिआना

पकाने की विधि

एक कड़ाही में घी गर्म करके उसमें मध्यम आंच पर साबुत जीरा और सरसों डालकर कड़कड़ाने दें। अब साबुत लाल मिर्च और करी पत्ते डालकर कुछ सेकेंड चलाएं। इसके बाद हींग, कुचले हुए लहसुन और नमक मिलाकर चलाएं। टमाटर की लुग्दी, गोल मिर्च और 750 मि.ली. पानी मिलाकर उबालें। घुटी दाल और इमली को इसमें डालकर फिर उबालें और छान लें। अंदाज से नमक मिला दें।

मात्रा: 4 व्यक्तियों के लिये
तैयारी का समय: 1.20 घंटे
पकाने का समय: 10 मिनट

परोसने का तरीका

रसम को डोंगे में निकालकर धनिया से सजाकर परोसें।

नोट: नीबू रसम के लिए इमली के गूदे की जगह 100 मि.ली. नीबू का रस इस्तेमाल करें और धनिया की बजाए बारीक कटे अदरक से सजाएं।

* 'इमली' का खंड देखें।

सामग्री

300 ग्राम (1½ कप) बासमती चावल
150 ग्राम (½ कप) अरहर दाल
50 ग्राम (½ कप) हरी मटर
50 ग्राम (½ कप) गोभी
400 ग्राम (1¾ कप) टमाटर
50 ग्राम (3 बड़े चम्मच) इमली का गूदा*
3 ग्राम (½ चाय चम्मच) हींग
3 ग्राम (½ चाय चम्मच) लाल मिर्च मसाला
5 ग्राम (1 चाय चम्मच) हल्दी
नमक
10 करी पत्ते

हुलिअन्न का मसाला

50 ग्राम (¼ कप) चने की दाल
20 ग्राम (2 बड़े चम्मच) उरद की दाल
5 छोटी इलायची
5 लौंग

बिसी बेलि होलिअन्न

चावल और सांभर की खिचड़ी को बिसी भेला हुलिआना कहते हैं।

तैयारी

चावल और दाल: चुनकर नल के चलते पानी में धोकर 30 मिनट के लिए पानी में भिगो दें।

सब्जियां: गोभी को धोकर छोटे-छोटे टुकड़े काट लें। टमाटर को धोकर काट लें। करी पत्तों को धो लें।

इमली: 50 मि.ली. पानी में भिगो दें।

हुलिआना का मसाला: दाल को चुनकर नल के चलते हुए पानी में धो लें। पानी को छानकर सुखा लें। दालों को तवे पर अलग-अलग हल्का भून लें। बची हुई सारी चीजों को तवे पर अलग-अलग भून लें और ब्लेंडर में डालकर दरदरा पाउडर बना लें।

सजाने के लिए: कड़ाही में घी गर्म करके काजू को मध्यम आंच पर सुनहरा हल्का तल लें।

हैदराबादी मुर्ग कोरमा

2 टुकड़ा दालचीनी (1 इंच का)
4 ग्राम (1 चाय चम्मच) साबुत सौंफ
3 ग्राम (1 चाय चम्मच) साबुत जीरा

बघार के लिए
75 मि.ली. (½ कप) मूंगफली का तेल
2 ग्राम (½ चाय चम्मच) साबुत सरसों
3 साबुत लाल मिर्च

सजाने के लिए
50 ग्राम (½ कप) काजू
तलने के लिए मूंगफली का तेल

पकाने की विधि

पानी छनी अरहर दाल को 2.5 लीटर पानी के साथ पतीले में उबालें और ढककर अच्छी तरह पकने दें। चावल, मटर और गोभी मिलाकर और 10 मिनट उबालें। बीच-बीच में चलाते रहें ताकि चावल और दूसरी चीजें नीचे लगे नहीं। इसके बाद टमाटर, इमली, हींग मिलाकर चलाएं। लाल मिर्च, हल्दी और नमक मिला दें। अब हुलिआना का मसाला मिलाकर ढक दें और तब तक पकाएं जब तक चावल और दाल अच्छी तरह गल न जाएं। उबले दलिया के समान घुट जाए। करी पत्ते मिलाकर पकाना जारी रखें।

इसी बीच बघार तैयार करने के लिए एक फ्राइंगपैन में मध्यम आंच पर घी गर्म करके, सरसों डालकर कड़कड़ाएं। साबुत लाल मिर्च डालकर 15 सेकेंड चलाएं। आंच तेज करके पकते हुए चावल को उबालें और बघार को उसमें डालकर मिला दें। अंदाज से नमक मिला दें।

मात्रा: 4 व्यक्तियों के लिये
तैयारी का समय: 40 मिनट
पकाने का समय: 40 मिनट

परोसने का तरीका

एक डोंगे में निकालकर काजू से सजाकर पापड़ और आम के अचार के साथ परोसें।

*देखें 'इमली' का खंड।

हैदराबाद

हैदराबादी मुर्ग कोरमा

इस खास व्यंजन को मुर्गे की करी, काजू मिली करी और जायफल की खुशबू डालकर पकाते हैं।

सामग्री
800 ग्राम (1¼ पौंड) मुर्गा (एक)
225 ग्राम (1 कप) दही
60 ग्राम (¼ कप) पिसा हुआ अदरक
30 ग्राम (5 चाय चम्मच) पिसा हुआ लहसुन
160 ग्राम (1 कप) प्याज़
5 ग्राम (1 चाय चम्मच) लाल मिर्च पाउडर
3 ग्राम (½ चाय चम्मच) हल्दी

तैयारी

मुर्गा: साफ करके चमड़ी उतार दें और उसके 8 टुकड़े काट लें।
दही: एक बड़े कटोरे में फेंट लें।

मुर्ग निज़ामी

25 ग्राम (½ कप) नारियल
75 ग्राम (4 बड़े चम्मच) पिसा काजू
10 ग्राम (4 बड़े चम्मच) साबुत तिल
2 ग्राम (½ चाय चम्मच) जायफल पाउडर
नमक
120 ग्राम (2/3 कप) घी

साबुत गरम मसाला
10 छोटी इलायची
2 बड़ी इलायची
10 लौंग
2 टुकड़ा दालचीनी (1 इंच)
1 तेज पत्ता
1 ग्राम (¼ चाय चम्मच) जावित्री
250 ग्राम (1 2/3 कप) आलू (मझोले)
30 मि.ली. (2 बड़े चम्मच) नीबू का रस
20 ग्राम (1/3 कप) धनिया

मात्रा: 4 व्यक्तियों के लिये
तैयारी का समय: 40 मिनट
पकाने का समय: 20 मिनट

सब्जियां: प्याज़ को छील, धोकर काट लें। आलू को छील, धोकर चार-चार टुकड़े कर काट लें और पानी में डाल दें। धनिया को साफ करके धोकर काट लें।

नारियल: भूरा छिलका उतारकर नारियल को कस लें।

मैरीनेशन: पीसे हुए अदरक, लहसुन, प्याज़, लाल मिर्च, हल्दी, नारियल, पिसा काजू, तिल, जायफल और नमक को दही में मिला दें। उसमें मुर्गे को डाल दें और कम से कम आधे घंटे के लिए रख छोड़ें।

पकाने की विधि

एक हांडी में घी गर्म करके मध्यम आंच पर साबुत गरम मसाले डालें और उन्हें कड़कड़ाने दें। अब घोल में पड़े मुर्गे को घोल समेत उसमें डालकर उबालें और 5 मिनट तक पकाएं। 400 मि.ली. पानी मिलाकर फिर खदकाएं और 2-3 मिनट तक पकने दें। आलू को पानी से निकालकर मिलाएं। नीबू का रस भी और पकने दें जब तक मुर्गा नरम न हो जाए और आलू अच्छी तरह पक न जाएं। अंदाज से नमक मिला दें।

परोसने का तरीका

व्यंजन को निकालकर, धनिया से सजाकर, गर्म-गर्म चावल या मनपसंद रोटी के साथ परोसें।

सामग्री
800 ग्राम (1¾ पौंड) मुर्गा (एक)
120 ग्राम (2/3 कप) घी
100 ग्राम (2/3 कप) प्याज़
50 ग्राम (3 बड़े चम्मच) पिसा हुआ अदरक
50 ग्राम (3 बड़े चम्मच) पिसा हुआ लहसुन
8 हरी मिर्च
5 ग्राम (1 चाय चम्मच) हल्दी
30 ग्राम (¼ कप) मूंगफली
10 ग्राम (1 बड़ा चम्मच) तिल
10 ग्राम (1 बड़ा चम्मच) चिरौंजी
50 ग्राम (2/3 कप) नारियल

मुर्ग निज़ामी

इस व्यंजन को काजू, बादाम (मूंगफली), नारियल, चिरौंजी और तिल डालकर पकाते हैं।

तैयारी

मुर्गा: साफ करके चमड़ी उतार दें और मुर्गे के आठ टुकड़े काट लें।

सब्जियां: प्याज को छील, धोकर काट लें। हरी मिर्च के डंठल निकाल दें और धो लें। बीचोंबीच काटकर बीज निकालकर, कतर लें। धनिया और पुदीना को साफ करके धोकर काट लें।

सूखे मेवे और तिल: मूंगफली, तिल, चिरौंजी को पीस लें। नारियल का भूरा छिलका निकाल दें और कस लें। कड़ाही में घी गर्म करके काजू को सुनहरा तल लें।

दही: एक कटोरे में फेंट लें।

पकाने की विधि

पतीली में घी गर्म करके मध्यम आंच पर प्याज को तलकर सुनहरा लाल कर लें। पिसा हुआ अदरक और लहसुन मिलाकर एक मिनट चलाएं। हरी मिर्च और हल्दी मिलाकर चलाएं। इसके बाद पिसे हुए मेवे, तिल, कसा हुआ नारियल मिलाकर एक मिनट चलाएं। अब दही मिलाकर तब तक भूनें जब तक मसाला तेल से अलग न होने लगे। मुर्गा डालकर चलाएं और 400 मि.ली. पानी मिलाकर उबलने दें। उबलने लगे तो ढक्कन लगा दें। अच्छी तरह पक जाए तो अंदाज़ से नमक मिलाकर उतार लें। गरम मसाला, नीबू का रस, धनिया, पुदीना और काजू छिड़ककर चला दें।

- 150 ग्राम (2/3 कप) दही
- नमक
- 10 ग्राम (2 चाय चम्मच) गरम मसाला
- 30 मि.ली. (2 बड़े चम्मच) नीबू का रस
- 20 ग्राम (1/3 कप) पुदीना
- 50 ग्राम (1/3 कप) काजू
- तलने के लिए मूंगफली का तेल

परोसने का तरीका

व्यंजन को डोंगे में निकालकर मनपसंद रोटी के साथ परोसें।

मात्राः 4 व्यक्तियों के लिये
तैयारी का समयः 45 मिनट
पकाने का समयः 25 मिनट

मुर्ग़ दो-प्याज़ा हैदराबादी

हल्के शोरबे वाले मुर्ग के इस व्यंजन को ढेर सारे प्याज़ के साथ पकाया जाता है और काजू और चिरौंजी से सजाकर पेश किया जाता है।

सामग्री

- 800 ग्राम (1¾ पौंड) मुर्गा (एक)
- 150 ग्राम (¼ कप) घी
- 400 ग्राम (2 1/3 कप) प्याज़
- 30 ग्राम (5 चाय चम्मच) पिसा हुआ अदरक
- 30 ग्राम (5 चाय चम्मच) पिसा हुआ लहसुन
- 5 ग्राम (1 चाय चम्मच) लाल मिर्च पाउडर
- 5 ग्राम (1 चाय चम्मच) हल्दी
- नमक
- 10 ग्राम (2 चाय चम्मच) गरम मसाला
- 20 ग्राम (1/3 कप) धनिया
- 20 ग्राम (1/3 कप) पुदीना
- 20 ग्राम (2 बड़े चम्मच) चिरौंजी
- 50 ग्राम (1/3 कप) काजू
- तलने के लिए मूंगफली का तेल

तैयारी

मुर्गाः साफ करके चमड़ी उतार दें और उसके आठ टुकड़े काट लें।

सब्जियांः प्याज को छील, धोकर काट लें। साफ़ करके, धोकर, धनिया ओर पुदीना को कतर लें।

चिरौंजी और काजूः एक कड़ाही में घी गर्म करके चिरौंजी और काजू को तलकर हल्का लाल कर लें।

पकाने की विधि

एक पतीले में घी गर्म करके मध्यम आंच पर प्याज को तलकर सुनहरा लाल कर लें। पिसा हुआ अदरक, लहसुन, लाल मिर्च और हल्दी मिलाकर 60 मि.ली. पानी डालें और एक मिनट तक चलाएं। इसके बाद मुर्गा मिलाकर चलाएं और 600 मि.ली. पानी डालकर उबलने दें। जब तक मुर्गा पक न जाए आंच पर चढ़ाए रखें। अंदाज से नमक

मिला दें। गरम मसाला, धनिया और पुदीना मिलाकर चलाएं। चिरौंजी और काजू मिलाकर एक बार और उबाल लें।

परोसने का तरीका

मात्रा: 4 व्यक्तियों के लिये
तैयारी का समय: 30 मिनट
पकाने का समय: 25 मिनट

व्यंजन को परोसने वाले बर्तन में निकालकर चावल या मनपसंद रोटी के साथ पेश करें।

सूफियानी बिरयानी

केसर की खुशबू वाला चावल का यह व्यंजन हल्का और पचने में आसान होता है।

सामग्री

800 ग्राम (1¾ पौंड) मुर्गा (एक)
450 ग्राम (2¼ कप) बासमती चावल
150 ग्राम (¼ कप) घी
नमक

साबुत गरम मसाले

6 छोटी इलायची
2 बड़ी इलायची
6 लौंग
2 टुकड़ा दालचीनी (एक इंच)
2 तेज पत्ते

एक चुटकी जावित्री

6 ग्राम (2 चाय चम्मच) शाह जीरा
100 ग्राम (2/3 कप) प्याज़
25 ग्राम (4 चाय चम्मच) पिसा हुआ अदरक
25 ग्राम (4 चाय चम्मच) पिसा हुआ लहसुन
10 ग्राम (2 चाय चम्मच) लाल मिर्च पाउडर
500 ग्राम (2¼ कप) दही
30 मि.ली. (2 बड़े चम्मच) नीबू का रस
½ ग्राम (1 चाय चम्मच) केसर
30 मि.ली. (2 बड़े चम्मच) दूध
20 ग्राम (1/3 कप) पुदीना
20 ग्राम (1/3 कप) धनिया

तैयारी

मुर्गा: साफ करके चमड़ी उतार दें और आठ टुकड़े काट लें।

चावल: चुनकर, नल के चलते पानी में धो लें और एक हांडी में आधे घंटे तक भिगो कर रखें। अब पानी छानकर चावल में ताजा पानी डालकर नमक, आधे गरम मसाले और शाही जीरा के साथ उबाल लें। माड़ निकाल दें।

सब्जियां: प्याज़ को छील, धोकर काट लें। पुदीना और धनिया को साफ करके धोकर काट लें।

दही: दही को फेंटकर उसके दो बराबर भाग कर दें।

केसर: गर्म दूध में भिगो दें। एक भाग दही में अच्छी तरह मिला दें।

ओवन: 375° फारेनहाइट पर गर्म कर लें।

पकाने की विधि

एक कड़ाही में घी गर्म करके मध्यम आंच पर बचे हुए गरम मसाले और जीरा डालकर कड़कने दें। प्याज तलकर सुनहरा लाल कर लें। पिसा हुआ अदरक, लहसुन और लाल मिर्च मिलाकर 15 सेकेंड तक चलाएं। मुर्गा डालकर 2 मिनट भूनें। अलग किया हुआ आधा सादा दही मिलाकर चलाएं। 200 मि.ली. के करीब पानी डालकर उबलने दें। मुर्ग के तीन चौथाई पक जाने तक पकाते रहें। नीबू का रस छिड़ककर अंदाज से नमक मिला दें।

एक साथ इकट्ठा करना

अधपके मुर्गे वाली हांडी में, केसर मिला आधा दही, आधा पुदीना और धनिया छिड़ककर आधे चावल की परत मुर्गे के ऊपर जमा दें। चावल के ऊपर बचा हुआ केसर, दही और पुदीना, धनिया फैलाकर चावल फैला दें। अब इनके ऊपर एक गीला कपड़ा डालकर, ढक्कन लगाकर आटे से बंद कर दें।

अंत में

अब सील की हुई हांडी को 15-20 मिनट तक दम होने के लिए ओवन में रख दें।

परोसने का तरीका

हांडी की सील तोड़कर चावल को हटाकर एक ओर कर दें ताकि उसके नीचे से मुर्गा निकाला जा सके। अब चावल परोसने की प्लेट में मुर्गा निकाल कर ऊपर से चावल फैलाकर परोसें।

मात्राः 4 व्यक्तियों के लिये
तैयारी का समयः 30 मिनट
पकाने का समयः 35 मिनट

दालचा गोश्त

खट्टे स्वाद वाले गोश्त स्टू को घुटी हुई दाल के साथ पकाते हैं।

सामग्री

600 ग्राम (1 1/3 पौंड) गोश्त
200 ग्राम (1 कप) चने की दाल
नमक
120 ग्राम (2/3 कप) घी

साबुत गरम मसाला

5 छोटी इलायची
1 बड़ी इलायची
5 लौंग
1 टुकड़ा दालचीनी (1 इंच का)
1 तेज पत्ता
1 चुटकी जावित्री
100 ग्राम (2/3 कप) प्याज़
25 ग्राम (4 चाय चम्मच) पिसा अदरक
25 ग्राम (4 चाय चम्मच लहसुन
3 हरी मिर्च
10 ग्राम (2 चाय चम्मच) पाउडर

तैयारी

गोश्तः साफ करके डेढ़ इंच के टुकड़े काट लें।

दालः चुनकर नल के चलते हुए पानी में धो लें और हांडी में डालकर 30 मिनट तक भिगोएं। पानी छान कर निकाल लें। अब 800 मि.ली. ताजा पानी डालकर नमक मिलाकर पकाएं। अच्छी तरह पक जाए तो निकालकर ठंडा करें और ब्लेंडर में डालकर पीस लें।

सब्जियांः प्याज को छील, धोकर काट लें। हरी मिर्च के डंठल निकालकर धो लें। बीच से काटकर बीज निकाल दें और कतर लें। करी पत्तों को धो लें। लहसुन को छीलकर कुचल लें। साबुत धनिया और करी पत्तों को मलमल के टुकड़े में बांधकर एक पोटली बना लें।

दहीः एक कटोरे में फेंट लें।

3 ग्राम (½ चाय चम्मच) हल्दी
5 ग्राम (1 चाय चम्मच) धनिया पाउडर
400 ग्राम (1¾ कप) दही
20 ग्राम (3 बड़े चम्मच) साबुत धनिया
20 करी पत्ते
60 मि.ली. (¼ कप) नीबू का रस

छौंक के लिए
30 मि.ली. (7½ चाय चम्मच) घी
5 फांक लहसुन
4 साबुत लाल मिर्च

पकाने की विधि

एक हांडी में घी गर्म करें और उसमें साबुत गरम मसाले डालकर मध्यम आंच पर कड़कड़ाएं। प्याज तलकर सुनहरा लाल कर लें। इसके बाद पिसा हुआ अदरक लहसुन और हरी मिर्च मिलाकर 15 सेकेंड चलाएं। गोश्त मिलाएं और 3-4 मिनट तक भूनने के बाद लाल मिर्च पाउडर, हल्दी और धनिया पाउडर मिलाकर चलाएं। एक हांडी में 1.4 लीटर पानी डालकर और उबलने दें। हांडी को आंच से उतारकर उसमें दही मिलाएं और फिर आंच पर चढ़ा दें, दो बार उबलने दें। मलमल की पोटली हांडी के अंदर डालकर ढक दें और पकने दें जब तक गोश्त एकदम नरम न हो जाए। पिसी दाल मिलाकर फिर उबालें और 15 मिनट तक पकने दें। मलमल की पोटली निकाल दें। नीबू का रस छिड़ककर चला दें। अंदाज से नमक मिला दें।

छौंक तैयार करने के लिए एक फ्राइंग पैन में मध्यम आंच पर घी गर्म करके लहसुन को तलकर सुनहरा लाल कर लें। लाल मिर्च मिलाकर चलाएं। आंच से हटाकर गोश्त के स्टू में बघार लगाएं।

परोसने का तरीका

मात्रा: 4 व्यक्तियों के लिये
तैयारी का समय: 40 मिनट
पकाने का समय: 1.05 घंटा

परोसने वाले बर्तन में निकालकर उबले चावल या जीरे के छौंक वाले चावल के साथ परोसें।

नवाबी तरकारी बिरयानी

सामग्री
350 ग्राम (1¾ कप) बासमती चावल
200 ग्राम (7 औंस) आलू
200 ग्राम (7 औंस) गाजर
50 ग्राम (1/3 कप) काजू
50 ग्राम (1/3 कप) बादाम
25 ग्राम (2 बड़े चम्मच) किशमिश (सुल्ताना)
25 ग्राम (1 औंस) चेरी
120 ग्राम (2/3 कप) घी

साबुत गरम मसाला
6 छोटी इलायची
2 बड़ी इलायची
6 लौंग

तैयारी

चावल: चुनकर नल के चलते हुए पानी में धो लें और 30 मिनट तक पानी में भिगो रखें। छानकर निकाल लें और फिर ताज़ा पानी में आधे साबुत गरम मसाले और नमक के साथ चावल को पका लें। माड़ पसाकर निकाल दें।

सब्जियां: आलू और गाजर को छील धोकर चौकोर टुकड़े काट लें। आलू को पानी में भिगो दें। प्याज को छील, धोकर काट लें। हरी मिर्च के डंठल निकाल कर धो लें और बीच से काटकर बीज निकाल दें। अदरक को खुरच, धोकर कतर लें। लहसुन को छीलकर काट लें। पुदीना और धनिया को साफ करके धोकर कतर लें।

बादाम: उबलते पानी में डालें। ठंडा कर लें और छिलका उतार लें।

- Sambhar
- Takkali Thoviyal (Tomato Chutney)
- Uthappam
- Dosai
- Idli
- Egg Dosai
- Vengayam Thoviyal (Onion Chutney)

Shahi Tukrha

Kulfi
Gajjar ka Halwa
Kalajam
Zauq-e-Shahi
Phirni

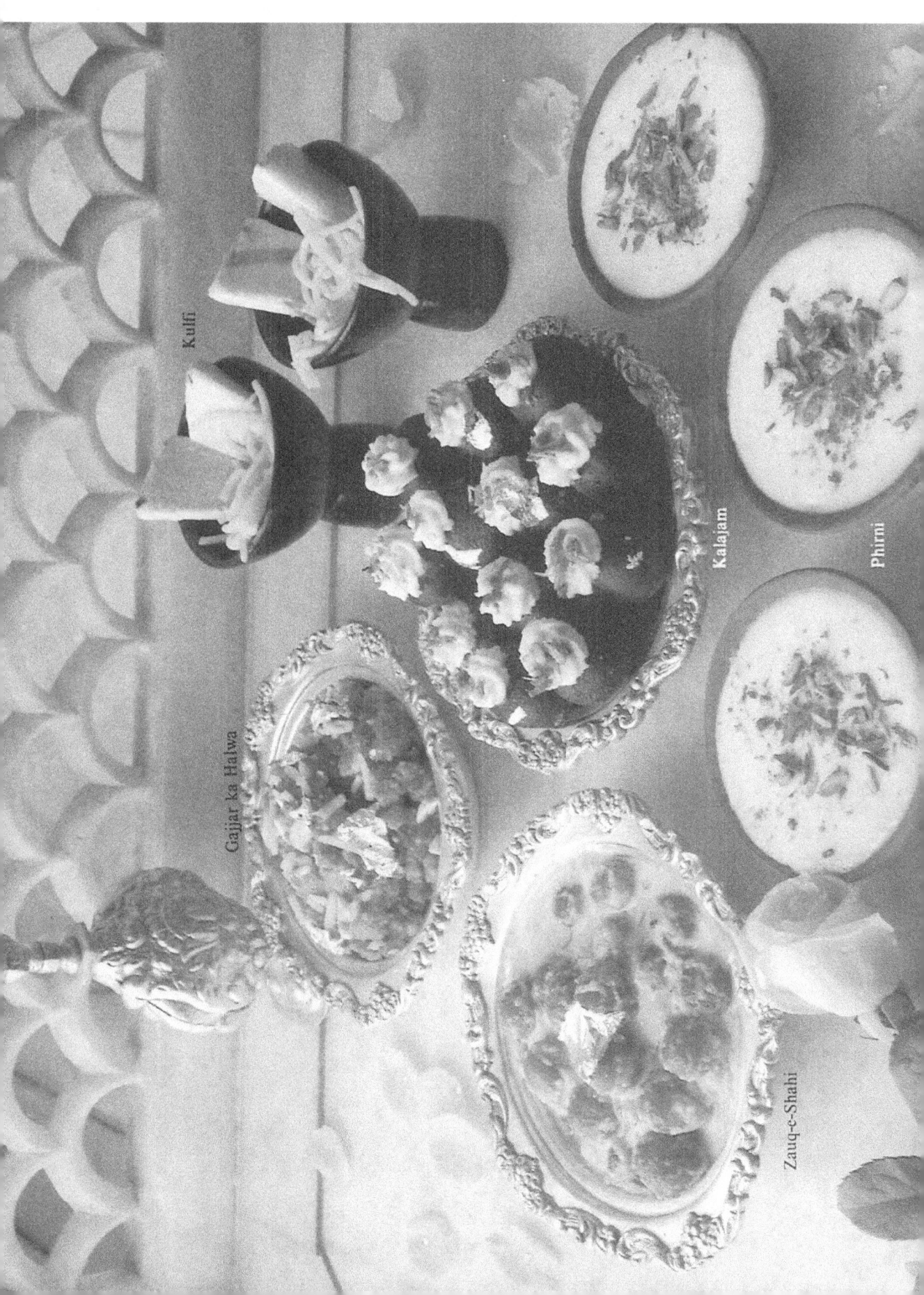

Jhinga Til Tinka
Samosa
Chaurasia Kathi
Goolar Keba

- 2 टुकड़ा दालचीनी (1 इंच का)
- 2 तेज पत्ता
- एक चुटकी जावित्री
- नमक
- 100 ग्राम (2/3 कप) प्याज़
- 4 हरी मिर्च
- 30 ग्राम (3 बड़े चम्मच) अदरक
- 20 ग्राम (2 बड़े चम्मच) लहसुन
- 3 ग्राम (½ चाय चम्मच) हल्दी
- 5 ग्राम (1 चाय चम्मच) लाल मिर्च पाउडर
- 220 ग्राम (1 कप) दही
- ½ ग्राम (1 चाय चम्मच) केसर
- 30 मि.ली. (2 बड़े चम्मच) दूध
- 20 ग्राम (1/3 कप) पुदीना
- 20 ग्राम (1/3 कप) धनिया
- बीच-बीच में छिड़कने के लिए गुलाब जल (इच्छानुसार)

दही: एक कटोरे में फेंटकर दो बराबर हिस्से कर दें।

केसर: गर्म दूध में भिगो दें। दही के एक हिस्से में डालकर अच्छी तरह मिला दें।

ओवन: 375° फारेनहाइट पर गर्म कर लें।

पकाने की विधि

एक पतीले में घी गर्म करके मध्यम आंच पर बचे हुए साबुत गरम मसाले डालकर कड़कड़ाने दें। प्याज़ डालकर सुनहरा लाल तल लें। हरी मिर्च, अदरक और लहसुन डालकर एक मिनट तलें। इसके बाद हल्दी और लाल मिर्च मिलाकर चलाएं, सब्जियों के चौकोर कटे टुकड़ों को डालकर एक मिनट चलाएं। सादे दही का आधा हिस्सा मिलाएं। 150 मि.ली. पानी मिलाकर उबलने दें और तब तक पकाएं जब तक सब्जियां अच्छी तरह पक न जाएं। अब सूखे मेवे मिलाकर अंदाज से नमक मिला दें।

सब चीज़ों को एक साथ मिलाना

सब्जियों वाली हांडी में, केसर मिला दही, पुदीने और धनिये का आधा भाग छिड़क दें। इसके बाद चावल के आधे भाग को सब्जियों के ऊपर फैला दें। अब केसर, दही, पुदीने, धनिये की एक और परत फैलाकर उसके ऊपर फिर चावल फैला दें। बीच-बीच में गुलाब जल का छिड़काव करें। ऊपर एक गीला कपड़ा फैलाकर, ढक्कन बंद करके हांडी को आटे से सील कर दें।

अंत में

सील की हुई हांडी को गर्म ओवन में दम होने के 15-20 मिनट के लिए रख दें।

परोसने का तरीका

सील तोड़कर चावल को हटाकर एक ओर कर दें ताकि नीचे से सब्जी निकाली जा सके। अब चावल की बड़ी प्लेट में सब्जी की एक तह फैलाकर ऊपर से चावल फैलाएं और परोसें।

मात्रा: 4 व्यक्तियों के लिये
तैयारी का समय: 35 मिनट
पकाने का समय: 35 मिनट

सब्ज़ खड़ा मसाला

बेहद मिर्च वाली मिली-जुली इस सब्जी में मेथी का खास प्रयोग किया जाता है।

सामग्री

- 100 ग्राम (3½ औंस) बीन (फरास बीन)
- 100 ग्राम (3½ औंस) मटर
- 100 ग्राम (3½ औंस) गाजर
- 150 ग्राम (5 औंस) आलू
- 250 ग्राम (9 औंस) गोभी
- 150 मि.ली. (2/3 कप) मूंगफली का तेल
- 25 ग्राम (7 चाय चम्मच) अदरक
- 25 ग्राम (7 चाय चम्मच) लहसुन
- 160 ग्राम (1 कप) हरा प्याज़
- 3 ग्राम (½ चाय चम्मच) हल्दी
- 5 ग्राम (1 चाय चम्मच) लाल मिर्च पाउडर
- 80 ग्राम (1/3 कप) टमाटर
- 4 हरी मिर्च
- 4 साबुत मिर्च
- 20 ग्राम (1/3 कप) धनिया
- 225 ग्राम (1 कप) दही
- 60 ग्राम (1 कप) मेथी
- नमक

मात्रा: 4 व्यक्तियों के लिये
तैयारी का समय: 30 मिनट
पकाने का समय: 20 मिनट

तैयारी

सब्जियां: बीन को धोकर दोनों तरफ के रेशे निकालकर चौकोर टुकड़ों में काट लें। आलू और गाजर को धो, छीलकर चौकोर टुकड़ों में काट लें। आलू को पानी में छोड़ दें। गोभी को काट लें। अदरक को खुरच, धोकर कतर लें। लहसुन को भी छीलकर, कतर लें। हरे प्याज के गांठ वाले भाग को धोकर काट लें और हरे भाग को निकाल दें। टमाटर को धोकर काट लें। हरी मिर्च के डंठल तोड़ कर धो लें। धनिया को साफ करके, धोकर काट लें। मेथी को नमक डले पानी में 15 मिनट के लिए भिगो दें और बाद में छान लें।

दही: एक कटोरे में फेंट लें।

पकाने की विधि

एक कड़ाही में मध्यम आंच पर घी गर्म करके अदरक और लहसुन को 30 सेकेंड तल लें। हरी प्याज को भी 30 सेकेंड तलें। बीन, मटर, गाजर, आलू और गोभी डालकर एक मिनट तक चलाएं। इसके बाद हल्दी और लाल मिर्च पाउडर मिला दें। टमाटर, हरी मिर्च, साबुत लाल मिर्च और धनिया मिलाकर एक मिनट चलाएं। दही और मेथी मिला दें। अब 300 मि.ली. पानी मिलाकर उबलने दें और तब तक पकाएं जब तक सब्जी अच्छी तरह पक न जाए और पानी सूख न जाए। अंदाज से नमक मिला दें।

परोसने का तरीका

व्यंजन को परोसने वाले बर्तन में निकालकर अपनी मनपसंद रोटी के साथ परोसें।

मिष्ठान्न (मीठा)

साभारः मंजीत सिंह गिल और चंद्रभान तिवारी

हिंदुओं का विश्वास है कि निर्वाण की प्राप्ति का एकमात्र साधन रोज़ की जाने वाली पूजा ही है। भारतीय मिष्ठान्नों (मिठाई) का आधार भी यही आध्यात्मिकता है क्योंकि भक्तगण मिठाई का ही भोग लगाकर अपने मनचाहे देवता और देवियों को प्रसन्न करने की कोशिश करते हैं। भागवत पुराण में भगवान कृष्ण ने मिठाई को देवताओं का भोजन बताया है। हिंदुओं में समुद्र मंथन के बाद प्राप्त अृमत का बुहत ज्यादा महत्व है। अमृत को हिंदू धर्म में सबसे अधिक पवित्र माना गया है। पूजा में पंचामृत बनाने के लिए पाँच वस्तुओं, शहद, दूध, देसी घी, शक्कर, और पानी का प्रयोग करते हैं। इन सारी वस्तओं में तुलसी का पत्ता डालकर इन्हें पवित्रता प्रदान की जाती है। तुलसी का प्रयोग मूर्ति को स्नान कराने के लिए भी करते हैं। किसी भी भारतीय मिठाई के लिए भी ये पाँचों चीजें जरूरी मानी गई हैं और इनके अलग-अलग कारण भी दिए गए हैं। यहां उन कारणों को विस्तार से बताना तो संभव नहीं होगा लेकिन इतना कहना काफी होगा कि फलों, सब्जियों, खुशबूदार मसालों, सूखें मेवों और सुगंध की सहायता से कई तरह के अद्भुत मिष्ठान्न तैयार किए जाते हैं।

भारतीय मिठाइयां इस अर्थ में और देशों की मिठाइयों से अलग हैं। ये न केवल स्वादिष्ट होती हैं बल्कि काफी पौष्टिक भी होती हैं। इसके अलावा परंपराओं के धनी इस देश में मिठाइयां खिलाना मित्रता, प्यार और स्नेह का प्रतीक भी है।

चंद्रभान तिवारीः श्रेष्ठ भारतीय मिठाइयों के लिए विख्यात। कलकत्ता शहर में प्रारंभिक प्रशिक्षण प्राप्त करने के बाद लखनऊ के वरिष्ठ हलवाई के.एल. राय से दो साल का प्रशिक्षण प्राप्त किया। तिवारी आजकल वेलकम ग्रुप के 'मौर्य शेरेटन' की मिठाई पाकशाला का भार संभाले हुए हैं।

यह एक गलत धारणा बन गई है कि मिठाइयां केवल हलवाई ही बना सकते हैं। (हलवाई संभवतः हलवा शब्द से बना है। हलवा कई चीजों—फल, सब्जी, सूजी, आदि का बनाया जाता है।) हम यह कह सकते हैं कि भारतीय मिष्ठान्न बनाना उतना ही आसान या मुश्किल है जितना और कोई मिष्ठान्न। वास्तव में पश्चिमी मिठाइयों की तरह भारतीय मिष्ठान्नों के लिए भी सामग्री का सही मात्रा में होना जरूरी है।

खोया या गाढ़ा किया गया दूध भारतीय मिठाइयों का मुख्य आधार है। हर मिठाई के लिए अलग-अलग स्तर पर दूध को औटाते हैं। इसका सही अंदाजा हुए बिना मिठाई नहीं बन सकती।

जिस तरह से अज़वाइन के बिना उत्तर भारतीय शाकाहारी नमकीनों की कल्पना नहीं की जा सकती, उसी तरह छोटी इलायची का पाउडर मिठाई के लिए जरूरी है। दूसरी आवश्यक चीजें केवड़ा वेटिवियर है जिसे परोसने के समय मिठाई के ऊपर छिड़कते हैं।

इस अध्याय में दो खास मीठे व्यंजन हैं 'मश्क-ए-तंजान' और 'मुर्गे की बर्फ़ी'। ये दोनों गोश्त और मुर्गे से बनाए जाते हैं। इनकी खासियत यही है कि ये शायद दुनिया के एकमात्र मांसाहारी मिष्ठान्न हैं।
मोहम्मद नसीम के सहयोग से।

सहयोगी: मोहम्मद नसीम

रबड़ी

लगातार ध्यान देने की ज़रूरत और समय ज्यादा लगने के अलावा रबड़ी बनाना आसान है।

सामग्री

3 लीटर (12½ कप) दूध
350 ग्राम (1¾ कप) चीनी
5 बूंद केवड़ा
20 ग्राम (3 बड़े चम्मच) पिस्ता
चांदी का वर्क

तैयारी

पिस्ता: उबलता पानी डालकर (ब्लैंच करके) ठंडा कर लें और छिलके उतार कर लम्बे बारीक कतरे काट लें।

बनाने की विधि

दूध को एक कड़ाही में डालकर उबालें। उबलने लगे तो आंच कम करके 20 मिनट तक लगातार चलाते रहें। इसके बाद हर 5 मिनट के बाद दूध को तब तक चलाते रहें जब तक दूध 900 मि०ली० न रह जाए और दानेदार घोल जैसा न बन जाए। आंच से हटाकर चीनी मिलाएं और चला-चलाकर घोला दें। वेटिवियर मिलाकर चलाएं। ठंडा हो जाए तो रुपहले डोंगे या कटोरे में निकाल कर पिस्ते से सजाएं और फ्रिज में रखें।

परोसना

फ़्रिज से निकाल कर चांदी के वर्क से ढक दें और ठंडा-ठंडा परोसें। (रबड़ी को परोसने का बेहतरीन तरीका है कि उसे मिट्टी के सकोरों में परोसा जाए। अलग-अलग निकालकर पिस्ते से सजाकर फ्रिज में रख दिया जाए और परोसने के समय चांदी के वर्क से ढककर पेश किया जाए।)

मात्रा: 1 किलो (2¼ पौंड)
तैयारी का समय: 5 मिनट
पकाने का समय: 2 घंटे

नोट: (i) कुल्फ़ी, शाही टुकड़ा और जौक-ए-शाही बनाने के लिए दूध को आंच पर सुखाकर 1.05 लीटर तक कर लें। कुल्फ़ी में 400 ग्राम (2 कप) चीनी और बाकी दोनों में 300 ग्राम (1½ कप) चीनी मिलाएं। इन चीजों को बनाने के लिए दूध के दानेदार होने का इंतजार न करें।
(ii) रसमलाई के लिए दूध को उबाल कर 1.2 लीटर (5 1/3 कप) कर लें और 350 ग्राम (1½ कप) चीनी मिलाएं। इसके लिए भी दूध का दानेदार होना जरूरी नहीं है।

शाही टुकड़ा

इसमें कोई शक नहीं कि नवाबों की यह मिठाई पूरे भारत की सब से प्रसिद्ध और खास मिठाई है। इसे सूखे मेवों से सजाकर चांदी के वर्क से ढकते हैं। शाही टुकड़ा खालिस शुद्ध चीजों से बनाया जाता है।

सामग्री

350 ग्राम (¾ पौंड) रबड़ी* (बिना चीनी की)
600 ग्राम (3 कप) चीनी

शाही टुकड़ा

1 बूंद केवड़ा
3 ग्राम (½ चाय चम्मच) छोटी इलायची का पाउडर
12 टुकड़े (दूध वाली डबल रोटी) मिल्क ब्रेड
तलने के लिए मूंगफली का तेल
2 लीटर (8 1/3 कप) दूध
10 ग्राम (4 चाय चम्मच) बादाम
5 ग्राम (2 चाय चम्मच) पिस्ता
1 ग्राम (2 चाय चम्मच) केसर
चांदी का वर्क

तैयारी

रबड़ी: इसके गर्म रहते ही 100 ग्राम चीनी मिलाकर इसमें घुलने दें। वेटिवियर मिलाकर चला दें।

चाशनी: बची हुई चीनी को 300 मि०ली० पानी के साथ उबालकर एक तार की चाशनी बना लें। इलायची पाउडर मिलाकर चला दें।

ब्रेड: ब्रेड के दोनों सिरों और उसके किनारों को काट कर चौकोर बना लें। अब एक कड़ाही में तेल गर्म करके, धीमी आंच पर इन्हें तलकर सुनहरा लाल और कुरकुरा कर लें।

दूध: मोटी तली की मगर चपटी पतीली में दूध उबालें। 15 मि०ली० दूध निकालकर उसमें केसर भिगों दें।

टुकड़े: तले हुए ब्रेड के टुकड़ों को बचे हुए दूध में भिगो दें। ध्यान रखें कि पतीली में ब्रेड के टुकड़े कम से कम एक-एक इंच की दूरी पर हों। अब पतीली को फिर आंच पर चढ़ाकर तब तक पकाएं जब तक सारा दूध न सोख लें। ब्रेड को सावधानी से करछी से हांडी के अंदर पलटें। इन्हें आंच से हटाकर चाशनी में डाल दें।

मेवे: बादाम और पिस्ते को छील लें।

केसर: अलग निकाले हुए गर्म दूध में डुबो दें।

इकट्ठा करना

चाशनी में डूबे टुकड़ों को निकालकर एक थाल या ट्रे में सजा लें और उनके ऊपर रबड़ी फैलाकर मेवे से सजा दें। ऊपर से केसर छिड़क दें।

मात्रा: 12 टुकड़े
तैयारी का समय: 1.15 घंटे
(इसके अलावा रबड़ी बनाने का समय)

परोसना

शाही टुकड़ों को चांदी के वर्क से ढककर गर्मागर्म परोसें।

नोट: शाही टुकड़ों को ठंडा भी परोस सकते हैं। वह भी उतना ही स्वादिष्ट होता है। लेकिन इसे ठंडा परोसने के लिए दूध में न डुबोकर सीधे चीनी की चाशनी डालें। ऊपर से रबड़ी फैलाकर मेवे और केसर फैला दें। परोसने के समय फ्रिज से निकालकर चाँदी के वर्क से ढककर परोसें।

* 'रबड़ी' का खंड देखें।

कुल्फ़ी

मलाईदार कुल्फ़ी, आइस क्रीम केसर, पिस्ता, केसर-पिस्ता और आम की खुशबू डालकर बनायी जाती है। कुल्फ़ी में खालिस खुशबू इस्तेमाल करते हैं, नकली नहीं। यहां केसर-पिस्ता कुल्फ़ी बनाने का तरीका बताया जा रहा है।

सामग्री

- 1 किलो (2¼ पौंड) रबड़ी (बिना चीनी की)
- 400 ग्राम (2 कप) चीनी
- 30 ग्राम (4 बड़े चम्मच) पिस्ता
- 2 ग्राम (4 चाय चम्मच) केसर
- 30 मि.ली. (2 बड़े चम्मच) दूध
- 2 ग्राम (1/3 चाय चम्मच) छोटी इलायची का पाउडर
- सजाने के लिए फ़लूदा*
- ऊपर छिड़कने के लिए गुलाब जल

तैयारी

पिस्ता: छील कर लंबे बारीक कतरे काट लें।

केसर: गर्म दूध में भिगो दें।

रबड़ी: रबड़ी जब गर्म हो तभी उसमें चीनी, पिस्ता, केसर और इलायची मिला दें और तब तक चलाते रहें जब तक चीनी पूरी तरह घुल न जाए। ठंडा होने दें।

सारी वस्तुओं को इकट्ठा करना

अब रबड़ी को कुल्फी या आइस क्रीम के सांचों में डालकर फ्रिज में जमने के लिए रख दें।

परोसना

कुल्फ़ी को सांचे से निकालकर लंबाई में बीचोंबीच (और यदि आइस क्रीम का सांचा इस्तेमाल किया गया हो तो एक इंच की मोटाई में) काटकर फलूदा के साथ, गुलाब-जल छिड़ककर, परोसें।

मात्रा: 8-10 कुल्फ़ी
तैयारी का समय: 10 मिनट (इसके अलावा रबड़ी और फ़लूदा तैयार करने का समय)
ठंडा करने का समय: 6 घंटे।

नोट: आम की कुल्फी तैयार करने के लिए 200 ग्राम आम के टुकड़े या आम का गूदा इस्तेमाल करें। रबड़ी के पूरी तरह ठंडी हो जाने पर ही आम का गूदा उसमें मिलाएं। बाकी तरीका एक जैसा ही होगा।

* 'रबड़ी' और 'फलूदा' का खंड देखें।

रसमलाई

बंगाल में छेने का सबसे अधिक प्रयोग होने के कारण यह एक तरह से बंगाल का पर्याय ही हो गया है। बंगाल का प्रसिद्ध रसगुल्ला छेना से ही बनता है। रस मलाई भी रबड़ी में डालकर बनाया गया रसगुल्ला ही है।

सामग्री

- 250 ग्राम (9 औंस) छेना*
- 15 ग्राम (2 बड़े चम्मच) मैदा

रसमलाई

1 ग्राम (¼ चाय चम्मच) बेकिंग पाउडर

750 ग्राम (3¾ कप) चीनी

500 ग्राम (18 औंस) रबड़ी (बिना चीनी की)

5 ग्राम (2 चाय चम्मच) पिस्ता

तैयारी

छेना: अच्छी तरह गूंथ लें। ध्यान रखें कि किसी तरह का दाना या गांठ न रहने पाए। 10 ग्राम मैदा छानकर बेकिंग पाउडर के साथ छेने में मिलाकर अच्छी तरह गूंथ लें। अब इसे बारह बराबर भागो में बांट लें। हथेली पर घुमा-घुमाकर चिकना बॉल बना लें और बीच में दबाकर थोड़ा सा चपटा कर लें। (1½ इंच व्यास का बनना चाहिए।) ऊपर की सतह चिकनी होनी चाहिए।

बचा हुआ मैदा: बचे हुए मैदे को 30 मि०ली० पानी में घोल लें।

रबड़ी: रबड़ी जब गर्म हो तभी उसमें 150 ग्राम चीनी मिला दें। ठंडा हो जाने पर परोसे जाने वाले कटोरे में अलग-अलग निकाल कर फ्रिज में रख दें।

पिस्ता: पिस्ते को छील लें और लंबा बारीक कतरें।

बनाने की विधि

बची हुई चीनी को 400 मि०ली० पानी में डालकर उबालें और उसमें घोला गया मैदा मिला दें। चाशनी जब उबल कर ऊपर उठे तो उसमें छेने के पेड़े डालकर तेज़ आंच पर करीब 10 मिनट पकाएं। यह बहुत ही सावधानी और तरकीब का काम है क्योंकि किसी भी हालत में चाशनी नीचे नहीं जानी चाहिए। चाशनी ज्यादा गाढ़ी न हो इसके लिए उसमें धीरे-धीरे 180 मि०ली० के करीब पानी टपकाते रहें। यह देखने के लिए कि पेड़े अच्छी तरह पके हैं या नहीं, एक पेड़े को चम्मच से निकालकर गौर से देखें कि उसमें स्पॉन्ज की तरह छिद्र बन गए हैं या नहीं। पेड़ा अगर ठीक से बना हो तो छेद होंगे। अब एक दूसरी हांडी में 800 मि०ली० पानी डालें और रसमलाई को चाशनी समेत उसमें डालकर ठंडा होने दें।

सबको इकट्ठा करना

रबड़ी को फ्रिज से निकाल लें। रसमलाई से सावधानीपूर्वक चाशनी निचोड़ दें और अब इन्हें रबड़ी वाले कटोरे में डालकर ठंडा होने के लिए फ्रिज में डाल दें।

मात्रा: 4 व्यक्तियों के लिये
तैयारी का समय: 30 मिनट
(इसके अलावा रबड़ी बनाने का समय)
पकाने का समय: 30 मिनट

परोसना

रसमलाई को फ्रिज से निकालकर, पिस्ते से सजाकर ठंडा-ठंडा परोसें।

* 'दूध' का खंड देखें।
** 'रबड़ी' का खंड देखें।

गुलाबजामुन

गुलाबजामुन खोये से बनी मिठाई है। जिसके अंदर पिस्ता और छोटी इलायची भरते हैं।

सामग्री
300 ग्राम (11 औंस) खोया*
50 ग्राम (2 औंस) छेना*
900 ग्राम (4½ कप) चीनी
40 ग्राम (5 बड़े चम्मच + 1 चाय चम्मच) मैदा
एक चुटकी सोडा बाइ-कार्ब
10 छोटी इलायची
10 ग्राम (4 चाय चम्मच) पिस्ता
1 ग्राम (2 चाय चम्मच) केसर
2 बूंद रूह गुलाब
तलने के लिए घी

तैयारी

खोया: धीरे-धीरे गूंथ लें** किसी तरह का दाना न रहने पाये।

छेना: चूर्ण करके धीरे से गूंधें।** दानों को भी मसल लें।

चाशनी: 540 मि.ली. (2¼ कप) पानी में चीनी उबालकर एक तार की चाशनी बना लें। इसे गर्म रखें।

सोडा-बाई-कार्ब: एक बड़े चम्मच पानी में घुलने दें।

गुलाब जामुन मिश्रण: छेना और खोया को एक साथ मिला लें। इसमें मैदा और घुला हुआ सोडा-बाई-कार्ब मिलाकर अच्छी तरह गूंध लें। 50 ग्राम मिश्रण अलग निकालकर भरने के लिए रख लें। बचे हुए मिश्रण से एक इंच व्यास के 20-24 गोले बना लें।

भरने के लिए: इलायची को छील लें। पिस्ते के छिलके निकाल दें और लंबे बारीक कतर लें। केसर को पीस लें। अब इलायची के दानों, पिस्ता, केसर, रूह गुलाब को मिश्रण में डालकर अच्छी तरह मिला दें।

भरना: गोलों को चपटा करके उनके भीतर बीच में मिश्रण भरके बंद करें और चिकने तथा गोल गोले बना लें।

बनाने की विधि

एक कड़ाही में घी गर्म करके मध्यम आंच पर गोलों को सुनहरा लाल तल लें। गुलाबजामुनों को बिना छुए छननी से घी को चलाते रहें। ऐसा करने से गुलाबजामुन कड़ाही से चिपकेंगे नहीं। कड़ाही से निकालकर गुलाबजामुनों को तुरंत चाशनी में डाल दें।

परोसना

चाशनी से निकालकर चाशनी समेत दो-तीन गुलाबजामुनों को अलग-अलग शीशे के कटोरे में रखें, ऊपर से भी थोड़ी चाशनी डाल दें और गरम-गरम परोसें।

मात्रा: 20-24 गुलाब जामुन
तैयारी का समय: 40 मिनट
पकाने का समय: 10-12 मिनट (हर पारी के लिए)

जौक-ए-शाही

नोट: कालाजाम या काला:जामुन भी ऐसे ही बनता है लेकिन उसमें गोलों को गहरा लाल तलते हैं और चाशनी में डालकर निकाल लेते हैं। कालाजाम के साथ वैनिला आइसक्रीम बहुत ही स्वादिष्ट लगता है।

* 'दूध' का खंड देखें।

जौक-ए-शाही

सामग्री

- 500 ग्राम रबड़ी* (18 औंस) (बिना चीनी की)
- 600 ग्राम (3 कप) चीनी
- 1 ग्राम (2 चाय चम्मच) केसर
- 5 ग्राम (1 चाय चम्मच) छोटी इलायची का पाउडर
- 200 ग्राम (7 औंस) गुलाब जामुन मिश्रण*
- 6 ग्राम (2 चाय चम्मच) खसखस
- तलने के लिए घी
- 10 ग्राम (4 चाय चम्मच) पिस्ता
- 20 ग्राम (3 बड़े चम्मच) बादाम

तैयारी

रबड़ी: रबड़ी जब गर्म हो तभी उसमें 100 ग्राम चीनी मिलाकर चलाएं और घुलने दें। केसर मिलाकर चला दें।

चाशनी: बची हुई चीनी को 300 मि०ली० पानी के साथ उबालें और एक तार की चाशनी बना लें। इलायची मिलाकर चला दें। गर्म रखें।

गुलाबजामुन मिश्रण: खसखस के दाने मिलाकर अच्छी तरह गूंध लें और 1/3 इंच व्यास की 35-40 गोलियां बना लें। अब एक कड़ाही में घी गर्म करके मध्यम आंच पर इन गोलियों को सुनहरा लाल तल लें। गोलियों को बिना छुए छननी से घी को घुमाते रहें जब तक कि गोलियां तलकर घी के ऊपर न आ जाएं। इस तरह गोलियां कड़ाही से नहीं चिपकेंगी। अब इन्हें निकालकर तुरंत चाशनी में डुबो दें।

मेवे: पिस्ता और बादाम को छीलकर लंबा बारीक कतरें।

मात्रा: 4 व्यक्तियों के लिये
तैयारी का समय: 1 घंटा
(इसके अलावा रबड़ी और गुलाब जामुन बनाने का समय)

इकट्ठा करना

चाशनी में डूबे गुलाब जामुन की गोलियों को एक छिछले बर्तन में निकालकर ऊपर से रबड़ी डाल दें और मेवों से सजाकर गर्म गर्म परोसें।

* रबड़ी और गुलाबजामुन बनाने का तरीका देखें।

फ़ीरनी

सामग्री

- 1 लीटर (4 कप) दूध
- 50 ग्राम (¼ कप) बासमती चावल

इस लोकप्रिय मिष्ठान्न या व्यंजन को इलायची की खुशबू डालकर मिट्टी के सकोरों में परोसते हैं।

250 ग्राम (1¼ कप) चीनी
1 ग्राम (2 चाय चम्मच) केसर
5 ग्राम (1 चाय चम्मच) छोटी इलायची का पाउडर
2 बूंद रूह गुलाब
5 ग्राम (2 चाय चम्मच) पिस्ता
10 ग्राम (4 चाय चम्मच) बादाम

तैयारी

चावल: चुनकर, नल के चलते पानी में धो लें। 30 मिनट पानी में भिगो दें। फिर छान लें। अब इसे ब्लैंडर में डालकर 30 मि०ली० पानी मिलाकर महीन लेप जैसा बना लें।

केसर: 15 मि०ली० गर्म दूध में भिगो दें।

मेवे: पिस्ता और बादाम को छीलकर लंबा महीन कतर लें।

सकोरा: मिट्टी के सकोरों को नल के चलते पानी में धोकर 25 मिनट तक हांडी के पानी में डाल दें। बाहर निकालकर सुखा लें।

पकाने की विधि

दूध को हांडी में उबालें और चलाने के दौरान ही उसमें पिसे चावल का पेस्ट और चीनी मिलाएं। आंच कम करके लगातार चलाते रहें (ताकि चावल में गांठ न बनने पाए) जब तक कि दूध और चावल का कस्टर्ड की तरह घोल न बन जाए। अब केसर, इलायची और रूह गुलाब मिलाकर चला दें और आंच से हटा दें।

अन्त में

मिट्टी के सकोरों या शीशे के कटोरों में बराबर-बराबर मात्रा में फ़ीरनी डालकर कटे हुए पिस्ते और बादाम से सजाकर ठंडा होने के लिए फ्रिज में रख दें।

परोसना

फ्रिज से फ़ीरनी भरे सकोरों को निकालकर ठंडा-ठंडा परोसें।

मात्रा: 4 व्यक्तियों के लिये
तैयारी का समय: 40 मिनट
पकाने का समय: 15 मिनट

केसरी खीर

चावल का यह पारम्परिक व्यंजन हर मौके पर खाया जाता है। अमीर और गरीब दोनों इसे समान रूप से खाते हैं और अपनी-अपनी हैसियत के अनुसार सजाकर पेश करते हैं।

सामग्री

1.5 लीटर (6¼ कप) दूध
75 ग्राम (3 औंस) बासमती चावल

15 ग्राम (4 चाय चम्मच) घी
125 ग्राम (2/3 कप) चीनी
5 ग्राम (1 चाय चम्मच) छोटी इलायची पाउडर
20 ग्राम (3 बड़े चम्मच) बादाम
15 ग्राम (5 चाय चम्मच) किशमिश
1 ग्राम (2 चाय चम्मच) केसर
30 मि.ली. (2 बड़े चम्मच) केसर भिगोने के लिए दूध

तैयारी

चावलः चुनकर नल के चलते हुए पानी में धो लें। एक घंटे के लिए पानी में भिगो दें। फिर छान लें।

बादामः छिलके उतारकर दो भागों में काट लें।

केसरः गर्म दूध में भिगो दें।

पकाने की विधि

दूध को हांडी में उबालकर आंच से हटा लें। एक दूसरी हांडी आंच पर चढ़ाकर उसमें घी गर्म करें और चावल डालकर करीब 4-5 मिनट भून लें। चावल हल्का लाल होने लगे तो उसमें दूध मिलाकर उबालें और लगातार चलाते रहें (ताकि चिपके नहीं)। आंच कम करके तब तक पकाएं जब तक चावल एकदम अच्छी तरह पक न जाएं। इसके बाद चीनी मिलाकर तब तक पकाएं जब तक कस्टर्ड जैसा गाढ़ा न हो जाए। बची हुई सामग्री को मिलाकर एक मिनट तक चलाएं।

परोसने का तरीका

मात्राः 1 किलो (2¼ पौंड)
तैयारी का समयः 1.20 घंटे
पकाने का समय : 45 मिनट

गहरे कटोरे में निकालकर गरमागरम परोसें।

नोटः खीर को ठंडा भी परोसा जा सकता है। इसके लिए खीर में 125 ग्राम चीनी अधिक डालें। मिट्टी के सकोरों में निकालकर फ्रिज में ठंडा होने के लिए रखें। वर्क से सजाकर पेश करें।

सेवइयां (सेवईं)

सामग्री

1.2 लीटर (5 कप) दूध
60 ग्राम (2 औंस) सेवईं
120 ग्राम (2/3 कप) घी
20 ग्राम (3 बड़े चम्मच) बादाम
150 ग्राम (¾ कप) चीनी
15 ग्राम (5 चाय चम्मच) किशमिश
6 छोटी इलायची
2 बूंद केवड़ा

पंजाब में दादीअम्माओं को बड़ी आसानी से घंटों मैदे की सेवइयां बनाते देखा जा सकता है। सेवईं जाड़ों में अधिक खायी जाती हैं।

तैयारी

सेवईं: कड़ाही में घी गर्म करके मध्यम आंच पर सेवईं को तलकर सुनहरा लाल कर लें। लगातार चलाते रहें मगर सावधानी से ताकि टूटे नहीं। तलने के बाद घी से निकाल लें।

बादामः छिलके उतार दें।

इलायचीः छीलकर दानों को पीस लें।

पकाने की विधि

एक हांडी में दूध उबालकर उसमें तली हुई सेवईं मिलाएं। सावधानी से चलाते हुए दूध को औटा कर आधा कर लें। बादाम मिलाकर 5 मिनट तक चलाएं। इसके बाद चीनी मिलाकर तब तक चलाएं जब तक चीनी अच्छी तरह घुल न जाए। किशमिश डालें। कुचली इलायची और केवड़ा मिलाकर चला दें।

परोसना

कटोरे में निकालकर गर्म-गर्म परोसें।

मात्रा: 4 व्यक्तियों के लिये
तैयारी का समय: 10 मिनट
पकाने का समय: 45 मिनट

श्रीखंड

दही से बना हुआ यह व्यंजन पश्चिमी भारत का सबसे लोकप्रिय मिष्ठान्न है। इसमें केसर और इलायची की खुशबू मिलाई जाती है।

सामग्री

1.5 किलो (3 पौंड) दही
150 ग्राम (1¼ कप) पिसी चीनी
1 ग्राम (2 चाय चम्मच) केसर
15 मि.ली. (1 बड़ा चम्मच) दूध
5 ग्राम (1 चाय चम्मच) छोटी इलायची पाउडर
5 ग्राम (2 चाय चम्मच) पिस्ता
5 ग्राम (1½ चाय चम्मच) चिरौंजी

तैयारी

दही: मलमल के टुकड़े में बांधकर ठंडी जगह करीब 6 से 8 घंटे तक लटका दें ताकि उसका पूरा पानी निथर जाए।

केसर: गर्म दूध में भिगो दें।

पिस्ता: छिलके उतार कर लंबे बारीक कतरे करें।

श्रीखंड: दही को एक कटोरे या डोंगे में निकालकर उसमें चीनी मिलाएं और फेंटकर एकदम हल्का बना दें। केसर और इलायची डालकर अच्छी तरह मिला दें। अब इसे शीशे के एक कटोरे में निकालकर हाथ से थपक कर बराबर कर लें। (चम्मच से न थपकें।) पिस्ते और चिरौंजी के दानों से सजाकर फ्रिज में 2 घंटे के लिए रख दें।

परोसना

फ्रिज से निकालकर ठंडा-ठंडा परोसें।

मात्रा: 1 किलो (2¼ पौंड)
तैयारी का समय: 8.30 घंटे

सेब की खीर

सेब की खीर में केसर और इलायची की खुशबू डाली जाती है।

सामग्री

1 किलो (2¼ पौंड) सेब

गाजर का हलवा

1.5 लीटर (6¼ कप) दूध	
200 ग्राम (1 कप) चीनी	
1 ग्राम (2 चाय चम्मच) केसर	
30 मि.ली. (2 बड़े चम्मच) केसर को घोलने के लिए दूध	
3 ग्राम (½ चाय चम्मच) छोटी इलायची पाउडर	
5 बूंद केवड़ा	
सजाने के लिए चेरी	
चांदी का वर्क	

तैयारी

सेब: सेब को छीलकर अंदर से बीज निकाल दें और काट लें। एक कड़ाही में डालकर चीनी के साथ लगातार चलाते हुए पका लें। सावधानी से चलाएं ताकि सेब कुचल न जाए। चीनी घुल जाए और पानी सूख जाए तो आंच से हटाकर ठंडा होने दें।

केसर: केसर को गर्म दूध में भिगो दें।

पकाने की विधि

एक कड़ाही में दूध उबालें। आंच कम करके धीरे-धीरे उबालते हुए, दूध को सुखाकर 600 मि०ली० कर लें। इसके बाद केसर, इलायची, और गुलाब जल मिलाकर चला दें और आंच पर से उतार लें। दूध जब गर्म हो तभी उसमें पका हुआ सेब मिलाकर चला दें। अब डोंगे या कटोरे में निकालकर फ्रिज में डाल दें।

मात्राः 1 किलो (2¼ पौंड)
तैयारी का समय: 35 मिनट
पकाने का समय: 1 घंटा

परोसना

फ्रिज से निकालकर चेरी से सजाएं और चांदी के वर्क से ढककर परोसें।

गाजर का हलवा

गाजर और खोए से बने इस मीठे व्यंजन को मेवे और किशमिश से सजाकर पेश करते हैं।

सामग्री

1 किलो (2½ पौंड) गाजर	
1 लीटर (4 कप) दूध	
200 ग्राम (1 कप) चीनी	
100 ग्राम (7 बड़े चम्मच) घी	
5 ग्राम (1 चाय चम्मच) छोटी इलायची का पाउडर	
60 ग्राम (2 औंस) खोया*	
20 ग्राम (3 बड़े चम्मच) बादाम	
10 ग्राम (4 चाय चम्मच) पिस्ता	
15 ग्राम (5 चाय चम्मच) किशमिश	

तैयारी

गाजरः धोकर कस लें।

खोयाः मसल लें।

मेवे: बादाम और पिस्ते के छिलके उतारकर बादाम को दो भागों में काट लें और पिस्ते को लंबा बारीक कतर लें।

किशमिशः पानी में भिगो दें।

पकाने की विधि

कड़ाही में दूध उबाल लें। गाजर मिलाकर आंच कम कर दें और लगातार चलाते रहें। गाजर पक जाए और पानी सूख जाए तो चीनी मिलाकर अच्छी तरह चला दें ताकि चीनी अच्छी तरह घुल जाए। अब इसमें घी मिलाकर 3-4 मिनट भूनें और आंच से हटा दें। इलायची मिला दें।

परोसना

डोंगे या कटोरे में निकालकर खोया, बादाम, पिस्ता और किशमिश से सजाकर गर्म-गर्म परोसें।

* 'दूध' का खंड देखें।

मात्रा: 1 किलो (2¼ पौंड)
तैयारी का समय: 30 मिनट
(इसके अलावा खोया बनाने का समय)
पकाने का समय: 45 मिनट

अनन्नास का मुज़ाफर

अवध में त्यौहार और खास अवसरों पर बनाया जाने वाला यह व्यंजन मुख्यतः दो लोकप्रिय खुशबुओं के साथ बनाया जाता है—आम और अनन्नास की खुशबू के साथ मुज़ाफर बनाने का तरीका बताया जा रहा है।

सामग्री

- 250 ग्राम (1¼ कप) बासमती चावल
- 500 ग्राम (2½ कप) चीनी
- एक चुटकी जावित्री
- 20 मि.ली. (4 चाय चम्मच) नीबू का रस
- 1 ग्राम (2 चाय चम्मच) केसर
- 2 बूंद केवड़ा
- 3 बूंद अनन्नास एसेंस
- 5 छोटी इलायची
- 5 लौंग
- 5 बूंद पीला रंग
- 2 अनन्नास रिंग (गोल टुकड़े)
- 75 ग्राम (1/3 कप) देसी घी

तैयारी

चावलः चुन कर नल के चलते हुए पानी में धो लें। दो घंटे के लिए पानी में डालकर भिगो दें। बाद में छानकर निकाल लें।

केसरः पीस लें ताकि उसके रेशे न रहें।

चाशनीः चीनी को 150 मि०ली० पानी के साथ उबालें और उसमें जावित्री और नीबू का रस मिलाकर तब तक चलाते रहें जब तक चाशनी गाढ़ी न हो जाए। इसके बाद चाशनी में केसर, केवड़ा और अनन्नास का एसेंस डालकर चला दें।

इलायचीः छिलके निकाल दें और दानों को पीस लें।

अनन्नास के रिंगः इन्हें आधे इंच के टुकड़ों में काट लें।

ओवनः 250° फारेनहाइट पर गर्म कर लें।

पकाने की विधि

एक हांडी में 1.2 लीटर पानी गर्म करके उसमें चावल, इलायची, लौंग और पीला रंग मिलाकर पका लें। माँढ निकाल दें।

चाशनी को मंदी आंच पर गर्म करके उसमें पका हुआ चावल डालकर अच्छी तरह मिला दें। चाशनी जब उबलने लगे तो आंच से हटा दें। अब अनन्नास के टुकड़े डालकर मिला दें।

अंत में

चावल को चाशनी समेत मिट्टी की हांडी (या छिछले केसरोल) में डालकर ढक्कन लगा दें और आटा (या चांदी की पन्नी) से सील कर दें। अब इसे दम करने के लिए तवे के ऊपर या ओवन में करीब एक घंटे के लिए रखें।

परोसने का तरीका

हांडी की सील तोड़कर घी को पतली धार में चावल के ऊपर चारों ओर डालें। निकालकर परोसें। यदि चावल अच्छी तरह पका नहीं हो तो उसे थोड़ी देर और तवा या ओवन पर रखें।

मात्रा: 4 व्यक्तियों के लिये
तैयारी का समय: 2.15 घंटे
पकाने का समय: 1.15 घंटे

मश्क-ए-तंजान

मश्क-ए-तंजान (खुशबू का खजाना) नाम का यह मीठा व्यंजन गोश्त और चावल के खास संयोग से बनता है। इस मीठे व्यंजन में चीनी की मनचाही मात्रा मिलाते हैं। इच्छानुसार बराबर दुगुनी, तिगुनी और चौगुनी चीनी मिलाई जाती है। यह पकाने वाले की योग्यता पर निर्भर करता है कि वह बिना लगाए चावल में कितनी चीनी रिसा सकता है। यहां हम बराबर चीनी की मात्रा डालकर मश्क-ए-तंजान बनाने का तरीका बता रहे हैं। यदि चीनी बर्तन से थोड़ी बहुत लगने लगे तो चिंता न करें। उससे व्यंजन का स्वाद खराब नहीं होगा।

सामग्री
- 500 ग्राम (2½ कप) बासमती चावल
- 4 छोटी इलायची
- 4 लौंग
- 2 टुकड़ा दालचीनी (1 इंच का)
- नमक
- ½ ग्राम (1 चाय चम्मच) केसर
- 15 मि.ली. (बड़ा चम्मच) दूध
- 750 ग्राम (1 2/3 पौंड) गोश्त (हर तरह के मिले-जुले टुकड़े)

तैयारी

चावल: चुनकर चलते पानी में धो लें और एक घंटे के लिए पानी में भिगो दें।

गोश्तः साफ करके छाती, पाँव और घुटने से नीचे के हिस्से को डेढ़ इंच के टुकड़ों में काट लें। लहसुन को छीलकर बारीक टुकड़ों में काट लें। दही को एक कटोरे में फेंट लें। केसर को 15 मि०ली० गर्म दूध में भिगो दें।

चाशनी: 250 मि०ली० पानी में चीनी डालकर मध्यम आंच पर करीब 7-8 मिनट तक उबालें। गाढ़ी चाशनी तैयार करने के लिए लगातार चलाते रहें।

पकाने की विधि

एक पतीले में घी गर्म करके मध्यम आंच पर लहसुन को तलकर हल्का लाल कर लें। इसके बाद गोश्त, नमक और बचा हुआ दूध और पानी मिलाकर उबालें। छोटी इलायची, लौंग और दालचीनी मिलाकर ढक दें और 20 मिनट पकने दें। इसके बाद दही मिलाकर चलाएं और ढककर पकने दें। बीच-बीच में चलाते रहें। जब तक कि उसका पानी सूखकर एक तिहाई न रह जाए। 300 मि०ली० पानी मिलाकर फिर उबालें और ढककर पकने दें। बीच-बीच में तब तक चलाते रहें जब तक कि गोश्त अच्छी तरह पक न जाए। आंच से हटाकर केवड़ा, जायफल, इलायची पाउडर, केसर और नीबू का रस मिलाकर चलाएं और एक ओर हटाकर रख दें।

एक अलग हांडी में 2 लीटर दूध उबाल कर उसमें छाना हुआ चावल, इलायची, लौंग, दालचीनी और नमक मिला दें और तब तक पकाएं जब तक तीन-चौथाई न पक जाए। (चावल कितना पका है इसकी जांच करने के लिए 4-5 दाने चावल निकालकर उंगलियों से मसलकर देखें। यदि चावल कुछ कड़ा लगे और पूरी तरह नहीं मसले तो समझें कि अधपका है।) अब चावल को पसाकर इसका तीन-चौथाई हिस्सा पके हुए गोश्त पर फैला दें और उसके ऊपर केसर छिड़ककर बचे हुए चावल से ढक दें। अब हांडी को आटे से सील करके कम आंच पर 12-14 मिनट पकाएं। इसके बाद सील तोड़कर चारों ओर बराबर से चाशनी ढालें और दुबारा हांडी को सील कर दें। एक तवे को गर्म करके, आंच मध्यम कर लें और तवे पर हांडी को चढ़ाकर करीब 20 मिनट पकने दें। आंच बिल्कुल कम करके भी 25 मिनट पकाएं।

परोसना

सील तोड़कर चलाएं और एक चपटे बर्तन में निकालकर चांदी के वर्क से सजाकर परोसें।

नोट: मश्क-ए-तंजान को ओवन में भी 'दम' किया जा सकता है लेकिन इसका स्वाद ऐसा नहीं होगा।

---

120 ग्राम (½ कप) देसी घी
15 ग्राम (5 चाय चम्मच) लहसुन
नमक
100 मि.ली. (7 बड़े चम्मच) दूध
4 छोटी इलायची
4 लौंग
4 टुकड़ा दालचीनी (1 इंच)
100 ग्राम (½ कप) दही
3 बूंद केवड़ा
3 ग्राम (½ चाय चम्मच) जायफल पाउडर
3 ग्राम (½ चाय चम्मच) छोटी इलायची पाउडर
½ ग्राम (1 चाय चम्मच) केसर
10 मि.ली. (2 चाय चम्मच) नीबू का रस
चाशनी के लिए 500 ग्राम (2½ कप) चीनी

सजाने के लिए
चांदी का वर्क

मात्रा: 8 व्यक्तियों के लिये
तैयारी का समय: 1.15 घंटे
पकाने का समय: 2.30 घंटे

मुर्गे की बर्फ़ी

मुर्गे से बने मीठे गोश्त का यह अनोखा व्यंजन है। यह व्यंजन गोश्त से भी बनाया जा सकता है।

सामग्री

- 300 ग्राम (2/3 पौंड) मुर्गे की छाती
- 800 ग्राम (1¾ पौंड) खोया*
- 200 ग्राम (1 कप) चीनी
- 1 ग्राम (2 चाय चम्मच) केसर
- 10 मि.ली. (2 चाय चम्मच) दूध
- 10 ग्राम (2 चाय चम्मच) छोटी इलायची का पाउडर
- 2 बूंद केवड़ा

सजाने के लिए
- 20 ग्राम (3 बड़े चम्मच) बादाम
- 20 ग्राम (3 बड़े चम्मच) पिस्ता
- चांदी का वर्क

तैयारी

मुर्गा: साफ करके चमड़ी हटा दें। हड्डियां निकाल दें और कीमा बना कर 15 मिनट के लिए फ्रिज में डाल दें। इसके बाद फिर से कीमा बनाएं, 15 मिनट के लिए फ्रिज में रखें। गोश्त को तीसरी बार भी कीमा कर लें। अब इसे हांडी में 1 लीटर पानी के साथ डालकर अच्छी तरह मिला लें। इसके बाद बारीक मलमल के कपड़े से तेजी से छानते हुए एक कड़ाही में डालें। आंच को मध्यम करके गोश्त को लगातार चलाते रहें जब तक कि उसका पानी पूरी तरह सूख न जाए और गोश्त कड़ाही के किनारों से अलग न होने लगे। (इस बात का ध्यान रखें कि गोश्त कड़ाही में चिपके नहीं।)

खोया: मसलकर गूंध लें। किसी तरह की गांठ न पड़ने पाए।

केसर: गर्म दूध में भिगो दें।

सजाना: बादाम और पिस्ते को छील लें। उनको लंबा बारीक कतर लें।

पकाने की विधि

मध्यम आंच पर एक कड़ाही में खोया और चीनी डालकर लगातार चलाएं। जब चीनी खोए में घुल जाए और खोया उबलने लगे तो उसमें पका हुआ मुर्गा डालकर तेजी से चलाएं जब तक सब कुछ अच्छी तरह मिल न जाए और मिश्रण उबलने न लगे। इसके बाद केसर, इलायची, केवड़ा मिलाकर एक मिनट चलाएं और मिश्रण को जल्दी से एक कम गहरी ट्रे में उँड़ेल लें। करछी से मिश्रण की सतह बराबर कर लें और ऊपर से कटे हुए बादाम और पिस्ते सजा दें। ट्रे को किसी मेज या जमीन पर रखकर हाथ से थपथपाएं। ठंडा होने के लिए अलग रख दें।

परोसना

ट्रे में रखे मिश्रण को चाकू से काटकर 1½ इंच की चौकोर या बर्फ़ी के आकार के टुकड़े काट लें। बर्फ़ियों को सावधानी से एक करछी की सहायता से निकालकर चांदी के वर्क से ढककर परोसें।

मात्रा: 1 किलो (2¼ पौंड)
तैयारी का समय: 1.15 घंटे
पकाने का समय: 25 मिनट

*'दूध' का खंड देखें।

परुप्पु पायसम

उत्तरी भारतीयों के लिए जिस तरह खीर है उसी तरह केरलवासियों के लिए परुप्पु पायसम का महत्व है। फ़सल पकने पर मनाया जाने वाला त्यौहार ओणम और विशु (नववर्ष) पर यह जरूर बनाया जाता है।

सामग्री

- 1.5 लीटर (6¼ कप) दूध
- 100 ग्राम (½ कप) मूंग की दाल
- 150 ग्राम (¾ कप) चीनी
- 5 ग्राम (1 चाय चम्मच) छोटी इलायची का पाउडर
- 200 ग्राम (2½ कप) नारियल

सजाने के लिए

- 20 ग्राम (3 बड़े चम्मच) काजू
- तलने के लिए मूंगफली का तेल

तैयारी

दाल: चुनकर नल के चलते पानी में धोकर सुखा लें। मध्यम आंच पर एक कड़ाही में हल्का भूनकर सुनहरा कर लें।

नारियल: भूरा छिलका निकालकर 20 ग्राम नारियल सजाने के लिए अलग निकालकर रख दें, और बाकी को कस लें।

सजाने के लिए: काजू को बीच से तोड़ लें और अलग रखें। नारियल के बारीक टुकड़े काट लें। अब इन दोनों चीजों को कड़ाही में घी गर्म करके तलकर सुनहरा कर लें।

पकाने की विधि

हल्की भुनी दाल को एक पतीली में 440 मि०ली० पानी डालकर कम आंच पर तब तक पकाएं जब तक दाल अच्छी तरह पक न जाए और उसका पानी सूख न जाए। अब इसमें दूध मिलाकर उबालें। धीरे-धीरे पकाते हुए दूध को एकदम आधा कर दें। इसके बाद चीनी और इलायची मिलाकर चलाएं और 5 मिनट पकने दें। कसा हुआ नारियल मिलाएं और चला दें।

परोसना

कटोरे में निकालकर सजाकर पेश करें।

मात्राः 1 किलो (2¼ पौंड)
तैयारी का समयः 20 मिनट
पकाने का समयः 1 घंटा

पाल पोली

इलायची की खुशबू वाले दूध में आटे की पोली डालकर बनाया गया मीठा व्यंजन तमिलों को खास प्रिय है।

सामग्री

- 1 लीटर (4 कप) दूध
- 200 ग्राम (1 कप) चीनी
- ½ ग्राम (1 चाय चम्मच) केसर
- 5 ग्राम (1 चाय चम्मच) छोटी इलायची पाउडर
- 200 ग्राम (7 औंस) आटा
- 50 मि.ली. (3 बड़े चम्मच) मूंगफली का तेल (पोली को तलने के लिए)

तैयारी

आटा: आटे में मूंगफली के तेल का मोयन मिलाएं और उसे हथेली पर रगड़-रगड़कर पूरे आटे के साथ मिलाएं। अब करीब 90 मि०ली० पानी मिलाकर आटे को अच्छी

तरह मुलायम गूंध लें। आटे को आधे घंटे एक गीले कपड़े से ढककर रख छोड़ें। अब आटे को बारह बराबर भागों में बांटकर उनकी लोई बना लें और उन्हें चकला बेलन से बेलकर 4 इंच की गोलाई की रोटी बना लें।

पकाने की विधि

एक कड़ाही में दूध को उबालें और कम आंच पर उसे लगातार 20 मिनट तक चलाते रहें। इसके बाद 5-5 मिनट के अंतर पर तब तक चलाते रहें जब तक कि दूध घटकर एक तिहाई न रह जाए। आंच से हटाकर चीनी, केसर और इलायची मिलाएं और चीनी के अच्छी तरह घुल जाने तक चलाते रहें।

अब एक अलग कड़ाही में घी गर्म करके मध्यम आंच पर आटे की पोलियों को बारी-बारी से तलकर फुला लें और हल्का सुनहरा हो जाने दें। इसके बाद इन पोलियों को औटाए हुए दूध में पांच मिनट के लिए डुबो दें। 5 मिनट से अधिक देर तक दूध में न छोड़ें नहीं तो पोलियां टूट जाएंगी।

परोसना

मात्रा: 4 व्यक्तियों के लिये
तैयारी का समय: 40 मिनट
पकाने का समय: 1.10 घंटे

अलग-अलग प्लेट में हर व्यक्ति के लिए तीन-तीन पोलियां रखें। बचे हुए दूध को ऊपर से डालकर गरमागरम परोसें।

फ़लूदा

सामग्री
200 ग्राम (7 औंस) (कार्नफ़्लावर)
½ चम्मच पीला रंग (इच्छानुसार)

फ़लूदा नूडल्स की तरह होता है जिसे न केवल 'कुल्फ़ी' के साथ बल्कि अन्य कई ठंडे मिष्ठान्नों के साथ भी खाया जाता है।

तैयारी

कार्न फ्लावर: एक कड़ाही में डालकर उसमें रंग और 750 मि०ली० पानी मिलाएं। जब तक रंग अच्छी तरह न मिल जाए, चलाते रहें। इसके बाद आंच को मध्यम कर के घोल को उबालें। चलाना लगातार जारी रखें जब तक कि कुछ लेसदार न हो जाए और उसमें एक चमक-सी न आ जाए।

फ़लूदा: पकाए गए आटे को तुरंत एक 'नूडल्स प्रेस' में लेकर दबाएं। इसके लिए 1/16 इंच की छेदों वाली जाली का प्रयोग करें। चलनी के ऊपर आटे को दबाकर खूब ठंडे पानी से भरे बर्त्तन में (फ़लूदा) इकट्ठे करें। (फ्रिज में 48 घंटे रखें उसके बाद खाएं।

मात्रा: लगभग 800 ग्राम (1¾ पौंड)
तैयारी का समय: 45 मिनट

नमकीन (अल्पाहार)

साभारः माइकेल ग्राहम

भारतीयों को हमेशा कुछ न कुछ चबाते रहने की आदत होती है। अपनी इस आदत के कारण उन्हें किसी न किसी नमकीन आदि की ज़रूरत पड़ती रहती है। भारतीयों के लिए यह असाधारण नहीं है कि दिन में एक बार पूरा भोजन करें और सारा दिन कुछ न कुछ चना-चबेना खाते रहें। अभी कुछ सालों पहले तक बाहर खाना सेहत के लिए अच्छा नहीं समझा जाता था। लेकिन अल्पाहार के संबंध में यह बात लागू नहीं होती थी। इस कारण यह देश अल्पाहारों का भंडार होने का गर्व करे तो इसमें आश्चर्य नहीं।

पश्चिम में अतिथि को ठंडा, गरम या कोई अन्य पेय पेश करने का रिवाज है। हमारे यहां चाय या कॉफी के साथ कुछ नमकीन या मीठा पेश करना अतिथि सत्कार की परम्परा रही है। लगभग सारे भारतीय नमकीन व्यंजन शाकाहारी थे और आज भी हैं। शायद इसका कारण यही था कि बाजार में मिलनेवाले गोश्त पर लोगों को भरोसा नहीं था। मुर्ग पकौड़ा, कीमा समोसा आदि तो नई खोज हैं। निरामिष नमकीन व्यंजनों की संख्या अभी भी बहुत कम है। उन्हें उत्तर भारत के मांसाहारी लोग ही ज्यादा पसंद करते हैं। अब तो कीमा दोसइ भी बनते हैं।

माइकेल ग्राहम: रिचर्ड जैसे विशिष्ट और ख्यातिप्राप्त पाकविशेषज्ञ का भाई होना एक समस्या हो सकती थी। लेकिन माइकेल के साथ ऐसा नहीं हुआ। बम्बई के 'हॉलिडे इन' में कार्यकारी 'शेफ़' का पद उन्होंने खुद अपनी योग्यता से प्राप्त करके अपनी जगह बनाई है।

उत्तर भारतीय नमकीन व्यंजनों में अजवाइन बहुत महत्वपूर्ण है। यह अनेक नमकीन व्यंजनों के स्वाद और सुगंध को बढ़ाता है। नमकीन के साथ पेश की जाती है पुदीने की चटनी या सोंठ। इन दोनों चटनियों को शाकाहारी या मांसाहारी दोनों प्रकार के व्यंजनों के साथ खाया जाता है।

दक्षिण के नमकीन व्यंजनों ने देश भर में फैले उडिपी रेस्तराँओं के ज़रिए लोकप्रियता प्राप्त की है। उडिपी कर्नाटक राज्य का एक क्षेत्र है। साहसी और उद्यमी उडिपी-वासियों ने करीब हर बड़े नगर की हर सड़क पर रेस्तरां खोल कर उस भोजन को हर महानगर का मुख्य आहार बना दिया है। इनमें कम दामों पर बढ़िया जलपान मिल जाता है। दक्षिण के ये नमकीन व्यंजन इतने लोकप्रिय हुए कि आम भारतीय समझता है कि केवल दोसइ, बड़ा, इडली, उपमा, बौंडा ही दक्षिण भारतीय व्यंजन हैं।

इनके बारे में एक दिलचस्प बात यह है कि इनमें से अधिकांश व्यंजनों का आधार चावल होता है। इनके लोकप्रिय होने का एक कारण यह है कि स्वादिष्ट होने के अलावा इनमें तेल और मसालों का कम से कम प्रयोग होता है। इन दोनों कमियों की पूर्ति इनके साथ परोसे जाने वाले चटनी और सांभर तथा मुलगापोड़ी से हो जाती है।

अजीब बात है कि करीब-करीब सभी भारतीय नमकीन व्यंजन हल्के या भरे घी में तले हुए होते हैं। इनमें भाप से पकाई गई इडली अपवाद है। भारतीय नमकीन व्यंजनों के संबंध में दूसरी अजीब बात यह है कि केवल आलू टिक्की और पकौड़ों को छोड़कर अधिकतर नमकीन लोग बाजारों में ही खाते हैं क्योंकि उन्हें लगता है कि इन्हें घर में बनाना मुश्किल है। जबकि वास्तव में ऐसा नहीं है। आप इस अध्याय में बताए गए व्यंजनों को बनाएंगे तो जानेंगे कि इन्हें बनाना आसान है।

इन व्यंजनों को छोटे-आकार में बनाकर कॉकटेल के रूप में पेश किया जा सकता है।

नीलेश नाडकर्णी के सहयोग से।

झींगा तिल तिंका

झींगे के इस व्यंजन को अजवाइन की खुशबू डालकर तिल में लपेटकर जावित्री और इलायची के मसाले के साथ पकाते हैं।

सामग्री

1 किलोग्राम (2¼ पौंड) झींगा (मध्यम आकार के)

तलने के लिए मूंगफली का तेल

पहले मैरीनेशन के लिए

30 ग्राम (5 चाय चम्मच) पिसा हुआ लहसुन

25 ग्राम (4 चाय चम्मच) पिसा हुआ अदरक

3 ग्राम (½ चाय चम्मच) सफेद मिर्च का पाउडर

3 ग्राम (½ चाय चम्मच) पीली मिर्च का पाउडर

नमक

60 मि.ली. (4 बड़े चम्मच) नीबू का रस

दूसरे मैरीनेशन के लिए

120 ग्राम (½ कप) दही

60 ग्राम (½ कप) चेडर चीज़ पनीर (कुछ सख्त)

8 ग्राम (1 बड़ा चम्मच) अजवाइन

60 मि.ली. (¼ कप) क्रीम

3 ग्राम (½ चाय चम्मच) जावित्री और छोटी इलायची पाउडर

30 ग्राम (3 बड़े चम्मच) भुने हुए चने का आटा

लपेटने के लिए

50 ग्राम (1/3 कप) तिल के दाने

100 ग्राम (1 कप) डबल रोटी का चूरा

तैयारी

झींगा: इसे साफ करके, धो-पोंछकर सुखा लें।

पहला मैरीनेशन: सारी सामग्री को एक साथ मिला लें और इससे झींगे को रगड़कर आधे घंटे तक छोड़ दें। बाद में झींगे को सावधानी से निचोड़कर मिश्रण से निकाल लें।

दूसरा मैरीनेशन: दही को मलमल के कपड़े में बांधकर 4 घंटे तक लटका दें ताकि उसका पानी निकल जाए। इसके बाद इसे एक कटोरे में निकालकर फेंट लें। पनीर को कद्दूकस कर के दही में मिला दें। बाकी सारी सामग्री को भी इसमें डालकर मिला दें। अब इस मिश्रण में झींगों को रगड़कर आधा घंटा छोड़ दें।

छड़ों में गूंथना: 6 इंच लंबे, लकड़ी के 8 छड़ों में झींगों को बराबर की संख्या में गूंथ लें। बीच में अंतर न रखें।

लपेटना: ब्रेड के चूरे और तिल के दानों को एक साथ मिला लें और गुंथे हुए झींगों को इनमें लपेटकर 15 मिनट तक फ्रिज में रख दें।

पकाने की विधि

एक कड़ाही में तेल गर्म करके गुंथे हुए झींगों को मध्यम आंच पर 4-5 मिनट तक तल लें। कड़ाही से निकालकर 4-5 मिनट बाहर रखें और दुबारा कड़ाही में डालकर 2-3 मिनट तक तलें।

परोसने का तरीका

एक प्लेट में कागज़ का नैपकिन बिछाकर उसके ऊपर झींगे के इस व्यंजन को सजाकर, पुदीने की चटनी और नीबू के टुकड़ों के साथ परोसें।

नोट: (i) झींगों को एक बार तलकर रख सकते हैं। परोसने के समय दुबारा तला जा सकता है।

(ii) मुर्ग तिल तिका एक दर्जन मुर्गों की छातियों से बनाया जाता है। इनकी हड्डियां निकालकर छह टिक्कों में काट लें। इसमें अजवाइन की जगह जीरे का इस्तेमाल करते हैं। बाकी तरीका एक जैसा ही है।

सामग्री

- 1 किलोग्राम (2¼ पौंड) मुर्ग की छातियाँ
- 1 लीटर (4 कप) दूध
- ½ ग्राम (1 चाय चम्मच) केसर
- 10 ग्राम (4 चाय चम्मच) सौंफ
- 10 छोटी इलायची
- 5 लौंग
- 2 टुकड़े दालचीनी (एक-एक इंच के)
- 2 तेजपत्ता
- नमक
- तलने के लिए मूंगफली का तेल

घोल के लिए

- 50 ग्राम (¼ कप) बासमती चावल
- 3 ग्राम (½ चाय चम्मच) सौंफ का पाउडर
- 3 ग्राम (½ चाय चम्मच) पीली मिर्च पाउडर
- नमक
- 50 ग्राम (10½ चाय चम्मच) दही

जान-ए-मन

मुर्गे के नरम टुकड़ों को केसर और सौंफ डले दूध में पकाते हैं और छड़ों में गूंथकर चावल के घोल में डुबोकर तलते हैं। तब जाकर तैयार होता है यह लाजवाब नमकीन।

तैयारी

मुर्गा: साफ करके चमड़ी निकाल दें और हड्डियां निकालकर एक इंच के टिक्कों में काट लें। दूध को एक हांडी में उबालें और टिक्का और दूसरी सारी चीजों को, केवल मूंगफली के तेल को छोड़कर, दूध में डाल दें और मध्यम आंच पर तब तक पकाएं जब तक एकदम नरम न हो जाए। अब टिक्कों को दूध से बाहर निकाल दें। पर उसमें मिश्रण लगा रहने दें। दूध के मिश्रण को अलग रख दें। टिक्कों को फ्रिज में रख दें।

घोल: चावल को चुनकर नल के बहते पानी में धो लें और घंटे भर के लिए पानी में फूलने को छोड़ दें। इसके बाद इन्हें पानी से छानकर ब्लेंडर में डालें। सौंफ पाउडर, पीली मिर्च, नमक और दूध का बचा हुआ मिश्रण (करीब 100 मि.ली.) इसमें डालें। महीन मगर गाढ़ा घोल बना लें। ब्लेंडर से निकाल लें। दही को एक कटोरे में फेंट लें और चावल का घोल इसमें अच्छी तरह मिला दें।

छड़ों में गूंथना: चार इंच के लकड़ी के छड़ लें और हर छड़ में मुर्ग के चार-चार टुकड़े एक दूसरे से सटे हुए गूंथ लें।

पकाने की विधि

एक कड़ाही में तेल गर्म करें, गुंथे हुए मुर्ग टुकड़ों को घोल में डुबोकर मध्यम आंच पर तलकर हल्का लाल कर लें। कड़ाही से निकालकर ठंडा होने दें। दुबारा फिर कड़ाही में डालकर तलकर सुनहरा और कुरकुरा कर लें।

परोसने का तरीका

मात्रा: 4 व्यक्तियों के लिये
तैयारी का समय: 1.45 घंटे
पकाने का समय: 10-12 मिनट

एक प्लेट में कागज का नैपकिन बिछाकर उसके ऊपर मनचाहे ढंग से इस व्यंजन को सजाकर गर्मागर्म परोसें।

सामग्री

- 800 ग्राम (1¾ पौंड) गोश्त
- 100 ग्राम (7 बड़े चम्मच) घी

चौरसिया काठी

चौकोर परांठे में लिपटे मसालेदार गोश्त के इस नमकीन व्यंजन को भोजन के स्थान पर भी पेश कर सकते हैं।

तैयारी

गोश्त: साफ करके ½ इंच के चौकोर टुकड़ों में काट लें।

सब्जियां: पुदीना और धनिया पत्ते को साफ करके, धोकर अच्छी तरह काट लें।

मैरीनेशन: पपीते को छीलकर बीज निकाल दें। ब्लेंडर में डालकर महीन पेस्ट बना दें। अब इस पेस्ट में बाकी सामग्री मिलाकर इससे गोश्त के टुकड़ों को रगड़ें और दो घंटे के लिए अलग हटाकर रख दें।

पराठे: इन्हें गर्म रखें।

पकाने की विधि

एक हांडी में घी गर्म करके उसमें गोश्त के टुकड़ों को मैरीनेड समेत मिलाएं। अब इन्हें कम आंच पर तब तक भूनें जब तक कि नरम न हो जाए। भूने हुए प्याज़ का पेस्ट मिलाकर दो मिनट तक चलाएं। गरम मसाला और भूने चने का आटा मिलाकर चलाएं और आंच से उतार दें। ऊपर से कटा हुआ पुदीना और धनिया छिड़कें, नीबू का रस मिला दें। अब इसे आठ बराबर भागों में बांट लें।

इकट्ठा करना

परांठे के एक छोर पर एक हिस्सा गोश्त रखकर मोड़ दें और 'टुर्थपिक्स' या 'कॉकटेल स्टिक' से परांठे को बंद कर दें।

परोसने का तरीका

एक चपटी प्लेट पर कागज़ का नैपकिन बिछाकर रोल किए परांठों को रख दें, खीरे*** के टुकड़ों से सजाकर पुदीने की चटनी के साथ परोसें।

* पेस्ट का खंड देखें।
**ब्रेड का खंड देखें।
***सलाद का खंड देखें।

60 ग्राम (3 बड़े चम्मच) भुने और पिसे हुए प्याज़

5 ग्राम (1 चाय चम्मच) गरम मसाला

30 ग्राम (3 बड़े चम्मच) भुने हुए चने का आटा

10 ग्राम (2 बड़े चम्मच) पुदीना

10 ग्राम (2 बड़े चम्मच) धनिया

30 मि.ली. (2 बड़े चम्मच) नीबू का रस

8 परांठे (6"×6")**

मैरीनेशन के लिए

60 (2 औंस) पपीता

30 ग्राम (5 चाय चम्मच) पिसा हुआ अदरक

30 ग्राम (5 चाय चम्मच) पिसा हुआ लहसुन

15 ग्राम (1 बड़ा चम्मच) धनिया पाउडर

5 ग्राम (1 चाय चम्मच) लाल मिर्च पाउडर

नमक

30 मि.ली. (2 बड़े चम्मच) नीबू का रस

मात्रा: 4 व्यक्तियों के लिये
तैयारी का समय: 2.45 घंटे
पकाने का समय: 35 मिनट

गूलर कबाब

इस कश्मीरी नमकीन व्यंजन में गोश्त की गोलियों के अंदर किशमिश, पुदीने और धनिया की चटपटी चटनी भरते हैं।

सामग्री

600 (1 1/3 पौंड) गोश्त

75 ग्राम (1/3 कप) चना दाल

गूलर कबाब

- 4 छोटी इलायची
- 4 बड़ी इलायची
- 6 लौंग
- 2 टुकड़े दालचीनी (1 इंच के)
- 2 तेजपत्ता
- नमक
- 2 अंडे
- तलने के लिए मूंगफली का तेल

चटनी के लिए
- 40 ग्राम पुदीना
- 40 ग्राम धनिया
- 4 हरी मिर्च
- 50 ग्राम किशमिश
- नमक
- 5 ग्राम अमचूर
- 5 ग्राम चीनी

मात्रा: 4 व्यक्तियों के लिये
तैयारी का समय: 1.35 घंटे
पकाने का समय: 4-5 मिनट
(हर सेट के लिए)

तैयारी

दाल: चुनकर नल के बहते पानी में धो लें।

गोश्त के टुकड़े: गोश्त और दाल को एक हांडी में डालें, सारे साबुत मसाले भी मिलाएं। इसके बाद नमक और 720 मि.ली. (3 कप) पानी मिलाकर उबलने दें। अब इसे ढककर तब तक पकने दें जब तक तैयार न हो जाए। आंच को तेज करके भूनें जब तक कि सारा पानी न सूख जाए। आंच से हटाकर ठंडा होने दें। साबुत मसाले निकाल दें। अंडा फेंटकर गोश्त में गूंध लें। अब इन्हें बारह बराबर भागों में बांटकर गोल-गोल बनाकर अलग रख दें।

चटनी: पुदीना और धनिया को साफ करके धो लें। इनकी डंठल निकाल दें। हरी मिर्च को धोकर बीच से काट लें और बीजों को निकाल दें। संतरे के छिलके के अंदर से सफेद परत निकालकर उसे अच्छी तरह कतर लें। अब पुदीना, धनियापत्ता और हरी मिर्च को ब्लेंडर में डालें उसमें किशमिश और नमक मिलाकर लेप बना लें। ब्लेंडर से निकालकर अमचूर, संतरे का छिलका और चीनी डालकर अच्छी तरह मिला दें। इन्हें 24 बराबर भागों में बांट लें।

भरना: गोश्त की गोलियाँ हथेली पर रखकर चपटा कर लें, उनके बीच में चटनी रखकर फिर बॉल बना लें। अब इन गोलियों को 15 मिनट के लिए फ्रिज में रख दें।

पकाने की विधि

एक कड़ाही में घी गर्म करके मध्यम आंच पर गोश्त से भरी हुई गोलियों को तलकर सुनहरा लाल कर लें।

परोसने का तरीका

एक प्लेट में कागज का नैपकिन बिछाकर कबाबों को रखें और नीबू के कटे टुकड़ों के साथ पेश करें।

नोट: कॉकटेल के साथ परोसने के लिए छोटे गूलर बनाने के लिए गोश्त की 48 गोलियां बनाएं और भरने के लिए पूर को भी 48 भागों में बांटें। बाकी तरीका एक जैसा ही होगा।

आलू टिक्की

आलू की टिक्की कई तरह की बनती है। कीमा भरकर, दाल, सफेद चना या हरे मटर भरकर। भरने के बाद टिक्की को कम या अधिक, मनचाहे ढंग से तल लेते हैं।

सामग्री

1 किलोग्राम (2¼ पौंड) आलू

50 (2 औंस) मक्की का आटा (कार्नफ्लोर)

नमक

तलने के लिए घी

भरने के लिए

150 ग्राम (1 कप) हरी मटर

30 ग्राम (2 बड़े चम्मच) घी

3 ग्राम (1 चाय चम्मच) जीरा

20 ग्राम (4 चाय चम्मच) धनिया पाउडर

5 ग्राम (1 चाय चम्मच) लाल मिर्च पाउडर

तैयारी

आलू: उबालकर ठंडा होने दें, इसके बाद छीलकर मसल लें। मसले हुए आलू में मक्की का आटा और नमक अच्छी तरह मिला दें। अब इन्हें 12 बराबर भागों में बांटकर गोलियां बना लें।

भराव: मटर को उबाल लें। पानी पसा दें। एक कड़ाही में घी गर्म करके जीरा डालकर मध्यम आंच पर करकराने दें। मटर डालकर एक मिनट चलाएं। इसके बाद बाकी सारी चीजें डालकर एक मिनट और चलाएं। ठंडा करके मटर को मसल दें और इन्हें भी 12 भागों में बांट दें।

भरना: आलू टिक्की को हथेली पर लेकर चपटा करें और उसके बीच में मटर का एक भाग डालकर फिर उसे ¾ इंच मोटी टिक्की बना दें।

पकाने की विधि

तवे पर घी गर्म करके मध्यम आंच पर टिक्की को तलकर सुनहरा लाल और दोनों ओर से कुरकुरा कर लें। करछी से दबाएं और निकाल लें।

परोसने का तरीका

एक प्लेट में कागज का नैपकिन बिछाकर उसके ऊपर टिक्कियों को सजा लें और पुदीने की चटनी या सौंठ के साथ परोसें।

*देखें चटनी का खंड।

मात्रा: 12 टिकियां
तैयारी का समय: 1.30 घंटे
पकाने का समय: 10 मिनट

पकौड़ा

सब्जियों के टुकड़ों को बेसन में लपेटकर पकौड़े बनाते हैं। ऐसा माना जाता है कि मुलतानी लोग पकौड़े बनाने की कला में माहिर होते हैं। संभवत: सरसों के तेल के इस्तेमाल के कारण ही वे इतने स्वादिष्ट पकौड़े बनाते हैं। जब कि ज्यादातर लोग खाना बनाने में सरसों के तेल का उपयोग नहीं करते। बेसन में लपेटकर आप चाहें तो किसी

सामग्री

150 ग्राम (5 औंस) गोभी

150 ग्राम (5 औंस) आलू (मध्यम आकार के)

100 ग्राम (3½ औंस) प्याज़ (मध्यम आकार के)

समोसा

75 ग्राम (3 औंस) बैंगन (मध्यम आकार के)

75 ग्राम (3 औंस) पालक

4 हरी मिर्च

तलने के लिए सरसों का तेल

घोल के लिए

250 ग्राम (1 2/3 कप) बेसन

2 ग्राम (1/3 चाय चम्मच) सोडा (खाने वाला)

नमक

5 ग्राम (2 चाय चम्मच) अजवाइन

5 ग्राम (1 चाय चम्मच) लाल मिर्च पाउडर

5 ग्राम (1¾ चाय चम्मच) अनारदाना का पाउडर

भी सब्जी या अन्य चीज के पकौड़े बना सकते हैं। सब्जियों के बाद सबसे अधिक लोकप्रिय पनीर के पकौड़े होते हैं। इसके अलावा मुर्ग और अंडे के पकौड़े भी बनते हैं। नीचे सब्जियों के पकौड़े बनाने की विधि बताई जा रही है।

तैयारी

सब्जियां: गोभी को धोकर बड़े आकार के टुकड़ों (करीब 2½ इंच) में काट लें। आलू और प्याज़ को छीलकर, धोकर (करीब 1/6 इंच के) गोल टुकड़ों में काट लें। बैंगन को भी धोकर गोल आकार में काट लें। उसके डंठल निकाल दें। पालक के डंठल निकालकर उन्हें नल के बहते पानी में धो लें। हरी मिर्च को धोकर बीच से काटकर उसके बीज निकाल दें। कटे हुए आलू और बैंगन को पानी में भिगोकर रखें।

घोल: बेसन को चलनी से छान लें और उसमें सोडा, नमक, अजवाइन, लाल मिर्च, अनारदाने का पाउडर मिलाएं। आवश्यकतानुसार (करीब 200 मि.ली.) पानी मिलाकर घोल तैयार कर लें।

पकाने की विधि

एक कड़ाही में सरसों का तेल गर्म करें। तेल से धुंआ निकलने लगे तो आंच मध्यम कर दें। कटी हुई सब्जियों को बेसन के घोल में डुबोकर तेल में डालकर तलें। हल्के सुनहरे हो जाएं तो बाहर निकालकर ठंडा होने दें। इसके बाद फिर तेज़ आंच (ज्यादा तेज नहीं) पर पकौड़े को तलकर लाल और कुरकुरे कर लें।

परोसने का तरीका

मात्रा: 4 व्यक्तियों के लिये
तैयारी का समय: 30 मिनट
पकाने का समय: 20 मिनट

एक प्लेट में कागज का नैपकिन बिछाकर उस पर पकौड़ों को रखें और इन्हें पुदीने की चटनी के साथ परोसें।

नोट: पकौड़ों को दूसरी बार तलना जरूरी है। सबसे अच्छा तो यह है कि इसे खाने या परोसने के समय दुबारा तला जाए। इस तरीके से गृहणियों को सुविधा भी होगी। वे पकौड़े तैयार रखेंगी और मेहमानों के आने पर चटपट दुबारा तलकर गर्म-गर्म पेश कर सकेंगी।

समोसा

सामग्री

300 ग्राम (2/3 पौंड) मैदा

नमक

पूरे देश का पसंदीदा और चाय के साथ खाया जाने वाला यह नमकीन 'आलू टिक्की' की तरह ही कई चीजों से भरकर बनाया जा सकता है, कीमा (गोश्त), मिली-जुली

समोसा
181

सब्जियां दाल और मसालेदार मटर और आलू, इनमें मुख्य हैं। नीचे हम आलू भरकर समोसा बनाने की विधि बता रहे हैं।

तैयारी

आटा: मैदा और नमक को एक साथ छान लें। एक बर्तन में मैदा को लें, उसमें गड्ढा-सा बनाकर घी डालें और धीरे-धीरे घी को मैदे में मिलाएं। जब घी अच्छी तरह मिल जाए तो उसमें 90 मि.ली. के अंदाज से पानी मिलाएं और अच्छी तरह गूंध लें। जरा कड़ा गूंधें। अब इसे एक गीले कपड़े से ढककर 15 मिनट के लिए अलग रखें। इसके बाद इसे छह बराबर भागों में बाँटकर गोलियां बना लें और गीले कपड़े से ढक दें।

भरने के लिए: आलू को छील, धोकर ¼ इंच के चौकोर टुकड़ों में काटकर पानी में डुबोकर रख दें। मटर को उबाल लें और पानी पसा दें। अदरक को छील, धोकर महीन कतर लें। हरी मिर्च की डंठल हटा दें, धो लें बीच से काटकर बीज निकाल दें और अच्छी तरह कतर लें। धनिया को भी साफ करके, धोकर, अच्छी तरह कतर लें।

एक कड़ाही में घी गर्म करें और मध्यम आंच पर जीरे का छौंक लगाएं। करकराने लगे तो अदरक डालकर एक मिनट चलाएं। इसके बाद आलू, लाल मिर्च और नमक मिलाकर 5 मिनट तक भूनें। आंच कम करके ढककर पकने दें। बीच-बीच में चलाते रहें जब तक कि आलू पक न जाए, गलने न दें। अब उबले मटर और हरी मिर्च मिलाकर तब तक चलाएं जब तक कि पानी न सूख जाए। ऊपर से अनारदाना पाउडर और धनिया पत्ता डालकर मिला दें। ठंडा होने पर इस मिश्रण को बारह बराबर भागों में बांट दें।

60 मि.ली. (4 बड़े चम्मच) मूंगफली का तेल
परोथन के लिए मैदा
तलने के लिए मूंगफली का तेल
भरने के लिए
750 ग्राम (5 कप) आलू
250 ग्राम (1 2/3 कप) हरी मटर
50 ग्राम (3 बड़े चम्मच) घी
5 ग्राम (1¾ चाय चम्मच) जीरा
30 ग्राम (3 बड़े चम्मच) अदरक
5 ग्राम (1 चाय चम्मच) लाल मिर्च पाउडर
नमक
10 हरी मिर्च
15 ग्राम (5 चाय चम्मच) अनारदाना पाउडर
20 ग्राम (1/3 कप) धनिया पत्ता

मट्ठी

भरना: मैदे की गोली को चकले पर रखकर बेलन से गोल बेल लें। 8 इंच व्यास का बेलने के बाद इन्हें बीच से आधा-आधा काट दें। अब आधे भाग को हथेली पर फैला लें। ध्यान रहे कि उसका सीधा वाला हिस्सा ऊपर रहे। कटे हुए हिस्से के दोनों कोनों को जोड़कर थैलानुमा बना लें, तर्जनी में पानी लगाकर मैदे को चिपका दें। उसमें भराव का आलू भरें। अब खुले किनारों को बंद कर दें। एक ट्रे में आटा छिड़ककर उसमें भरे हुए समोसों को तलने के लिए रखें।

पकाने की विधि

एक कड़ाही में घी गर्म करके मध्यम आंच पर समोसों को तलकर सुनहरा, कुरकुरा कर लें।

परोसने का तरीका

एक प्लेट में कागज की नैपकिन बिछाकर उस पर समोसों को सजा लें और इसे पुदीने की चटनी या सौंठ* के साथ परोसें।

*देखें चटनी का खंड।

मात्रा: 12 समोसे
तैयारी का समय: 1 घंटा
पकाने का समय: 7-8 मिनट (हर सेट के लिए)

सामग्री

600 ग्राम (1 1/3 पौंड) मैदा

नमक

5 ग्राम (2 चाय चम्मच) अजवाइन

60 मि.ली. (4 बड़े चम्मच) मूंगफली का तेल

240 मि.ली. (1 कप) दूध

10 ग्राम (1 बड़ा चम्मच) काली गोल मिर्च

तलने के लिए मूंगफली का तेल

मट्ठी

अजवाइन का भारतीय शाकाहारी नमकीन व्यंजनों के साथ खास रिश्ता है। अजवाइन का इस्तेमाल ही मट्ठी की सदाबहार खुशबू और स्वाद का राज है।

तैयारी

आटा: आटा और नमक को एक साथ चलनी से छान लें अब उसमें अजवाइन मिला दें। आटे के बीच में गड्ढा सा बनाकर घी डालें और उसे अच्छी तरह मिलाएं। जब घी अच्छी तरह मिल जाए तो दूध डालकर अच्छी तरह मगर कड़ा गूंध लें। इसके बाद आटे को गीले कपड़े से ढककर 15 मिनट तक छोड़ दें। इन्हें 40 बराबर भागों में बांटकर बॉल बना लें। बेलन से दबाकर 3 इंच व्यास और 1/8 इंच मोटा बना लें। एक मट्ठी में एक या दो दाना गोलमिर्च खोंस दें। मट्ठी को चारों ओर कांटे से छेद दें।

पकाने की विधि

कड़ाही में घी गर्म करके तेज आंच पर मट्ठी को करीब 20 सेकेंड तक तलें। इसके बाद आंच को कम करके इन्हें तलकर सुनहरा और कुरकुरा कर लें।

परोसने का तरीका

एक प्लेट में कागज का नैपकिन बिछाकर मट्ठी को सजाएं और आम के आचार के साथ परोसें।

*अचार का खंड देखें।

मात्रा: 40 मट्ठियाँ
तैयारी का समय: 30 मिनट
पकाने का समय: 15-18 मिनट
(हर सेट के लिए)

कचौरी

भरा हुआ यह कुरकुरा व्यंजन न केवल उत्तर प्रदेश और मध्य प्रदेश का पसंदीदा व्यंजन है बल्कि इन प्रान्तों के हर विवाह भोज का यह अनिवार्य व्यंजन भी है।

सामग्री

250 ग्राम (2 कप) मैदा

1 ग्राम (¼ चाय चम्मच) खाने वाला सोडा

एक चुटकी नमक

75 मि.ली. (5 बड़े चम्मच) मूंगफली का तेल

तलने के लिए घी

पिट्ठी

60 ग्राम (1/3 कप) उरद की दाल (धुली हुई)

10 ग्राम (2 चाय चम्मच) धनिया पाउडर

नमक

3 ग्राम (½ चाय चम्मच) लाल मिर्च पाउडर

एक चुटकी हींग

एक चुटकी खाने वाला सोडा

10 ग्राम (4 चाय चम्मच) आटा (यदि आवश्यक हो)

तैयारी

आटा: मैदा को छानकर उसमें सोडा और नमक मिला दें। आटे में गड्ढा बनाकर घी डालें और उसे धीरे-धीरे मिला दें। जब घी अच्छी तरह मिल जाए तो करीब 100 मि.ली. पानी मिलाकर नरम आटा गूंध लें। गीले कपड़े से ढककर 15 मिनट छोड़ दें। आटे को 12 बराबर भागों में बांट लें। इनकी गोलियां बनाकर फिर गीले कपड़े से ढक दें।

पिट्ठी: दाल को चुनकर नल के बहते पानी में धो लें और आधे घंटे तक पानी में भिगोकर छोड़ दें। पानी छानकर ब्लेंडर में दरदरा पीस लें। ब्लेंडर से निकालकर उसमें धनिया, लाल मिर्च, नमक, हींग और सोडा डालकर अच्छी तरह मिलाएं। (अगर पिट्ठी मुलायम है तो आटा मिला दें। इसे भी 12 बराबर भागों में बांट लें।

भरना: बॉल को हथेली पर घुमाकर चपटा कर लें और उसके बीच में पिट्ठी का एक हिस्सा डालकर अच्छी तरह बंद कर दें (तस्वीर देखें)। इस भरे हुए गोले को फिर हथेली के बीच घुमाकर चपटा कर लें और 2½ डायमीटर का बना लें।

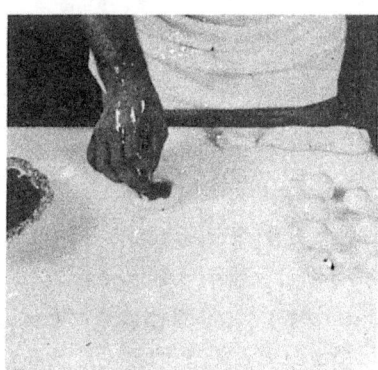 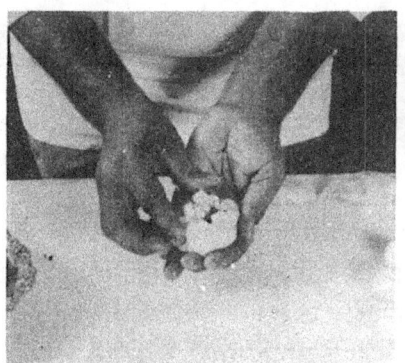 

पकाने की विधि

कड़ाही में घी गर्म करके मध्यम आंच पर कचौरी को तलकर सुनहरा ब्राउन और कुरकुरा कर लें।

परोसने का तरीका

मात्रा: 12 कचौड़ी
तैयारी का समय: 1.30 घंटा
पकाने का समय: 10 मिनट (हर सेट के लिए)

एक प्लेट में कागज का नैपकिन बिछाकर उस पर कचौड़ी को सजाकर सौंठ* के साथ परोसें।

सामग्री

- 225 ग्राम (8 औंस) चावल (सेला)
- 75 ग्राम (3 औंस) बासमती चावल
- 150 ग्राम (¾ कप) उरद दाल
- 2 ग्राम (½ चाय चम्मच) मेथी
- नमक
- 80 मि.ली. (1/3 कप) मूंगफली का तेल

दोसई

चावल से बने दोसई प्रायः दक्षिण भारतीय भोजन का पर्याय समझी जाती है। यदि कोई कहे कि ऐसा कौन सा व्यंजन है जो दक्षिण भारत के आधे भाग पर छाया है तो सबके सब दोसई का ही नाम लेंगे। अधिकांश भारतीय समझते हैं कि दक्षिण भारतीयों का मुख्य खाना दोसई सांभर ही है।

तैयारी

चावल और दाल: चुनकर नल के बहते पानी में धो लें और मेथी के साथ ही डालकर रातभर पानी में फूलने के लिए छोड़ दें।

घोल: पानी में भिगोई गई चीजों को ब्लेंडर में डालें, थोड़ा सा नमक और 3-4 बड़ा चम्मच पानी मिलाकर महीन लेप बना लें। एक बड़े बर्तन में इस लेप को निकालकर 5 घंटे के लिए छोड़ दें।

तवा: एक प्याज छील लें। आधा-आधा काट लें। कटे हुए आधे भाग को मलमल के कपड़े में लपेटकर तेल में डुबोएं और उससे गर्म तवे के ऊपर अच्छी तरह रगड़ दें।

पकाने की विधि

धीमी आंच पर तवा गर्म करके तैयार घोल को गहरी करछी की सहायता से पूरे तवे पर गोल-गोल घुमाते हुए फैला दें (गोलाई का व्यास 12 इंच हो)। जब घोल उठने लगे और सतह पर छिद्र उभरने लगें तो थोड़ा सा (करीब 10 मि.ली.) तेल चारों ओर छिड़कें। दोसई का एक कोना करछी से उठाकर देखें। सुनहरा हो जाए तो पलट दें।

परोसने का तरीका

अलग-अलग प्लेट मे निकालकर सांभर और नारियल चटनी** के साथ परोसें।

*दक्षिण भारत खंड देखें।
** चटनी का खंड देखें।

मात्रा: 8 दोसे
तैयारी का समय: 5.30 घंटे
पकाने का समय: 3-4 मिनट (हर दोसाई के लिए)

मसाला दोसई

मसाला दोसई में कई तरह की चीजें भरते हैं। उनमें सबसे लोकप्रिय है आलू और कीमा (गोश्त)।

सामग्री

350 ग्राम (12 औंस) दोसई का घोल
45 मि.ली. (3 बड़े चम्मच) मूंगफली का तेल

भरने के लिए

300 ग्राम (2 कप) आलू
60 मि.ली. (4 बड़े चम्मच) मूंगफली का तेल
4 ग्राम (1 चाय चम्मच) सरसों के दाने
10 ग्राम (1 बड़ा चम्मच) चना दाल
100 ग्राम (2/3 कप) प्याज़
4 हरी मिर्च
1 ग्राम (¼ चाय चम्मच) हल्दी
नमक
15 मि.ली. (1 बड़ा चम्मच) नीबू का रस
12 काजू
काजुओं को तलने के लिए मूंगफली का तेल
10 करी पत्ते
20 ग्राम (1/3 कप) धनिया
30 ग्राम (2 बड़े चम्मच) मक्खन

तैयारी

सब्जियां: आलुओं को उबाल कर ठंडा कर लें। छील कर मसल दें। प्याज को छील धोकर काट लें। हरी मिर्च के डंठल निकाल कर, धो लें, बीच से काटकर बीज निकाल दें ओर कतर लें। करी पत्तों को धो लें। धनिया पत्तों को साफ करके धोकर कतर लें।

दाल: चुनकर पानी से धो लें और सुखा लें।

काजू: इन्हें बीच से अलग कर दें। एक कड़ाही में तेल गर्म करके, मध्यम आंच पर इन्हें सुनहरा लाल कर लें।

भरने के लिए: कड़ाही में तेल गर्म करें, सरसों के दाने डालकर करकराने दें। दाल डालकर चलाएं और सुनहरा होने दें, प्याज डालकर भूनकर पारदर्शी कर लें। इसके बाद हरी मिर्च मिलाकर एक मिनट चलाएं। हल्दी और नमक मिलाकर चलाएं। नीबू का रस मिलाएं। अब आलू मिलाकर करीब 4-5 मिनट भूनें। काजू, करी पत्ते और धनिया पत्ते मिलाकर चलाएं। अंदाज से नमक मिला दें। अब इसे 4 बराबर भागों में बांट दें।

तवा: एक प्याज छील लें। दो भागों में काट लें। आधे भाग को मलमल में लपेटकर तेल में डुबोएं और गर्म तवे पर चारों ओर रगड़ें (प्याज के समतल भाग की ओर से रगड़ें)।

पकाने की विधि

धीमी आंच पर तवे को गर्म करें। तवे पर घोल डालकर गहरी करछी से गोल-गोल घुमाते हुए पूरे तवे पर फैलाएं (इसका व्यास 12 इंच हो) जब घोल पकने लगे और उसमें छिद्र उभरने लगें तो चारों ओर से थोड़ा-थोड़ा तेल डालें। एक तरफ से जरा उठा कर देखें।

दोसई सुनहरा होने लगे तो उसके आधे भाग में भरने के लिए भुने हुए आलू के मसाले का एक भाग रखें। ऊपर थोड़ा मक्खन डालें और बचे हुए आधे भाग को उस पर मोड़ कर रोल कर लें।

मात्राः 4 व्यक्तियों के लिये
तैयारी का समयः 25 मिनट
(इसके अलावा घोल तैयार करने का समय)
पकाने का समयः 25 मिनट

परोसने का तरीका

दोसई को हर व्यक्ति के लिए अलग-अलग प्लेट में निकालकर सांभार और नारियल चटनी के साथ परोसें।

नोटः कीमा भरने के लिएः 600 ग्राम (1 1/3 पौंड) गोश्त का कीमा, 100 मि.ली. (7 बड़े चम्मच) मूंगफली का तेल, 400 ग्राम (2 1/3 कप) कतरे हुए प्याज, 10 ग्राम (1 बड़ा चम्मच) पिसा हुआ अदरक, 10 ग्राम (1 बड़ा चम्मच) पिसा हुआ लहसुन, 5 ग्राम (1 चाय चम्मच) लाल मिर्च पाउडर, 3 ग्राम हल्दी, नमक, 220 ग्राम (1 कप) कतरे हुए टमाटर, 2 ग्राम (½ चाय चम्मच) लौंग का पाउडर, 10 करी पत्ते और 10 ग्राम (1 बड़ा चम्मच) कटा हुआ धनिया इस्तेमाल करें।

अब इन्हें पकाने के लिए कड़ाही में घी गर्म करें। उसमें प्याज को डालकर मध्यम आंच पर तलकर पारदर्शी कर लें। पिसा हुआ अदरक और लहसुन मिलाकर तब तक भूनें जब तक कि प्याज हल्का लाल न हो जाए। इसके बाद लाल मिर्च पाउडर, हल्दी और नमक मिलाकर एक मिनट चलाएं, फिर टमाटर मिला दें और तब तक भूनें जब तक कि मसाला तेल से अलग न हो जाए। अब कीमा मिलाकर 4-5 मिनट तक भूनें और लौंग पाउडर मिला दें। कीमा को चलाते हुए तब तक भूनें जब तक कि यह पक न जाए और शोरबा सूख न जाए। अब करी पत्ते और कतरा हुए धनिया मिलाकर उतार लें।

अंडा दोसई के लिएः तवे पर दोसई के लिए घोल को फैलाने के तुरंत बाद उसके ऊपर 2-3 अंडे तोड़कर डाल दें। दोसई के साथ-साथ ही अंडा भी पक जाएगा।

*दोसई बनाने का तरीका देखें।

आलू का बोंडा

सामग्री

600 ग्राम (4 कप) आलू
50 ग्राम (¼ कप) घी
3 ग्राम (¾ कप) काली सरसों के दाने
15 ग्राम (1 बड़ा चम्मच) उरद दाल
50 ग्राम (1/3 कप) प्याज़
3 ग्राम (½ चाय चम्मच) हल्दी
नमक
100 ग्राम (½ कप) हरे मटर
8 हरी मिर्च

मसालेदार आलू को बेसन के घोल में डुबोकर तला गया यह एक जायकेदार नमकीन व्यंजन है।

तैयारी

आलूः आलुओं को उबालकर ठंडा करके छील लें और मसल दें।

दालः दाल को चुनकर नल के बहते पानी में धो लें, सूखा लें।

सब्जियां: प्याज़ को छील, धोकर अच्छी तरह कतर लें। मटर को उबाल लें, पानी पसा दें। हरी मिर्च के डंठल निकाल दें, धो लें। बीच से काटकर बीज निकाल दें और कतर

लें। अदरक को खुरच, धोकर पतला-पतला कतर लें। करी पत्तों को धोकर साफ कर लें। धनिया पत्तों को साफ करके धो लें और कतर लें।

काजू: बीच से अलग कर दें।

मिश्रण: कड़ाही में घी गर्म करके, सरसों के दाने और दाल मिलाकर मध्यम आँच पर तब तक भूनें जब तक दाल हल्का सुनहरा न हो जाए, प्याज मिलाकर भूनकर पारदर्शी कर लें, हल्दी और नमक मिलाकर चलाएं। इसके बाद मटर और आलू मिलाकर 4-5 मिनट तक भूनें, अब हरी मिर्च, अदरक, करी पत्ते और धनिया पत्ते मिलाकर 3-4 मिनट चलाएं। नीबू का रस ऊपर से छिड़क दें और चला दें। ठंडा होने पर आठ बराबर भागों में बाँट दें। अब इन्हें हथेली पर घुमाकर चपटा करके बीच में काजू के दो टुकड़े डालें और गोली बना लें। सारी गोलियां बन जाएं तो 15 मिनट के लिए फ्रिज में रख दें।

घोल: बेसन और सोडे को एक साथ छान लें। नमक और 200 मि.ली. के करीब पानी मिलाकर अच्छी तरह फेंट कर घोल तैयार कर लें।

20 ग्राम (2 बड़े चम्मच)	अदरक
10 करी पत्ते	
20 ग्राम (1/3 कप)	धनिया
45 मि.ली. (3 बड़े चम्मच)	नीबू का रस
8 काजू	
तलने के लिए मूंगफली का तेल	
घोल के लिए	
200 ग्राम (1 1/3 कप)	बेसन
एक चुटकी सोडा (खाने वाला)	
नमक	

पकाने की विधि

कड़ाही में तेल गर्म करें और आलू की गोलियों को बेसन के घोल में डुबोकर मध्यम आंच पर अच्छी तरह तलकर सुनहरा लाल कर लें।

परोसने का तरीका

एक प्लेट में कागज का नैपकिन बिछाकर ऊपर से बोंडों को सजा दें और अपनी मनपसंद चटनी के साथ पेश करें।

मात्रा: 8 बोंडा
तैयारी का समय: 45 मिनट
पकाने का समय: 8-10 मिनट
(हर सेट के लिए)

इडली

भाप से पके चावल के इन केकों को आमतौर पर नाश्ते के समय सांभर और चटनी या सफेद मक्खन की डली के साथ खाते हैं।

सामग्री

350 ग्राम (1¾ कप)	सेला चावल
150 ग्राम (¾ कप)	उरद दाल
नमक	
मूंगफली का तेल इडली ढांचे में लगाने के लिए	

तैयारी

चावल: ब्लेंडर में डालकर, पीसकर दरदरा पाउडर बना लें। सावधानी से पानी से धो लें (ध्यान रखें कि पाउडर कहीं बह न जाए)। अब इसे 10 मिनट के लिए पानी में डुबाकर छोड़ दें।

दालः चुनकर धो लें और घंटे भर के लिए पानी में डुबोकर छोड़ दें। छानकर ब्लेंडर में पीस लें और हल्का पेस्ट तैयार कर लें।

इडली का मिश्रणः भिगोए चावल के आटे को मलमल में बांधकर पानी को निचोड़ दें और दाल के पेस्ट के साथ अच्छी तरह मिलाएं। नमक डालकर किसी गर्म जगह 6 घंटे के लिए रख छोड़ें।

पकाने की विधि

इडली बनाने के सांचे में तेल लगा दें और सांचे की हर कटोरी में बराबर मात्रा में मिश्रण डालकर किसी स्टीमर या प्रेशर कुकर में 8-10 मिनट तक पकाएं। यह जानने के लिये कि इडली पकी या नहीं मिश्रण में तिनका या टुथपिक चुभोएं। यदि मिश्रण उसमें चिपकता है तो थोड़ी देर और भाप दें और यदि तिनका बिल्कुल साफ निकलता है तो समझिए कि आपकी इडली तैयार है।

परोसने का तरीका

मात्राः 16 इडली
तैयारी का समयः 8-15 मिनट
पकाने का समयः 8-10 मिनट
(हर सेट के लिए)

इडली को सांचे से निकालकर हर व्यक्ति के लिए अलग प्लेट में निकालें और सांभर,* नारियल चटनी** और मुलगापोड़ी*** के साथ परोसें।

नोटः (i) इडली के सांचे के ऊपर गीला कपड़ा रखकर मिश्रण डालना ठीक रहता है। इससे इडली का आकार खराब नहीं होता।
(ii) इडली के सांचे आसानी से मिल जाते हैं फिर भी यदि आपको न मिलें तो आप कटोरी और स्टीम लगाने के लिए 'डबल ब्वायलर' या 'एग पोचर' इस्तेमाल कर सकते हैं। साउथ इंडिया** चटनी और मसाला*** का खंड देखें।

सामग्री

300 ग्राम (1½ कप) उरद दाल
5 ग्राम (1½ चाय चम्मच) काली मिर्च
एक चुटकी हींग
5 करी पत्ते
तलने के लिए मूंगफली का तेल

मेदु वड़ा

मालपुआ के आकार का, काली-मिर्च मिला हुआ मजेदार, मसालेदार मेदु वड़ा चाय के समय पेश करने के लिए अच्छा नमकीन व्यंजन है।

तैयारी

दालः चुनकर नल के पानी में धो लें और एक घंटे के लिए पानी में भिगो दें। छान लें।

काली मिर्चः बुरक लें।

हींगः 5 f नी. पानी में भिगो दें।

करी पत्ते: साफ कर लें।

घोल: दाल को ब्लेंडर में डालकर हल्की पिट्ठी बना लें। एक बड़े बर्तन में निकालकर उसमें काली मिर्च, हींग, नमक और करी पत्ते डालकर अच्छी तरह मिला दें।

पकाने की विधि

कड़ाही में तेल गर्म करें। करछी को गीला करके उसके ऊपर घोल का दो भाग एक बार में डालें। वड़े का आकार गोल और चपटा होना चाहिए (2 इंच व्यास का)। वड़ई के बीच में उंगली से छेद बना दें। करछी को तेल में डालें और मध्यम आंच पर तलें। वड़ई तलने के बाद करछी से अलग हो जाएगा। वड़ई को तलकर सुनहरा लाल कर लें। बाहर निकालकर दो मिनट रखें। दुबारा कड़ाही में डालें ओर तलकर कुरकुरा और सुनहरा लाल कर लें।

परोसने का तरीका

एक चपटी प्लेट में निकालकर सांभर* के साथ परोसें।

मात्रा: 16 वड़े
तैयारी का समय: 1.15 घंटे
पकाने का समय: 30 मिनट

* दक्षिण भारत खंड देखे।

कांजीवरम इडली

कांजीवरम सुंदर रेशमी साड़ियों के कारण प्रसिद्ध है। लेकिन यह इडली बनाने में भी उसी कलात्मकता का परिचय देता है जैसे बुनाई में।

सामग्री

- 160 ग्राम (6 औंस) सेला चावल
- 40 ग्राम (1½ औंस) बासमती चावल
- 80 ग्राम (3 औंस) अरहर दाल
- 80 ग्राम (3 औंस) उरद दाल
- 80 ग्राम (3 औंस) चना दाल
- 5 ग्राम (1½ चाय चम्मच) काली गोल मिर्च
- 3 ग्राम (1 चाय चम्मच) जीरा
- 5 ग्राम (1 चाय चम्मच) अदरक पाउडर
- 100 ग्राम (½ कप) घी
- नमक
- 10 करी पत्ते
- सांचे में चिकनाई लगाने के लिए मूंगफली का तेल

तैयारी

चावल और दाल: अरहर नल के पानी में धो लें और सेला चावल, बासमती चावल और तीनों तरह की दालों को एक साथ भिगो कर पानी में एक घंटे के लिए छोड़ दें। पानी पसा दें और ब्लेंडर में दरदरा पीस लें।

करी पत्ते: धो लें।

इडली मिश्रण: सारी सामग्री को चावल और दालों के मिश्रण के साथ अच्छी तरह मिला दें और 6 घंटे तक रख छोड़ें।

कांजीवरम इडली

पकाने की विधि

इडली के सांचे में तेल लगाकर हर कटोरी में बराबर मात्रा में मिश्रण डालें और किसी स्टीम वाले बर्तन या प्रेशर कुकर में 8-10 मिनट तक भाप से पकाएं (इडली पकी है या नहीं यह जानने के लिए तिनके को इडली में चुभोएं। इडली का मिश्रण उसमें नहीं लगता है तो समझिए इडली तैयार है और यदि लगे तो थोड़ी देर और भाप दें)।

परोसने का तरीका

मात्रा: 16 इडली
तैयारी का समय: 7.20 घंटे
पकाने का समय: 8-10 मिनट
(हर सेट के लिए)

सांचे से इडली को निकालकर अलग-अलग प्लेट में डालकर सांभर* नारियल चटनी** और मुलगापोड़ी*** के साथ परोसें।

*दक्षिणी भारत
**चटनी और
***मसाला का खंड देखें।

अचार, चटनी और मुरब्बे

साभारः निपेन्दर पी० सिंह

मेरे बचपन की जो सबसे मधुर याद है वह है दादी माँ (जो आज भी मेरे पूरे परिवार में सबसे अच्छा खाना बनाती हैं) के साथ बैठकर परांठा और आम का अचार खाना। ये साधारण खाने दो कारणों से मेरे लिए पाक कला के खास व्यंजन थे—पहला अचारों की उत्तमता और काली मिर्च और अजवाइन मिले परांठे और दूसरा—टौंसिल की वजह से मुझे अचार खाने की सख्त मनाही थी—टौंसिल जो बाद में भी नहीं निकाले गए। अचार से संबंधित बचपन की एक घटना मुझे याद आती है। एक बार किचन स्टोर में मैं जाकर आम का अचार चुरा ही रहा था कि मेरी माँ आ गई। जल्दी से अचार के टुकड़ों को मैंने अपनी जेब में छुपा लिया। माँ को शक हुआ और उन्होंने मुझ से पूछा लेकिन मैंने साफ इंकार कर दिया। इसके अलावा सजा से बचने का मेरे पास और कोई रास्ता नहीं था। लेकिन जेब में लगे सरसों के तेल के धब्बों ने चोरी की सारी पोल खोल दी। उसके बाद मेरी जो पिटाई हुई उससे मुझे उतनी तकलीफ नहीं हुई जितनी कि स्टोर के दरवाजे पर भंयकर कुत्ते की पहरेदारी से।

एन.पी. सिंहः नए तेज तर्रार नौजवान शेफ़ के दल में सिंह का अपना अलग स्थान है। सिंह पैरिस में ताज ग्रुप के होटल 'इले डे कश्मीर' (Ele de Kashmir) में शेफ़ हैं। निश्चित रूप से इनकी कंपनी के पास नई पीढ़ी के पाक-विशेषज्ञों को आगे बढ़ाने के लिए कई आकर्षक प्रस्ताव हैं।

हमारे यहां अचार परांठा खाना बड़ी सामान्य सी बात है। वस्तुत: भारत जैसे देश में जहाँ एक दशक पहले तक फ्रिज विलासिता की वस्तु मानी जाती थी, वहां मिट्टी के मर्तबानों में सावधानीपूर्वक बनाए गए अचार खाने की कई आवश्यकताओं की पूर्ति करते थे। स्वादिष्ट होने के साथ ये सब्जियों का भी काम करते थे। अचानक घर पहुंचे मेहमान को कोई गृहणी जल्दी में क्या खिला सकती थी–जी हाँ। आपका अनुमान सही है–अचार के साथ परांठा, रोटी या ब्रेड। इस तरह यह कहना गलत है कि अचार को केवल पूरे खाने के साथ ही खाया जा सकता है। अच्छे और स्वादिष्ट व्यंजन पकाने के लिए जिस निपुणता की जरूरत होती है वह अचार के लिए भी आवश्यक है।

किसी भी अवसर पर अचार, चटनी और मुरब्बा हमारे भोजन के महत्वपूर्ण अंग हैं और भारतीय पाकशास्त्र में खास भूमिका अदा करते हैं। ठीक समय और मौसम में इनका सेवन न केवल स्वाद के ख्याल से अच्छा होता है, बल्कि पाचन शक्ति को मजबूत करता है और पेट की बीमारियों में भी असरदार साबित होता है। खासकर मुरब्बा तो पेट के लिए काफी फायदेमंद होता है।

यह सुनकर शायद कुछ अजीब लगे, लेकिन अधिकतर घरों में सब को अचार, मुरब्बा बनाने की इजाजत नहीं मिलती। बड़े से बड़े परिवारों में केवल कुछ स्त्रिया ही यह हुनर अपने पास रखती हैं। अचार बनाने के लिए केवल अच्छी तरह धुले साफ-सुथरे हाथ ही काफी नहीं होते। ऐसा माना जाता है कि अधिकांश हाथों से जो रासायनिक प्रतिक्रिया होती है उसके कारण इनके स्पर्श से ही अचार खराब हो जाते हैं और उनमें फफूंद लग जाती है। ऐसे लोगों को अचार का मर्तबान छूने की इजाजत नहीं दी जाती। शुरू में अचार को धूप में रखने के बाद फिर मर्तबान को किसी अंधेरे स्थान में रखते हैं ताकि रोशनी के कारण अचार खराब न हो जाए। सूरज डूबने के बाद अचार या मुरब्बे को कभी भी कृत्रिम रोशनी में नहीं खोलते। मैं खुद वैसे ही लोगों में हूं जो इन्हें महज अंधविश्वास नहीं मानते। क्योंकि मैंने खुद आश्चर्य से देखा है कि अशुद्ध हाथों से छू जाने पर ये खराब हो जाते हैं।

अचार को शीशे के मर्तबान में रखना ही सबसे ठीक होता है क्योंकि इसकी भीतरी सतह किसी भी तरह की रासायनिक प्रतिक्रिया से उसकी रक्षा करती है। अचार बनाने के दौरान मर्तबान के मुँह को मलमल के कपड़े से बांधना जरूरी है जिससे अचार में धूप और हवा तो जा ही सके, साथ ही फ़ालतू नमी भी सूख जाए।

आमतौर पर अचार सरसों के तेल, सिरके, या नीबू के रस के साथ बनाते हैं और मुरब्बा चीनी की चाशनी में पकाया जाता है। सिरका और नीबू के रस में बनाया गया अचार दो सप्ताह से अधिक नहीं रह पाता है। जबकि सरसों के तेल में डाले गए अचार वर्षों ठीक रहते हैं। हां, गोश्त के अचार और मुरब्बे की बात और है। पुरानी शराब की तरह ही अचार भी जितने पुराने होते हैं उतने ही अच्छे होते जाते हैं। इसके बाद धीरे-धीरे इनके खराब होने की प्रक्रिया शुरू होती है और ये खाने लायक नहीं रह जाते।

चटनी भी दो तरह की होती है–एक तरह की वे जिन्हें अचार और मुरब्बा की तरह संजोकर रखा जाता है और दूसरी वे जो रोज ताजा तैयार की और खाई जाती हैं। इस अध्याय की दक्षिण भारतीय चटनियां दूसरी श्रेणी की हैं।

यहां बताए गए अचार-मुरब्बा बनाने के तरीके परम्परागत रूप से मेरी दादी द्वारा मेरी माँ को बताए गए थे। इसके अलावा ये मेरे उन सहयोगियों द्वारा भी आजमा लिए गए हैं जिन्होंने इस अध्याय को लिखने में मेरी सहायता की है जिसे मैं अपनी दादी को समर्पित कर रहा हूं। उत्तर भारतीय चटनियों की विधि खासतौर से मेरी मां ने बताई हैं।

सुजाता कनिअंथरा के सहयोग से।

झींगा अचार

झींगा का अचार इतना स्वादिष्ट होता है कि अकेला ही खाया जा सकता है। इसलिए जीभ पर नियंत्रण रखें। इसे बस स्वाद के लिए खाएं।

सामग्री

- 1 किलो (2¼ पौंड) झींगा (मध्यम आकार के)
- 50 ग्राम (3 बड़े चम्मच) पिसा हुआ अदरक
- 50 ग्राम (3 बड़े चम्मच) पिसा हुआ लहसुन
- 10 ग्राम (2 चाय चम्मच) लाल मिर्च पाउडर
- 3 ग्राम (½ चाय चम्मच) हल्दी
- नमक
- 800 मि.ली. (3 2/3 कप) सरसों का तेल
- 5 बड़ी इलायची
- 10 छोटी इलायची
- 2 तेजपत्ता
- 5 ग्राम (1 चाय चम्मच) हींग
- 5 ग्राम (1¾ चाय चम्मच) कलौंजी
- 5 ग्राम (1¼ चाय चम्मच) मेथी दाने
- 200 ग्राम (1¼ चाय चम्मच) प्याज़
- 5 ग्राम (1 चाय चम्मच) बड़ी इलायची पाउडर
- 10 ग्राम (2 चाय चम्मच) छोटी इलायची पाउडर
- 10 ग्राम (2 चाय चम्मच) सौंफ पाउडर
- 5 ग्राम (1 चाय चम्मच) जीरा पाउडर
- 350 मि.ली. (1½ कप) माल्ट सिरका
- 150 ग्राम (5 औंस) गुड़

तैयारी

झींगा: साफ करके छीलकर, धोकर सूखा लें।

मैरीनेशन: पिसे हुए अदरक और लहसुन का आधा भाग लेकर उसमें लाल मिर्च, हल्दी और नमक डालकर अच्छी तरह मिलाएं। अब इस मैरीनेड से झींगों को रगड़ें और आधे घंटे के लिए अलग रख दें।

प्याज: छील धोकर कस लें।

गुड़: इसे स्टेनलेस स्टील की हांडी में सिरके में डालकर छोड़ दें।

पकाने की विधि

एक कड़ाही में तेल गर्म करें, धुआं निकलने लगे तो आंच को मध्यम कर दें। अब इसमें मैरीनेटेड झींगों को डालकर दो मिनट तक तलें। झींगों को कड़ाही से निकाल लें। बचे हुए तेल को छानकर दूसरी कड़ाही में डालें और गर्म करें, अब इसमें बड़ी इलायची, छोटी इलायची, तेज पत्ता, हींग, कलौंजी और मेथी डालकर मध्यम आंच पर करीब आधे मिनट तक तलें और प्याज मिलाकर भून लें। प्याज को सुनहरा कर लें। बचे हुए पिसे अदरक और लहसुन को मिलाकर दो मिनट तक चलाएं, बाकी मसाले मिलाकर एक मिनट चलाएं। गुड़ और सिरका मिलाकर उबालें और तेज आंच पर करीब 2-3 मिनट तक पकाएं। अब इसमें तले हुए झींगे मिलाकर 2-3 मिनट तक पकाएं। बाहर निकालें और ठंढा होने दें।

पकाव

कड़ाही की सामग्री निकाल कर उबाले हुए मिट्टी या कांच के जार में डाल दें। जार के मुंह को मलमल के कपड़े से बांधकर धूप में या किसी गर्म जगह में 2 दिन के लिए रख दें। इसके बाद जार के मुंह से कपड़ा हटाकर ढक्कन लगा दें। दो महीने में अचार बन कर खाने लायक हो जाएगा।

तैयारी का समय: 1 घंटा
पकाने का समय: 20 मिनट
पकाव (maturing) का समय: 2 दिन

सामग्री

1 किलो ($2\frac{1}{4}$ पौंड) मुर्गा

50 ग्राम (3 बड़े चम्मच) पिसा हुआ अदरक

50 ग्राम (3 बड़े चम्मच) पिसा हुआ लहसुन

10 ग्राम (2 चाय चम्मच) लाल मिर्च पाउडर

5 ग्राम (1 चाय चम्मच) हल्दी

नमक

800 मि.ली. (3 2/3 कप) सरसों का तेल

5 ग्राम (1 चाय चम्मच) हींग

200 ग्राम ($1\frac{1}{4}$ कप) प्याज़

5 ग्राम (1 चाय चम्मच) बड़ी इलायची पाउडर

5 ग्राम (1 चाय चम्मच) छोटी इलायची पाउडर

20 ग्राम (4 चाय चम्मच) सौंफ पाउडर

10 ग्राम (1 बड़ा चम्मच) काला जीरा

5 ग्राम (1 चाय चम्मच) मेथी

10 ग्राम ($2\frac{1}{2}$ चाय चम्मच) सरसों

3 तेजपत्ता

400 मि.ली. ग्राम (1 2/3 कप) माल्ट सिरका

तैयारी का समय: 1 घंटा
पकाने का समय: 15 मिनट
पकाव (maturing) का समय: 2 दिन

मुर्ग अचार

मुर्ग के अचार में डाला गया पिसा सरसों और मेथी इसके चटपटे स्वाद को कई गुना बढ़ा देते हैं।

तैयारी

मुर्गा: चमड़ी और हड्डियां निकालकर $1\frac{1}{2}$ इंच के टिक्कों में काट लें। (अचार बनाने के लिए मुर्गे की टाँगें अच्छी होती हैं।)

मैरीनेशन: पिसे हुए अदरक और लहसुन का आधा भाग लें और उसमें लाल मिर्च, हल्दी और नमक मिलाएं। अब इस मैरीनेड से मुर्ग टिक्कों को मलें और आधे घंटे के लिए अलग हटाकर रख दें।

प्याज: छील, धोकर अच्छी तरह कतर लें।

पकाने की विधि

एक कड़ाही में तेल गर्म करें, तेल से जब धुआं उठने लगे तो आंच मध्यम कर दें और मैरीनेटेड मुर्ग टिक्कों को तेल में डालकर 2-3 मिनट तल लें। मुर्गे को निकालकर तेल को छान लें। इस तेल को दूसरी कड़ाही में गर्म करें। हींग मिलाकर 15 सेकेंड तक चलाएं; प्याज डालकर तलकर सुनहरा लाल कर लें। इसके बाद बचे हुए अदरक और लहसुन को मिलाकर दो मिनट तक चलाएं। बाकी सारे मसाले भी मिलाकर एक मिनट चलाएं। सिरका डालकर उबालें और उसमें तले हुए मुर्ग टिक्के मिलाकर तेज आंच पर तीन-चार मिनट तक पकाएं। आंच से हटाकर ठंडा होने दें।

पकाव

कड़ाही का सामान निकालकर उबाले गए मिट्टी के बर्तन या कांच के जार में रखें और उसके मुँह को मलमल के कपड़े से बांध दें । जार को 2 दिनों तक धूप या किसी गर्म जगह पर रख छोड़ें। जार के मुँह से कपड़ा हटाकर ढक्कन लगा दें। दो महीने बाद अचार खाले लायक हो जाएगा।

नोट: (i) इस बात का ध्यान रखें कि अचार बनाने के लिए डालने से पहले मुर्ग टिक्का अच्छी तरह सूख जाए क्योंकि नमी से अचार में फफूंद लग सकती है और वह जल्दी खराब हो जाएगा।
(ii) गोश्त चॉप का अचार भी इसी विधि से बनता है। बस, उसमें अदरक और लहसुन की मात्रा 100 ग्राम लें और सिरका 1 लीटर लें। अचार बनाने से पहले गोश्त को उबालकर नरम कर लें।
(iii) पोर्क, जंगली सुअर और हिरण के गोश्त का अचार बनाने के लिए भी अचार बनाने से पहले गोश्त को उबालकर नरम कर लें। शेष विधि वही है।

आम का अचार

गर्मी के दिनों में प्रायः हर भारतीय घर के बाहर आपको धूप में रखे आम के अचार के मर्तबान नजर आएंगे। उस वक्त करीब हर गृहणी अचार चटनी बनाने में व्यस्त रहती है। वैसे तो हर घर में अचार बनाने की विधि अलग-अलग है लेकिन यहां हम सबसे लोकप्रिय तरीका पेश कर रहे हैं।

सामग्री

1 किलो (2¼ पौंड) कच्चा आम

400 मि.ली. (1 2/3 कप) सरसों का तेल

60 ग्राम (½ कप) सौंफ

40 ग्राम (3 बड़े चम्मच) मेथी

नमक

10 ग्राम (2 चाय चम्मच) हल्दी

20 ग्राम (4 चाय चम्मच) लाल मिर्च पाउडर

तैयारी

आम: धोकर सुखा लें और एक-एक इंच लंबे टुकड़ों में काट लें। गुठली को निकाल दें।

सरसों का तेल: सरसों के तेल को कड़ाही में डालकर गर्म करें। धुआं निकलने लगे तो आंच से हटाकर ठंडा होने दें।

मसाला: सौंफ और मेथी को कूट लें और उसमें नमक हल्दी, लाल मिर्च और सरसों का आधा तेल मिला दें।

इकट्ठा करना

आम के टुकड़ों को एक बड़े तसले या गहरी परात में रखकर मसाला डालकर अच्छी तरह मिला दें। अब मसाले में लिपटे आम के टुकड़ों को सूखे मिट्टी या शीशे के मर्तबान में रखें और ऊपर से बचा हुआ सरसों का तेल डाल दें। मर्तबान के मुँह पर मलमल का कपड़ा बांधकर चार दिनों तक धूप में रखें। इसके बाद कपड़ा हटाकर ढक्कन लगा दें।

मात्रा: 4 व्यक्तियों के लिये
तैयारी का समय: 30 मिनट
अचार तैयार होने का समय: 4 दिन

भरवाँ लाल मिर्च

यह लाल मिर्चों में मसाले भरकर बनाया गया अचार है।

सामग्री

1 किलो (2¼ पौंड) साबुत लाल मिर्च (ताजा)

300 मि.ली. (¼ कप) सरसों का तेल

60 ग्राम (½ कप) सौंफ

40 ग्राम (3 बड़े चम्मच) मेथी

नमक

तैयारी

मिर्च: साफ करके सुखा लें। डंठल निकाल कर मिर्च में छेद बना दें।

नीबू अचार

सरसों का तेल: कड़ाही में तेल गर्म करें। जब तेल से धुआं निकलने लगे तो, आंच से हटाकर ठंडा होने दें।

भरने की सामग्री: सौंफ और मेथी को कूट लें। नमक और आधा सरसों का तेल मिला दें।

भरना: मिर्च में मसाले को अच्छी तरह भर दें। भरी हुई मिर्चों को साफ मिट्टी या शीशे के मर्तबान में रखकर आधा बचा हुआ सरसों का तेल ऊपर से डाल दें। मर्तबान के मुँह को मलमल के कपड़े से बांधकर 4 दिनों तक धूप में रखें। कपड़ा हटाकर ढक्कन से जार का मुँह बंद कर दें।

तैयारी का समय: 30 मिनट
बनने का समय: 4 दिन

सामग्री

1 किलो (2¼ पौंड)	नीबू
45 ग्राम (3 बड़े चम्मच)	जीरा पाउडर
	नमक
20 ग्राम (4 चाय चम्मच)	लाल मिर्च पाउडर
250 ग्राम (1¼ कप)	चीनी

नीबू अचार

भरा हुआ नीबू का अचार न सिर्फ जायकेदार बल्कि स्वास्थ्यवर्धक और भोजन पचाने में सहायक भी होता है।

तैयारी

नीबू: धोकर सुखा लें। हर नीबू को ऊपर से थोड़ा सा क्रॉस की शक्ल में काटें। (मसाला भरने के लिए।)

मसाला: एक कटोरे में जीरा पाउडर, नमक और लाल मिर्च मिला लें।

भरना: नीबू के कटे हुए भाग में मसाला भर दें और इन्हें मिट्टी या शीशे के मर्तबान में रखें। बचे हुए मसाले को ऊपर से डालकर जार का मुँह मलमल के टुकड़े से बांध दें। अचार के मर्तबान को धूप या किसी गर्म जगह में करीब 5 दिनों तक रखें। छठे दिन जार खोलकर चीनी छिड़कें और अचार को अच्छी तरह उलट-पलटकर फिर कपड़े से मर्तबान का मुँह बांधकर 5 दिनों के लिए धूप या गर्म जगह में रखें। इसके बाद मलमल हटाकर मर्तबान में ढक्कन लगा दें।

तैयारी का समय: 30 मिनट
अचार बनने का समय: 10 दिन

सामग्री

400 ग्राम (14 औंस)	गोभी
300 ग्राम (11 औंस)	शलजम
300 ग्राम (11 औंस)	गाजर
325 ग्राम (1¼ कप)	सरसों का तेल

खट्टा-मीठा अचार

मिली-जुली सब्जियों का यह खट्टा-मीठा अचार वाकई काफी जायकेदार और चटपटा होता है।

तैयारी

एक कड़ाही में तेल गर्म करें। तेल से धुंआ उठने लगे तो आंच मध्यम करके उसमें प्याज डालें और तलकर हल्का सुनहरा कर लें। पिसा हुआ अदरक और लहसुन मिलाएं और तब तक चलाएं जब तक प्याज सुनहरी लाल न हो जाए। सूखे हुए मसाले और नमक डालकर चलाएं। इसके बाद सारी सूखी सब्जियां मिलाकर चलाएं। गुड़ और सिरके को मिलाकर 5 मिनट तक पकाएं। आंच से हटाकर ठंडा होने दें। एसेट्रिक एसिड छिड़ककर चला दें। कड़ाही की सारी सब्जियों को साफ मिट्टी या शीशे के जार में रखकर उसका मुँह मलमल के कपड़े से बांध दें। जार को तीन दिनों तक धूप या किसी गर्म स्थान में रखें। इसके बाद कपड़ा हटाकर जार में ढक्कन लगा दें।

60 ग्राम (1/3 कप) प्याज़

15 ग्राम (2½ चाय चम्मच) पिसा हुआ अदरक

10 ग्राम (1¾ चाय चम्मच) पिसा हुआ लहसुन

25 ग्राम (5 चाय चम्मच) गरम मसाला

20 ग्राम (4 चाय चम्मच) लाल मिर्च पाउडर

25 ग्राम (8 चाय चम्मच) जीरा

30 ग्राम (7½ चाय चम्मच) सरसों

नमक

200 ग्राम (1 कप) गुड़ या चीनी

200 मि.ली. (¾ कप) सफेद सिरका

5 ग्राम (1 चाय चम्मच) एसेटिक एसिड

तैयारी का समय: 20 मिनट
पकाने का समय: 10 मिनट
अचार बनने का समय: 3 दिन

आम की चटनी

यह लाखों भारतीयों की पंसदीदा आम की चटनी है।

सामग्री

1 किलो (2¼ पौंड) कच्चा आम

1 किलो (5 कप) चीनी

100 ग्राम (2/3 कप) प्याज

50 ग्राम (3 बड़े चम्मच) पिसा हुआ अदरक

20 ग्राम (3½ चाय चम्मच) पिसा हुआ लहसुन

5 ग्राम (1 चाय चम्मच) गरम मसाला

10 ग्राम (2 चाय चम्मच) लाल मिर्च पाउडर

15 छोटी इलायची

3 ग्राम (½ चाय चम्मच) दाल चीनी पाउडर

200 मि.ली. (¾ कप) सफेद सिरका

नमक

20 बादाम

100 ग्राम (2/3 कप) किशमिश

तैयारी

आम: छीलकर कस लें।

सब्जियां: प्याज को छील धोकर कस लें। अब इसे अदरक और पिसे हुए लहसुन के साथ एक मलमल के कपड़े में बांधकर निचोड़ कर उसका रस निकाल लें और बचे हुए को फेंक दें।

बादाम: गरम पानी में भिगो कर छील लें।

इलायची: छीलकर बीज निकाल लें।

पकाने की विधि

चीनी और आम को मिलाकर एक कड़ाही में डालें और मध्यम आंच पर करीब 10 मिनट तक पकाएं। प्याज अदरक और लहसुन का रस मिलाएं और चलाएं। गरम मसाला, लाल मिर्च, इलायची दाने और दालचीनी पाउडर मिलाकर चलाएं। पकाना तब तक जारी रखें जब तक मिश्रण का रंग जैम की तरह न हो जाए। इसके बाद सिरका

तैयारी का समय: 30 मिनट
पकाने का समय: 30 मिनट
तैयार होने का समय: 2 दिन

और नमक मिलाकर 2-3 मिनट पकाएं और आंच से उतार दें। बादाम और किशमिश मिलाकर चलाएं, ठंडा होने दें। कड़ाही की सामग्री को एक साफ जार में निकालकर ढक्कन लगा दें और दो दिनों तक छोड़ दें।

गाजर की चटनी

सामग्री

- 1 किलो (2¼ पौंड) गाजर
- 700 ग्राम (3½ कप) चीनी
- 250 मि.ली. (1 कप) सफेद सिरका
- 10 ग्राम (1¾ चाय चम्मच) पिसा हुआ अदरक
- 10 ग्राम (1¾ चाय चम्मच) पिसा हुआ लहसुन
- 20 ग्राम (4 चाय चम्मच) लाल मिर्च पाउडर
- नमक
- 10 ग्राम (2 चाय चम्मच) जीरा पाउडर
- 20 ग्राम (4 चाय चम्मच) गरम मसाला
- 200 ग्राम (1 1/3 कप) किशमिश

किशमिश डली हुई गाजर की खट्टी-मीट्ठी चटनी से बेहतरीन सैंडविच बनती है।

तैयारी

गाजर: छील, धोकर कस लें। इसकी नमी सूखने के लिए करीब आधे घंटे धूप में रखें।

पेस्ट: पिसे हुए अदरक और लहसुन को मलमल के कपड़े में निचोड़कर उसका रस निकाल लें और बेकार बचे को फेंक दें।

पकाने की विधि

चीनी और सिरका को एक साथ कड़ाही में मिलाकर तब तक उबालें जब तक कि चीनी घुल न जाए। अब इसमें गाजर, अदरक, लहसुन का रस और किशमिश छोड़कर बाकी सारी चीजें मिला दें। तब तक पकाएं जब तक कि पानी सूख न जाए। किशमिश मिलाकर पकाते रहें। गाजर का पानी बिल्कुल सूख जाए तो आंच से हटाकर ठंडा होने दें।

कड़ाही की सामग्री को जार में डालकर ढक्कन लगाकर दो दिनों तक रख छोड़ें।

तैयारी का समय: 40 मिनट
पकाने का समय: 25 मिनट
तैयार होने का समय: 2 दिन

सूखे काले अंगूर का मुरब्बा

सामग्री

- 1 किलो (2¼ पौंड) सुलताना
- 1 लीटर (4 कप) सफेद सिरका
- 100 ग्राम (½ कप) चीनी
- 20 ग्राम (4 चाय चम्मच) लाल मिर्च पाउडर
- 10 ग्राम (2 चाय चम्मच) सौंफ पाउडर
- 10 ग्राम (2 चाय चम्मच) अदरक

काले अंगूर का चटपटा मुरब्बा, बनाने में आसान, खाने में मजेदार और हर तरह से अनूठा होता है।

तैयारी

सुलताना: डंठल निकालकर साफ करके सुखा लें।

प्रीजर्व: स्टेनलेस स्टील की हांडी में चीनी और सिरका के साथ बाकी सारी चीजें मिलाकर चलाएं।

5 ग्राम (1 चाय चम्मच) बड़ी इलायची का पाउडर

10 ग्राम (2 चाय चम्मच) जीरा पाउडर

नमक

पकाने की विधि

मुरब्बे को स्टेनलेस स्टील की हांडी में 2-3 मिनट तक पकाएं और सुलताना मिलाकर उबालें। पकाने के साथ-साथ चलाना भी जारी रखें ताकि पेंदी में चिपके नहीं। 15 मिनट पकाने के बाद जब पानी सूखने लगे तो आंच से उतारकर ठंडा होने दें।

कड़ाही की सामग्री को अच्छी तरह साफ किए मिट्टी या शीशे के जार में रखकर उसका मुँह मलमल के एक कपड़े से बांध दें और 1 दिन तक रखें। इसके बाद मलमल का कपड़ा हटाकर ढक्कन लगा दें। 15 दिन के बाद मुरब्बा खाने लायक हो जाएगा।

तैयारी का समय: 15 मिनट
पकाने का समय: 18 मिनट
तैयार होने का समय: 1 दिन

आँवले का मुरब्बा

विटामिन 'सी' से भरपूर आँवले का मुरब्बा न केवल सर्दियों में बचाता है बल्कि गर्मी में भी ठंडक और राहत पहुँचाता है।

सामग्री

1 किलो (2¼ पौंड) आंवला (बड़े आकार का)

नमक

1.5 किलो (7½ कप) चीनी

1 नीबू

तैयारी

आँवला: धोकर नमकीन पानी में डुबोकर 2 दिनों तक रख छोड़ें। इससे आँवले का छिलका मजबूत हो जाएगा और उबालने पर अलग नहीं होगा। पानी से निकालकर एक कांटे से आँवलों में चारों ओर छेद कर दें। आँवलों को पानी में अच्छी तरह डुबोकर 3-4 मिनट उबालें और पानी पसा दें।

नीबू: काटकर चार टुकड़ों में काट लें।

चाशनी: एक हांडी में करीब आधा लीटर पानी उबालें। चीनी और नीबू मिलाकर उबालें, ऊपर आए फेन को हटा दें।

पकाने की विधि

चाशनी को तब तक उबालते रहें जब तक कि दो तार की चाशनी तैयार न हो जाए। अब इसमें उबले हुए आँवले डालकर 2-3 मिनट तक पकाएं और आँच से हटाकर ठंडा होने दें।

हांडी की सामग्री को निकालकर अच्छी तरह साफ किए मिट्टी या शीशे के जार में रखें और उसके मुँह को मलमल के कपड़े से बांधकर 2 दिनों तक रख छोड़ें। बाद में मलमल हटाकर ढक्कन लगा दें।

तैयारी का समय: 30 मिनट
पकाने का समय: 3 मिनट
तैयार होने का समय: 2 दिन

गाजर का मुरब्बा

सामग्री

- 1 किलो (2¼ पौंड) लाल गाजर (मध्यम आकार के)
- 1 किलो (5 कप) चीनी
- 3 ग्राम (½ चाय चम्मच) एसेटिक एसिड

भारत के प्राचीन चिकित्सा विद्यालयों—आयुर्वेदिक और यूनानी की मान्यता है कि मुरब्बा न केवल दृष्टि को ठीक (अक्षुण्ण) रखने में सहायक होते हैं बल्कि कमजोर होती दृष्टि को भी दुरुस्त करते हैं।

तैयारी

गाजर: छील, धोकर 1½ इंच के टुकड़ों में काट लें। टुकड़ों में एक कांटे से छेद कर दें।

चाशनी: एक हांडी में करीब एक लीटर पानी में उबालें। उसमें चीनी और ऐसेटिक एसिड डालकर उबालें। ऊपर आए फेन को निकाल दें।

पकाने की विधि

उबलती हुई चाशनी में गाजर डालें और दुबारा उबालें और करीब 15 मिनट पकाएं। आंच से हटाकर ठंडा होने दें। ढककर रातभर छोड़ दें। दूसरे दिन फिर मुरब्बे को 15 मिनट तक उबालें और आंच से हटाकर ठंडा होने दें। ढककर फिर रातभर रख छोड़ें। तीसरे दिन भी यही प्रक्रिया दुहराएं। इसे तब तक उबालें जब तक कि एक तार की चाशनी तैयार न हो जाए।

हांडी की सारी सामग्री को अच्छी तरह साफ किए मिट्टी या शीशे के जार में निकालकर उसका मुँह मलमल के कपड़े से बांध दें। 2 दिनों तक रख छोड़ें। इसके बाद मलमल का कपड़ा हटाकर ढक्कन से जार का मुँह बंद कर दें।

तैयारी का समय: 35 मिनट
पकाने का समय: 45 मिनट (3 दिनों तक रोज 15 मिनट तक)
तैयार होने का समय: 2 दिन

नोट: ब्लैंच किए बादाम और इलायची अपनी मर्जी के अनुसार डाल सकते हैं। मुरब्बे को जार में डालने के समय भी ये डाले जा सकते हैं।

अदरक का मुरब्बा

सामग्री

- 1 किलो (2½ पौंड) अदरक
- 1.5 किलो (7½ कप) चीनी

अदरक का मुरब्बा पेट के लिए काफी अच्छा होता है। खासकर गरिष्ठ और मसालेदार भारतीय खाने के बाद इसका सेवन रामबाण का काम करता है। इस बात का ध्यान रखें कि इसका सेवन बहुत कम मात्रा में किया जाता है।

Lassi
Makki ki Roti
Sarson ka Saag

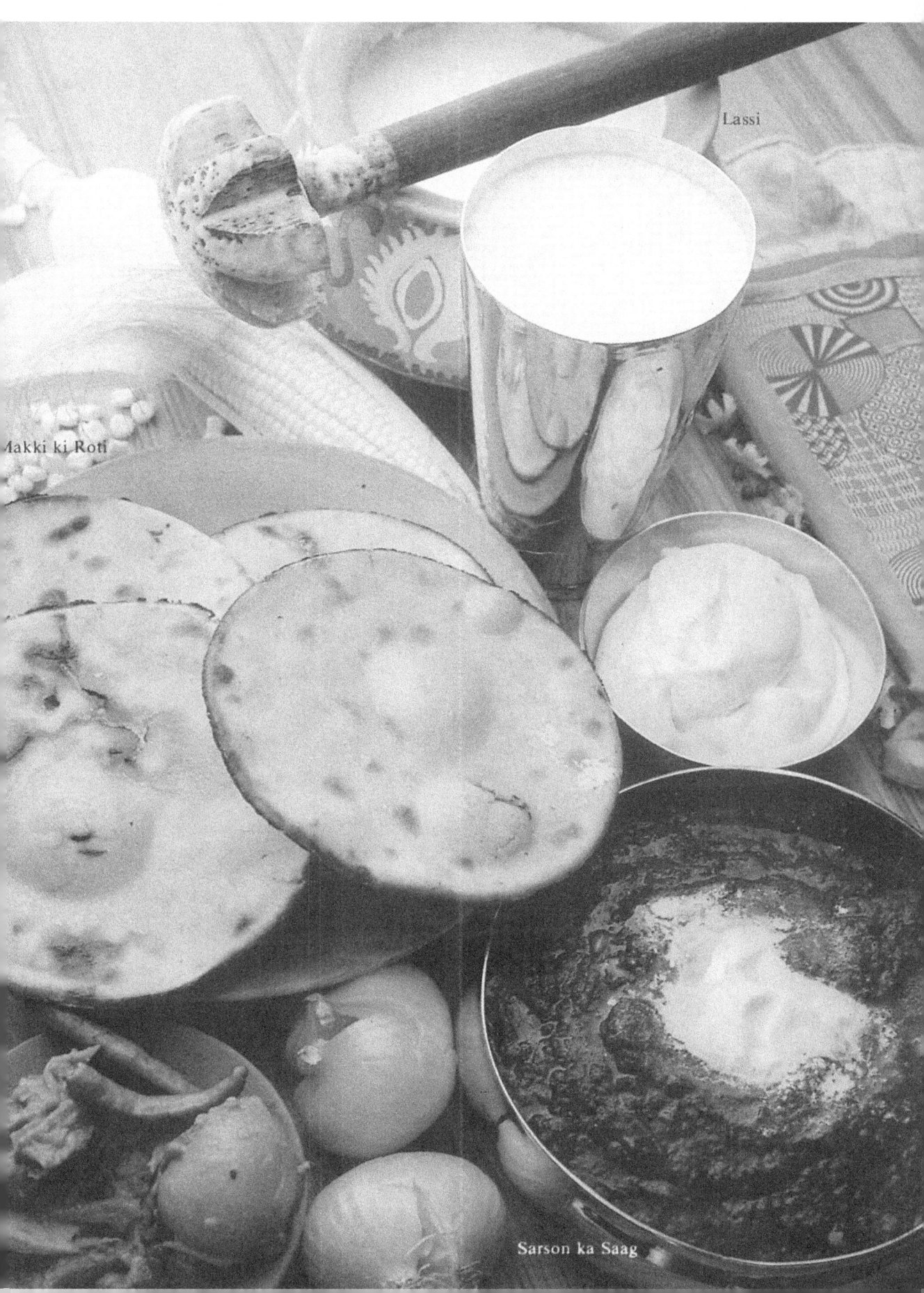

Paratha
Pedha
Bhatura

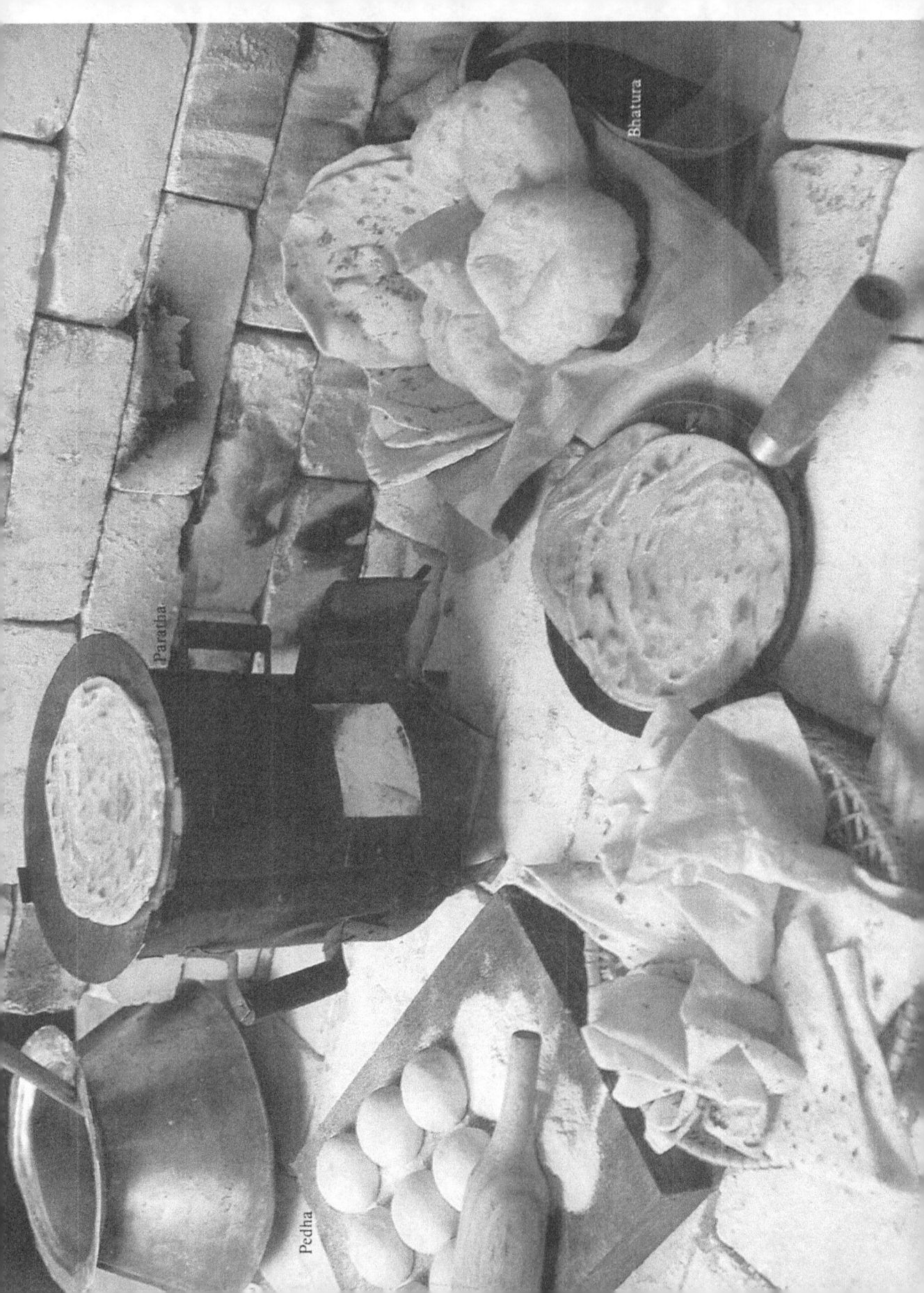

Jalebi Paratha

Sheermal

Varqui Paratha

Murgh Achaar
Chaamp Achaar
Sookhe Kale Angur ka Murabba
Aamle ka Murabba
Gajjar ka Murabba
Saeb ki Chutney
Adrak ka Murabba
Gajjar ki Chutney

1 नीबू

8 ग्राम (2 चाय चम्मच) एसेटिक एसिड

तैयारी

अदरक: खुरच धोकर ⅛ इंच के टुकड़ों में काट लें।

नीबू: धोकर चार टुकड़ों में काट लें।

चाशनी: एक हांडी में करीब आधा लीटर पानी उबालें और उसमें चीनी, नीबू, आधा एसिटिक एसिड मिलाकर उबालें। ऊपर आए फेन को निकालकर फेंक दें।

पकाने की विधि

एक हांडी में अदरक और पानी डालकर उबालें और बची हुई एसिटिक एसिड मिलाकर आधे घंटे तक उबालें। चाशनी मिलाएं और उबालें। तब तक पकाते रहें जब तक कि चाशनी एक तार की न हो जाए। ठंडा होने पर रात भर छोड़ दें। दूसरे दिन फिर मुरब्बा को 15 मिनट उबालें।

हांडी की सामग्री को अच्छी तरह साफ किए मिट्टी या शीशे के जार में निकालकर उसका मुँह मलमल के कपड़े से बांध दें। दो दिनों तक तैयार होने के लिए छोड़ दें। इसके बाद मलमल का कपड़ा हटाकर ढक्कन लगा दें।

तैयारी का समय: 35 मिनट
पकाने का समय: 1 घंटा
तैयार होने का समय: 2 दिन

कैरी की लौंजी

कच्चे आम के इस चटपटे व्यंजन में सौंफ और भंगरैले (कलौंजी) का मसाला मिलाकर सरसों के तेल में पकाते हैं।

सामग्री

900 ग्राम (2 पौंड) कच्चे आम

225 मि.ली. (1 कप) सरसों का तेल

3 ग्राम (¾ चाय चम्मच) मेथी

10 ग्राम (4 चाय चम्मच) सौंफ

2 ग्राम (½ चाय चम्मच) कलौंजी

5 ग्राम (1 चाय चम्मच) धनिया पाउडर

5 ग्राम (1 चाय चम्मच) लाल मिर्च पाउडर

3 ग्राम (½ चाय चम्मच) हल्दी

नमक

250 ग्राम (1¼ कप) गुड़

तैयारी

आम: छील कर लंबाई में चार टुकड़ों में काट लें। गुठली निकाल दें।

गुड़: तोड़ लें।

पकाने की विधि

कड़ाही में तेल गर्म करें। तेल से धुंआ उठने लगे तो आंच मध्यम कर दें और मेथी डालें, चलाएं। मेथी का रंग बदलने लगे तो सौंफ, कलौंजी, धनिया, लाल मिर्च, हल्दी और नमक डालकर चलाएं। आम डालकर 5 मिनट चलाएं। इसके बाद गुड़ और पानी (120 मि.ली.) डालकर उबालें। ढककर पकने दें, बीच-बीच में चलाते रहें। इस तरह 7-8 मिनट तक पकाएं।

सौंठ

परोसने का तरीका

तैयारी का समय: 35 मिनट
पकाने का समय: 20 मिनट

एक बर्तन में निकाल लें और भोजन या किसी व्यंजन के साथ परोसें।

सामग्री

- 50 ग्राम (10 चाय चम्मच) अमचूर
- 250 ग्राम (1¼ कप) चीनी या गुड़
- 15 ग्राम (5 चाय चम्मच) जीरा
- 5 ग्राम (1 चाय चम्मच) काला नमक
- 6 ग्राम (2 चाय चम्मच) काली मिर्च
- 8 ग्राम (2 चाय चम्मच) बड़ी इलायची
- 10 ग्राम (2 चाय चम्मच) लाल मिर्च पाउडर
- नमक
- 1 बूंद लाल रंग
- 1 आम (मध्यम आकार का)

सौंठ

अमचूर से बनी चटनी आमतौर पर नमकीन के साथ खाई जाती है।

तैयारी

अमचूर: गांठों को तोड़ने के लिए उसे छान लें।

बाकी मसाले: जीरा तरे पर भून कर ठंडा कर लें। काला नमक पीस लें। अब इन दोनों को ब्लेंडर में डालकर उसमें काली मिर्च, इलायची के दाने मिलाकर महीन पाउडर बना लें। इन्हें साफ सूखे कटोरे में निकालकर लाल मिर्च और नमक डालकर अच्छी तरह मिला दें।

आम: छील कर काट लें।

पकाने की विधि

मात्रा: 400 ग्राम (14 औंस)
तैयारी का समय: 15 मिनट
पकाने का समय: 15 मिनट

एक हांडी में करीब 240 मि.ली. पानी के साथ अमचूर डालें। गांठ न बने इस लिए फेंटते रहें। मध्यम आंच पर पकाएं और लगातार चलाते रहें जब तक कि इसका घोल सॉस की तरह न हो जाए। आम को छोड़कर बाकी सारी चीजें मिला दें। चीनी जब तक न घुले चलाते रहें। 5-6 मिनट पकाएं और आंच से हटा लें। अब इसे एक अलग हांडी में तेजी के साथ छान लें। आम के टुकड़े मिलाकर चलाएं और फ्रिज में रख दें।

नोट: (i) सौंठ को आम की जगह अंगूर, केले और दूसरे फलों से भी सजा सकते हैं।
(ii) फ्रिज में यह चटनी आराम से 4-5 दिन तक रखी जा सकती है जार में भी इतने समय तक रह सकती है लेकिन उसमें आम या अन्य कोई ताजा फल मिला हुआ नहीं होना चहिए।

दक्षिण भारतीय चटनी

तेंगई तोवियाल (नारियल की चटनी)

सामग्री

- 200 ग्राम (2½ कप) नारियल
- 3 हरी मिर्च
- 5 ग्राम (1½ चाय चम्मच) अदरक
- 20 ग्राम (2 बड़े चम्मच) चना दाल
- तलने के लिए मूंगफली का तेल
- नमक
- 5 करी पत्ते

छौंक लगाने के लिए

- 10 मि.ली. (2 चाय चम्मच) मूंगफली का तेल
- 2 साबुत लाल मिर्च
- 3 ग्राम (¾ चाय चम्मच) सरसों

तैयारी

नारियल: भूरा छिलका खुरच कर निकाल दें। कस दें।

सब्जियां: हरी मिर्च के डंठल हटाकर बीच से काटकर बीज निकाल दें, अदरक को खुरचकर धो लें, करी पत्तों को धो लें।

दाल: चुनकर पानी से धो लें और सुखा दें। एक कड़ाही में तेल गर्म करके मध्यम आंच पर दाल को भून कर लाल कर लें।

चटनी: हरी मिर्च, अदरक, भुनी हुई दाल और नमक को कसे हुए नारियल के साथ मिलाकर ब्लेंडर में रखें और उसमें नारियल का पानी मिलाकर महीन चटनी बना लें।

छौंक लगाना: कड़ाही में तेल गर्म करके लाल मिर्च डालकर चलाएं, आंच मध्यम रखें, थोड़ी देर बाद काली सरसों डालकर तब तक चलाएं जब तक वह करकराने न लगे।

चटनी: चटनी को शीशे की एक कटोरी में निकालकर करी पत्ते मिलाएं, छौंक लगाकर अच्छी तरह मिला दें और फ्रिज में डाल दें।

मात्रा: 300 ग्राम (¾ पौंड)
तैयारी का समय: 30 मिनट

नोट: नारियल की चटनी भुनी हुई दाल की जगह भुने हुए चने से भी बनाई जा सकती है।

तक्कली तोवियाल (टमाटर की चटनी)

सामग्री

- 200 ग्राम (½ कप) टमाटर
- 30 मि.ली. (2 बड़े चम्मच) मूंगफली का तेल
- 20 ग्राम (2 बड़े चम्मच) चना दाल
- 120 ग्राम (2/3 कप) प्याज
- 3 साबुत लाल मिर्च
- 3 ग्राम (½ चाय चम्मच) हल्दी
- एक चुटकी हींग
- नमक
- 5 करी पत्ते

तैयारी

टमाटर: धोकर कतर लें।

दाल: चुन धोकर सुखा लें।

सब्जियां: प्याज को छील, धोकर कतर लें, करी पत्तों को धो लें।

छौंक के लिए

10 मि.ली. (2 चाय चम्मच) मूंगफली का तेल

2 साबुत लाल मिर्च

3 ग्राम (¾ चाय चम्मच) सरसों

मात्रा: लगभग 350 ग्राम (¾ पौंड)
तैयारी का समय: 15 मिनट
पकाने का समय: 20 मिनट

पकाने की विधि

कड़ाही में तेल गर्म करके मध्यम आंच पर चना दाल भूनकर हल्का सुनहरा कर लें। प्याज डालें और तलकर पारदर्शी कर लें। लाल मिर्च, हल्दी, हींग और नमक डालकर चलाएं। टमाटर मिलाकर भूनें। आंच से हटाकर ठंडा होने दें। ब्लेंडर में डालकर 90 मि.ली. पानी मिलाएं और चटनी बना लें। इसे एक शीशे की कटोरी में निकालकर करी पत्ते मिला दें।

छौंक लगाने के लिए फ्राइंग पैन में तेल गर्म करें, लाल मिर्च डालकर चलाएं, काली सरसों डालकर तब तक चलाएं जब तक करकराने न लगे। चटनी में छौंक लगाकर अच्छी तरह मिला दें। गुनगुना गर्म परोसें।

वेंगयम तोवियाल (प्याज़ की चटनी)

सामग्री

225 ग्राम (1 1/3 कप) प्याज

75 मि.ली. (5 बड़े चम्मच) मूंगफली का तेल

100 ग्राम (½ कप) उरद की दाल

एक चुटकी हींग

20 ग्राम (3½ चाय चम्मच) इमली का गूदा

3 साबुत लाल मिर्च

नमक

छौंक के लिए

10 मि.ली. (2 चाय चम्मच) मूंगफली का तेल

2 साबुत लाल मिर्च

3 ग्राम (¾ चाय चम्मच) सरसों

मात्रा: 350 ग्राम (¾ पौंड)
तैयारी का समय: 10 मिनट
पकाने का समय: 20 मिनट

तैयारी

प्याज: छील, धोकर कतर लें।

दाल: चुन धोकर सुखा लें।

इमली: 20 मि.ली. पानी में डूबोकर छोड़ दें।

पकाने की विधि

एक कड़ाही में तेल गर्म करके, मध्यम आंच पर दाल को भूनकर हल्का सुनहरा कर लें। हींग मिलाकर चलाएं। प्याज को भूनकर पारदर्शी कर लें। आंच कम कर दें और इमली, लाल मिर्च और नमक मिलाकर 5 मिनट चलाएं। आंच से उतारकर ठंडा होने दें। अब इन्हें एक ब्लेंडर में डालकर करीब 75 मि.ली. पानी डालें और दरदरी चटनी बना लें। एक शीशे के कटोरे में निकाल लें।

छौंक लगाने के लिए एक फ्राइंग पैन में तेल गर्म करें और उसमें लाल मिर्च डालकर कुछ सेकेंड मध्यम आंच पर चलाएं, काली सरसों डालकर करकराने दें और इससे चटनी में छौंक लगा दें। गुनगुना गर्म परोसें।

*देखें इमली का खंड।

रोटी (ब्रेड)

साभारः मोहम्मद रहीस और शिशिर शर्मा

रोटी हमारे भोजन का मुख्य आधार हो सकती है फिर भी इसे बनाने की कला या विधि के बारे में जितना लिखा गया है उतना पाक कला के अन्य किसी पहलू पर नहीं। यदि हम सरल भाषा में कहें तो रोटी महज आटा, पानी और नमक से बनती है। आटे को गूंधकर, सेककर रोटी बनाते हैं। इसके बावजूद रोटी बनाना और सेकना अपने आप में एक कला है। इसके बाद असंख्य प्रकार हैं और हर तरह की रोटी का अपना अलग महत्व है। भारतीय रोटी में विविधता की जितनी भरमार है उतनी और कहीं नहीं। अधिकांश भारतीय रोटियाँ बिना खमीर की होती हैं जिन्हें सेका, हल्का या ज्यादा तला जा सकता है। इसके अलावा हर तरह की रोटी को सादा या भरकर खाया जा सकता है।

उत्तरी और मध्य भारत में गेहूं सर्वाधिक लोकप्रिय अनाज है फलस्वरूप लोग चावल की अपेक्षा रोटी को कई रूपों में खाते हैं। निश्चित रूप से पश्चिमी रोटियों की अपेक्षा भारतीय रोटियां ज्यादा आसानी से और कम समय में बन जाती हैं। यद्यपि मक्का, ज्वार, बाजरा, दालों और यहां तक की चावल की भी रोटी बनाई जाती है इसके बावजूद गेहूं का आटा रोटी बनाने का मुख्य साधन माना जाता है। और आटे से बनी भारतीय रोटियाँ निश्चित रूप से अन्य अनाज से बनी रोटियों से अधिक पौष्टिक और सुपाच्य होती हैं।

मोहम्मद रहीसः शायद जबसे उसने अपने घर (लखनऊ) के आंगन में चलना सीखा उसी समय से रसोइया बनने का निश्चय कर लिया था। बहुत ही कम उम्र में इन्होंने अपने चाचाा मोहम्मद इम्तियाज से रोटी बनाने के तमाम अंदरूनी रहस्यों को जान लिया था। रहीस के काम पर उनके चाचा के प्रभाव का साफ पता चलता है।

रोटी बनाने के उतने ही अधिक तरीके हैं जितने प्रकार की रोटियां बनाई जाती हैं। हर तरह की रोटी बनाने में निम्नलिखित चीजों की जरूरत पड़ती है:

तंदूर: मिट्टी के उस चूल्हे में बनाई जाने वाली रोटियां—नान, परांठा, खमीरी रोटी आदि काफी लोकप्रिय हैं।

बीच में गहरा तवा: इसका इस्तेमाल आम तौर पर फुल्का, परांठा, मक्की और बाजरे की रोटी आदि बनाने में होता है।

कड़ाही: इसका इस्तेमाल पूरी, कचौड़ी और भटूरा बनाने में होता है।

ओवन: इसका इस्तेमाल पेशेवर बेकर खासकर मुस्लिम लोग बकरखानी, शीरमाल आदि बनाने में करते हैं।

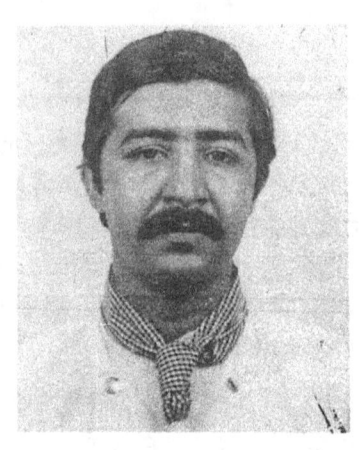

शिशिर शर्मा: ये हमारी रोटी टीम के दूसरे व्यक्ति हैं। इस नौजवान के सितारे वाकई बुलंदी पर हैं तभी तो काफी शॉप के अवर (जूनियर) शेफ से ताजमहल होटल नई दिल्ली के 'हवेली रेस्तरां' के शेफ बन सके। दिल्ली में तीन वर्ष से कम समय के दौरान ही इनकी प्रसिद्धि चारों ओर फैल गई। आज ये कोलंबो के ताज समुद्र में भारतीय 'शेफ' हैं।

तंदूरी रोटी

गेहूं के आटे से बिना खमीर उठाए तंदूरी रोटी बनाई जाती है। लाखों उत्तर भारतीय इसे हर वक्त के भोजन के साथ खाते हैं।

सामग्री

550 ग्राम (4½ कप) आटा
नमक
परोथन के लिए आटा
बेकिंग ट्रे में लगाने के लिए घी

तैयारी

आटा: आटा को नमक समेत एक परात में छान लें।

आटा गूंधना: छाने हुए आटे में एक गड्ढा सा बनाकर उसमें करीब 1½ कप पानी मिलाएं। अच्छी तरह गूंध लें। गूंधने के बाद गीले कपड़े से ढककर आधे घंटे तक छोड़ दें। अब इसे आठ बराबर भागों में बांटकर उसकी लोई बना लें। आटा लगाकर, ढककर 5 मिनट छोड़ दें।

ओवन: 375° फारेनहाइट पर गर्म कर लें।

पकाने की विधि

लोई को दोनों हथेली के बीच में लेकर थपक-थपककर (6 इंच व्यास का) गोल बना लें। अब इसे गद्दी पर रखकर सामान्य गर्म तंदूर की दीवार पर चिपका कर 2 मिनट पकने दें। ओवन में पकाना हो तो गर्म ओवन में बेंकिंग ट्रे में घी लगा दें और 5-6 मिनट पकाएं।

परोसने का तरीका

तंदूर से निकालकर गर्म-गर्म परोसें।

मात्रा: 8 रोटी
तैयारी का समय: 40 मिनट
पकाने का समय तंदूर में: 2 मिनट
ओवन में: 5-6 मिनट

नोट: फुल्का और चपाती बनाने के लिए आटे की लोई को चकले पर रखकर बेलन से बेलें (इसकी गोलाई 4 से 8 इंच व्यास की रखें)। दोनों को गर्म तवे पर पकाते हैं। लेकिन फुल्के को खुली आंच पर फुलाते हैं (इसे बिजली के चूल्हे पर नहीं पकाया जा सकता)। चपाती को किनारे से दबाकर फुलाते हैं इसे फुल्के की तरह फुलाने की जरूरत नहीं पड़ती।

आलू परांठा

आटे में मसालेदार आलू भरकर आलू का परांठा बनाया जाता है।

सामग्री

400 ग्राम (14 औंस) आटा गूंथा हुआ

बाटी

120 ग्राम (½ कप) मक्खन
परोथन के लिए आटा

भरने के लिए
175 ग्राम (6 औंस) आलू
20 ग्राम (2 बड़े चम्मच) अदरक
4 हरी मिर्च
10 ग्राम (2 बड़े चम्मच) धनिया पत्ता
3 ग्राम (1 चाय चम्मच) अनारदाना
5 ग्राम (1 चाय चम्मच) लाल मिर्च पाउडर
नमक

तैयारी

आलू: उबालकर ठंडा कर ले, छील कर मसल लें।

सब्जियां: अदरक को खुरच धोकर कतर लें। हरी मिर्च के डंठल हटा दें, बीच से काटकर बीज निकालकर कतर लें। धनिया को धोकर कतर लें।

भरने के लिए: सारी सामग्री को एक बड़े कटोरे में डालकर मिला लें और उसे 4 बराबर भागों में बांट लें।

पराठा: आटे को 4 बराबर भागों में बांटकर लोई बना लें और इसे गीले कपड़े से ढककर 5 मिनट छोड़ दें। आटे की लोई को बेलकर गोलाकार बना लें और इसके बीच में आलू भरकर अच्छी तरह सील कर दें। सील करने के बाद बेलकर 8 इंच व्यास का बना लें।

पकाने की विधि

परांठे को तवे पर डालकर सेकें। दोनों ओर घी या मक्खन डालकर अच्छी तरह पका लें। सुनहरा ब्राउन हो जाए तो निकाल लें।

परोसने का तरीका

मात्रा: 4 परांठा
तैयारी का समय: 20 मिनट
पकाने का समय: 15 मिनट

गर्म-गर्म परांठे को दही ओर अचार के साथ परोसें।

नोट: कीमा परांठा बनाने की विधि भी यही है। उसके लिए 175 ग्राम (6 औंस) कीमा, 50 ग्राम (¼ कप) घी, 15 ग्राम (2½ चाय चम्मच) पिसा हुआ अदरक, 15 ग्राम (2½ चाय चम्मच) पिसा हुआ लहसुन, 5 ग्राम (1 चाय चम्मच) लाल मिर्च पाउडर, 4 हरी मिर्च (कतरी हुई), 100 ग्राम (½ कप) ग्राम टमाटर (कतरा हुआ), 10 ग्राम (2 बड़े चम्मच) धनिया (कतरा हुआ), और नमक लें।

कीमा परांठा के लिए मसाला तैयार करने के लिए कड़ाही में घी गर्म करके उसमें पिसा हुआ अदरक, लहसन और लाल मिर्च मिलाएं और मध्यम आंच पर करीब आधे मिनट तक भूनें। हरी मिर्च और टमाटर मिलाकर फिर भूनें जब तक कि मसाले से घी अलग न हो जाए। कीमा डालकर कम आंच पर भूनें। अच्छी तरह पक जाए और सूखने लगे तो धनिया मिलाकर चला दें अंदाज से नमक मिला दें और उतार लें। ठंडा होने पर 4 बराबर भागों में बांट लें।

* तंदूरी रोटी की विधि देखें।

बाटी

सामग्री
500 ग्राम (4 कप) आटा

रेगिस्तान में बाटी योद्धाओं का खाना हुआ करता था। पुरानी कहानियों के अनुसार योद्धा इन अधपकी रोटियों को रेत में गाड़ देते थे और उस जगह पर कोई निशान

बना देते थे। जिन दिनों योद्धाओं के लिए खाना आना बन्द हो जाता था तो ये बाटी ही उनका भोजन था। रेत में पकी बाटियों को निकालकर उस पर ढेर सारा देसी घी लगाकर खाया जाता था। संकट के दिनों में यह संपूर्ण आहार होता था। अब समय बदल गया है। बदलते समय के साथ पाक विशेषज्ञों ने इसे बनाने का सहज और बेहतर तरीका ढूंढ निकाला है। उदाहरण के लिए इसे हल्का बनाने के लिए बेंकिंग पाउडर मिलाते हैं इसके अलावा वे अब ओवन का इस्तेमाल करते हैं।

5 ग्राम (1 चाय चम्मच) बेकिंग पाउडर
नमक
380 ग्राम (1 2/3 कप) देसी घी
बेकिंग ट्रे में लगाने के लिए देसी घी

तैयारी

आटा: बेकिंग पाउडर के साथ ही आटे और नमक को एक परात में छान लें।

आटा गूंधना: छाने हुए आटे में एक गड्ढा बनाकर उसमें करीब 330 मि.ली. (1 1/3 कप) पानी मिलाकर अच्छी तरह गूंध लें। आटे को एक गीले कपड़े से ढककर 10 मिनट तक छोड़ दें। इसके बाद उसमें करीब 80 ग्राम (1/3 कप) घी अच्छी तरह मिलाकर गूंध लें। आटा नरम हो जाए तो ढककर 10 मिनट तक छोड़ दें। आटे को 16 बराबर भागों में बांटकर ढककर फिर 10 मिनट तक छोड़ दें। लोई को थपक कर 2½ इंच का व्यास का गोल बनाकर ढककर रख दें।

ओवन: 350° फारेनहाइट पर गर्म कर लें।

पकाने की विधि

बेकिंग ट्रे में घी लगाकर उसमें बाटियों को ठीक से रखकर ओवन में 16-18 मिनट तक पकाएं।

परोसने का तरीका

बाटियों को ओवन से निकालकर गर्म-गर्म पिघला हुआ घी डालकर परोसें।

मात्रा: 16 बाटी
तैयारी का समय: 40 मिनट
पकाने का समय: 16-18 मिनट

नोट: सबसे अच्छी बाटी कोयले के चूल्हे पर बनाई जाती है। परोसने से पहले राख को झाड़ दें।

खमीरी रोटी

खमीर के कारण ही आटे की यह रोटी खास हो जाती है। भारतीय अब भी खमीर उठाने के लिए आटे को दही से गूंधना पसंद करते हैं जिसमें थोड़ी चीनी भी मिलाई जाती है। दही, आटे और चीनी का अनुपात 2:1:1 रहता है। नीचे बताई विधि में ईस्ट (yeast) का इस्तेमाल करते हैं।

सामग्री
500 ग्राम (4 कप) आटा
नमक

पूरी

8 ग्राम ईस्ट का छोटा टुकड़ा
परोथन के लिए आटा
बेकिंग ट्रे में लगाने के लिए घी

तैयारी

आटा: आटे को नमक समेत एक परात में छान लें।

ईस्ट: 100 मि.ली. (7 बड़े चम्मच) गर्म पानी में डुबो दें।

आटा गूंधना: छने हुए आटे में एक गड्ढा सा बनाकर उसमें करीब 300 मि.ली. (1¼ कप) पानी डालकर अच्छी तरह मिलाएं और अच्छी तरह आटे को गूंध लें। गूंधने के बाद एक गीले कपड़े से ढककर 15 मिनट छोड़ दें। घुला हुआ ईस्ट मिलाकर आटे को फिर गूंध लें। ध्यान रखें आटा हाथ से चिपके नहीं। अब इसे ढककर किसी गर्म जगह पर करीब आधे घंटे तक छोड़ दें ताकि खमीर उठ सके। आठ बराबर भागों में बांट दें। सारी लोई को आटे का परोथन लगाकर 5 मिनट ढककर छोड़ दें।

ओवन: 475° फारेनहाइट पर गर्म कर लें।

पकाने की विधि

हर लोई को हथेली के बीच थपककर चपटा करके गोल (9 इंच व्यास का) बना लें। रोटी को गद्दी पर रखकर सामान्य गर्म तंदूर की दीवार पर चिपकाकर 2-3 मिनट पकाएं। ओवन में पकाने के लिए बेकिंग ट्रे में घी लगाकर रखें और 4-5 मिनट तक पकाएं।

परोसने का तरीका

मात्रा: 8 रोटी
तैयारी का समय: 1.20 घंटे
पकाने का समय—
तंदूर में: 2-3 मिनट
ओवन में: 4-5 मिनट

तंदूर या ओवन से निकालते ही गर्म-गर्म परोसें।

नोट: ईस्ट का इस्तेमाल नहीं करने की स्थिति में आटे को गूंध कर रात भर छोड़ दें। खमीर उठे आटे का 50 ग्राम (2 औंस) प्रयोग करें।

पूरी

सामग्री
500 ग्राम (4 कप) आटा
नमक
लोई में लगाने और तलने के लिए मूंगफली का तेल

जिस तरह उत्तर भारत के लोगों के लिए रोटी है, उसी प्रकार मध्य भारत के लोगों के लिए पूरी है। वे आटे की छोटी-छोटी रोटियों को घी में तलकर बनाते हैं।

तैयारी

आटा: आटे को नमक समेत एक परात में छान लें।

आटा गूंधना: आटे में एक गड्ढा बनाकर करीब 250 मि.ली. (1 कप) पानी डालें और अच्छी तरह मिलाकर आटा गूंध लें। गीले कपड़े से ढककर करीब आधे घंटे तक छोड़ दें। आटे को 20 बराबर भागों में बांटकर लोई बना लें। लोई के दोनों तरफ थोड़ा घी लगा दें और गोल-गोल (4 इंच व्यास का) बेल लें।

पकाने की विधि

एक कड़ाही में घी गर्म करके पूरी को तलकर सुनहरा कर लें। पूरी को पलटते समय ध्यान रखें कि वह फूलें।

परोसने का तरीका

कड़ाही से निकालते ही गर्मा-गर्म परोसें।

मात्रा: 20 पूरी
तैयारी का समय: 40 मिनट
पकाने का समय: 1 मिनट (हर सेट के लिए)

नान

नान आसान मगर स्वादिष्ट होता है। इसे कलौंजी और मगज (खरबूजे के बीज) से भी सजाते हैं।

सामग्री

- 500 ग्राम (4 कप) आटा
- नमक
- 1 ग्राम (¼ चाय चम्मच) सोडा (खाने वाला)
- 5 ग्राम (1 चाय चम्मच) बेकिंग पाउडर
- 1 अंडा
- 10 ग्राम (2½ चाय चम्मच) चीनी
- 25 ग्राम (2 बड़े चम्मच) दही
- 50 मि.ली. (3 बड़े चम्मच) दूध
- 25 मि.ली. (5 चाय चम्मच) मूंगफली का तेल
- परोथन के लिए आटा
- बेकिंग ट्रे में लगाने के लिए घी
- 3 ग्राम (1 चाय चम्मच) कलौंजी
- 5 ग्राम (1¾ चाय चम्मच) खरबूजे के बीज
- 30 ग्राम (2 बड़े चम्मच) मक्खन

तैयारी

आटा: नमक, सोडा बाई-कार्ब और बेकिंग पाउडर समेत आटे को एक परात में छान लें।

अंडे का मिश्रण: अंडे को एक कटोरे में तोड़ लें और उसमें चीनी, दही और दूध मिलाकर अच्छी तरह फेंट लें।

आटा गूंधना: आटे में एक गड्ढा करके करीब 200 मि.ली. (¾ कप + 4 चाय चम्मच) पानी डालें और अच्छी तरह मिलाकर गूंध लें, अंडे का मिश्रण डालकर मिलाएं और अच्छी तरह गूंध लें (आटा उंगलियों से चिपकना नहीं चाहिए)। गीले कपड़े से ढककर 10 मिनट छोड़ दें। इसके बाद आटे में तेल मिलाकर उंगलियों से छेद बना दें और गीले कपड़े से ढककर करीब 2 घंटे तक खमीर उठने के लिए छोड़ दें।

छह बराबर भागों में बांटकर लोई बना लें। लोई के ऊपर कलौंजी और खरबूजे के बीज छिड़ककर उसे थपककर चपटा कर दें और ढककर 5 मिनट तक छोड़ दें। हर लोई को हथेली के बीच थपक कर गोलाकार बना लें, इसके बाद दोनों छोर से खींचकर अंडाकार बना लें।

ओवन: 375° फारेनहाइट पर गर्म कर लें।

पकाने की विधि

नान को गद्दी पर रखकर सामान्य गर्म तंदूर की दीवार से चिपकाकर करीब 3 मिनट पकने दें। ओवन में पकाने के लिए घी लगे बेकिंग ट्रे में डालकर 10 मिनट तक पकाएं।

परोसने का तरीका

ओवन या तंदूर से निकालते ही नान पर मक्खन लगाएं और परोसें।

मात्रा: 6 नान
तैयारी का समय: 2.30 घंटे
पकाने का समय—
तंदूर में: 3 मिनट
ओवन में: 10 मिनट

भटूरा

भुने हुए आटे और मैदे की इस रोटी को आमतौर पर काबुली छोले के साथ खाते हैं।

सामग्री
400 ग्राम (14 औंस) आटा
100 ग्राम (4 औंस) मैदा
1 ग्राम (¼ चाय चम्मच) सोडा बाइ-कार्ब
3 ग्राम (½ चाय चम्मच) बेकिंग पाउडर
नमक
25 ग्राम (2 बड़े चम्मच) दही
10 ग्राम (2½ चाय चम्मच) चीनी
20 ग्राम (5 चाय चम्मच) घी
तलने के लिए घी

तैयारी

आटा: मैदा, सोडा, बेकिंग पाउडर और नमक के साथ ही आटे को एक परात में छान लें।

दही का मिश्रण: चीनी के साथ मिलाकर फेंट लें।

आटा गूंधना: छाने हुए आटे के बीच एक गड्ढा सा बनाकर उसमें करीब 240 मि.ली. (1 कप) पानी और दही का मिश्रण मिलाकर अच्छी तरह गूंध लें। इसके बाद गीले कपड़े से ढककर 10 मिनट छोड़ दें। पिघला हुआ घी डालकर आटे को फिर अच्छी तरह गूंध लें। गूंध कर आटे को नरम कर लें और गीले कपड़े से ढककर 50 मिनट तक छोड़ दें। 15 बराबर भागों में बांटकर इनकी लोई बना लें और समतल बर्तन में ढककर अलग रख दें।

पकाने की विधि

कड़ाही में तेल गर्म करें, धुंआ उठने लगे तो आंच मध्यम करके लोई को दोनों हथेली में तेल लगाकर उनके बीच थपककर (5 इंच व्यास का) गोल बना लें और तेल में तलकर सुनहरा कर लें। कड़ाही में उलटते समय दबा-दबाकर फुला लें।

परोसने का तरीका

कड़ाही से निकालकर गर्म-गर्म परोसें।

मात्रा: 15 भटूरे
तैयारी का समय: 1.20 घंटे
पकाने का समय: 1 मिनट
(हर भटूरे के लिए)

केरला परांठ

रोटियों की दुनिया में मालाबार के इस परांठे का एक अलग ही स्थान है।

सामग्री

- 450 ग्राम (1 पौंड) आटा
- एक चुटकी सोडा
- 2 अंडे
- 150 मि.ली. (2/3 कप) दूध
- 10 ग्राम (3½ चाय चम्मच) चीनी
- नमक
- 60 मि.ली. (4 बड़े चम्मच) मूंगफली का तेल
- 100 ग्राम (7 बड़े चम्मच) मक्खन
- परोथन के लिए आटा
- तलने के लिए घी

तैयारी

आटा: सोडा के साथ एक परात में छान लें।

अंडे और दूध का मिश्रण: एक कटोरे में अंडे को तोड़ लें और उसमें दूध, चीनी, नमक और तेल डालकर अच्छी तरहं फेंट दें।

आटा गूंधना: आटे में एक गड्ढा बनाकर उसमें अंडे और दूध का मिश्रण डालकर मिलाएं और आटे को खूब नरम गूंध लें। इसके बाद एक गीले कपड़े से ढककर आधे घंटे के लिए अलग हटाकर रख दें।

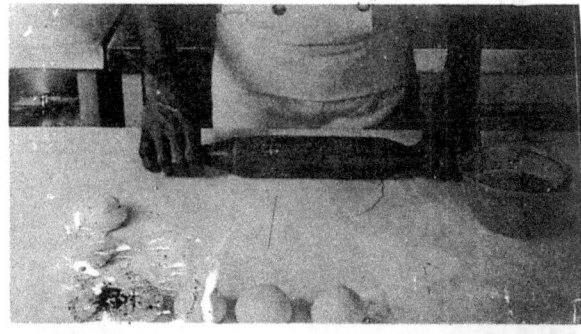

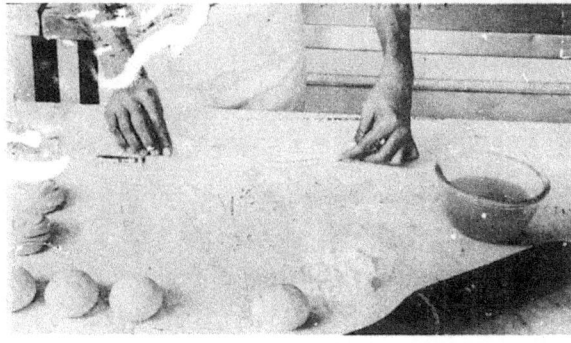

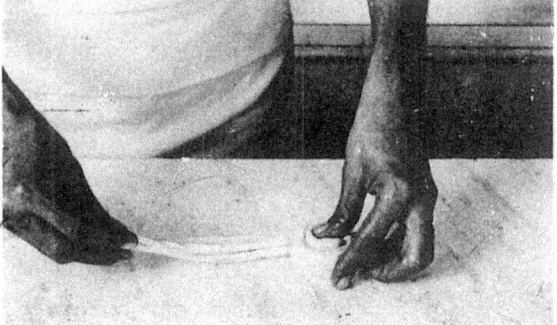

आटे को 6 बराबर भागों में बांटकर लोई बना लें। हर लोई को चौकी पर रखकर बेलन से बेलें। चौकी पर घी लगाकर बेली हुई रोटी को उस पर रखकर हर तरफ से खींचें जब तक कि वह खिचकर बिल्कुल पतली न हो जाए (15 इंच व्यास का बना लें)। चारों ओर पिघला हुआ मक्खन लगाएं और दोनों छोर से पकड़कर कई बार मोड़ कर तह बना दें। अब इसे एक टेबल पर रखकर गोल-गोल रोल करके फिर लोई बना दें और 5 मिनट तक छोड़ दें। फिर इन लोइयों को चकले पर रखकर बेलन से बेलकर करीब 8 इंच व्यास का बना लें। बेलते समय जरूरत के अनुसार परोथन लगाएं।

पकाने की विधि

परांठे को गर्म तवे पर रखकर आधा सेकें और पलट दें। चारों ओर से पिघला हुआ घी डालकर दोनों ओर से धीमी आंच पर अच्छी तरह सेककर सुनहरा ब्राउन कर लें।

परोसने का तरीका

तवे से निकालकर गर्म-गर्म परोसें।

मात्रा: 6 परांठे
तैयारी का समय: 50 मिनट
पकाने का समय: 4-5 मिनट
(हर पराठे के लिए)

सामग्री

- 500 ग्राम (4 कप) आटा
- 5 ग्राम (1 चाय चम्मच) बेकिंग पाउडर
- नमक
- 250 मि.ली. (1 कप) दूध
- 20 ग्राम (5 चाय चम्मच) चीनी
- 2 बूंद केवड़ा
- 8 ग्राम छोटा टुकड़ा खमीर (यीस्ट) ताजा
- 150 ग्राम (2/3 कप) देसी घी या मक्खन
- 20 ग्राम (3 बड़े चम्मच) बादाम
- 15 ग्राम (5 चाय चम्मच) किशमिश
- 10 ग्राम (1 बड़ा चम्मच) चिरौंजी के दाने
- परोथन के लिए आटा
- बेकिंग ट्रे और रोटी के ऊपर लगाने के लिए देसी घी या सफेद मक्खन

बाकरखानी

बाकरखानी खमीर वाली खास किस्म की भारतीय रोटी है जिसने ढाका के मुसलमानों के साथ ख्याति अर्जित की।

तैयारी

आटा: नमक और बेकिंग पाउडर के साथ ही परात में छान लें।

दूध: चीनी को गर्म दूध में डूबो दें।

ईस्ट: 120 मि.ली. (½ कप) गर्म पानी में डुबो दें।

बादाम: ब्लैंच करके ठंडा कर लें और छिलका उतार कर पतला-पतला काट लें। किशमिश और चिरौंजी समेत पानी में डुबोकर छोड़ दें। छान लें।

आटा गूंधना: छाने हुए आटे में एक गड्ढा सा बना लें और उसमें दूध, डुबोया हुआ यीस्ट डालकर मिलाएं। अच्छी तरह मिल जाने पर आटे को गूंध लें। गीले कपड़े से ढककर 10 मिनट तक अलग हटाकर रख दें। इसके बाद पिघला हुआ घी डालकर अच्छी तरह मिलाएं और नरम-नरम गूंध लें। बादाम, किशमिश और चिरौंजी मिलाकर फिर

गूंधें और ढककर किसी गर्म जगह पर आधे घंटे के लिए खमीर उठने के लिए रख दें। 12 बराबर भागों में बाँटकर लोई बना लें। लोई में परोथन लगाकर ढककर फिर 10 मिनट तक छोड़ दें। अब इसे चौकी बेलन पर बेलकर करीब 6 इंच व्यास का गोलाकार बना लें और कांटे से चारों ओर छेद दें।

ओवन: 350° फारेनहाइट पर गर्म कर लें।

पकाने की विधि

बेकिंग ट्रे में घी या मक्खन लगाकर उसमें बाकरखानी रखें और ओवन में 7-8 मिनट तक पकाएं।

परोसने का तरीका

ओवन से निकालते ही बाकरखानी पर घी या मक्खन लगाएं और गर्म-गर्म परोसें।

मात्रा: 12 बाकरखानी
तैयारी का समय: 1.30 घंटे
पकाने का समय: 7-8 मिनट (हर सेट के लिए)

शीरमाल

हैदराबादी बाकरखानी के जवाब में महमुदाशाह ने शीरमाल पेश किया। इस रोटी की बेहतरीनी इस बात पर निर्भर करती है कि इसमें कितना घी डाला गया है। काबिल बावर्ची शीरमाल बनाने के लिए बराबर मात्रा में आटा, दूध और घी लेते हैं।

सामग्री

- 500 ग्राम (4 कप) आटा
- नमक
- 430 मि.ली. (1¾ कप) दूध
- 10 ग्राम (2½ चाय चम्मच) चीनी
- 2 बूंद केवड़ा
- 225 ग्राम (1 कप) देसी घी या सफेद मक्खन
- पलेथन के लिए आटा
- 1 ग्राम (2 चाय चम्मच) केसर
- बेकिंग ट्रे ओर रोटी में लगाने के लिए देसी घी या सफेद मक्खन

तैयारी

आटा: नमक समेत आटे को एक परात में छान लें।

दूध: चीनी को 400 मि.ली. (1 2/3 कप) गर्म दूध में डुबो दें बचे हुए दूध को केसर डुबोने के लिए अलग रख दें।

आटा गूंधना: आटे में एक गड्ढा बनाकर उसमें दूध डालकर मिलाना शुरू करें। अच्छी तरह मिल जाए तो आटा गूंधकर गीले कपड़े से ढककर 10 मिनट छोड़ दें। इसके बाद आटे में पिघला हुआ घी या मक्खन डालकर मिलाएं और फिर गूंध लें। गीले कपड़े से ढककर 10 मिनट छोड़ दें। 12 बराबर भागों में बांटकर लोई बना लें, परोथन लगाकर ढककर फिर 10 मिनट छोड़ दें। लोई को चकले पर रखकर बेलकर (7 इंच व्यास का) गोलाकार बना लें। पूरी रोटी में कांटे से छेद कर दें।

केसर: बचे हुए दूध में केसर को डुबो दें। दूध गर्म होना चाहिए।

ओवनः 350° फारेनहाइट पर गर्म कर लें।

पकाने की विधि

बेकिंग ट्रे में घी लगाकर बेले हुए शीरमाल को रखें और ओवन में डालकर 4 मिनट पकाएं। ओवन से निकालकर शीरमाल पर केसर मलें और दुबारा ओवन में डालकर 3-4 मिनट तक पकाएं।

परोसने का तरीका

शीरमाल को ओवन से निकालकर घी या मक्खन मलकर तुरंत गर्म-गर्म परोसें।

मात्राः 12 शीरमल
तैयारी का समयः 1.30 घंटे
पकाने का समयः 8-9 मिनट (हर सेट के लिए)

वर्की परांठा

अवध के नवाबों का यह शानदार परांठा अपने आप में पूरा भोजन है।

सामग्री

500 ग्राम (4 कप) आटा
नमक
250 मि.ली. (1 कप) दूध
10 ग्राम (2½ चाय चम्मच) चीनी
2 बूंद केवड़ा
180 ग्राम (6½ औंस) देसी घी या सफेद मक्खन
पलेथन के लिए आटा
परांठे में लगाने के लिए देसी घी

तैयारी

आटाः नमक समेत छानकर आटे को परात में रखें।

दूधः चीनी को गर्म दूध में घोल लें।

आटा गूंधनाः आटे में गड्ढा बनाकर दूध और 120 मि.ली. (½ कप) पानी डालकर अच्छी तरह मिलाएं और गूंध लें। आटा अच्छी तरह गुंध जाए तो एक गीले कपड़े से ढककर 10 मिनट छोड़ दें। इसके बाद दो तिहाई पिघला हुआ घी या मक्खन डालकर मिलाएं और नरम आटा गूंध लें। ढककर 15 मिनट तक छोड़ दें। आटे को समतल टेबल या चकले

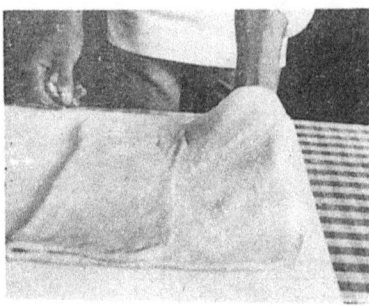

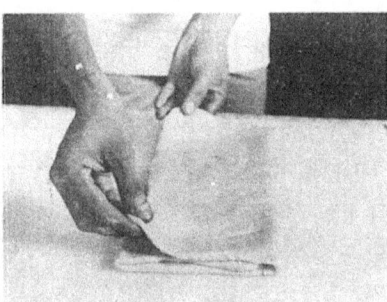

पर रखकर बेलन से आयताकार बेल लें। बचा हुआ एक चौथाई घी या मक्खन बराबर से चारों ओर बेले हुए आटे पर लगा दें। परोथन लगाएं और दो बार मोड़कर तीन परत बना दें। ढककर 10 मिनट तक इसे फ्रिज में रख दें। फ्रिज से निकालकर फिर बेलें, घी लगाएं और मोड़ें। इस प्रक्रिया को तीन बार दुहराएं। इसके बाद आयताकार टुकड़े के ऊपर गोल कटर रखकर (5 इंच व्यास का) काट लें। हर गोलाकार परांठे पर आधे इंच के तीन क्रास कट करें। कट बराबर दूरी पर करें। अब परांठे को अलग-अलग 'बटर पेपर' पर रखकर, फ्रिज में डाल दें। जितनी देर इसे फ्रिज में रखा जाएगा परांठे की परत या वर्क उतनी अच्छी बनेगी। 8-10 घंटे से अधिक नहीं रखें।

पकाने की विधि

परांठे को फ्रिज से निकालकर गर्म तवे पर रखें और पिघला हुआ घी (मक्खन नहीं) डालकर धीमी आंच पर हल्का सुनहरा सेक लें।

परोसने का तरीका

तवे से निकालकर गर्म-गर्म परोसें।

नोटः आटा बर्बाद न हो इसलिए 'वर्की' को चौकोर या तिकोना काटें।

मात्राः 12 वर्की परांठे
तैयारी का समयः 2.15 मिनट
पकाने का समयः 10 मिनट (हर सेट के लिए)

जलेबी परांठ

सौंफ की सुगंध वाले इस बहुपरतदार परांठे की जन्मस्थली अवध के गाँव हैं। भारतीय रोटियों के बीच इसे सही स्थान प्रदान करने वाले बावर्ची थे नवाब दारा। ये खाने के शौकीन वाजिद अली शाह के दरबार में मुख्यमंत्री थे।

सामग्री

- 500 ग्राम (4 कप) आटा
- नमक
- 250 मि.ली. (1 कप) दूध
- 180 ग्राम (6½ औंस) देसी घी या सफेद मक्खन
- 10 ग्राम (3 चाय चम्मच) सौंफ
- पलेथन के लिए आटा
- परांठा सेकने के लिए देसी घी

तैयारी

आटाः नमक समेत आटे को एक परात में छान लें।

सौंफः पीस लें।

आटा गूंधनाः आटे में गड्ढा करके उसमें दूध और करीब 120 मि.ली. (½ कप) पानी डालें और अच्छी तरह मिलाएं। जब अच्छी तरह मिल जाए तो गूंध लें और एक गीले कपड़े से ढककर 10 मिनट तक छोड़ दें। दो तिहाई पिघला हुआ घी या मक्खन डालकर मिलाएं। अच्छी तरह मिलाकर नरम गूंध लें। इसके बाद आटे में पिसी हुई सौंफ

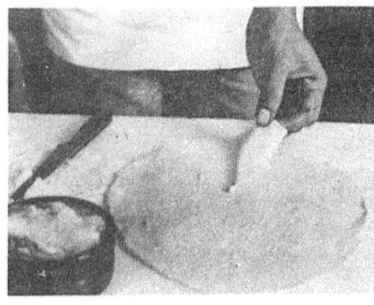

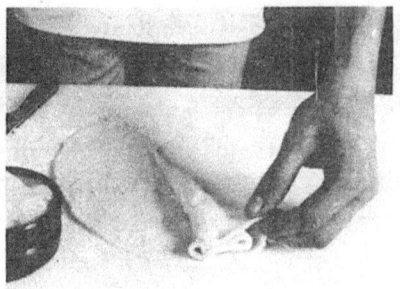

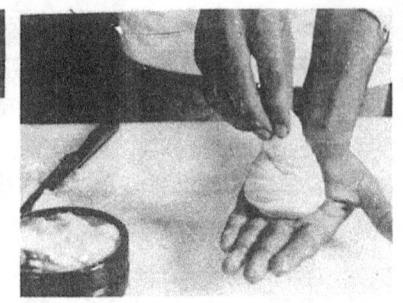

मिलाकर गूंध लें और ढककर 10 मिनट तक छोड़ दें। आटे को 12 बराबर भागों में बांटकर लोई बना लें और परोथन लगाकर फिर 10 मिनट तक छोड़ दें। लोई को चकले पर रखकर गोल (8 इंच व्यास का) बेल लें। परांठे के ऊपर करीब 5 ग्राम (1 चाय चम्मच) पिघला हुआ घी लगाएं और परोथन लगा दें।

पराठे में बीच से किनारे तक एक चाकू से एक काट करें ओर वहीं से पराठे को कोन के आकार में मोड़ लें। (चित्र देखें)। उसको ऊपर से दबाकर लोई बना लें। अब इसे 4 घंटे के लिए फ्रिज में डाल दें। फ्रिज से निकालने के बाद चकले पर गोल (8 इंच व्यास का) बेल लें और अलग-अलग 'बटर पेपर' में रखकर फ्रिज में रख दें।

पकाने की विधि

तवे को आंच पर रखकर उस पर पिघला हुआ घी डालें और परांठा रखकर धीमी आंच पर सेककर हल्का सुनहरा कर लें।

परोसने का तरीका

मात्रा: 12 पराठे
तैयारी का समय: 5 घंटे
पकाने का समय: 8-10 मिनट (हर सेट के लिए)

तवे से निकालकर गर्म-गर्म परोसें।

परिशिष्ट

मसाले

गरम मसाला

यदि मसाले भरतीय पाक शास्त्र के मुख्य आधार हैं तो मसालों को मिलाकर गरम मसाला तैयार करना उसका सार है। दुनिया के दूसरे सारे भागों में खासकर पश्चिम में एक ही मसाला डालकर खाना बनाने का चलन है। ऐसा लगता है वहां के लोग एक से अधिक मसाले का एक साथ इस्तेमाल करने से डरते हैं। इसी कारण भारतीय भोजन में कई तरह के मसालों का एक साथ प्रयोग पश्चिम के लोगों को अविश्वसनीय लगता है। लेकिन हम लोगों के लिए मिश्रण के हर मसाले की अपनी अलग उपयोगिता है। हर मसाले के विस्तार में जाना इस पुस्तक में संभव नहीं। हाँ, इतना जरूर बता दूं कि एक अच्छा रसोइया बनने से पहले एक अच्छा 'मसालची' बनना जरूरी है। हर तरह के मसालों को बिना डर और झिझक के एक साथ मिलाकर प्रयोग करें। लेकिन मसालों को एक साथ मिलाकर इस्तेमाल करने से पहले उनके अलग-अलग ग्रुप और प्रयोग जानना आवश्यक है। मौसम के अनुसार मसालों की मात्रा कम या ज्यादा की जा सकती है। उदाहरण के लिए गर्मी के मौसम में जावित्री और जायफल की मात्रा कम डाला करें नहीं तो नाक से खून निकल सकता है।

जितनी तरह के बावर्ची होते हैं उतने ही तरह के गरम मसाले होते हैं। खैर, सामान्यतः कुछ गरम मसाले (लौंग, काली मिर्च आदि) काफी तीखे होते हैं तो कुछ केवल खुशबू के लिए (दालचीनी, जायफल, जावित्री और इलायची) डाले जाते हैं। गरम मसाले का इस्तेमाल बुहत सावधानी के साथ करने की जरूरत पड़ती है थोड़ी भी मात्रा अधिक होने पर शरीर में गर्मी हो जाएगी जो नुकसानदेह है। गरम मसाले हमेशा व्यंजन तैयार हो जाने पर डालते हैं। इनका इस्तेमाल व्यंजन को सजाने के लिए भी करते हैं। व्यंजन को परोसते समय खुशबू के लिए ऊपर से गरम मसाले छिड़क देते हैं।

गरम मसाला मिलाकर तैयार करने के लिए कई तरह के सूखे मसालों को कूटने और पीसने की जरूरत पड़ती है। मसालों को पीसने से पहले भूना जाता है। इस बात का ध्यान रखें कि मसाले व्यंजन बनाने के समय ही ताज़ा तैयार किए जाएं।

यदि आप मसाला पीसने के लिए ग्रांइडर का इस्मेताल कर रहे हों तो बेहतर होगा कि मसालों को भूनने की बजाए धूप में सुखा लें। कारण बहुत सरल है। सिल बट्टे पर मसाला पीसने से उसकी गर्मी बर्बाद हो जाती है जबकि ग्राइंडर में मसाला पीसने पर गर्मी के निकलने का कोई रास्ता नहीं रहता। ऐसी स्थिति में गरम मसाले जल जाते हैं। बाकी मसालों के साथ भी यह बात लागू होती है।

गरम मसाला 1

सामग्री

200 ग्राम (7 औंस)	जीरा
60 ग्राम (2 औंस)	धनिया
45 ग्राम (1½ औंस)	बड़ी इलायची
35 ग्राम (1¼ औंस)	काली मिर्च
30 ग्राम (1 औंस)	छोटी इलायची
30 ग्राम (1 औंस)	सौंठ पाउडर
20 टुकड़ा	दाल चीनी (1 इंच का)
20 ग्राम (¾ औंस)	लौंग
20 ग्राम (¾ औंस)	जावित्री
15 ग्राम (१½ औंस)	तेजपत्ता
2	जायफल

मात्रा: 450 ग्राम (1 पौंड)

तैयारी

सारी सामग्री को इमामदस्ते में डालकर पीसकर महीन पाउडर बना लें। इसके बाद छानकर खूब अच्छी तरह साफ किए, सुखाए, हवाबंद डिब्बे में बंद करके रख दें।

नोट: यह तैयार किया गरम मसाला गोश्त बनाने के लिए काफी अच्छा होता है।

गरम मसाला 2

सामग्री

90 ग्राम (3 औंस)	जीरा
75 ग्राम (2½ औंस)	बड़ी इलायची के दाने
75 ग्राम (2½ औंस)	काली मिर्च
45 ग्राम (1½ औंस)	छोटी इलायची
30 ग्राम (1 औंस)	धनिया
30 ग्राम (1 औंस)	सौंफ
20 ग्राम (¾ औंस)	लौंग
20 टुकड़ा	दाल चीनी (1 इंच का)
20 ग्राम (¾ औंस)	जावित्री
20 ग्राम (¾ औंस)	काला जीरा (शाह जीरा)
15 ग्राम (½ औंस)	तेजपत्ता
15 ग्राम (½ औंस)	सूखे गुलाब की पंखुड़ियाँ
15 ग्राम (½ औंस)	सौंठ पाउडर
3	जायफल

मात्रा: 450 ग्राम (1 पौंड)

तैयारी

सौंठ पाउडर को छोड़कर सारी सामग्री इमामदस्ते में डालें और पीसकर महीन बना लें। अब इसे एक साफ सूखे कटोरे में निकालकर सौंठ पाउडर के साथ मिला दें। छानकर अच्छी तरह साफ किए और हवाबंद डिब्बे में रख दें।

नोट: यह मसाला 'दम पुख्त' अवध, पंजाबी और राजस्थानी व्यंजनों में डाला जाता है।

सुगंधित गरम मसाला

सामग्री

175 ग्राम (6 औंस)	छोटी इलायची
125 ग्राम (4½ औंस)	जीरा
125 ग्राम (4½ औंस)	काला जीरा
20 टुकड़े	दाल चीनी (1 इंच के)
20 ग्राम (¾ औंस)	लौंग
2	जायफल

मात्रा: 450 ग्राम (1 पौंड)

तैयारी

सारी सामग्री को इमामदस्ते में कूटकर महीन बना लें ओर छानकर अच्छी तरह साफ किए सुखाए गए हवाबंद डिब्बे बंद करके रख दें।

नोट: इसे हल्के मसालेदार व्यंजनों में डालते हैं।

चाट मसाला

तैयारी

अमचूर, नमक, सौंठ पाउडर और पीली मिर्च पाउडर को छोड़कर बाकी सारी सामग्री के खल में डालकर महीन कूट लें। एक साफ, सूखे कटोरे में निकालकर बची हुई चीजों को डालकर अच्छी तरह मिला दें। छान लें और एक अच्छी तरह साफ किए गए, सुखाए गए हवाबंद डिब्बे में बंद करके रख दें।

नोट: इस मसाले को जरा सावधानी से डालने की जरूरत है क्योंकि थोड़ा भी अधिक डल जाने पर व्यंजन खराब हो सकता है कम मात्रा में डालने पर यह व्यंजन को कई गुना स्वादिष्ट बना सकता है।

सामग्री

65 ग्राम (2¼ औंस) जीरा

65 ग्राम (2¼ औंस) काली मिर्च

60 ग्राम (2 औंस) काला नमक (ग्राइंडर में डालना हो तो पीस लें)

30 ग्राम (1 औंस) सूखा पुदीना पत्ता

5 ग्राम (2 चाय चम्मच) अजवाइन

5 ग्राम (1 चाय चम्मच) हींग (ग्राइंडर में डालना हो तो पीस लें)

4 ग्राम (¾ चाय चम्मच) टाटरी पिसी

150 ग्राम (5¼ औंस) अमचूर

60 ग्राम (2 औंस) नमक

20 ग्राम (¾ औंस) सौंठ पाउडर

20 ग्राम (¾ औंस) पीसी मिर्च पाउडर

मात्रा: 450 ग्राम (1 पौंड)

तंदूरी चाट मसाला

तैयारी

आमचूर, नमक, सौंठ पाउडर और पीली मिर्च पाउडर को छोड़कर बाकी सामग्री को खल में डालकर अच्छी तरह पीसकर महीन बना लें। एक साफ सूखे कटोरे में निकालें और बची हुई सामग्री उसमें डालकर अच्छी तरह मिला दें।

नोट: चाट मसाला की तरह ही तंदूरी मसाला को भी कम मात्रा में इस्तेमाल करें।

सामग्री

50 ग्राम (1¾ औंस) जीरा

50 ग्राम (1¾ औंस) काली मिर्च

50 ग्राम (1¾ औंस) काला नमक (ग्राइंडर में डालना हो तो पीस लें)

30 ग्राम (1 औंस) सूखा पुदीना पत्ता

20 ग्राम (1¾ औंस) मेथी (कसूरी मेथी)

30 छोटी इलायची

15 लौंग

5 टुकड़े दालचीनी (1 इंच के)

5 ग्राम (2 चाय चम्मच) अजवाइन

5 ग्राम (1 चाय चम्मच) हींग (ग्राइंडर में डालना हो तो पीस लें)

2 ग्राम (½ चाय चम्मच) जावित्री

125 ग्राम (4½ औंस) अमचूर

50 ग्राम (1¾ औंस) नमक

20 ग्राम (¾ औंस) सौंठ पाउडर

20 ग्राम (¾ औंस) पीली मिर्च पाउडर

मात्रा: 450 ग्राम (1 पौंड)

दम का मसाला

सामग्री

- 45 ग्राम (1½ औंस) सौंफ
- 45 ग्राम (1½ औंस) सौंठ पाउडर
- 20 ग्राम (¾ औंस) छोटी इलायची
- 20 ग्राम (¾ औंस) बड़ी इलायची

मात्रा: 125 ग्राम (¼ पौंड)

तैयारी

सारी सामग्री को खल में डालकर महीन पीसकर और छान कर एक अच्छी तरह साफ किए, सुखाए, हवाबंद डिब्बे में रख दें।

नोट: यह मसाला भी बहुत कम मात्रा में इस्तेमाल करते हैं आमतौर पर एक चुटकी। यह मसाला व्यंजन के पक जाने पर दम करने के लिए हांडी को सील करने के पहले डालते हैं। इससे खाने की खुशबू कई गुना बढ़ जाती है।

धनसाक मसाला

सामग्री

- 45 ग्राम (1½ औंस) कसूरी मेथी
- 45 ग्राम (1½ औंस) लौंग
- 45 ग्राम (1½ औंस) बड़ी इलायची

मात्रा: लगभग 125 ग्राम (¼ पौंड)

तैयारी

सारी सामग्री को एक खल में डालकर पीसकर और छान कर अच्छी तरह साफ किए गए सूखे हवाबंद डिब्बे में रख दें।

सांभर मसाला

सामग्री

- 120 ग्राम (4¼ औंस) धनिया
- 80 ग्राम (2¾ औंस) जीरा
- 30 ग्राम (1 औंस) काली मिर्च
- 30 ग्राम (1 औंस) सरसों
- 30 ग्राम (1 औंस) मेथी
- 20 साबूत लाल मिर्च
- 30 ग्राम (1 औंस) हल्दी पाउडर
- 10 ग्राम (2 चाय चम्मच) लहसुन पाउडर
- 60 ग्राम (2 औंस) चना दाल
- 60 ग्राम (2 औंस) उरद दाल
- 10 ग्राम (2 चाय चम्मच) हींग
- तलने के लिए मूंगफली का तेल

मात्रा: लगभग 450 (1 पौंड)

तैयारी

दाल: दोनों दालों को एक साथ चुन धोकर सुखा लें। एक कड़ाही में तेल गर्म करके मध्यम आंच पर दालों को भूनकर हल्का सुनहरा काट लें। दालों को एक कागज या झाड़न में निकाल लें ताकि फालतू तेल सूख सके।

हींग: जिस तेल में दाल भूनी गई थी उसे फिर से गर्म करके आंच मध्यम करके हींग को तल लें। हींग फूल जाए तो उसे कागज पर निकाल लें ताकि फालतू तेल कागज सोख ले। ढंडा होने पर छोटे-छोटे टुकड़ों में तोड़ लें।

मसाला: हल्दी और लहसुन पाउडर को छोड़कर बाकी सारे मसालों को खल में डालकर महीन पीस लें। एक साफ, सूखे कटोरे में निकाल कर उसमें बची हुई सामग्री मिला दें। छान कर अच्छी तरह साफ किए, सूखे, हवाबंद डिब्बे में रख दें।

मुलगापोड़ी

सामग्री

20 साबुत लाल मिर्च
5 ग्राम (1 चाय चम्मच) हींग
100 ग्राम (½ कप) चना दाल
100 ग्राम (½ कप) उरद दाल
10 ग्राम (2 चाय चम्मच) तिल
तलने के लिए तिल का तेल
नमक

तैयारी

दाल: चुन, धोकर सुखा लें।

बनाने की विधि

एक कड़ाही में तेल गर्म करके उसमें धीमी आंच पर हींग डालें और उसे फूल जाने दें। हींग को निकालकर दाल डालें और भूनकर सुनहरा ब्राउन भून लें। दाल को निकालकर कड़ाही में साबुत लाल मिर्च को भून लें। तिल के बीज को गर्म तवे पर डालें चटखने लगे तो उतार लें।

दाल को ग्राइंडर में डालकर दरदरा पीस लें और निकाल लें इसके बाद भूनी हुई लाल मिर्च, हींग और नमक को भी ग्राइंडर में डालकर दरदरा पीसकर निकाल लें। भुने हुए तिल के बीज भी ग्राइंडर में डालकर दरदरा पीस लें। अब इन सारी चीजों को मिलाकर अच्छी तरह साफ किए, सुखाए और हवाबंद डिब्बे में बंद कर दें।

नोट: मुलगापोड़ी का कसैलापन दूर करने के लिए उसमें एक चम्मच घी या मक्खन मिला दें।

मात्रा: लगभग 250 ग्राम (9 औंस)

शोरबा

किसी भी भारतीय भोज की सफलता इस बात पर निर्भर करती है कि उसमें कितने प्रकार के शोरबे परोसे जाते हैं केवल वैसा ही व्यक्ति जिसकी खाना बनाने में बिल्कुल दिलचस्पी नहीं होगी हमेशा एक ही स्वाद और प्रकार का खाना बनाएगा चाहे वह शाकाहारी व्यंजन हो या मांसाहारी। इससे खाना बनाने में उसकी दिलचस्पी और कल्पना का अभाव झलकता है। साधारण से साधारण व्यंजन को भी थोड़ी सी कोशिश और मसाले और शोरबे में फेर-बदल करके स्वादिष्ट और रोचक बनाया जा सकता है। एक योग्य रसोइये की पहचान यही होती है कि उसमें व्यंजनों को कई तरह की खुशबू, रंग-रूप और स्वाद प्रदान करने की क्षमता हो।

इस अध्याय का उद्देश्य केवल आपको इन बुनियादी शोरबों पर आश्रित बनाना नहीं है। इसका मकसद आपके लिए बस इतना है कि पहले आप शोरबा बनाने के बुनियादी तरीके से परिचित हो लें इसके बाद आगे इस क्षेत्र में अपनी कलात्मक प्रतिभा का इस्तेमाल करें। खाना बनाने में अपनी योग्यता और कल्पना का इस्तेमाल कर ऐसा शोरबा तैयार करें कि खाने वाला अपनी उंगलियां चाटता रह जाए। एक बार मैं फिर कहता हूं कि शोरबा बनाने के इन तरीकों का अंधानुकरण न करें।

मुख्य शोरबा 1

सामग्री

150 ग्राम (¾ कप) घी

साबुत गरम मसाला

- 5 छोटी इलायची
- 1 बड़ी इलायची
- 5 लौंग
- 1 टुकड़ा दाल चीनी (1 इंच)
- 1 तेजपत्ता

एक चुटकी जावित्री

- 250 ग्राम (1 कप) उबले प्याज का पेस्ट*
- 30 ग्राम (5 चाय चम्मच) पिसी हुई अदरक
- 30 ग्राम (5 चाय चम्मच) पिसा हुआ लहसुन
- 10 ग्राम (2 चाय चम्मच) लाल मिर्च पाउडर

तैयारी

दही: एक कटोरे में फेंट लें।

पकाने की विधि

एक हांडी में घी गर्म करके मध्यम आंच पर साबुत गरम मसाले डालकर तब तक तलें जब तक करकराने न लगे। उबले हुए प्याज का पेस्ट मिलाएं और 2 मिनट तक भूनें। इसके बाद पिसी हुई अदरक और लहसुन मिलाकर आधा मिनट तक भूनें। लाल मिर्च, धनिया पाउडर, हल्दी और नमक मिलाएं। हांडी को आंच से हटाकर दही मिलाएं (आंच से हटाकर दही डालने पर दही फटेगा नहीं), फिर आंच पर चढ़ाकर करीब 200 मि.ली. (¾ कप + 4 चाय चम्मच) पानी मिलाकर उबलने दें। तब तक पकाएं जब तक

तेल सतह पर न आ जाए। तले हुए प्याज का पेस्ट, काजू का पेस्ट और क्रीम मिलाकर उबालें आंच मध्यम कर दें। गरम मसाला, छोटी इलायची और जावित्री पाउडर मिलाकर चला दें।

नोट: दही मिला हुआ यह शोरबा खासकर कोफ्ता, कोरमा और पसंदा के लिए इस्तेमाल होता है।

*प्याज का खंड देखें।

मात्रा: 700 मि.ली. (1½ पौंड)
तैयारी का समय: 5 मिनट
पकाने का समय: 15-18 मिनट

5 ग्राम (1 चाय चम्मच) धनिया पाउडर
3 ग्राम (½ चाय चम्मच) हल्दी
नमक
225 ग्राम (1 कप) दही
50 ग्राम (3 बड़े चम्मच) तले हुए प्याज का पेस्ट*
30 ग्राम (5 चाय चम्मच) पिसा हुआ काजू
100 मि.ली. (7 बड़े चम्मच) क्रीम
5 ग्राम (1 चाय चम्मच) गरम मसाला
3 ग्राम (½ चाय चम्मच) छोटी इलायची और जावित्री पाउडर

मुख्य शोरबा 2

सामग्री
150 ग्राम (¾ कप) घी

साबुत गरम मसाला
5 छोटी इलायची
1 बड़ी इलायची
5 लौंग
1 टुकड़ा दालचीनी (1 इंच का)
1 तेजपत्ता

एक चुटकी जावित्री
125 ग्राम (½ कप) उबले प्याज का पेस्ट*
10 ग्राम (1¾ चाय चम्मच) अदरक पिसी हुई
10 ग्राम (1¾ चाय चम्मच) लहसुन पिसा हुआ
10 ग्राम (2 चाय चम्मच) लाल मिर्च पाउडर
5 ग्राम (1 चाय चम्मच) धनिया पाउडर
3 ग्राम (½ चाय चम्मच) हल्दी
नमक
1 किलो (2¼ पौंड) टमाटर
30 ग्राम (5 चाय चम्मच) तले हुए प्याज का पेस्ट*
30 ग्राम (5 चाय चम्मच) काजू का पेस्ट
100 मि.ली. (7 बड़े चम्मच) क्रीम
5 ग्राम (1 चाय चम्मच) गरम मसाला
2 ग्राम (1/3 चाय चम्मच) छोटी इलायची और जावित्री पाउडर

तैयारी

टमाटर: धोकर कतर लें।

पकाने की विधि

एक हांडी में घी गर्म करके साबुत गरम मसाले डालें और मध्यम आंच पर करकराने दें। उबले हुए प्याज का पेस्ट मिलाकर 2 मिनट भूनें, पिसी हुई अदरक और लहसुन मिलाकर आधा मिनट भूनें। इसके बाद लाल मिर्च, धनिया पाउडर, हल्दी और नमक मिलाकर 2 मिनट भूनें। टमाटर मिलाकर लगातार चलाते रहें जब तक कि तेल सतह पर न आ जाए। करीब 200 मि.ली. पानी मिलाकर उबलने दें और तब तक पकाएं जब तक तेल दुबारा सतह पर न आ जाए।

अब तले हुए प्याज का पेस्ट, काजू का पेस्ट और क्रीम मिलाकर उबलने दें। अंदाज से पानी मिलाकर शोरबे का गाढ़ापन ठीक कर लें। इसके बाद गरम मसाला, छोटी इलायची और जावित्री पाउडर मिलाकर चला दें।

नोट: टमाटर डले इस शोरबे को खासकर गोश्त और मुर्ग करी के साथ बनाते हैं।
*प्याज का खंड देखें।

मात्रा: 800 मि.ली. (1¾ पौंड)
तैयारी का समय: 10 मिनट
पकाने का समय: 35 मिनट

मखनी शोरबा

सामग्री

1 किलो (2¼ पौंड) टमाटर
10 ग्राम (1¾ चाय चम्मच) पिसी हुई अदरक
10 ग्राम (1¾ चाय चम्मच) पिसा हुआ लहसुन
6 हरी मिर्च
10 ग्राम (2 चाय चम्मच) लाल मिर्च पाउडर
10 लौंग
8 छोटी इलायची
नमक
150 ग्राम (2/3 कप) मक्खन
150 मि.ली. (2/3 कप) क्रीम
15 मि.ली. (4½ चाय चम्मच) शहद
10 ग्राम (2½ चाय चम्मच) मेथी (कसूरी मेथी)
10 ग्राम (1 बड़ा चम्मच) अदरक

मात्राः लगभग 550 मि.ली. (1¼ पौंड)
तैयारी का समयः 20 मिनट
पकाने का समयः 20-25 मिनट

मखनी शोरबा

तैयारी

सब्जियाँः टमाटर को धोकर कतर लें। हरी मिर्च के डंठल हटा दें, बीच से काटकर बीज निकाल दें और कतर लें। अदरक को खुरच धोकर बारीक काट लें।

पकाने की विधि

टमाटर को हांडी में डालकर उसमें करीब एक लीटर पानी डालें। पिसी हुई अदरक, लहसुन, हरी मिर्च, लाल मिर्च, लौंग, छोटी इलायची और नमक मिलाकर धीमी आंच पर इसे सॉस की तरह गाढ़ा होने दें। एक दूसरी हांडी में तेजी से छलनी से छानकर उबालें और मक्खन, क्रीम डालकर चलाएं। यदि शोरबा कुछ ज्यादा खट्टा हो तो उसमें शहद मिला दें। इसके बाद मेथी और कटी हुई अदरक मिलाकर चला दें।

सामग्री

75 ग्राम (6 बड़े चम्मच) घी
30 ग्राम (5 चाय चम्मच) पिसा हुआ लहसुन
15 ग्राम (7½ चाय चम्मच) धनिया
10 साबुत लाल मिर्च
4 हरी मिर्च
45 ग्राम (¼ कप) अदरक
675 ग्राम (3 कप) टमाटर
5 ग्राम (1 बड़ा चम्मच) मेथी (कसूरी मेथी)
नमक
5 ग्राम (1 चाय चम्मच) गरम मसाला

मात्राः लगभग 550 मि.ली. (1¼ पौंड)
तैयारी का समयः 25 मिनट
पकाने का समयः 18-20 मिनट

कड़ाही शोरबा

तैयारी

मसालेः धनिया और साबुत लाल मिर्च को पीस लें।

सब्जियाँः हरी मिर्च की डंठल हटा दें, बीच से काटकर बीज निकाल दें और कतर लें। अदरक को खुरच धोकर कतर लें। टमाटर को धोकर कतर लें।

पकाने की विधि

एक कड़ाही में घी गर्म करें और पिसा हुआ लहसुन मिलाकर मध्यम आंच पर भूनकर हल्का ब्राउन कर लें। पिसा हुआ मसाला मिलाएं और आधा मिनट चलाएं, हरी मिर्च और अदरक मिलाकर फिर आधा मिनट चलाएं। इसके बाद टमाटर मिलाकर तब तक भूनें जब तक तेल या घी सतह पर न आ जाए। अब मेथी और नमक मिलाकर चलाएं और ऊपर से गरम मसाला छिड़क दें।

पेस्ट

प्याज़ का पेस्ट

हर तरह के व्यंजन में साधारण से प्याज का बहुत महत्व होता है। पेस्ट बनाने के लिए इसका कई तरह से इस्तेमाल होता है। कतरा जाता है, काटा जाता है, कसा जाता है, उबाला जाता है भूना जाता है। अलग-अलग तरह के शोरबे में इसके इस्तेमाल की प्रक्रिया भी भिन्न होती है। उदाहरण के लिए कोफ़्ते का शोरबा बनाने के लिए प्याज को उबाल कर पेस्ट बनाया जाता है तो दूसरी ओर रोगन जोश के शोरबे के लिए प्याज़ को तलकर पेस्ट बनाया जाता है।

प्याज को तलना

भारतीय पाक कला में जब हम प्याज को भूनने की बात करते हैं तो वास्तव में हमारा मतलब प्याज़ को ब्राउन करने की प्रक्रिया से रहता है। वैसे लगता तो है कि यह काम बहुत आसान है लेकिन इसके विपरीत इस काम के लिए काफी निपुणता और एकाग्रता की जरूरत होती है। प्याज़ को ज्यादा या कम तलकर ब्राउन करते हैं। इस़के कई रूप हैं और इन सबका असर व्यंजन के रंग-रूप पर पड़ता है।

उबले प्याज़ का पेस्ट

सामग्री

1 किलो (2¼ पौंड) प्याज

3 तेजपत्ता

3 बड़ी इलायची

तैयारी

प्याज़ को छील, धोकर कतर लें। एक हांडी में रखकर उसमें तेजपत्ता, इलायची और 200 मि.ली. (¾ कप + 4 चाय चम्मच) पानी डालकर उबालें और तब तक पकाएं जब तक कि प्याज़ पारदर्शी न हो जाए और पानी एकदम सूख न जाए। अब इन्हें एक ब्लेंडर में डालकर महीन पेस्ट बना लें।

मात्रा: लगभग 1 किलो (2¼ पौंड)

नोट: इस पेस्ट में प्याज़ और पानी की मात्रा जरा कठिन है। यदि पानी की मात्रा अधिक हुई तो पेस्ट एकदम पतला हो जाएगा और यदि पानी की मात्रा कम हुई तो प्याज़ ठीक से पक नहीं पाएगा। सही मात्रा 5:1 है।

सामग्री

1 किलो (2¼ पौंड) प्याज़

तलने के लिए मूंगफली का तेल

100 ग्राम (3½ औंस) दही

तले हुए प्याज़ का पेस्ट

तैयारी

प्याज़ को छील, धोकर कतर लें। एक कड़ाही में घी गर्म करके प्याच़ डालकर मध्यम आंच पर तलकर, ब्राउन कर लें। प्याज को कड़ाही से निकालकर ऐसे कागज़ पर फैलाएं जो उसका तेल सोख ले। इसके बाद ब्लेंडर में दही के साथ मिलाकर महीन पेस्ट बना लें।

मात्रा: लगभग 300 मि.ली. (2/3 पौंड)

नोट: इस पेस्ट को साफ, हवाबंद डिब्बे में बंद करके करीब 15 दिनों तक फ्रिज में रखा जा सकता है।

अन्य पेस्ट

सामग्री

170 ग्राम (1 कप) अदरक

अदरक का पेस्ट

तैयारी

अदरक: खुरच, धोकर कतर लें।

पेस्ट: कटी हुई अदरक को 45 मि.ली. पानी के साथ एक ब्लेंडर में डालें और पीसकर महीन पेस्ट बना लें। निकालकर फ्रिज में रख दें। फ्रिज में यह 72 घंटे तक रह सकता है।

मात्रा: लगभग 210 ग्राम (7½ औंस)

नोट: पेस्ट को रखे जाने वाले डिब्बे वर्क या प्लास्टिक से अच्छी तरह बंद होने चाहिएं। इनकी जगह ज़िपर लगे बैग या फ्रीजर बैग भी इस्तेमाल किए जा सकते हैं।

सामग्री

170 ग्राम (1 कप) लहसुन

लहसुन का पेस्ट

तैयारी

लहसुन: छीलकर कतर लें।

पेस्ट: कटे हुए लहसुन को 45 मि.ली. पानी के साथ एक ब्लेंडर में मिलाएं और महीन पेस्ट बना लें। निकालकर फ्रिज में रखें। यह 72 घंटे तक आराम से फ्रिज में रह सकता है।

मात्रा: लगभग 210 ग्राम (7½ औंस)

काजू का पेस्ट

सामग्री
160 ग्राम (1 कप) काजू (तोड़ा हुआ)

तैयारी

काजू: पानी में आधे घंटे के लिए भिगो दें, फिर छान लें।

पेस्ट: छाने हुए काजुओं को एक ब्लेंडर में डालें, 100 मि.ली. पानी मिलाएं और पीसकर महीन पेस्ट बना लें। निकालकर फ्रिज में रख दें। फ्रिज में यह आराम से 24 घंटे तक रह सकता है।

मात्रा: लगभग 250 ग्राम (9 औंस)

नारियल का पेस्ट

सामग्री
100 ग्राम (1¼ कप) नारियल

तैयारी

नारियल: भूरा छिलका हटाकर कस लें।

पेस्ट: कसे हुए नारियल को ब्लेंडर में रखकर 75 मि.ली. पानी (नारियल का पानी हो तो बेहतर) मिलाकर महीन पेस्ट बना लें। निकालकर फ्रिज में रखें। फ्रिज में यह 12 घंटे तक रह सकता है।

मात्रा: लगभग 160 ग्राम (5½ औंस)

खसखस का पेस्ट

सामग्री
150 ग्राम (1 कप) खसखस

तैयारी

खसखस: गर्म पानी में आधे घंटे तक भिगो दें फिर छान लें।

पेस्ट: छाने हुए खसखस को ब्लेंडर में डालकर 100 मि.ली. पानी मिलाएं और पीसकर महीन पेस्ट बना लें। निकालकर फ्रिज में रखें। यह फ्रिज में 24 घंटे तक रह सकता है।

मात्रा: लगभग 330 ग्राम (11 औंस)

इमली का गूदा

सामग्री
50 ग्राम (2 औंस) इमली

पकी हुई इमली को इस्तेमाल करने से पहले गुनगुने पानी में भिगो दें। पानी में नरम हो जाने पर निचोड़ कर इसका गूदा निकाल लें। बीज और रेशे को फेंक दें।

तैयारी

इमली को 50 मि.ली. गुनगुने पानी में आधे घंटे के लिए भिगो दें। छनने से दबा-दबाकर छानकर इसका गूदा निकाल लें और बीज-रेशे को फेंक दें।

मात्रा: लगभग 75 मि.ली. (3 औंस)

दूध

दही

दही के बगैर भारतीय भोजन की कल्पना ही नहीं की जा सकती है। इसका भोजन में कई तरह से इस्तेमाल होता है। इसमें कई व्यंजन पकाते हैं या इसे यों ही खाते हैं। दही का रायता, लस्सी या छाछ बनाते हैं। याद रखें कि भारतीय भोजन में दही का इस्तेमाल बिना किसी तरह की खुशबू मिलाए करते हैं।

दही जमाना कोई आसान काम नहीं है। इसमें समझ और निपुणता की जरूरत होती है। नीचे दही बनाने की विधि बताई जा रही है।

दूध को उबाल कर ठंडा होने दें। दही जमाने वाले दूध के तापमान का मौसम और वातावरण के तापमान से सीधा संबंध होता है। यदि मौसम ठंडा है तो दूध गर्म होना चाहिए और जामन डालने के बाद बर्तन को किसी गर्म जगह में रखना चाहिए। ठंड के मौसम में दूध में जामन डालकर बर्तन को कंबल या किसी ऊनी कपड़े से ढक दें। गर्मी के मौसम में जामन डालने से पहले दूध का तापमान कमरे के तापमान के बराबर रखें और बर्तन को किसी ठंडी जगह में रखें।

यदि बहुत गर्म दूध में जामन डाल दिया जाए तो दही खट्टा हो जाएगा और वह ठीक से जम नहीं पाएगा, पानी छूट जाएगा। इसके विपरीत यदि दूध पर्याप्त गर्म नहीं होगा तो उसका दही ठीक से नहीं जमेगा। ध्यान रखें कि एक बार दूध में जामन डाल देने के बाद उसे हिलाएं-डुलाएं नहीं। बर्तन के हिल-डुल जाने पर दही ठीक से नहीं जम पाएगा।

पारम्परिक रूप से दही मिट्टी के बर्तन में जमाया जाता था लेकिन यह दूसरे बर्तनों में भी ठीक से जम जाता है।

दही जमने में 4 से 6 घंटे लगते हैं। एक बार दही के जम जाने पर बर्तन को फ्रिज में रख दें ताकि दही खट्टा नहीं होने पाए।

दही जमाने के लिए आमतौर पर दही का ही इस्तेमाल करते हैं लेकिन नीबू के रस और सिरके से भी अच्छी तरह दही जमाया जाता है। एक किलो दूध का दही जमाने के लिए उसमें एक बड़ा चम्मच जामन मिलाएं। एक लीटर दूध का करीब एक किलो दही तैयार होता है।

नीचे बताए गए दही के सारे व्यंजन मेरी माँ द्वारा बताए गए हैं।

अमृत दही

अमृत की तरह दही का यह व्यंजन भी स्वर्ग का वरदान है।

सामग्री

- 500 ग्राम (2 कप) दही (मलाई के साथ)
- 20 ग्राम (2 बड़े चम्मच) अदरक
- 10 ग्राम (1 बड़ा चम्मच) आम का गूदा
- 5 ग्राम (1 चाय चम्मच) छोटी इलायची पाउडर
- 250 मि.ली. (1 कप) दूध
- 20 ग्राम (3 बड़े चम्मच) मोटी चीनी
- ½ ग्राम (1 चाय चम्मच) केसर
- 10 ग्राम (4 चाय चम्मच) पिस्ता

तैयारी

दही: एक मलमल के कपड़े में बांधकर 6 से 8 घंटे तक लटका दें। पानी टपक कर दही आधा हो जाए तो उतारें।

अदरक: खुरच, धोकर कतर लें। ब्लेंडर में डालकर 15 मि.ली. पानी मिलाकर महीन पेस्ट बना लें। पेस्ट को मलमल से निचोड़ कर कप में उसका रस इकट्ठा कर लें। 10 मि.ली. रस लें। गूदे को फेंक दें।

दूध: उबालकर एक ओर रख दें (30 मि.ली. दूध अलग निकालकर रख दें)। गुनगुना हो जाए तो चीनी मिलाकर अच्छी तरह घोल दें। ठंडा करें।

केसर: अलग निकाले गए दूध में गर्म करते ही केसर भिगो दें।

पिस्ता: छिलका हटाकर बारीक कतर लें।

इकट्ठा करना

दही को एक कटोरे में फेंट और उसमें अदरक का रस, आम का गूदा और इलायची पाउडर डालकर अच्छी तरह मिलाएं। चीनी मिला दूध डालकर मिलाएं। केसर डालकर चला दें। अब इस मिश्रण को चार छोटे सकोरों में बराबर मात्रा में निकाल लें और फ्रिज में ठंडा होने के लिए रख दें।

परोसने का तरीका

सकोरों को फ्रिज से निकालकर पिस्ते से सजाकर ठंडा-ठंडा पेश करें।

मात्रा: 4 व्यक्तियों के लिये
तैयारी का समय: 8-10 मिनट

सामग्री

- 1 लीटर (4 कप) मलाईदार दूध
- 80 ग्राम (2/3 कप) दानेदार चीनी
- 1 ग्राम (2 चाय चम्मच) केसर
- 1 बूंद केवड़ा
- 5 ग्राम (1 चाय चम्मच) दही का जामन
- 10 ग्राम (4 चाय चम्मच) बादाम

मात्रा: 4 व्यक्तियों के लिये
तैयारी का समय: 8.30 घंटे

केसर दही

इससे बेहतर कोई दूसरा रास्ता नहीं कि गर्मी के उमस भरे दिन की शुरूआत केसर की खुशबू मिले ठंडे दही के कटोरे से की जाए।

तैयारी

दूध: तब तक उबालते रहें जब तक आधा न रह जाए (30 मि.ली. अलग हटाकर रख दें)। आंच से हटा दें। गर्म रहते ही चीनी मिलाकर घोल दें।

केसर: अलग निकाले दूध में गर्म रहते ही केसर को भिगो दें।

बादाम: गरम पानी में डालकर ठंडा करें और छिलके उतारकर महीन काट लें।

इकट्ठा करना

जब दूध गर्म ही रहे तब उसे मिट्टी की हांडी में निकालकर उसमें केसर और केवड़ा मिलाकर चलाएं। इसके बाद जामन मिलाकर चलाएं और दही जमने के लिए किसी गर्म स्थान में करीब छह घंटे रख दें। दही जम जाए तो फ्रिज में रख दें।

परोसने का तरीका

फ्रिज से हांडी निकालकर, कटे हुए बादाम से सजाकर ठंडा-ठंडा परोसें।

पनीर

हमारे यहां जिसे घरेलू पनीर कहते हैं उस जैसी पश्चिम या पूर्व में कुछ नहीं है। सुपर बाजारों में रैक पर सजाए हुए जो पनीर दिखते हैं वे अलग होते हैं। स्वाद के खयाल से रिकोट्टा पनीर (Riccotta Cheese) घरेलू पनीर से मिलता-जुलता होता है लेकिन देखने में वैसा नहीं लगता। पनीर शाकाहारी के लिए प्रोटीन का अद्‌भुत स्रोत है। इस कथन में थोड़ी भी अतिश्योक्ति नहीं है कि मांसाहारियों के लिए जिस प्रकार गोश्त है। उसी तरह से शाकाहारियों के लिए पनीर है। जिस तरह से गोश्त के कई प्रकार के व्यंज़न बनते हैं पनीर का इस्तेमाल भी नाना प्रकार के व्यंजनों के लिए होता है। पनीर बनाना बहुत ही आसान है और इसके लिए कोई खास समय और कुशलता की जरूरत नहीं होती।

सामग्री

3 लीटर (12½ कप) दूध

90 मि.ली. (6 बड़े चम्मच) नीबू का रस या सफेद सिरका

तैयारी

दूध को एक हांडी में उबालें, बीच बीच में चलाते रहें ताकि नीचे पेंदी में लगने न पाए। दूध जैसे ही ऊपर आने लगे उसमें नीबू का रस या सिरका मिलाएं। नीबू का रस या सिरका मिलाते ही दूध फट जाएगा और पानी अलग हो जाएगा। अब कपड़े से छान कर पानी को निकाल दें और पनीर को इकट्ठा कर लें। पनीर समेत मलमल को करीब एक घंटे तक लटकाकर छोड़ दें जिससे सारा पानी निकल जाए। पानी छन जाने के बाद जो बचा वही पनीर है। इसका इस्तेमाल जितनी तरह के व्यंजनों में चाहें कर सकते हैं। इसका चाहें तो ब्लॉक भी बना सकते हैं। ब्लाक बनाने के लिए मलमल में लिपटे पनीर के ऊपर कोई भारी वजन रखकर 2-3 घंटे के लिए छोड़ दें। ब्लॉक को सुविधानुसार छोटे-छोटे टुकड़ों में काटा जा सकता है फ्रिज में यह 48 घंटे रह सकता है।

मात्राः लगभग 600 ग्राम (1 1/3 पौंड)

तैयारी का समयः 1.30 घंटे

छेना

सामग्री

2 लीटर (8 1/3 कप) दूध (ताजा मलाईदार)

160 मि.ली. (2/3 कप) सफेद सिरका

तैयारी

एक हांडी में दूध को उबालें और आंच से हटाकर 120° फारेनहाइट तक ठंडा होने दें। ऊपर से ढालते हुए धार के रूप में सिरका गिराएं और तब तक चलाएं जब तक दूध का थक्का-सा न बनने लगे (करीब 3 मिनट तक)। थक्का हुए दूध को मलमल से छानें। अब मलमल को चारों कोनों से पकड़कर छेने को तब तक दबाएं जब तक दूधिया पानी न निकलने लगे। गर्म रहते ही छेना को एक समतल ट्रे में डालकर हाथ से गूंध लें और दानों को मसल दें। ठंडा करके चांदी के वर्क में लेपटकर फ्रिज में ठंडा होने के लिए रख दें। फ्रिज में यह 24 घंटे तक रह सकता है।

मात्राः लगभग 400 ग्राम (14 औंस)

तैयारी का समयः 1 घंटा

खोआ

सामग्री

2 लीटर (8 1/3 कप) दूध (ताजा और मलाईयुक्त)

तैयारी

कड़ाही में दूध को उबालें, उबल जाए तो आंच को धीमी कर दें। हर पांच मिनट पर दूध को तब तक चलाते रहें जब तक कि वह सूखकर आधा न रह जाए। इसके बाद लगातार

मात्रा: लगभग 400 ग्राम (14 औंस)
तैयारी का समय: 1.30 घंटे

चलाते रहें और कड़ाही के चारों ओर लगी। मलाई को करछी से खुरचते रहें। इससे दूध जलने नहीं पाएगा। जब दूध मसले हुए आलू की तरह मोटा हो जाए तो आंच से उतार कर एक कटोरे में निकाल लें और ढंडा होने पर फ्रिज में रख दें। यह फ्रिज में 48 घंटे तक रह सकता है।

नोट: कड़ाही की जगह पॅन का इस्तेमाल कर सकते हैं।

नारियल

समुद्र किनारे के प्रांतों मे तो नरियल के बिना खाना बनाने की कल्पना नहीं की जा सकती, लेकिन उतरी प्रांतो में भी इसे खाना बनाने का महत्वपूर्ण सामग्री माना जाता है। अंतर बस इतना है कि जहां समुद्र किनारे के प्रांतों में ताजे नारियल का इस्तेमाल होता है वहीं उतरी इलाकों में सूखे नारियल का ज्यादा इस्तेमाल होता है।

ताजे नारियल को कसकर जहां इसका उपयोग सजाने और गीले मसाले के लिए होता है वहीं इससे निकला दूध खाने को एक खास खुशबू और स्वाद प्रदान करता है। नारियल के दूध को भ्रमवश नारियल के अंदर का पानी नहीं समझ लेना चाहिए। नारियल के पानी का इस्तेमाल ठंडे पेय की तरह किया जाता है। यह बाहर सड़क पर और रेस्तराओं में भी मिलता है। नारियल का दूध नारियल की गिरी को कसकर निचोड़कर निकाला जाता है। यहाँ नारियल का दूध निकालने का तरीका बताया जा रहा है।

नारियल का भूरा छिलका उतार कर 100 ग्राम गूदे को कसकर ब्लेंडर में डालें और 100 मि.ली. गुनगुना पानी मिलाएं। ब्लेंडर में महीन पीसकर छनने से छान लें। इससे निकला दूध 'पहला दूध' कहलाता है।

दुबारा नारियल का दूध निकालने के लिए बचे हुए छनने के गूदे को ब्लेंडर में डालें और 100 मि.ली. गुनगुना पानी मिलाएं। दुबारा छनने से छानने पर जो दूध निकलेगा वह दूसरी बार निकला दूध कहलाता है। दुबारा निकाला गया दूध थोड़ा पतला होता है और इसमें खुशबू भी कम होती है।

सहयोगियों का परिचय

बिजय के० जोसेफ: ज्यूरिख में प्रशिक्षण प्राप्त जोसेफ ने 'कोल्ड किचन' में विशिष्टता हासिल की है। फिलहाल ये वेलकम ग्रुप के मौर्य शेरेटन में ग्रेड मैनेजर शेफ़ हैं। ये ठंडे व्यंजन (cold food) में अपने अनुभव के कारण लेखक की टीम में शामिल हुए। इनकी कोशिश से ही भारतीय पाक-शास्त्र के इस उपेक्षित पहलू की खोज-बीन का अवसर मिला।

मोहन लाल ठाकुर: अपनी कला में पारंगत ठाकुर अभी नई दिल्ली के ओबराय होटल में ग्रेड मैनेजर शेफ़ हैं। अपने क्षेत्र में इनकी दक्षता का अनुमान इस बात से लगाया जा सकता है कि भूटान के राजा के राज्याभिषेक के समय 1978 में इन्हें अपनी पाक-कला का प्रदर्शन करने के लिए खास रूप से आमंत्रित किया गया था। इन्होंने 'कोल्ड किचन' (ठंडे भोजन) बर्फ का प्रदर्शन (Ice display) और मक्खन-शिल्प (Butter Sculptures) में योग्यता हासिल की है।

इ.बी. अलमेइडा: इटली और अमेरिका के पाक कला संस्थान से प्रशिक्षित अलमेइडा मूलरूप से गोवा के निवासी हैं। इन्होंने कई तरह के भारतीय व्यंजनों खासकर गोवा के व्यंजनों में विशेषता हासिल की है। पाक-कला में अपनी निपुणता के कारण ही इन्हें न्यूयार्क के लोकप्रिय भारतीय रेस्तरां 'रागा' में शेफ़ की जगह मिली। फिलहाल अभी ये कोलंबो के ताज समुद्र में शेफ़ हैं।

साइरस टोडीवाला: बंबई के 'ताजमहल होटल' में बेहतरीन शेफ़ के रूप में ख्याति अर्जित करने वाले टोडीवाला आज अगुआड़ा में शेफ़ हैं। अपनी दक्षता की बदौलत ही ये गोवा के अतुलनीय, खूबसूरत समुद्री किनारे की रसोई के सरताज हैं।

सतेन्द्र पाल सिंह चौधरी: किताबी ज्ञान का अनुसरण करने वाले चौधरी ने शोरबा बनाने के क्षेत्र में अभूतपूर्व योग्यता हासिल की है जैसा कि पंजाब खंड के व्यंजनों से स्पष्ट है। फिलहाल ये ईराक के 'ओबराय बेबीलोन' में भारतीय शेफ़ के पद पर हैं।

पोन्नापत्ती पापाया: महज 10 वर्ष की कम उम्र में पापाया की माँ की मौत हो गई। उन्हें अपनी पढ़ाई छोड़कर परिवार के लिए खाना बनाना पड़ता था। बाद में यह अनचाहा घरेलू काम उनका शौक, पेशा और प्यार में बदल गया जिसके फलस्वरूप पापाया वेलकम ग्रुप 'चोला शेरेटन' मद्रास का गौरव बने।

मोहम्मद नसीम: बहुत से प्रतिभाशाली पाकविशेषज्ञों की तरह नसीम भी एक बेहतरीन हलवाई है लेकिन उनकी बनाई मिठाइयाँ दुकानों में मिलने वाली आम मिठाइयों से कहीं ज्यादा स्वादिष्ट होती हैं। मिठाई खंड के दो मांसाहारी मिष्ठान इसी व्यक्ति की देन हैं। ये वेलकम ग्रुप के 'मौर्य शेरेटन' में कार्यरत हैं।

सुजाता कानीअंथरा: ये भारत के आधे दर्जन से भी कम महिला शेफ़ में एक हैं। होटल व्यवसाय में महिलाओं की इतनी कम संख्या देखते हुए इस कथन पर बहुत आश्चर्य होता है कि घर में महिलाओं द्वारा जो खाना बनाया जाता है उसका कोई जवाब नहीं। कानीअंथरा के परिवारिक दक्षिण भारतीय मिष्ठानों और चटनी की सहायता से ये अध्याय पूरे किए गए हैं।

गुलाम रसूल: कॉरपोरेट शेफ़ रिचर्ड ग्राहम ने इन्हें सम्मान देते हुए पाक-शास्त्र का 'सच्चा कलाकार' कहा और भारत महोत्सव के दौरान अपनी टीम के साथ अमेरिका चलने का निमंत्रण दिया। रसूल अभी मद्रास में वेलकम ग्रुप के होटल 'चोला शेरेटन' में भारतीय खंड के शेफ़ हैं। इन्होंने इस पुस्तक में 'अवध', 'दम पुख्त' और 'रोटी' के अध्याय में अपना सहयोग दिया है।

नीलेश पी. नाडकर्णी: 'नमकीन खंड' के दूसरे सदस्य हैं जिन्होंने इस खंड के व्यंजनों को चटपटा स्वाद और सुंदर आकार प्रदान करने में खास मदद दी है। ये बंबई के वेलकम ग्रुप के होटल 'सी रॉक' में शेफ़ हैं।

www.ingramcontent.com/pod-product-compliance
Lightning Source LLC
Chambersburg PA
CBHW080545230426
43663CB00015B/2711
* 9 7 8 8 1 7 0 2 3 3 1 3 8 *